경제학의
7가지 거짓말

경제학의 7가지 거짓말

– 주류경제학은 어떻게 경제와 사회를 위협하는가

초판 1쇄 펴낸날 | 2019년 12월 5일

지은이 | 제프 매드릭
옮긴이 | 박강우
펴낸이 | 류수노
펴낸곳 | (사)한국방송통신대학교출판문화원
　　　　03088 서울시 종로구 이화장길 54
　　　　대표전화 1644-1232
　　　　팩스 02-741-4570
　　　　홈페이지 http://press.knou.ac.kr
　　　　출판등록 1982년 6월 7일 제1-491호

출판위원장 | 백삼균
기획 | 박혜원
편집 | 신경진 · 명수경
본문 디자인 | 티디디자인
표지 디자인 | 김민정

ⓒ Jeff Madrick, 2014

ISBN 978-89-20-99245-2 03320

값 16,500원

이 도서의 국립중앙도서관 출판예정도서목록(CIP)은 서지정보유통지원시스템 홈페이지(http://seoji.nl.go.kr)와 국가자료종합목록 구축시스템(http://kolis-net.nl.go.kr)에서 이용하실 수 있습니다.(CIP제어번호: CIP2019045158)

SEVEN BAD IDEAS

주류경제학은 어떻게 경제와 사회를 위협하는가

경제학의
7가지 거짓말

제프 매드릭 지음 │ 박강우 옮김

지식의날개

SEVEN BAD IDEAS

차례

보이지 않는 위협

과거 수십 년간 경제학을 지배해 온 주류경제학 이론은 대공황 이후 최악의 위기였던 2008년 글로벌 금융위기와 이후 나타난 대침체를 야기한 책임에서 결코 자유로울 수 없다. 그럼에도 거의 한 세대를 지나는 동안 이 이론들이 정설로 굳어지면서, 지금의 경제학자들은 이를 비판하는 것은 고사하고 무엇이 잘못되었는지조차 인식하지 못하고 있다. 이후 살펴볼 것처럼 지난 수십 년간 이 이론들은 미국은 물론이고 전 세계 경제에 엄청난 폐해를 야기했음에도 오늘날 우리들은 경제학자들에게 책임을 묻기는커녕 여전히 이들의 말에 진지하게 귀를 기울인다. 도대체 왜일까? 이 책은 이런 물음에서 시작한다.

이 책에서는 주로 정치적 성향을 기준으로 주류경제학자를 정의한다. 보다 구체적으로, 이 책에서 말하는 '주류경제학자'는 서구 주류경제학계의 전통에 따라 훈련받은 학자들 가운데, 정치적 스펙트럼으로 볼 때 우파에서 중도좌파까지를 폭넓게 포괄하는 것이다. 물론 대부분의 경제학자들은 이러한 정치적 성향에 따른 분류에 난색을 표할 것이다. 실제로 이 책에서 '주류경제학자'로 분류된 대부분의 학자들은 자신이 정치적 성향과 무관하게, 오직 객관적 입장에 서서 경제를 분석한다고 자부하기 때문이다. 주류경제학자들 가운데 상당수는 프린스턴, MIT, 스탠퍼드, 하버드, 시카고 대학 등 미국의 명문 대학을 졸업했을 뿐만 아니라, 이들 학교 또는 이와 거의 유사한 커리큘럼을 운영하는 수많은 대학의 교단을 장악하고 있다. 이후 본문에서 별다른 수식어 없이 '경제학자'라고 하면 이는 다름 아닌 '주류경제학자'를 지칭하는 것이다. 만일 명백하게 주류경제학자로 분류할 수 없는 인물을 지칭할 경우에는 반드시 별도의 언급이 있을 것이다.

거의 대부분의 경제학자들은 2008년 글로벌 금융위기와 뒤이은 대침체를 전혀 예측하지 못했다. 미리 위기의 조짐을 감지한 몇 안 되는 경제학자들조차도 금융위기의 여파가 이렇게 강력하고 오래 지속될 것이라고는 미처 생각하지 못했다. 2008년 서브프라임 모기지 사태가 발발하기 직전까지도, 대부분의 경제학자들은 미래 경제 전망뿐만 아니라 경제학의 현 상태에 대해 낙관했다. 예컨대 노벨상 수상자인 보수적 경제학자 로버트 루카스Robert Lucas는 2003년 전미경제학회American Economic Association 연설에서 "경기침체의 방지라는 거시경제학의 주요 과제는 이미 해결되었다"고 선언했다.[1] 또한 MIT의 저명한 교수이자 IMF 수석 이코노미스트였던 올리비에 블랑샤Olivier Blanchard는 2008년, 즉 서브프라임 모기지 사태가 발발한 바로 그해 여름에 "오늘날 거시경제학의 상태는 매우 양호하다"고 단언했다.[2]

여기서 언급된 '거시경제학'은 개별 경제주체의 선택을 연구하는 미시경제학과 함께 경제학의 근간을 이루는 하위 분야로서, 주로 경제의 집계변수, 그중에서도 특히 국내총생산GDP으로 측정되는 국민소득의 결정원리와 소득의 지속적 성장을 위한 정책 방안의 연구를 주된 목적으로 한다. 함께 언급된 '경기침체' 또는 '불황'이란 국민소득, 즉 GDP가 현저히 감소하거나 정체되고 실업률이 상승하는 현상을 말한다. 따라서 거시경제학의 주요 과제 가운데 하나는 정책을 통해 이러한 경기침체의 발생횟수와 지속기간을 최소화하는 것이다. 글로벌 금융위기 직전까지도 루카스를 비롯한 많은 주류경제학자들은 거시경제학이 이러한 과제를 거의 완수했다고 착각했던 것이다.

글로벌 금융위기를 예측하는 데 실패한 것보다 더 치명적인 것은 주류경제학 이론이 글로벌 금융위기와 뒤이은 대침체를 초래하거나 심화시킨, 자산시장의 투기적 행태와 부적절한 정책 대응을 정당화하는 데 기여했을 뿐만 아니라 오히려 조장하기까지 했다는 점이다. 이런 주류경제학의 '해로운 이론들'은 1970년대에 등장한 이래 이후 수십 년을 거치면서 점차 학계를 지배했으며, 마침내 단순한 이론을 넘어 하나의 공고한 이데올로기로 변모하기에 이르렀다. 이 과정에서 그 이론들이 경제와 사회에 끼친 폐해는 커져만 갔고, 그 가운데 가장 최근이자 최악의 것이 바로 이번 금융위기와 대침체라고 할 수 있다.

2000년대 중반, 당시 프린스턴 대학의 저명한 교수였고 이후 연방준비제도이사회(이하 연준) 의장을 역임한 벤 버냉키Ben Bernanke는 1980년대 중반 이후 미국 경제가 과열도 침체도 아닌, 매우 이상적

으로 안정적인 상태를 유지하고 있다고 평가했다. 즉, 1980년대 중반부터 GDP로 측정된 국민소득이 꾸준히 증가하는 가운데서도, 이전 1970년대와 대조적으로 GDP와 인플레이션의 변동성이 낮게 유지되었다는 것이다. 즉, 이 시기에는 경기침체가 오더라도 비교적 짧게 끝났으며, 침체에서 회복도 비교적 빨랐다. 버냉키뿐만 아니라 많은 경제학자들이 이와 유사한 평가를 내렸으며, 이에 따라 1980년대 중반부터 글로벌 금융위기 직전까지의 기간은 '대안정기'the Great Moderation로 불리게 된다.[3] 20세기 마지막 사반세기를 통틀어 가장 영향력 있는, 보수적 경제학자 밀턴 프리드먼Milton Friedman 역시 이와 마찬가지 평가를 내렸다. 프리드먼은 사망하기 1년 전 주택시장 거품이 최고조에 달했던 2005년 말, 한 인터뷰에서 다음과 같이 경제에 대해 낙관했다.[4] "역사상 지금처럼 경제가 안정된 적이 없어요. 우리 경제는 정말로 건강합니다. 상황이 이런데도 가끔 경제위기 운운하는 사람을 보면 기가 찰 뿐입니다."

프리드먼은 이전까지 — 정치적으로 중도적 성향의 — 케인즈주의에 상대적으로 경도되어 있던 주류경제학에 자유방임주의 혁명을 일으킨 선구자라고 할 수 있다. 프리드먼과 그 추종자들은 시장경제에 대한 정부 개입의 최소화를 그들 이론의 금과옥조로 삼았다. 혹자는 이러한 무개입주의를 단지 새로운 정책 '실험'의 일환으로 보기도 한다. 그러나 본래 '실험'이란 열린 자세로 새로운 정책의 비용과 편익을 합리적으로 비교·평가하는 것이다. 이후 본문에서 살펴보겠지만 프리드먼의 자유방임주의 혁명은 본래적 의미의 정책 실험과는 거리가 멀었고, 그보다는 폐쇄적인 이데올로기 운동에 가까웠다.

자유방임주의 혁명이 맹위를 떨친 지난 수십 년간 경제 성적표는 그다지 신통치 못했다.[5] 그럼에도 신기한 것은 비교적 최근에서야 사람들이 이런 정책 실패에 주목하기 시작했다는 점이다. 예컨대 미국의 경우, 1979년부터 최근까지 관리자 등을 제외한 생산 노동자와 비감독 노동자의 실질임금은 고작 3% 정도 상승했다. 연 평균 증가율이 아닌, 기간 내 총 증가율 기준으로 말이다. 이러한 임금의 정체 현상은 2008년 글로벌 금융위기로 인해 새롭게 나타난 것이 아니다. 위기 훨씬 이전부터 임금은 지속적으로 정체되어 왔다. 실제로 위기 이전의 2000년대 평균적인 미국 남성 노동자의 실질임금은 1970년 대 초반은 물론이고, 측정방법에 따라서는 1960년대 수준보다도 낮았다.

한편 같은 기간 소득불평등은 더욱 악화되었다. 소득 상위 1%가 전체 소득에서 차지하는 비중이 1970년에는 약 10%에 불과했으나 최근에는 20%를 넘어서면서, 소득불평등도가 1920년대 이래 사상 최고 수준으로 악화되었다. 경제적 불평등과 함께 사회적 불평등도 지속 또는 심화되었다. 예컨대 지난 30년간 미국 흑인의 실업률은 백인 실업률의 두 배 수준을 꾸준히 유지했다. 이렇게 흑인을 위한 '양질의'decent 일자리가 모자란 상황에서 그들의 범죄율은 높아졌고, 그 결과 흑인 수감자 수가 크게 증가했다. 어떤 주에서는 감옥을 유지·운영하는 비용이 전체 주 예산지출 가운데 두 번째로 큰 비중을 차지할 정도였다.[6] 첫 번째로 비중이 큰 항목은 메디케이드Medicaid 프로그램(미국의 저소득층 대상 의료보조제도－옮긴이)이었다. 이렇게 불평등이 심화되면서, 과거 '기회의 나라'였던 미국은 이제 다른 어떤 선진국보다도 계층 간 이동성이 낮은 나라가 되었다.[7] 예컨대 2000년 대 들어 10대의 경제활동참가율과 고용률은 제2차 세계대전 이래 사상 최저치로 떨어졌으며,[8] 시간이 지나도 남녀 간 임금격차는 좀처럼 줄어들지 않았다. 그러나 무엇보다도 비극적인 것은 세계에서 가장 부유한 나라 미국의 아동빈곤율이 선진국을 통틀어 가장 높다는 점이다.[9]

한편 자유방임주의 혁명 이후, 공공재 공급에서 정부의 역할이 축소되고 균형재정이 강조되면서 미국의 교통·교육·보건 등 공공 인프라는 제구실을 못한 지 오래이다. 대중교통 시스템은 노후화되도록 방치되었고, pre-K(pre-Kindergarten의 약어로, 유치원 입학 전인 4~5세 아동을 대상으로 하는 미국의 공공 교육과정을 의미함 - 옮긴이) 등 공교육 시스템 역시 보편적이고 균등한 교육기회 제공이라는 소기의 목적을 달성하는 데 실패했다. 게다가 지금의 미국은 평균수명, 영아 사망률 등 보건 부문의 지표 성과가 평균 이하인데도, 1인당 의료비 지출액은 세계 최고 수준이다.

특히 주목할 것은 '대안정기'라는 명칭이 무색할 만큼, 1980년대 이후 국내외에서 크고 작은 금융위기가 빈번하게 발생했다는 점이다(이 기간 동안 국내외에서 주요 금융위기가 발생한 연도를 꼽으면 1982, 1987, 1989, 1994, 1997~1998, 2000~2001년임). 반복된 금융위기 때문에 미국뿐만 아니라 전 세계적으로 엄청난 규모의 부가 순식간에 사라졌으며, 그 여파로 인해 실물경기가 후퇴하거나 대규모 경기침체를 경험했다. 이와 같이 자유방임주의 혁명의 성적표는 총체적으로 초라하기 그지없었다. 요컨대, 1980년대 이후 미국의 1인당 GDP 성장률은 이전 기간에 비해 현저히 낮아진 것이다.[10]

2008년 글로벌 금융위기 직전까지도 경제학자들은 자유방임주의 혁명의 초라한 성적표를 미처 인식하지 못했거나, 인식했다 하더라도 결코 인정하지 않았다. 그러나 그들이 경탄해 마지않던 대안정기가 2008년 글로벌 금융위기로 갑작스러운 종언을 고하면서, 경제학자들은 대공황 이후 최악의 경기침체와 대량 실업사태라는 엄혹한 현실과 맞닥뜨리게 된다.

2009년 이후 글로벌 금융위기에서 벗어나는 과정은 매우 더뎠다. 일자리는 충분히 늘어나지 않았고, 그나마 생겨난 일자리 역시 저임금 일자리가 대부분이었다. 이에 따라 2013년까지도 중위 가계소득은 1999년 수준을 넘지 못했다. 2009년 최대 10%를 찍었던 실업률이 시간이 지나 2013년에는 7%까지 떨어지긴 했지만, 이는 상당 부분 구직을 포기한 수백만 명의 실업자가 경제활동인구에서 이탈하면서 실업률 산정에서 아예 제외되었기 때문이다. 실제로 생산가능인구 가운데 취업자의 비율을 나타내는 고용률이 거의 한 세대만에 최저 수준으로 떨어졌다. 여기에 시간제 취업자를 감안하면, 경제활동인구 가운데 약 14~15%가 제대로 된 전일제 일자리를 찾지 못했다. 이처럼 고용상황 악화가 지속됨에 따라 과거 경기회복기와 달리 빈곤율은 좀처럼 하락하지 않았다. 특히 청년층—16세 이상 25세 미만—실업률이 최대 18%까지 치솟으면서 가장 두드러지게 악화되었는데, 청년실업은 생애 전체에 걸쳐 인적자본 축적과 소득 창출 기회를 박탈한다는 점에서 개인은 물론 사회적으로도 큰 장기적 손실을 야기하게 된다.

2008년 글로벌 금융위기와 이후의 대침체로 인해 당황한 경제학자들은 일체의 정부 개입에 날을 세우던 이전의 자유방임주의적 입장에서 한 발짝 뒤로 물러서는 듯 보였다. 만일 2008년에 미국 정부가—주류경제학의 자유방임주의적 입장에 따라—금융기관과 금융시장에 대한 구제금융을 제공하지 않았다면, 금융위기는 실제보다 더욱 빠르게 확산되고 그 규모도 더 커졌을 것이다. 더 나아가, 만일 1930년대 대공황기에 도입되어 1960년대에 본격적으로 확대된 정부의 각종 사회보장 프로그램들, 예컨대 고령자 대상의 의료보장제도인 메디케어Medicare, 노령 및 장애 연금, 실업급여제도 등과 이후에 도입된 근로장려세제(저소득 노동자에게 세금 환급 형태로 소득을 보조하는 제도 – 옮긴이)나 푸드스탬프food stamp 제도(저소득층에게 식비를 지원하는 제도 – 옮긴이) 등이 없었다면, 2008년 금융위기는 대공황에 버금가는 전면적인 경기침체로 확대되었을 것이다. 게다가 비록 충분하지는 않았지만, 오바마 행정부가 시행한 약 8천억 달러 규모의 경기부양 프로그램 — 재정지출 확대 및 감세減稅 — 역시 대공황기에 비해 금융위기 이후의 미국 경제가 상대적으로 연착륙하는 데 큰 기여를 했다. 요컨대 글로벌 금융위기에서 미국 경제를 건져낸 것은 반反자유방임주의 경제학이었다.

———— •••• ————

그럼에도 이번 금융위기는 자유방임주의에 편향된 경제학자들의 인식을 거의 변화시키지 못했다. 주류경제학자 가운데 상대적으로 온건하고 합리적인 편에 속하는 블랑샤마저도 예외가 아니었다. 앞서 언급한 대로 거시경제학이 양호한 상태에 있다고 단언한 지 2년 만인 2010년, 블랑샤는 거시경제학에 대한 자기반성적 내용을 담은 — 〈거시경제정책에 대한 재고찰〉Rethinking Macroeconomic Policy이라는 제목의 — 짧은 논문을 발표했다. 이 논문에서 그는 정부의 경기부양조치가 금융위기 이후 경기회복에 기여했음을 인정했지만, 기본적으로는 기존의 주류적 입장을 전혀 수정할 생각이 없는 것처럼 보였다. 이는 다음과 같은 대목에서 잘 드러난다. "한 가지 분명히 해둘 것은 '빈대 잡으려다 초가삼간을 태우는' 실수를 범해서는 안 된다는 것이다. 거시경제학의 주요 원리를 비롯해 금융위기 이전까지 경제학자들 사이에 합의가 형성되었던 이론 중 거의 대부분은 위기 이후에도 변함없이 성립한다."[11]

여기서 말하는 경제학자들 사이에 형성된 '합의'란 다름 아닌 프리드먼 이래 주류적 이론으로 자리 잡은 자유방임주의적 견해를 의미한다. 이 견해에 따르면 시장경제는 자기조정 기능을 가지므로, 가만히 두어도 경제는 경기침체에서 스스로 회복될 수 있다. 원리는 간단하다. 즉, 경기침체가 발생하면 수요 위축과 실업 증가에 따라 생산물 가격과 임금이 정체 또는 하락하며, 자금수요의 감소에 따라 이자율 역시 하락한다. 이에 따라 가계는 다시 소비를 늘리며, 기업은 다시 고용과 투자를 증가시키므로 자동적으로 경기가 회복된다는 것이다. 이른바 '세이의 법칙'이다.

이러한 시장의 자기조정 기능에서 정부 개입의 무용성無用性이 자연스레 도출된다. 즉, 시장의 자기조정 기능에 따라 경제는 대개의 경우 균형상태에서 크게 벗어나지 않고 안정성을 유지한다. 따라서 정부의 개입은 극심한 침체로 인한 일시적 실업에서 오는 고통을 경감하거나, 지나치게 높은 인플레이션을 진정시키는 용도로만 예외적·제한적으로 허용되어야 한다. 이런 예외적 상황이 아닌 통상적인 경우 정부의 개입은 대체로 무익하거나, 오히려 인플레이션 또는 실업을 악화시키는 등 해롭기까지 하다는 것이다. 자유방임주의적 견해가 시사하는 이러한 함의는 경제학자들에게는 무척이나 새롭고 매력적인 아이디어일지 모르나 — 이후 본문에서 살펴볼 것처럼 — 실제 경제의 현실과는 한참이나 거리가 멀다.

자유방임주의적 견해에 대한 경제학자들의 합의 또는 태도 변화를 상징적으로 보여 주는 인물의 예로 로렌스 서머즈Lawrence Summers를 들 수 있다. 하버드대 교수이자 클린턴 행정부의 세 번째 재무부 장관을 역임했던 서머즈는 한때 케인즈주의자로 분류되던 인물이었다. 그러나 2001년 한 다큐멘터리 인터뷰에서[12] 그는 자유방임주의 경제학자로 전향한 것처럼 보였다. 그는 말했다. "최근 경제정책에 관한 논의는 과거와 다른 새로운 이론의 틀 안에서 이루어지고 있습니다." 서머즈는 당시 자유방임주의적 견해의 부상浮上을 단순히 — 경제학의 시조인 — 애덤 스미스 시대의 전통적인 자유주의 이데올로기가 최근의 보수적 정치지형하에서 부활한 것이 아니라, 그 자체로 또 하나의 새로운 이론이 등장한 것으로 보았다. "새로운 이론 가운데 가장 중요한 것을 하나만 꼽는다면 바로 애덤 스미스의 재발견입니다. 다시 말해 가격기구를 근간으로 하는 분권화된 시장경제가 중앙계획기구의 통제보다 정보생산과 위험분산에 훨씬 효율적이라는 아이디어가 바로 그것입니다." 한때 케인즈주의자였던 서머즈는 이제 주류경제학의 자유방임주의적 '합의'를 상징하는 인물이 되었다.

자유방임주의적 합의에 따라 재정지출 확대 등 정부의 적극적 개입을 강조하는 케인즈주의적 재정정책은 거의 용도 폐기되었다. 그 결과 — 중앙은행이 통화량 또는 이자율 조절을 통해 물가와 경기 안정을 도모하는 — 통화정책만이 경기안정화를 위한 유일하고 유효한 정책이 되었다. 블랑샤는 앞서 언급한 논문에서 다음과 같이 서술했다. "최근의 통화정책 체계는 물가안정이라는 단일한 목표와 정책금리라는 단일한 수단을 가진다. 이런 체계에서는 물가가 안정되기만하면 생산갭output gap[실제 GDP와 잠재 또는 완전고용 GDP 간의 차이]은 무시할 만한 수준으로 작아지며, 그 결과 경제는 안정된다. 이로써 통화정책은 그 목적을 달성한 것이다."[13] 블랑샤에 따르면, 이제 '구닥다리old-style 케인즈주의적 재정부양정책'은 지극히 '부차적'인 중요성만을 가진다.

경제학자들의 이러한 인식 변화는 실제 정책에 고스란히 반영되었다. 1992년 클린턴이 대통령에 당선되면서 1981년 이후 십여 년 만에—상대적으로 확장재정에 친화적인—민주당이 집권했다. 그럼에도 앞서 언급한 서머즈와 그의 전임자였던 로버트 루빈Robert Rubin이 장악한 클린턴 행정부 경제팀은 자유방임주의적 합의에 충실한 방향으로 재정정책을 수행했다. 예컨대 클린턴 행정부는 공공투자를 늘리기보다 정부부채를 갚는 것을 재정정책의 우선순위로 두었다. 자유방임주의적 합의에 따르면, 재정적자와 정부부채 증가는 국가의 저축이 민간 부문의 투자로 이어지는 것을 저해함으로써 경제성장에 부정적 영향을 주기 때문이다. 긴축적 재정정책 기조에 따라, 클린턴 행정부 말기의 GDP 대비 연방정부 공공투자 비율은 공화당의 레이건 행정부 말기의 수준에도 못 미쳤다.[14] 특히 사회간접자본과 공교육에 대한 투자, 그리고 연구개발 투자가 상대적으로 매우 저조했다. 이와 같이 장기 성장 여건과 무관하게 균형재정을 지향하는 긴축적 재정정책은 자유방임주의적 합의의 핵심 요소 중 하나이다.

자유방임주의적 합의에 따른 정책의 또 다른 예로 파생금융상품

(자산의 가격이 주식, 채권, 외환, 신용 등 다른 기초자산의 가격에 따라 파생적으로 결정되는 금융상품을 의미함 - 옮긴이) 시장에 대한 탈규제를 들 수 있다. 이후 본문에서 살펴보겠지만, 파생금융상품 시장의 탈규제화는 2008년 미국 금융위기를 촉발하고 확산시킨 핵심 요인으로, 자유방임주의적 합의가 낳은 최악의 정책실패 가운데 하나라고 할 수 있다. 탈규제화로 금융위기 이전 미국의 파생금융상품 시장은 지극히 불투명한 시장이었다. 본래 자산시장뿐만 아니라 어떤 시장에서든 유효한 가격경쟁이 이루어지려면, 우선 경쟁하는 판매자가 받고자 하는 가격을 시장에 공개적으로 알려야 한다. 그런데 금융위기 이전의 파생금융상품 시장에서는 이러한 가격 정보가 전혀 공개되지 않았던 것이다. 이는 — 자유방임주의적 합의에 충실했던 — 클린턴 행정부가 파생금융상품 시장의 불투명한 관행을 규제 없이 방치한 것에 기인한다.

파생금융상품 가운데서도 투자자의 피해 규모나 금융시장에 미친 영향에서 단연 으뜸이었던 것은 바로 신용파산스왑credit default swap, CDS이었다. 신용파산스왑은 채권이나 파생금융상품의 발행자가 파산 등의 이유로 원리금을 상환하지 못할 경우, 이를 대신 투자자에게 상환해 주는 일종의 보험상품이다. 글로벌 금융위기 직전까지 부동산 시장이 과열되면서 부동산 관련 채권과 파생금융상품의 가격이 폭등하자, 위험관리를 위해 신용파산스왑에 대한 수요가 크게 증가했다. 특히 금융위기의 직접적 원인이 된 서브프라임 모기지subprime mortgage(신용등급이 낮은 저소득층 대상의 비우량 주택담보대출 - 옮긴이) 관련 채권의 원리금을 보장하는 신용파산스왑이 불티나게 팔렸다. 그런데 상기한 파생금융상품 시장의 탈규제화로 인해, 신용파산스왑은 누가 얼마의 가격으로 사고파는지를 도통 알 수 없는 불투명한 시장에서 거래되었다. 그러다 보니 당연히 유효한 가격경쟁이 일어날 수 없었고, 따라서 서브프라임 모기지 관련 채권과 같이 위험도가 높은 채권을 기초로 한 신용파산스왑이 그 위험도에 비해 터무니없이 높은 가격으로 팔려 나갔다. 시장경쟁 메커니즘을 신뢰하는 자유방임주의적 합의에 따르면, 이렇게 정보 불완전성으로 가격경쟁이 저해될 경우 정부는 적절한 규제를 통해 개입해서 시장실패를 해소하고 경쟁여건을 조성해야 한다. 그러나 자유방임주의적 견해를 가진 수많은 경제학자 가운데 규제의 부재와 시장실패를 문제 삼은 사람은 아무도 없었다.

또 하나의 문제는 신용파산스왑이 실질적으로 보험상품임에도─전통적인 생명보험과 손해보험의 경우와 달리─미래의 보험금 지급을 대비해 준비금을 적립하도록 강제하는 법적 규제가 전무했다는 점이다. 이렇게 준비금 적립 의무가 없다 보니, 서브프라임 모기지 사태로 주택담보대출과 관련 채권의 부도율이 급등하자, 신용파산스왑을 발행한 회사들─대표적 예로 대형보험회사인 AIG 등─은 보험금, 즉 부도 난 채권의 원리금을 도저히 지급할 수 없었다. 투자자들은 부도 난 채권의 원리금을 지급받지 못했을 뿐만 아니라 관련 채권의 가격 폭락으로 인해 엄청난 피해를 입었으며, 투자를 위해 빌렸던 돈을 갚기 위해 보유한 다른 채권이나 파생금융상품을 헐값으로라도 팔아야 했다. 그 결과 관련 채권과 파생금융상품의 가격이 더욱 하락하는 등 악순환이 지속되면서, 미국의 서브프라임 모기지 사태는 전 세계적인 금융위기로 확산되기에 이른다.

금융위기를 통해 드러난 자유방임주의적 합의에 따른 탈규제화의 폐해는 여기에 그치지 않는다. 특히 적절한 규제의 부재로 인한 유인 왜곡의 대표적 예로서, 채권과 파생금융상품을 발행한 회사와 이를 평가하는 신용평가기관 사이의 이해상충 문제를 들 수 있다. 예컨대 스탠더드앤드푸어스나 무디스와 같은 신용평가기관은 신용평가에 대한 대가를 평가대상인 채권과 파생금융상품을 발행한 회사에게 받는다. 이런 유인구조하에서는 신용평가기관이 발행회사의 요구에 영합하여 위험도에 비해 신용등급을 높게 줄 수밖에 없다. 실제로 금융위기 직전까지 ― 위기의 원인을 제공했던 ― 서브프라임 모기지 관련 채권과 파생금융상품의 거의 대부분은 매우 높은 신용등급을 부여받았다. 그러나 서브프라임 모기지 사태가 발생하자, 신용평가기관들은 그제야 황급히 이들 상품의 신용등급을 강등시켰다. 결국 이들 채권과 파생금융상품의 상당수는 나중에 말 그대로 '휴지조각'이 되었다.

"유인을 올바르게 설계해야 한다"는 것은 선진국의 경제학자들이 가난한 개발도상국의 경제개혁에 대해 조언할 때 빠짐없이 등장하는 진부한 레퍼토리 가운데 하나이다. 그럼에도 미국의 경제학자들은 정작 자국, 특히 월스트리트 금융가에 만연한 유인의 왜곡에 대해서는 철저히 함구해 왔다. 예컨대 월스트리트 증권가의 트레이더들은 안정적인 투자수익률을 유지하는 것보다는 가급적 고위험·고수익 포트폴리오에 투자할 유인을 가진다. 수익률 성과가 좋으면 엄청난 돈을 벌지만, 반대로 손실이 많이 났다고 해도 특별한 불이익이 없기 때문이다. 또한 상기한 파생금융상품 시장의 불투명성 때문에 가격경쟁이 제약됨에 따라, 파생금융상품을 거래하는 금융회사들은 시장이 경쟁적일 때보다 훨씬 큰 초과이득을 얻을 수 있었다. 이런 유인 왜곡과 시장의 불완전성으로 인해 금융위기 이전 트레이더를 포함한 금융업계 종사자의 보수와 금융회사의 이윤은 천정부지로 치솟았다. 그럼에도 경제학자들은 높은 보수 수준이 금융업계 종사자들의 비상한 개인적 재능에 기인하며, 금융회사의 막대한 초과이윤 역시 이들이 경제의 부가가치를 늘리는 데 기여한 대가라는 터무니없는 궤변을 스스로 늘어놓거나 아니면 적어도 용인해 왔다. 최저임금이 조금이라도 인상되면 당장 고용이 크게 줄면서 노동시장이 붕괴할 것처럼 야단법석을 떨던 바로 그 경제학자들이 말이다.

파생금융상품 시장뿐만 아니라, 사실 월스트리트 전체가 독과점 시장의 성격을 가진다. 예컨대 월스트리트에서 대부분의 금융거래에 대한 수수료가 시간이 지나도 예전과 변함없이 높은 수준을 유지하고 있는 것만 봐도 진정한 의미의 가격경쟁이 제약되고 있음을 알 수 있다. 더 큰 문제는 수수료의 절대적 수준이 높을 뿐만 아니라 거래되는 금융자산의 규모가 천문학적으로 커졌음에도, 거래자산의 규모 대비 수수료 수입의 상대적 비율이 거의 떨어지지 않았다는 점이다. 이는 월스트리트가 진정한 의미의 경쟁시장이었다면 도저히 있을 수 없는 일이다.

그러나 대부분의 경제학자들은 월스트리트 금융회사의 독과점적 행태에 대해 무관심하거나 침묵으로 일관했다. 예컨대 블랑샤는 상기한 논문에서 "전통적으로 금융규제는 거시경제정책 영역의 밖에 있는 것으로 간주되어 왔다."라고 서술했다.[15] 자유방임주의적 견해를 가진 경제학자들이 ─ 예컨대 자유무역과 같이 ─ 시장에서의 자유로운 경쟁을 금과옥조로 삼아 왔음을 감안하면, 그들의 이러한 무관심 또는 침묵은 논리적으로도 수긍하기 어렵다. 그들이 옹호하는 시장경쟁 원리가 월스트리트의 대형금융회사에 대해서는 예외적으로 적용되지 않는 것일까?

———————————— ••• ————————————

　상기한 금융시장의 탈규제 및 자유화·개방화 기조에 따라, 1980년대부터 최근 글로벌 금융위기에 이르기까지 미국뿐만 아니라 전 세계의 주식, 채권, 부동산 등 자산시장은 거품의 형성과 붕괴를 거듭해 왔고, 그 결과 세계 각국에서 크고 작은 금융위기가 빈발했다. 이는 자유방임주의적 합의에 기초한 이른바 '심화된' 단계의 세계화에 따라, 전 세계적으로 시장 자유화와 개방화가 급속히 진행되면서 국내뿐만 아니라 국가 간 자본이동에 대한 규제가 철폐되거나 무력화된 것에 근본적으로 기인한다.

　이 기간에 발생한 수많은 금융위기 가운데 미국 경제에 직접적 영향을 미친 최초의 것은 바로 1982년 멕시코 외환위기이다. 1970년대와 1980년대 초에 걸쳐 미국의 대형은행들은 멕시코 경제의 미래를 낙관하면서, 멕시코 정부뿐만 아니라 멕시코 기업이 수행하는―다소 사업 타당성이 의심스러운―각종 산업 프로젝트에 막대한 금액을 대출했다. 주로 오일 달러(주요 산유국들이 원유 및 관련 상품을 수출하여 벌어들인 외화를 의미함–옮긴이)를 재원으로 조달된 대출은 많은 부분 중남미 국가에 집중되었는데, 그중에서도 멕시코가 가장 선호되는 투자처였다. 그러나 1980년대 초 높은 인플레이션을 억제하기 위해 연준이 정책금리를 급격히 인상하면서 전 세계 금리가 동반 상승했고, 그에 따라 멕시코의 부채 부담이 가중되었다. 또한 미국의 고금리 정책에서 촉발된 전 세계적 불황에 따라 멕시코의 원유 등 원자재 수출이 급감하면서 부채상환능력마저 약화되었다. 결국 멕시코는 1982년 채무불이행을 선언하면서 IMF 구제금융을 받는 신세로 전락했고, 막대한 대출을 했던 미국의 대형은행들 역시 엄청난 타격을 입어 연준의 구제금융을 받기도 했다.

1980년대 중반 이후의, 이른바 '대안정기'에 걸쳐 국내외에서 발생했던 모든 금융위기 역시 이와 유사한 패턴의 반복이었다. 자유화·개방화된 금융시장에서 은행 등 금융기관과 투자자들이 미래를 낙관하고 주식, 채권, 부동산 등 자산시장에 과도한 투기를 하면, 낙관적 심리가 유지되는 한동안은 자산가격이 빠르게 상승하고 실물경제 역시 호황을 누린다. 그러나 자산가격 거품이 심화되고 경기 과열로 인해 인플레이션까지 상승하면, 이를 억제하기 위해 결국 중앙은행이 금리를 인상하게 되면서 이내 거품은 꺼지고 자산가격은 폭락한다. 그 결과 투자자와 금융기관들은 큰 손실을 보거나 파산하고, 이에 따라 경제 전체의 소비·투자가 위축되면서 결국 실물 부문의 경기침체로 이어진 것이다. 대안정기를 마감하는 계기가 된 2008년 글로벌 금융위기 역시 상기한 금융위기의 전형적 패턴을 따른 것이다. 즉, 금융시장의 탈규제 기조하에서 과도한 대출에 의존한 투기로 인해 부동산 거품이 형성되었다가, 이후 연준의 금리 인상 등에 따라 거품이 붕괴하면서 대출했던 금융기관이 파산하고 실물경제가 침체되는 패턴 말이다. 여기서 한 가지 주목할 것은, 사정이 이런데도 많은 주류경제학자들이 거품의 존재를 아예 부정하거나, 설사 인정한다 하더라도 위험자산에 대한 투자를 촉진하기 위해 어느 정도의 투기는 오히려 바람직하다고 주장한다는 점이다.

물론 앞서 언급한 대로, 그리고 많은 경제학자들이 강조하는 바대로 대안정기 동안 경기침체의 폭과 지속기간이 줄어든 것은 사실이다. 그러나 다른 한편으로는, 같은 기간 빈번하게 발생한 금융위기와 뒤이은 경기침체 때문에 미국뿐만 아니라 전 세계적으로 엄청난 규모의 부가 사라지고 수많은 노동자가 일자리를 잃은 것 역시 사실이다. 게다가 더 큰 문제는 위기로 인해 사라진 부와 일자리가 상당부분 시간이 지나도 결코 회복되지 못했다는 점이다. 예컨대 2000년대 초 미국 주식시장에서 첨단기술주의 거품이 꺼지면서 많은 투자자에게 막대한 손실을 끼친 바 있다. 그런데 시간이 지나도 대다수 기업의 주가는 결코 이전 고점 수준을 회복하지 못했으며, 이 중 많은 기업이 파산하여 아예 사라지기도 했다.

가장 최근에 발생한 최악의 예가 바로 2008년 글로벌 금융위기이다. 2007년 초부터 시작된 미국 부동산 시장의 붕괴와 같은 기간의 주가 폭락으로, 미국인들의 총 부 또는 순자산은 대략 최대 16조 달러 감소했다.[16] 물론 위기의 회복과정에서 부동산 및 주식 가격이 반등하면서 이 중 일부는 회복되었으나, 문제는 회복된 부의 많은 부분이 주로 부유층에게 돌아갔다는 점이다. 일부 부유층이 상장주식의 대부분을 소유한 상황에서 주가지수는 진작에 위기 이전 수준을 넘어 최근까지 매년 사상 최고치를 경신해 온 반면, 대부분 중산층이 소유하는 주택의 가격은 지지부진하게 상승하다가 최근에야 위기 전 고점에 가까워졌기 때문이다(고점 회복시점은 S&P/Case-Shiller 전국 주택 가격지수 기준으로 2017년임 – 옮긴이). 물론 이런 회복은 주택을 계속 소유한 가구에만 해당될 뿐, 금융위기로 주택을 압류당한 수많은 가구 중 상당수는 여전히 자기 집조차 없다는 점을 기억할 필요가 있다.

금융위기에 따른 피해는 신흥국의 경우 훨씬 더 심각했다. 예컨대 상기한 1982년 외환위기로 인해 멕시코는 수년간 극심한 경기침체를 경험했다. 그뿐만 아니라 같은 시기 주변의 남미 국가들 역시 멕시코와 비슷한 상황에 처해 있었다. 즉, 대부분의 국가가 미국 등 선진국 은행으로부터의 과도한 차입을 통해 대규모 부채를 지고 있었고, 당시 전 세계적 불황에 따라 원유, 구리 등 주력 수출품에 대한 수요가 감소하면서 부채상환능력이 심각하게 훼손된 상황이었다. 그 와중에 멕시코가 채무불이행을 선언하자, 다른 남미 국가들도 연쇄적으로 외환위기에 몰리게 된 것이다. 이들 국가에게 1980년대는 지금까지도 '잃어버린 10년'으로 기억되고 있다. 실제로 1980년대 남미 국가들의 평균 GDP 성장률은 거의 제로에 가까웠다. 또한 같은 기간, 예컨대 멕시코의 실질임금 수준은 무려 25~30% 하락했다.

금융위기로 인한 신흥국의 또 다른 피해 사례로 1997년 한국을 비롯한 동남아시아를 강타한, 동아시아 외환위기를 들 수 있다. 이 역시 마찬가지로 상기한 전형적인 위기의 패턴, 즉 자유화·개방화된 금융시장에서 투기자본의 유출입에 따른 거품의 형성과 붕괴에 기인한 것이다. 위기의 여파로 한국, 태국, 인도네시아 등 여러 동아시아와 동남아시아 국가들이 극심한 경제침체를 겪었다. 예컨대 1996년에서 1998년 사이에 한국, 말레이시아, 인도네시아, 태국, 필리핀에서 적게 잡아도 총 1천만 명 이상의 인구가 빈곤층으로 전락했다.[17] 또한 위기 이전에 비해 실업률이 한국에서는 세 배, 태국에서는 네 배 가까이 상승했고,[18] 셀 수 없이 많은 기업이 파산했다.

이러한 수많은 위기 사례에도 불구하고, 자유방임주의적 견해를 지지하는 경제학자들은 1980년대 이후 신흥국의 빈곤율이 크게 하락한 사실에 주목하면서,[19] 자유방임주의적 합의와 이에 기초한 심화된 단계의 세계화가 신흥국의 경제성장을 위한 바람직한 처방임을 강조했다. 그러나 이러한 주장은 현실을 오도하고 있다. 사실 이 기간의 빈곤율 하락은 거의 대부분 중국과—이보다 기여도는 낮지만—인도의 급속한 성장에 기인하는데, 두 나라 모두—서구의 주류경제학과 국제금융기구들에 의해 제시된—자유방임주의적 합의에 기초한 정책 처방 대신 나름대로의 정부주도 전략을 통해 경제성장을 이룩해 왔기 때문이다.

한편 유럽 국가들의 경우 글로벌 금융위기로 인해 엄청난 피해를 겪은 것은 매한가지였으나, 위기의 극복과 대응 과정에서 미국 등 여타 국가와는 성격이 다른, 보다 심각한 문제에 직면했다. 즉, 유럽 국가들의 위기는 금융위기와 재정위기가 결합된 복합적인 성격을 띠었다. 금융위기의 극복 과정에서 남유럽 국가를 중심으로 재정적자 및 정부부채가 대폭 증가하면서, 2011년에는 급기야 재정위기까지 발생한 것이다. 그런데 더욱 심각한 문제는 다소 기이할 정도로 독특한 유럽의 위기 대응 방식에 있었다. 이른바 '확장적 긴축'—혹은 '긴축적 확장'—이라는 다소 모순되는 명칭의 정책이 바로 그것이다. 남유럽발 재정위기로 실물경제의 경기침체가 심화되는 가운데서도 유럽의 경제학자들과 정책담당자들은 대부분 앵무새처럼 '긴축'을 부르짖었다. 이들의 논리에 따르면, 정부가 단기적인 경기침체를 감수해서라도 재정적자와 정부부채 감소를 위해 세금을 인상하고 사회복지지출 등을 줄이면, 채권자와 투자자의 신뢰를 회복함으로써 이자율 하락을 통해 자금조달 사정이 개선되고, 그 결과 투자가 증가하면서 경기가 회복된다는 것이다. 원래 확장적 긴축의 논리는 알베르토 알레시나Alberto Alesina 하버드대 교수 등을 비롯해 시장의 자기조정 기능을 신봉하는 미국의 보수적 경제학자들의 일부 연구에 기초한 것이었다. 그러나—이후 본문에서 살펴보겠지만—이들의 연구는 대부분 실증적 근거가 매우 빈약했다.

그럼에도 여러 유럽 선진국 정부는 이러한 논리를 받아들여 실제로 긴축정책을 시행했는데, 결과는 한마디로 참담했다. 예컨대 영국 정부는 금융위기에서 본격적으로 회복되기도 전에, 균형재정 달성을 목표로 긴축정책을 실시했다. 이후 본문에서 자세히 살펴보겠지만, 이러한 섣부른 긴축은 1930년대 대공황 초기의 잘못된 정책 대응에 견줄 만큼 최악의 정책 실패로 평가된다. 마찬가지로 재정위기의 진앙지였던 남유럽 국가들—스페인, 포르투갈, 이탈리아, 그리스 등—역시 강력한 긴축정책을 시행했는데, 그 결과 위기에서 회복되기는커녕 실업률이 치솟고 경기침체가 더욱 악화되었다. 이 책을 쓰고 있는 2013년 말까지도 이들 국가의 GDP는 2007년의 고점에 한참 못 미치고 있다(상기한 네 국가 가운데 이탈리아와 그리스는 2018년 말 기준으로 여전히 금융위기 이전의 고점을 회복하지 못했고, 스페인과 포르투갈은 약 10년이 지난 2017년과 2018년에야 고점을 회복했음-옮긴이).

─────────◆●◆─────────

1980년대 이래의 다양한 자유방임주의적 '실험' 과정에서 나타난 주류경제학자들의 태도는 단순히 시장 메커니즘에 대한 신뢰를 넘어 지적 오만에 가까운 것이었다. 또한 이들은 경제 이론의 현실적합성에 주목하기보다 학계의 최신 유행에 지나치게 민감했고, 때때로 강력한 이익집단의 주장에 대해 자신의 이론을 동원하여 옹호했으며, 유력 정치인들의 눈치를 봐 가며 그들의 구미에 맞는 방향의 정책을 조언했다. 그러면서도 이들은 다른 사회과학과 달리, 경제학이 자연과학과 유사한 의미의 진정한 '과학'이라고 강변해 왔다.

철학자 이사야 벌린Isaiah Berlin(영국의 역사가이자 철학자로서 전통적인 자유주의자이며, 주요 저서로는 마르크스의 전기인《칼 마르크스: 그의 생애와 시대》*Karl Marx: His Life and Environment*가 있음 – 옮긴이)은 인간의 유형을 동물에 빗대어 크게 두 가지로 분류한 바 있다. 하나는 거창한 거대 담론에 집요하게 천착하는 '고슴도치' 유형이고, 다른 하나는 폭넓은 범위의 개별적 지식을 상황에 맞게 활용하는 '여우' 유형이다. 경제학자 대니 로드릭Dani Rodrik은 벌린의 분류를 경제학자에게 적용하여, 시장의 자기조정과 효율적 자원배분 기능을 신뢰하는 시장근본주의자들을 고슴도치에 비유했다. 이 분류에 따르면 프리드먼과 그의 추종자들은 전형적인 고슴도치 유형에 해당한다. 덧붙여 말하자면, 이들은 정부의 개입을 병적으로 혐오하는 고슴도치라고 할 수 있다.

반면 로드릭은 상황의 특수성에 따라 시장의 자기조정과 자원배분 기능이 제대로 작동하지 않을 수 있다는 것, 즉 시장실패의 가능성을 인정하는 경제학자들을 여우에 비유했다. 이와 같이 여우는 어느 정도 시장의 한계를 인식하고 있으므로, 시장을 전적으로 신뢰하는 고슴도치와 달리 적정 수준의 정부 개입 또는 규제가 필요하다고 본다. 예컨대 이들은 시장에만 맡겨 두면 충분히 생산되기 어려운 공공재에 정부가 투자를 늘려야 한다고 주장한다. 또한 경기침체와 실업의 위험에서 노동자를 보호하기 위해 실업보험 등 사회보장 프로그램이 꼭 필요하다고 주장한다. 이 분류에 따르면, 예컨대 정부의 역할을 강조하는 존 메이너드 케인즈John Maynard Keynes는 전형적인 여우 유형에 해당한다.

그러나 좀 더 엄밀하게 따져 보면, 여우와 고슴도치 간의 차이가 로드릭이 생각하는 것처럼 그렇게 뚜렷한 것은 아니다. 차이라고 해 봐야, 필요한 경우 정부의 개입을 허용한다는 점에서 여우가 고슴도치보다 약간 더 실리적이고 융통성이 있다는 것뿐이다. 사실 여우가 정부 개입을 용인하는 것은 어디까지나 시장실패―공립학교 또는 사회간접자본 등 공공재의 공급이 부족한 경우, 공해와 같이 이른바 '외부효과'externality가 발생한 경우(어떤 경제 주체의 행위가 다른 경제 주체에게 의도하지 않은 이득이나 손해를 가져다주는데도 이에 대한 대가를 받거나 지불하지 않는 경우에 외부효과가 발생함 - 옮긴이), 노동시장의 수요독점이나 임금 경직성 등으로 인해 노동자가 생산성에 상응하는 임금을 받지 못하는 경우 등등―의 경우로만 한정된다. 그러나 보다 근본적인 관점에서 보면, 정부 개입에 대한 여우의 입장은 매우 애매모호하다. 여우의 논리대로라면, 정부는 오직 시장을 보완하기 위해서만 필요할 뿐이며, 그 자체로는 존재 이유나 유용성이 없기 때문이다.

이와 관련하여 컬럼비아대의 경제학자 리처드 넬슨Richard Nelson은 시장실패를 정부 개입의 유일한 근거로 보는 견해를 다음과 같이 비판하고 있다.[20] "이러한 견해에 따르면, 정부의 개입은 오직 시장이 실패하는 아주 예외적인 경우에만 허용된다. … 그런데 곰곰이 생각해 보면, 시장의 '실패'만이 정부 개입의 유일한 근거라는 주장은 [정부의 정책적 개입과 같은 중요한 행위를 정당화하기에는] 기이할 정도로 빈약한 논리라고 할 수 있다. 가정이라는 공동체가 그 자체로 의미와 필요성을 가지는 것처럼, 정부 역시 [단순히 시장의 보완물이 아닌] 그 자체로 존재 이유 또는 필요성을 가질 수는 없는가?"

이와 같이 여우와 고슴도치 간의 차이가 생각보다 크진 않지만, 그래도 여전히 둘 사이의 구분은 매우 중요하다. 지금의 경제학에는, 프리드먼과 같은 시장근본주의적 고슴도치보다는 다양한 경제현상의 특수성을 이해하고 각각에 융통성 있게 대처할 수 있는 여우가 더 많이 필요하기 때문이다. 사실 프리드먼과 추종자들의 자유방임주의 경제학이 학계를 지배할 수 있었던 것은 이들의 이론이 — 1970년대 고인플레이션을 억제하는 데 어느 정도 기여했다고 평가됨에도 — 실증적으로 유용해서라기보다는, 무모하리만큼 대담하게 현실을 단순화·이상화했다는 점에 주로 기인한다고 할 수 있다. 다시 말해, 이들의 자유방임주의 경제학은 무수히 다양한 개별 경제현상의 특수성을 깡그리 무시하고, 모든 상황에 시장 원리를 무차별적으로 적용한 이른바 '우아한 경제학'clean economics이었고, 이러한 이론의 '우아함'이 수많은 경제학자들, 특히 하나의 거대 이론을 선호하는 고슴도치 유형의 학자들에게 강하게 어필했다는 것이다. 뉴욕타임스의 칼럼니스트이자 노벨경제학상 수상자인 폴 크루그먼Paul Krugman은 경제학자들의 이런 성향을 비판하면서, 이제는 경제학자들이 개별 경제현상의 특수성, 이른바 '지저분한'messy 세부사항에 좀 더 주목하고 관심을 가져야 한다고 역설했다. 크루그먼의 비판은 원래 정부 개입의 필요성을 완전히 부정하는 극단적으로 보수적인 경제학자를 향한 것이었으나, 사실 동일한 비판이 보다 온건한 주류경제학자에게도 적용될 수 있다. 예컨대 앞서 언급한 블랑샤는 상기한 논문에서 기존 주류적 입장보다 좀 더 개선된 몇 가지 정책 제안—물가안정의 단일 목표에 대한 집착을 버리고 인플레이션 목표치를 상향하는 방안 등—을 했으나, 정작 가장 근본적인 문제, 즉 '우아한 경제학'의 현실적합성과 교조화 등의 문제에는 별다른 의문을 제기하지 않았다.

———————••••———————

정리하면, 오늘날 우리에게 필요한 것은 더 이상 '우아한 경제학'이 아니라 '더러운 경제학'dirty economics이다. 즉, 우리에겐 경제의 '더러운' 구석구석, 즉 개별 경제현상의 다양한 특수성을 잘 이해하고 각각에 융통성 있게 이론을 적용할 수 있는 여우가 절실하다. 이러한 여우가 되기 위해서는 경제학뿐만 아니라 사회학, 심리학, 역사학, 인류학 등등 인접 학문에 대한 이해가 필수적이다. 인접 학문의 관점에서 역사와 현실을 반추해 보면 어떤 경제학 이론이 언제, 어디에 적용 가능하고, 그 한계가 무엇인지를 검증할 수 있기 때문이다.

지난 2008년 글로벌 금융위기는 경제학자들의—인접 학문을 통한—인간과 사회에 대한 이해가 얼마나 빈약한지를 극명하게 보여주는 사례였다. 월스트리트의 금융업자들이 어떤 사회적 유인에 따라 위험한 금융상품을 만들어 냈는지, 역사적으로도 그와 비슷한 사례가 있었는지, 그리고 개인 또는 군중의 심리가 금융시장에 어떻게 영향을 주었는지를 경제학자들은 이해할 수도 없었고, 이해하려고도 하지 않았다. 간혹 행태경제학behavioral economics과 같은 경제학의 일부 분야에서는 심리학 등 인접 분야의 새로운 방법론을 적용하여, 금융시장의 현실을 분석하기도 했다. 또한 주류경제학 내에서도 일부

진보적 성향의 경제학자들은 자유방임주의 경제학의 이데올로기적 편향을 강하게 비판하기도 했다. 그러나 이와 같은 시도는 소수에 그쳤고, 대부분의 경제학자들은 진짜 현실의 '더러움'을 애써 외면했다. 다시 말해, 그들은 '우아한 경제학' 이론에 의해 여과된 현실만을 보았으며, 걸러진 진짜 현실은 철저히 무시했다.

소설가 헨리 제임스Henry James는 학생들에게 다음과 같이 충고한 적이 있다. "어떤 관점이나 생각도 그것이 삶에 대한 직접적 인상이기만 하면 가치가 있는 것이다. 진정한 작가라면 삶을 가까운 거리에서 직접적으로 음미해야 한다."[21] 이 충고는 경제학자에게도 똑같이 적용된다. 개별적인 경제의 현실을 직접적으로 고려하지 않은 경제 이론은 별 쓸모가 없을 뿐만 아니라, 명백히 틀릴 수밖에 없다.

이 책에서는—자유방임주의 혁명이 시작된 1970년대 이후—지난 수십 년간 주류경제학을 지배해 온 주요 이론에서 일곱 가지 명제를 도출하고, 각각의 명제들이 왜 거짓말에 가까우며 경제와 사회에 어떤 해악을 미쳤는지 역사적·실증적 관점에서 밝혀 보고자 한다. 이들 명제의 대부분은 본래 건전한 의도에서 나왔으며 그 자체로 상당한 타당성을 가지지만, 결국은 이데올로기화하면서 심각하게 오용 또는 남용되고 말았다. 이들 명제는 모두 강력한 호소력을 가지며, 우아할 만큼 단순명료하다는 공통점을 가진다. 반면 이들은 모두 현실에 비추어 볼 때 거짓말에 가까우며, 지난 수십 년간 미국뿐만 아니라 전 세계 경제와 사회에 보이지 않는 위협으로 작용해 왔다는 점에서도 공통적이다.

1장

보이지 않는 손과
우아한 경제학

애덤 스미스의 '보이지 않는 손'the Invisible Hand은 모든 현대 경제학 이론의 초석이 되는 아이디어라고 할 수 있다. 원래 '보이지 않는 손'은 정부 등 외부의 통제 없이도 수많은 판매자와 구매자가 만나서 상품과 서비스에 대한 이상적인 가격 수준에 자발적으로 합의하고 거래하도록 유도하는 시장의 역할을 '비유적'으로 묘사한 것이다. 이와 같이 당초 비유로 출발했던 보이지 않는 손의 아이디어는 그 자체가 가진 호소력과 단순명료함 덕분에 스스로 이론적 생명력을 가지게 되었고, 이후 자유방임주의 경제학에 의해 심지어 이데올로기의 반열에 오르면서 후세의 경제학자뿐만 아니라 정책담당자에게도 지대한 영향을 미쳤다. 사실 이 책에서 다루고 있는 일곱 가지 명제 가운데 이후 살펴볼 여섯 가지는 모두 보이지 않는 손이라는 유용한 비유를 글자 그대로 경직적으로 해석하거나, 이를 정치적으로 오용 또는 왜곡한 결과에서 파생된 것이다. 그러나 너무나 안타깝게도, 보이지 않는 손이라는 아이디어가 가지는 매력에 —과거의 필자를 포함하여— 수많은 경제학자와 정책담당자가 도취되어 자만했고, 그 결과 이러한 위대한 아이디어가 어떻게 잘못 해석되고 오용되었는지를 까맣게 잊고 말았다.

애덤 스미스의 《국부론》이 다룬 주요 주제, 즉 '어떻게 하면 국가가 부강하고 번영할 수 있는가'는 필자 역시 학창 시절부터 줄곧 관심을 기울여 온 연구 주제 중 하나였다. 인류 역사를 되돌아볼 때, 경제가 전반적으로 번영하고 사람들의 생활수준이 대체로 고르게 향상된 것은 기껏해야 최근 한두 세기에 불과하다. 따라서 장기적 역사의 관점에서 보면, 필자와 같이 번영의 시대였던 1960년대 미국에서 사회생활을 시작한 사람들은 참 운이 좋은 세대라고 할 수 있다. 1960년대는 경제가 빠르게 성장했을 뿐만 아니라, 전 계층에 걸쳐 임금이 고르게 상승하고 빈곤율도 하락하는 등 제2차 세계대전 이후 미국 자본주의가 최고의 황금기를 맞이한 시기였기 때문이다. 물론 이후 살펴보겠지만, 이러한 황금기는 그다지 오래가지 못했다.

물질적 번영은 그 자체로도 중요하지만, 사람들에게 자신의 운명을 스스로 통제할 수 있다는 자신감을 가지게 한다는 점에서도 매우 중요한 의미가 있다. 예컨대 역사적으로 민주주의는 경제적 번영을 바탕으로 정착·확산되어 왔는데, 이는 경제적 번영이 개인의 권리에 대한 중요성을 일깨우고 자치 의식sense of self-control을 함양하는 기능을 하기 때문이다. 물론 경제적 번영과 사회 및 개인의 인식 간의 관계는 단순한 일방향이 아닌 쌍방향의 관계이며, 관계의 양태 또한 일반인이 생각하는 것보다 훨씬 복잡하고 미묘하다. 그러나 경제적 번영이 사회와 개인의 인식에 지대한 영향을 미친다는 것만은 분명한 사실이다.

이렇게 경제적 번영이 정치·사회적으로도 중요한 의미를 가짐을 감안하면, 경제적 번영의 궁극적 원천이 무엇인가를 탐구하는 것은—필자를 포함하여—경제를 분석하는 모든 이들의 제1과제가 될 수밖에 없다. 《국부론》의 원제 *An Inquiry into the Nature and Causes of the Wealth of Nations*에서 보듯이, 결국 애덤 스미스가 규명하고자 했던 것 역시 바로 이것이다. 애덤 스미스가 《국부론》을 출간한 18세기 말(1776년)은 영국발 산업혁명으로 인해 — 번영의 초기 지표인 — 대중의 취약한 영양·보건 상태와 경제적 불안이 점차 개선되기 시작한 시점과 일치한다. 이후 산업혁명이 확산·진전되면서 유럽과 북아메리카 주요국의 국민소득은— 경기변동에 따라 다소의 굴곡은 있지만— 지속적으로 증가했다. 역사적으로 산업혁명 이전 약 2천 년 동안 전 세계 GDP가 거의 증가하지 않은 것과 비교하면, 이는 놀랄 만한 변화이다.[1]

1776년 독립 선언(공교롭게도 《국부론》 초판의 출간 연도와 시기가 일치함 – 옮긴이) 이후 미국의 경제와 사회가 그 틀을 갖추고 발전했던 시기는 산업혁명이 전 세계적으로 확산된 시기와 정확히 일치한다. 산업혁명에 따른 경제적 번영은 앞서 언급한 대로 미국인의 자존감과 사회적 의식을 고양하는 데 지대한 영향을 미쳤고, 그 결과 미국 예외주의American exceptionalism(미국은 자유·인권·민주주의 등을 전 세계에 전파해야 하는 고유의 사명을 지닌 '특별한' 국가이므로, 세계를 이끄는 강력한 리더십을 가져야 함을 의미함 – 옮긴이)가 미국인의 의식에 자리잡는 데 중요한 역할을 했다. 또한 운명은 스스로 개척할 수 있고, 또 개척해야만 한다는 '개인주의'가 미국인의 지배적 정서로 뿌리내린 것도 바로 이때라고 할 수 있다. 때때로 개인주의가 지나쳐서 공동체의 연대를 저해하는 경우도 있었지만 말이다.

아울러 미국은 경작 가능한 드넓은 땅을 가졌기 때문에 건국 초기부터 경제적으로 자립이 가능한 국가였다. 경제적 자립 가능성 역시 미국인에게 운명에 대한 개척 의식과—투표권 요구로 이어지는—자치 의식을 고양시킨 주요 요인 중 하나였다. 미국의 독립 혁명과 프랑스 대혁명이 둘 다 산업혁명의 속도가 붙기 시작했던 시기에 일어난 것은 결코 우연이 아닐 것이다.

물론 산업혁명 이전에도 17세기 후반에 전개된 지적知的 혁명인 계몽주의The Enlightenment 운동으로 인해 이성적 주체로서 개인의 의미와 권리를 점차 중시하는 방향으로 의식 변화가 있었던 것은 사실이다. 그러나 이런 의식 변화 역시 그보다 더 이전 시기의 유럽과 그 식민지를 중심으로 한 경제적 번영에 크게 영향을 받았다고 할 수 있다. 실제로 17세기에는 네덜란드를 중심으로 상공업이 크게 흥했고, 그 이전으로 거슬러 올라가면 스페인, 그리고 좀 더 거슬러 올라가면 프랑스 일부와 이탈리아의 도시국가를 중심으로 유럽의 경제는 더디지만 지속적으로 발전했다. 유럽사를 연구하는 학자 가운데는 최초의 산업혁명이 18세기 영국이 아닌 12세기 플랑드르 지역(북해 연안의 저지대로, 오늘날 프랑스 북부, 벨기에 서부, 네덜란드 남서부에 해당하는 지역임 – 옮긴이)에서 발생했다고 주장하는 사람이 있을 정도이니, 당시 경제의 부흥 정도를 짐작할 만하다. 요컨대 계몽주의 운동 이전에도 이미 상당한 수준의 경제적 번영이 이룩되었고, 이러한 경제적 번영은 이후 개인의 의식과 권리에 대한 인식을 변화시키는 데 크게 기여했다는 것이다.

산업혁명 이전에 이미 상당한 경제적 성과가 있었지만, 이것이 영국발 산업혁명과 같은 전반적인 경제·사회 구조의 변화로 이어지지 않은 이유는 무엇일까? 일부 학자들은 그 이유를 수요측보다는 공급측 요인, 즉 새로운 기술과 원재료가 산업혁명 당시에 비해 크게 부족했다는 점에서 찾기도 한다. 그러나 이러한 견해는 또 다른 중요한 원인을 놓치고 있다. 필자가 지금까지 관련 문헌을 연구한 바에 따르면, 산업혁명 이전의 경제적 성과가 전반적인 경제·사회 구조의 변화로 이어지지 못한 것은 상당 부분 수요측 요인, 즉 상품과 서비스에 대한 시장규모가 산업혁명 당시에 비해 크게 작았기 때문이다. 이후 수백 년이 지나, 산업혁명기가 되서야 생산된 상품과 서비스의 종류와 양이 늘어나고 평균 소득수준이 높아지면서 규모의 경제 — 생산량이 늘어남에 따라 단위당 생산비용이 감소하는 현상—를 유발할 수 있을 만큼 시장규모가 충분히 확대될 수 있었다는 것이다. 같은 맥락에서 경제사학자인 페르낭 브로델Fernand Braudel은 산업혁명에 대해 다음과 같이 서술했다.[2] "산업 발전과 혁신의 원동력을 제공한 근본 요인은 바로 내수 시장의 현저한 확대였다."

시장규모의 확대는 애덤 스미스가 강조한 규모의 경제를 통한 비약적인 생산성 향상의 핵심 전제조건이라고 할 수 있다. 스미스는 특화를 통한 분업이 생산성 향상의 핵심요인이며, 특화와 분업이 실현되기 위해서는 일정 규모 이상의 시장이 필요함을 이미 간파하고 있었다. 이는《국부론》도입부의 '핀 공장'의 사례를 통해 잘 드러난다.[3] 특화를 통한 분업이 어떻게 생산성을 비약적으로 향상시키는지를 상징적으로 묘사한 '핀 공장'의 사례는 경제학뿐만 아니라 사회과학을 통틀어 가장 유명한 비유적 사례로 꼽힌다. 핀 공장 사례의 구체적 내용은 이후 살펴볼 것이다.

이유가 무엇이든 간에, 산업혁명으로 인한 19세기의 경제적 번영이 미국뿐만 아니라 모든 주요 산업국가에서 국민의 자치 의식을 고양하고 민주주의에 대한 열망을 확산시킨 주요인이라는 것은 틀림없는 사실이다. 비록 20세기 후반에 완성된 형태의 민주주의가 정착되기까지는 아직 긴 시간을 기다려야 했지만, 적어도 민주주의로 가는 긴 여정에서 상당한 진전이 있었다고 평가할 수 있다.

이와 같이 경제적 번영이 정치·사회 발전에 미치는 막대한 영향력을 감안하면, 필자가 경제적 번영의 궁극적 원인을 탐구하는 경제학에 매혹된 것은 어찌 보면 당연한 일일 것이다. 시장이라는 단일한 메커니즘으로 모든 경제적 번영의 원인과 경제발전 경로를 규명할 수 있을지 모른다는 가능성만으로도, 학창 시절의 필자를 비롯하여 경제학 교과서를 처음으로 펼쳐 보는 수많은 대학 신입생을 설레게 하는 데는 충분했다.

　교과서에 나온 시장경제는 말 그대로, '그보다 더 좋을 수 없을 만큼' 이상적인 경제였다. 교과서에 따르면 시장이라는 메커니즘은 순전히 구성원들의 사익 추구를 기반으로 작동하지만, 종국적으로는 전체 공동체의 이익을 극대화하는 결과를 가져온다는 것이다. 각각 자신의 이익만을 극대화하는 소비자와 생산자가 시장에서 만나기만 하면, 수요와 공급이 일치하는 이상적인 가격에서 거래가 이루어졌다. 거래 결과, 소비자는 지불할 의사가 있는 가격 내에서 최대한 많이 살 수 있고, 생산자는 생산비용 이상으로, 받을 수 있는 한 최대 가격으로 최대한 많이 팔 수 있었으니 모두 윈윈win-win인 거래였다. 이렇게 결정된 이상적인 가격에서는 어떤 소비자도 자기가 생각하는 가치 이상을 지불할 필요가 없었고, 어떤 생산자도 자기가 받아야 할 가치 이하로 파는 일은 없었다. 임금, 이윤 등으로 소득이 분배되는 생산요소 시장이나 자본이 거래되는 금융시장 역시 더할 나위 없이 질서정연하고 공정했다. 노동자들은 자신이 생산에 기여한 만큼의 '공정한' 임금을 받았고, 기업 역시 공정한 수준의 이윤만을 벌었다.

자본을 제공하는 투자자 역시, 자신이 감수하는 위험에 상응하는 만큼 공정한 가격으로 증권을 사고 팔 수 있었다.

무엇보다도 경이로운 것은 자원을 효율적으로 배분하는 가격의 신호 기능이었다. 수많은 소비자와 생산자가 각각의 복잡한 유인에 따라 행동하는 시장이지만, 가격이라는 신호만 있으면 자원이 저절로 가장 쓸모 있는 곳으로 배분될 수 있었다. 예컨대 시장에서 어떤 특정 상품에 대한 수요가 증가하여 상품 가격이 오르면, 생산자는 가격 신호에 따라 자신의 이윤을 극대화하기 위해 그 상품의 생산량을 늘리고, 이를 위해 관련 투자를 확대하고 고용을 증가시킨다. 반대로 어떤 상품에 대한 수요가 감소하여 상품 가격이 내리면, 생산자는 자신의 이윤을 극대화하기 위해 그 상품의 생산량을 줄이고, 관련 투자 계획을 취소하거나 고용을 감소시킨다. 가격의 신호기능을 통해 소비자는 자신의 선호를 시장에 반영할 수 있고, 생산자는 어느 부문에 투자와 고용을 늘리거나 줄여야 할지 결정할 수 있다. 그 결과 사회적으로 가장 유용한 부문으로 자원이 효율적으로 배분되면서 경제가 성장하는 것이다. '보이지 않는 손'으로 비유된 시장이라는 단일한 메커니즘을 통해 수많은 소비자와 생산자의 복잡한 특수성은 가격이라는 단일한 신호로 축약되며, 그 결과 머리말에서 언급한 '더러운 경제학'은 이제 '우아한 경제학'으로 거듭날 수 있다.

이 때문에 '보이지 않는 손'은 이후 등장하는 현대 자유방임주의 경제학의 기본 토대가 된다. 상기한 대로 시장 메커니즘에 따라 자유롭게 결정되는 가격은 고유의 신호기능을 통해 최적의 자원배분을 달성한다. 따라서 시장 가격에 대한 정부의 규제는 자원배분의 효율성을 저해하고 경제성장에 부정적 영향을 미친다. 물론 이후 살펴보겠지만 필자는 시장만으로는 가격의 신호기능이 제대로 작동할 수 없고, 반드시 정부의 고유한 역할이 필요하다고 생각한다. 사실 이 점에서는 '보이지 않는 손'의 창시자 애덤 스미스도 마찬가지였다. 그러나 '보이지 않는 손'은 경제적 번영의 원인이라는 수수께끼에 대해 명시적이고 분명한 대답을 제공한다는 점에서 너무도 매력적인 메커니즘이 아닐 수 없다. 이러한 매력에 경제학자들이 너무 도취된 탓인지 — 이후 자세히 논의하겠지만 — 현대 주류경제학은 근본적으로 '보이지 않는 손'에서 한 발자국도 더 나아가지 못했다.

그러나 '보이지 않는 손'을 비롯하여 애덤 스미스 이후 경제학자들이 구축했던 모든 이론은 어디까지나 당시의 경제적 현실에서 생겨난 추상적인 구성물에 불과하다. 다시 말해, 구체적인 경제 현실에 대한 관찰에서 추상적 이론이 나온 것이지, 그 반대는 아니라는 것이다. 자본주의라는 경제적 모델은 경제학자들이 이를 설명하기 이전에 현실에 이미 존재하고 있었으며, 따라서 애덤 스미스뿐만 아니라 후세의 어느 누구도 자본주의 모델을 스스로 창조한 경우는 없었다. 애덤 스미스는 당시 이미 경제적으로 번영하고 있던 영국의 자본주의를 '묘사' 또는 '설명'하기 위한 이론을 제시했을 뿐이며, 그 결과 탄생한 '보이지 않는 손'의 이론이 — 경제적 현실에 영향을 주기 위한 — '정책'의 가이드로 적용된 것은 한참 후의 일이었다(단, 애덤 스미스도 자신의 이론을 바탕으로 자유무역 정책의 필요성을 역설한 바 있기는 하다). 케인즈를 비롯한 후세의 경제학자들 역시 제각각 직면한 당시의 경제적 현실을 해석 또는 설명하기 위해 다양한 이론을 제시했다는 점에서는 서로 다를 바가 없었다. 다만, 케인즈 등 이 책에서 언급할 일부 경제학자들은 경제적 현실을 설명하는 데서 나아가, 나름

대로 경제상황을 개선하기 위한 정책적 방안을 제시하려 했다는 점에서 다소 예외일 수 있다.

———— ••• ————

상기한 대로 경제적 상황은 사회와 개인의 인식 변화를 통해 정치적 환경에도 지대한 영향을 미친다. 예컨대 경제상황이 좋을 때는 정부에 대한 유권자의 신뢰도가 높아지고 증세增税 또는 재정을 통한 복지지출 확대에 관대해지는 반면, 경제상황이 나쁠 때는 그 반대가 된다. 실제로 1970년대 미국의 경제상황 악화—고인플레이션, 고실업, 고금리, 재정적자 누증 등—는 이후 미국인들이 정부의 역할에 강한 불신을 가지게 되는 중요한 계기를 제공했다.

그러나 많은 학자들은 이러한 사실을 종종 무시하곤 한다. 예컨대 역사학자 숀 윌렌츠Sean Wilentz는 저서에서[4] 로널드 레이건 전 대통령을 정치적 보수주의의 새 시대를 연 인물로 묘사하면서, 그의 집권과 이후 개혁의 성공을 명확한 리더십과 같은 개인적 재능 덕으로 돌렸다. 그러나 정작 레이건의 보수주의가 상징하는 자유방임주의 경제정책들, 즉 감세减税와 규제 철폐 등이 실현될 수 있었던 것은 상당 부분 레이건 취임 전후의 악화된 경제상황 때문이라는 사실을 윌렌츠는 간과했다. 그도 그럴 것이 레이건은 1950년대 초반부터 줄곧 비슷한 내용의 보수주의적 어젠더를 추진해 왔지만, 1981년 대통령이 되기 전까지는 번번이 이를 관철하는 데 실패했기 때문이다. 즉, 레이건의 보수주의가 득세할 수 있었던 핵심 배경은 바로 1970년대 내내 지속된 고인플레이션과 1970년대 말에서 1980년대 초에 걸친 극심한 경기침체라고 할 수 있다.

예컨대 1971년 당시 캘리포니아 주지사였던 레이건은 주 소득세를 영구적으로 대폭 삭감하기 위해 캘리포니아 주 헌법의 개정안을 제출했다.[5] 이는 레이건이 이전부터 줄기차게 주장해 온 보수주의적 어젠더의 연장으로, 차기 대통령 후보가 되기 위한 나름의 승부수였다. 그러나 주 헌법 개정 시도는 무참히 실패하고 만다. 1970년대 초까지만 해도 캘리포니아는 여전히 경제적으로 번영했고, 이로 인해 정부에 대한 신뢰가 높은 지역 중 하나였으므로 조세부담에 대한 불만은 그다지 큰 문제가 되지 않았던 것이다.

그러나 1970년대 후반부터 두 자릿수의 인플레이션율과 치솟는 실업률, 그리고 극심한 경기침체가 이어지면서 상황은 완전히 반전된다. 예컨대 1978년 캘리포니아 주 의회는 재산세를 일괄 삭감하는 동시에, 향후에도 ─주 또는 지방의회에서 3분의 2 이상의 다수결로 의결한 경우를 제외하고는─ 일체의 세금 인상을 원칙적으로 금지하는 법안을 통과시켰다. 이러한 변화는 보수주의적 또는 자유방임주의적 이데올로기의 승리라기보다는, 상기한 당시의 악화된 경제상황에 주로 힘입은 것이라고 할 수 있다. 또한 이후에는 연방정부 소득세와 자본소득세가 줄줄이 인하되었다. 이렇게 변화된 정부에 대한 인식과 이데올로기적 지형 속에서, 1968년 이래 줄곧 대통령 입후보를 시도했던 레이건은 1980년이 되어서야 비로소 공화당 후보로 출마하는 기회를 얻었고, 결국 카터를 꺾고 대통령이 되었다. 요컨대 레이건을 대통령으로 만든 것은 그의 보수주의적 어젠더가 아니라, 1970년대 말에서 1980년대 초의 고인플레이션과 경기침체로 인한 정치·사회 환경의 변화라고 할 수 있다.

머리말에서 언급했지만 레이건이 집권했던 1980년대 이후부터 2008년 글로벌 금융위기 이전까지 경제의 성적표는 그다지 신통치 않았다. 특히 중저소득층의 생활수준이 상대적으로 퇴보했다. 즉, 수십 년간 중산층의 임금은 정체되었고 저소득층의 실업률은 과거보다 높은 수준을 유지했다. 이러한 중저소득층의 경제적 어려움이 정부의 역할을 불신하는, 보수주의적 반정부 정서를 확산시킨 주요인이었다. 혹자는 1970년대 대기업의 로비스트들과 우파 성향의 싱크탱크들이 연합하여 조직화·활성화된 것을 1980년대 이후 보수주의 이데올로기가 득세한 주요인으로 보기도 한다. 그러나 보수주의 이데올로기의 득세가 미국뿐만 아니라 영국 등 다른 서구의 선진국에서도 동시에 나타났다는 점, 그리고 이런 변화 이전에 각국의 경제상황이 공통적으로 악화되었다는 점을 감안할 때, 보수주의 정치와 반정부 정서의 부활은 장기불황과 같은 경제적 요인에 주로 기인한 것일 가능성이 높다.

글로벌 금융위기 이후 최근 들어서도 이와 유사한 현상, 즉 우파 포퓰리즘 정치세력의 득세가 전 세계적으로 나타나고 있다. 이 역시 글로벌 금융위기와 유럽 재정위기에 따라 악화된 경제상황을 반영한 것이라고 할 수 있다(예컨대 주로 재정위기의 직격탄을 맞은 남유럽과 동유럽을 중심으로, 중도파가 몰락하고 극우적 배경을 가진 정치세력과 지도자들이 급부상하는 것이 이를 방증함 – 옮긴이). IS Islamic State와 같은 이슬람 극단주의 무장세력이 발호하는 것 역시 근본적으로는 빈곤과 같은 경제적 요인에 기인하는 경우가 많다. 잃을 것이 없는 가난한 사람은 스스로 나설 용기는 없다 하더라도, 누군가 앞장서기만 하면 기꺼이 동조하기 마련이기 때문이다.

이와 같은 경제 결정론 — 경제적 조건이 사회 변화의 주된 원인이라는 관념 — 은 인류 역사의 전개과정을 이해하고 설명하는 매우 효과적이고 유력한 관점이라고 할 수 있다. 생각해 보자. 만일 애덤 스미스가 살던 당시의 영국 경제가 그토록 번영하지 않았다면, 그가 '보이지 않는 손'의 메커니즘을 생각해 낼 수나 있었을까? 산업혁명이 일어나지 않았다면, 사람들이 안전권이나 행복추구권과 같은 시민권을 국민의 보편적인 권리로 요구할 엄두조차 낼 수 있었을까? 차라리 서양의 중세에 전 세계에서 가장 번영한 나라였던 중국의 왕조국가나 발달된 고대 도시국가였던 아테네의 일부 귀족들이 시장 메커니즘이나 시민권 등의 현대적 관념을 생각해 내기는 오히려 더 쉬웠을 것이다.

물론 경제결정론에 따라 경제상황이 사회와 개인의 인식과 관념을 형성하는 데 지대한 영향을 미치는 것은 엄연한 사실이지만, 그 반대 방향으로도 힘이 작용한다. 다시 말해, 일단 형성된 관념이 하나의 이데올로기로 자리 잡기 시작하면, 그때부터는 이데올로기화한 관념이 그 자체의 논리에 따라 경제적 현실에 영향을 미친다는 것이다. '보이지 않는 손'의 아이디어가 그 대표적 예라고 할 수 있다. 경제학 공부를 하면 할수록, '보이지 않는 손'이라는 관념이 얼마나 이데올로기에 가까워졌는지, '보이지 않는 손'이 그에 입각한 정책 제안 등을 통해 경제적 현실에 — 긍정적이든 또는 부정적이든 — 얼마나 지대한 영향을 미치는지를 점점 실감하게 된다. 이 책에서는 앞으로 이데올로기화한 '보이지 않는 손'(머리말에서 언급한 자유방임주의 경제학 또는 자유방임주의적 합의를 의미함 - 옮긴이)이 1980년대 이후 지난 수십 년간 주류경제학을 지배하면서, 어떻게 경제뿐만 아니라 사회를 위협해 왔으며 대공황 이후 최악의 재난인 2008년 글로벌 금융위기의 단초를 제공했는지 살펴볼 것이다. '보이지 않는 손'은 아이디어 자체로서는 매우 매력적이지만, 이것이 이데올로기가 되어 현실에 적용되는 순간, 약이 되기도 하고 독이 되기도 하는 양면성을 가진다.

———— •♦• ————

보통 어떤 이론이 '아름답다' 혹은 '우아하다'라고 하면, 이는 이 이론이 단순하면서도 현실의 많은 측면을 설명할 수 있음을 의미한다. 우아한 이론이 가진 단순성은 매우 매력적인 특징이지만, 단순성이 지나쳐 현실을 왜곡하기에 이르면 이는 '위험한 유혹'이 된다. 실제로 역사상 등장했던 많은 '우아한' 이론 가운데, 이후 오류로 판명된 것들이 상당수이다. 한때 정설로 인정되다가 이후 오류로 판명된 이론의 예로서 몇 가지를 들어 보면, 무거운 물체가 가벼운 물체보다 더 빠르게 낙하한다는 아리스토텔레스의 견해나 정맥과 동맥이 서로 별개의 순환기 계통을 구성한다는 이론, 그리고 너무도 유명한 프톨레마이오스의 천동설, 즉 지구가 우주의 중심이라는 이론 등을 들 수 있다.

이 중 마지막 사례, 즉 천동설과 이를 반박한 코페르니쿠스의 지동설을 좀 더 자세히 살펴보자. 코페르니쿠스의 지동설, 즉 우주의 중심은 지구가 아니라 태양이라는 이론은 두말할 것 없이 우아한 이론의 고전적이고 전형적인 예라고 할 수 있다. 지동설과 천동설은 둘 다 단순명료한 장점을 가지지만—우리가 이미 알다시피—진리에 가까운 지동설이야말로 진정으로 우아한 이론이라고 할 수 있다. 그러나 진정으로 우아한 이론(지동설)이 등장했다고 해서, 이전에 정설로 받아들여졌던 우아한 거짓 이론(천동설)이 바로 사라지는 것은 아니다. '보이지 않는 손'의 이데올로기가 그렇듯이, 한번 정설로 자리 잡은 우아한 거짓 이론은 사람들의 사고방식과 문화를 규정하는 토대가 된다. 따라서 증거를 통해 거짓임이 드러난다 하더라도 이를 단번에 떨쳐 버리는 것은 매우 어렵다.

실제로 지동설을 지지하는 여러 과학적 증거가 속속 보고되었지만, 이것만으로는 지동설이 천동설을 폐기하고 대체하기에 다소 미흡했다. 지동설이 완전히 수용되는 데 보다 결정적인 역할을 한 것은, 과학적 증거의 축적보다는 오히려 당시의 문화적·철학적 인식 변화라고 할 수 있다. 다시 말해, 코페르니쿠스가 지동설을 제기하기 전부터 유럽의 지성계에서는 인간이 우주의 중심이라는 세계관이 점차 퇴조하는 와중이었고, 이 때문에 지구가 우주의 중심이 아니라는 지동설의 급진적인 명제가 다소 시간이 걸리긴 했지만 결국엔 수용될 수 있었던 것이다. 상대적으로 가치중립적인 자연과학에서조차도 이데올로기의 힘이 이렇게 강력한데, 하물며 경제학과 같은 인문·사회과학에서는 두말할 필요가 없을 것이다.

천문학에서 천동설이 그랬던 것처럼, 지난 두 세기가 넘는 동안 '보이지 않는 손'이라는 우아한 아이디어는 경제학자는 물론이고, 이데올로기의 생산자이면서 소비자인 정치가와 관료 등을 완전히 매료시켰다. 그러나 '보이지 않는 손'의 아이디어는 그 본질에서 코페르니쿠스의 지동설은 물론이고 천동설과 같은 과학적 이론과 동일 선상에서 비교할 만한 대상이 전혀 아니다. 왜냐하면 이는 자연과학의 정리와 같이 만고불변의 법칙을 설명한 것이 아니라, 현실의 시장에서 작동할 '가능성이 있는' 가설을, 그것도 단지 느슨한 비유로 표현한 것에 불과하기 때문이다. 이러한 자연과학과의 차이는 '보이지 않는 손'뿐만 아니라 모든 경제학 가설과 이론에 공통적으로 적용되는 것이다. 예컨대 불변의 자연법칙에 기초한 뉴턴이나 아인슈타인의 이론을 통해 자연현상을 예측하는 것은 가능했지만, 현실을 묘사하고 해석하는 것이 목적인 경제학 이론을 통해서는 어느 누구도 산업혁명이나 대공황과 같은 경제 현상을 예측할 수 없었다. 예컨대 케인즈는 대공황을 예언해서 위대한 경제학자가 된 것이 아니다. 케인즈가 위대한 경제학자인 것은 — 비록 사후적이지만 — 대공황의 원인과 그 경제적 의미를 보다 잘 설명할 수 있는, 새로운 이론을 제시했기 때문이다.

물론 '보이지 않는 손'의 아이디어가 후세에 하나의 이데올로기가 된 것은 애덤 스미스의 탓이 전혀 아니다. 이는 상품과 서비스가 자유롭게 거래되는 경쟁시장 메커니즘이 궁극적으로 판매자와 구매자 모두의 이익을 증진할 뿐만 아니라, 자원 배분의 효율성을 극대화하여 경제성장을 촉진할 것이라는 후세 경제학자들의 순전한 '믿음'에 기인한 것이다. 머리말에서 언급한 자유방임주의 혁명을 거치면서, '보이지 않는 손'의 아이디어는 이제 모든 경제 원리와 정책의 근간을 이루는 이데올로기의 반열에 오르게 된다. 물론 자유방임주의적 견해를 가진 경제학자도 — 예컨대 시장실패의 경우와 같이 — 간혹 시장에 대한 정부의 개입이 필요할 때가 있음을 마지못해 인정하기도 한다. 그러나 이러한 예외적 경우는 극히 드물며, 정부의 개입은 대체로 해롭다는 것이 이들의 생각이다.

이들 중 일부는 더욱 대담하고 놀라운 주장을 펼치기도 한다. 즉,

이들은 개별 시장과 마찬가지로 전체 경제가 스스로 균형을 회복하는 자기조정 기능을 가진다고 확고하게 믿는다. 이들에 따르면 가격의 신축적 조정에 따라 전체 경제의 수요와 공급이 일치하는 '일반균형'이 언제, 어디서나 자동적으로 달성된다. 예컨대 경기침체가 발생하면 수요 감소와 실업 증가에 따라 생산물 가격, 임금, 이자율이 정체 또는 하락한다. 그 결과 소비, 투자 등 생산물에 대한 수요가 다시 증가하고, 이로 인해 기업이 생산을 늘리면서 자동적으로 경기침체가 해소된다. 반대로 경기가 과열될 경우 생산물 가격, 임금, 이자율이 상승하면서 소비, 투자 등 수요가 다시 감소하고 기업이 생산을 줄이면서 경기과열이 억제된다. 이렇게 시장의 자기조정 기능에 따라 경기 침체와 과열은 단지 일시적 현상으로 그친다는 것이다.

'보이지 않는 손'의 아이디어가 천동설과 같은 과학적 이론과 동일 선상에서 결코 비교될 수 없는 것과 마찬가지 이유로, '보이지 않는 손'에 기초한 자유방임주의 혁명 역시 지동설로 인한 코페르니쿠스 혁명과는 서로 비교 불가한, 결이 전혀 다른 것이다. 전자가 경제에 대한 가정과 경제학자들의 믿음의 집합에 근거한다면, 후자는 과학적 방법을 통해 도출된 보편적인 법칙에 기반을 두기 때문이다. 그러나 '보이지 않는 손'의 이러한 한계에도 불구하고, 그것이 경제학자와 정책담당자에게 미치는 영향력은 조금도 훼손되지 않았다. '보이지 않는 손'의 아이디어는 우아한 이론이 되기 위한 필요조건인 단순명료함을 갖추고 있을 뿐만 아니라, 자유방임주의 혁명에 의해 이제 단순한 이론 차원을 넘어 이데올로기의 반열에 올랐기 때문이다.

물론 이론적으로 '보이지 않는 손'의 한계를 극복하려는 노력이 없었던 것은 아니다. 예컨대 경제학자 케네스 애로우Kenneth Arrow와

제라르 드브뢰Gérard Debreu는 일반균형 이론과 후생경제학의 기본 정리를 통해, 제한된 '조건'하에서 경쟁균형이 존재하며, 이는 경제 전체 자원의 효율적 배분을 달성한다는 것을 수학적으로 증명함으로써, '보이지 않는 손'이 실제로 작동할 수 있는 이론적 가능성을 제시했다. 그러나 이 정리가 성립하기 위한 전제 '조건'들—모든 경제주체는 불변의 선호를 반영하는 효용함수를 가지고, 자신의 이익을 극대화하는 합리적 의사결정을 하며, 생산물의 가격·질·양에 대해 완전한 정보를 가지고 있음 등등—가운데 상당수는 현실과 너무나 괴리되어 있다. 말하자면, '보이지 않는 손'은 오직 이상적인 전제조건을 만족하는 '온실' 속에서만 우아한 이론이라고 할 수 있다.

———— •••• ————

상기한 대로 자유방임주의 혁명에 의해 '보이지 않는 손'이 이데올로기화하면서, 가능하면 정부의 개입은 최소화되어야 한다는 것이 경제학을 지배하는 원리가 되었다. 즉, 사회를 조직하고 운영하는 지배적 메커니즘으로서 자유경쟁시장이 정부를 대체해야 한다는 생각이 그동안 주류경제학계를 지배해 왔다.

그러나 정작 애덤 스미스가 '보이지 않는 손'을 경제적 개념으로 진지하게 생각했는지에 대해서는 학자들 간에 상당한 논란이 있다. 실제로 스미스가 '보이지 않는 손'이라는 표현을 언급한 것은 《국부론》과 또 다른 스미스의 초기 저작인 《도덕감정론》*The Theory of Moral Sentiments*에서 각각 한 번씩, 총 두 번밖에 되지 않는다. 또한 역사가 엠마 로스차일드Emma Rothschild는 애덤 스미스에 관한 그의 저서에서,[6] '보이지 않는 손'이라는 개념은 어디까지나 각 개인의 이기심과 조화로운 경제 질서 간의 역설적 관계를 표현하기 위한 하나의 비유에 불과하며, 정작 스미스는 '보이지 않는 손'을 실체적 개념으로 그다지 진지하게 생각하지 않았다고 주장했다. 그러면서 스미스가《국부론》전반에 걸쳐 시장의 공정한 룰을 정하고 사회를 규제하는 데 정부가 적극적 역할을 수행해야 함을 강조한 점, 또 다른 저서인《도덕감정론》에서 타인에 대한 동감sympathy의 중요성과 공동체의 필요성을 역설한 점 등을 그 근거로 들고 있다.

그러나 이러한 극단적 견해에 필자는 동의하지 않는다. 스미스에게 '보이지 않는 손'의 개념은 단순한 비유 이상의 의미를 가지며, 이는 말하자면 시장 메커니즘에 대한 일종의 '이론적 스케치'라고 할 수 있다. 또한 로스차일드가 지적한 대로 스미스가《국부론》에서 정부의 다양한 역할을 강조한 것이 반드시 '보이지 않는 손'의 개념과 서로 모순된다고 볼 수도 없다. 왜냐하면 스미스가 생각한 정부의 역할은 생각보다 훨씬 복잡다기한 것이었기 때문이다. 스미스의 논의를 자세히 살펴보면, 어떤 분야에서는 정부의 역할을 강력히 제한할 것을 지지하다가도, 다른 분야에서는 오히려 정부의 더욱 적극적인 역할을 강조하기도 한다. 이렇게 언뜻 보아 모순되는 태도는, 기존의 틀을 깨는 도전적인 이론을 제시하면서도 이 이론이 다양한 측면의 현실과 부합하도록 신중히 검토하는 스미스의 치밀한 면모를 반영한다고 할 수 있다. 아울러 후술하겠지만, '보이지 않는 손'의 표현이 언급된 것은 단 한 번에 불과하나,《국부론》의 다른 부분에서 '보이지 않는 손'의 메커니즘이 작동하는 원리를 상술하고 있다는 점에도 유의해야 한다.

원래 도덕철학자였던 애덤 스미스는 당시 지성계를 지배하기 시작한 계몽주의 철학의 주된 명제, 즉 신이나 국가와 같은 권위의 도움 없이도, 개인은 이성적 주체로서 스스로 의사결정을 할 수 있다는 생각을 강하게 신봉하고 있었다. 이러한 철학적 신념은 정부라는 중앙집권기구의 통제 없이도 개개인의 의사결정에 따라 스스로 작동하는 시장 메커니즘의 아이디어와 매우 친화적일 수밖에 없었다. 따라서 스미스는 수많은 개인의 합리적이지만 이기적인 의사결정이 시장에서 서로 조정되면서, 궁극적으로 공동의 선을 극대화하는 방향으로 조화될 수 있음을 보여 주려 노력했고, 이런 시장의 조정 메커니즘을 '보이지 않는 손'이라는 비유로 표현한 것이다. 관련하여 《국부론》 1편 2장에는 다음과 같은 유명한 구절이 등장한다.[7] "인간이 경제생활을 영위하기 위해서는 항상 타인의 도움이 필요하다. 그러나 이를 오직 타인의 자비심에서 기대하기는 불가능하다. 그보다는 타인의 자애심self-love에 호소하는 것이 훨씬 나은 방법이다. … 우리가 매일 저녁식사를 할 수 있는 것은 정육점 주인, 빵집 주인, 양조장 주인의 자비심 덕분이 아니라, 우리에게 고기, 빵, 술을 파는 것이 그들 자신에게도 이익이 되기 때문이다. 우리는 그들의 인류애에 호소하는 것이 아니라 자애심에 호소하며, 그들에게 우리 자신의 필요를 이야기하는 것이 아니라 그들 자신의 이익을 이야기한다."

이와 같이 '보이지 않는 손'에 냉소적이었던 로스차일드마저도 이 개념이 지닌 엄청난 '매력'만은 인정하지 않을 수 없었다. 그에 따르면[8] "많은 사람들에게, '보이지 않는 손'은 미학적 측면에서 매혹적인 것이었다." 예컨대 일반균형 이론을 완성한 노벨경제학상 수상자 케네스 애로우와 그 동료들에게, '보이지 않는 손'은 하나의 '시적인'poetic 예술 작품과 같은 것이었다. 미국의 자유지상주의 철학자인 로버트 노직Robert Nozick은 '보이지 않는 손'의 개념을 통해 외견상 무질서하게 이루어지는 개개인의 의사결정에서 경제의 전체적인 패턴 또는 디자인을 발견하는 방법론이 매우 인상적이라고 평가한 바 있다.

상기한 대로 단순명료함의 미덕은, 수많은 비판에도 불구하고 지금까지 '보이지 않는 손'이 지대한 영향력을 유지할 수 있었던 원동력이었다. 반면 '보이지 않는 손'을 반박하는 비판서들은 대체로 지나치게 내용이 복잡하고 장황하여, 그 반박 시도가 수포로 돌아가는 경우가 대부분이었다. 비주류 경제학자인 던컨 폴리Duncan Foley의 《애덤의 오류》Adam's Fallacy[9]와 마찬가지로 비주류 경제학자인 랜스 테일러 Lance Taylor의 《메이너드의 복수》Maynard's Revenge[10]가 그나마 간결·명료하고 유력한 비판서라고 할 수 있다. 이들은 시장 메커니즘 이외에 다양한 비경제적 요소—정치, 문화, 법체계, 사회적 관습, 지정학적 요인, 금융 등 기타 사회제도—에 영향을 받는 경제시스템 이론을 구축함으로써, 경제의 성장과 번영이 '보이지 않는 손' 이외에도 이러한 비경제적 요소에 의해 궁극적으로 결정될 수 있음을 보이고자 했다. 그러나 이러한 일부 이단적 이론의 도전에도, 경제학계에서 '보이지 않는 손'의 영향력은 오늘날에도 여전히 절대적이다.

지금까지 살펴본 대로 경제적 번영이 경제뿐만 아니라 정치·사회적으로 미치는 지대한 영향을 감안할 때, 학창시절의 필자가 경제적 번영의 궁극적 원인을 탐구하는 경제학을 전공하기로 선택한 것은 어찌 보면 당연한 것이었다. 나아가 풋내기 경제학도로서, 경제적 번영을 위한 '만능 열쇠'를 다른 어떤 이론보다도 단순명료하고 우아하게 묘사한 '보이지 않는 손'에 매혹되지 않기란 거의 불가능한 일이었다. 물론 현실에서는 정치적 의사결정, 역사적 조류의 변화, 과학 기술의 발전, 교통·통신 수단의 발달 등등 수많은 비경제적 요인이 경제적 번영에 영향을 주고 있으며, 이를 다들 어느 정도는 인식하고 있다. 그러나 예나 지금이나 대부분의 경제학 교과서에서 — 그것이 케인즈주의적 정부 개입의 효과에 대해 일부 긍정적인 내용을 담고 있을지라도 — 경제적 번영의 핵심 요인은 결국 '보이지 않는 손', 즉 자유경쟁에 기초한 시장 메커니즘이라고 할 수 있다.

───•••───

지금까지 우리는 경제 이론으로서 '보이지 않는 손'의 역사적 의 의와, 자연과학 이론과 비교하여 그것이 가지는 외재적 한계를 살펴 보았다. 또한 이러한 한계에도 불구하고 '보이지 않는 손'은 단순명료 함의 매력과 이후 자유방임주의 경제학에 의한 이데올로기화 과정을 통해 절대적인 영향력을 지속적으로 유지해 왔음을 알 수 있었다. 지 금부터는 《국부론》의 논의를 대상으로, 경제 이론으로서 '보이지 않 는 손' 자체의 내재적 한계를 하나하나 짚어 보고자 한다.

사실 《국부론》은 '보이지 않는 손'이 아닌, '노동의 분업'에 대한 논의에서 시작된다. 《국부론》의 첫 번째 장에서 스미스는 국부 또는 국민소득의 대표적 결정요인으로서 노동생산성에 주목했고, 노동생 산성 향상의 대부분이 분업의 결과임을 역설했다. 이 대목에서 앞서 언급한 유명한 핀 공장의 사례가 등장한다. 스미스는 자기가 살던 커 콜디Kirkcaldy의 작은 핀 제조공장을 방문한 적이 있는데, 그곳에서 관 찰한 분업의 생산성 향상 효과에 대해 아주 깊은 인상을 받은 듯하다. 핀의 제조과정은 약 18가지의 독립된 공정으로 구성되며—"첫째 사람은 철사를 잡아 늘이고, 둘째 사람은 철사를 곧게 하며, 셋째 사람은 철사를 절단하고, 넷째 사람은 끝을 뾰족하게 한다."[11]—이 중 하나 또는 두세 가지 공정에 특화된 노동자들이 각각의 공정을 맡았다. 보통 노동자 혼자서는 하루에 기껏해야 하나 또는 최대 20개 정도밖에 핀을 못 만들지만, 이러한 분업과 특화에 따라 1인당 하루 생산량이 무려 4,800개까지 늘어날 수 있었다. 게다가 비약적인 생산량 증가에도 불구하고 인건비, 즉 노동자의 임금에는 별다른 변화가 없었으므로, 이는 고스란히 노동생산성의 증가로 이어졌다. 스미스는 바로 이러한 분업을 통한 노동생산성의 향상이 국부를 획기적으로 증대하는 경제적 번영의 열쇠라고 보았다.

핀 공장의 사례를 통해 원초적 단계의 산업에서 분업이 생산성을 증가시키는 것을 살펴본 스미스는 다른 좀 더 복잡한 산업에서도 같은 원리가 적용될 수 있음을 보여 주었다. 실제로 분업의 생산성 향상 효과는 스미스 이후 산업의 역사를 통해 확인되는 사실이다. 산업혁명이 시작된 지 한 세기가 지난 19세기 말과 20세기 초에는 정교한 기계를 사용하는 대량생산체제가 확산되는데, 이러한 대량생산을 가능하게 한 핵심적 토대 역시 노동의 분업이었다. 헨리 포드Henry Ford는 분업에 기초한 일관생산공정을 확립하고 보급한 선구자였다. 포드는 자동차 생산 공정을 이전에는 상상하기 힘들 만큼 세밀한 작업단위로 분해하는 등 분업을 극단까지 수행함으로써 생산성을 극대화할 수 있음을 보여 준 최초의 인물이라고 할 수 있다.

포드가 처음 내연기관 자동차를 생산하기 시작할 무렵에는 자동차 가격이 대략 5,000달러에 달했다. 그런데 포드는 세분화된 분업에 기초한 일관생산공정을 통해 주어진 생산비용하에서 생산량을 극대화함으로써, 자동차 가격을 불과 몇 백 달러 수준으로 낮출 수 있었다.[12] 이러한 가격 하락에 따라 1920년대 말에는 전체 미국인 가운데 약 5분의 3이 자동차를 소유할 수 있었다. 불과 10년 전에는 자동차 소유비율이 고작 5분의 1을 약간 넘는 수준이었는데 말이다. 마찬가지로 생산성이 향상되면서 제품가격이 추세적으로 하락하고, 그 결과 보급 속도가 폭발적으로 빨라진 예는 역사상 얼마든지 찾아볼 수 있다. 예컨대 1950년대에 TV가 그랬고, 1980년대 이후 PC가 그랬던 것처럼 말이다.

물론 노동의 분업 외에도 생산성 향상에 기여한 다른 요인들이 존재한다. 대표적으로 새로운 에너지원을 들 수 있다. 스미스가 살던 시대보다 훨씬 전에는 수력 또는 풍력이, 산업혁명기에는 석탄이나 석유가, 이후에는 발전기로 생산된 전기와 심지어 핵연료 등이 에너지원으로 사용되면서 점점 더 복잡하고 성능 좋은 기계를 사용할 수 있었고, 그 결과 더 적은 노동을 투입하고도 예전보다 더 많은 상품을 생산할 수 있었다. 또 다른 생산성 향상 요인으로 교통과 통신수단의 발달을 들 수 있다. 예컨대 산업혁명기 증기기관의 등장과 각종 항해기술의 보급 등 운송기술의 발전에 따라, 최종재뿐만 아니라 원재료, 부품을 예전보다 신속하게 시장과 생산자에게 전달할 수 있었다. 그 결과 물류비, 즉 운송비용이 절감되면서 생산성이 크게 향상된 것은 물론이고, 여객운송 비용의 감소를 통해 노동자의 이동성이 높아지면서 노동시장의 효율성도 제고되었다. 아울러 19세기 중반의 전신과 19세기 말의 전화 등 새로운 통신수단의 등장에 따라 점점 빨라진 정보전달 속도 역시 생산성을 향상시킨 요인 가운데 하나였다.

　그러나 분업 이외에, 경제적 번영의 조건 가운데 무엇보다도 중요한 것은 바로 시장규모의 확대였다. 노동의 분업과 함께 새로운 에너지원 개발, 교통과 통신수단의 발달 등 상기한 생산성 향상 요인이 실현되기 위해서는, 이에 앞서 생산된 상품을 충분히 흡수할 만한 규모의 시장이 존재해야 하기 때문이다. 스미스도 물론 이를 잘 알고 있었다. 그렇기 때문에 스미스는 《국부론》 세 번째 장의 제목을 '분업은 시장의 크기에 의해 제한된다'라고 붙인 것이다.[13] 예컨대 노동자 한 명이 20개의 핀을 만들다가 이제 분업을 통해 4,800개를 만들 수 있다고 하자. 이렇게 생산된 많은 핀을 사 줄 사람이 없다면, 이게 대체 무슨 소용인가? 분업을 통한 비약적인 생산성 향상이 지속되기 위해서는, 생산된 상품을 팔 수 있는 시장 역시 지속적으로 확대되어야 한다. 이는 생산성 향상의 전제조건으로서 보다 효율적인 운송수단을 통한 물류비 절감이 중요한 또 하나의 이유이기도 하다.

　스미스가 볼 때, 생산성 향상의 핵심요인인 분업은 인간 본성에 내재하는 교환 '성향' — 즉, 내가 가진 것 중 타인이 원하는 것을 주고, 그 대가로 내가 원하는 것을 얻는 것 — 에 기인하며, 이러한 교환 성향 역시 궁극적으로 자기 자신의 이익에 대한 고려에서 발생한다.

　여기에서 한 가지 의문이 생긴다. 지금까지 살펴본 대로 스미스는 경제적 번영의 열쇠로서 분업을 통한 생산성 향상을 크게 강조했다. 그렇다면 우리의 관심 대상인 '보이지 않는 손'은 도대체 언제, 그리고 왜 필요한가?

　스미스는 경제적 번영을 위해서는 분업만으로는 한참 부족하다는 점을 잘 알고 있었다. 수많은 상품 가운데 어떤 것을 만들기 위해 분업을 할지는 결국 '보이지 않는 손'에 의해 결정되어야 하기 때문이다. 앞서 언급한 대로 '보이지 않는 손'은 가격의 신호기능을 통해 수요의 변화를 반영함으로써, 기업들이 어디에 투자해야 하는지를 제시하는 안내체계의 역할을 수행하기 때문이다.

무엇을, 얼마나 만들어서, 얼마의 가격으로 팔 것인가? 스미스에 따르면, 이런 경제의 기본 문제들은 '생산물의 가치가 극대화될 수 있는 산업으로 자본이 투자되도록 유도하는'[14] '보이지 않는 손'의 작용을 통해 해결할 수 있다. 자본을 투자하는 과정에서 개인들은 오직 자신의 이익만을 추구하지만, 결과적으로는 자신도 모르게 사회 전체의 이익을 효과적으로 증진시키게 된다. 《국부론》에서 '보이지 않는 손'이 처음이자 마지막으로 등장하는 구절을 인용하면, 다음과 같다. "그는 오직 자신의 이익만을 의도한 것이지만, 그 과정에서 — 다른 많은 경우와 마찬가지로 — 보이지 않는 손에 이끌려 그가 전혀 의도하지 않았던 목적에 자신도 모르게 기여하게 된다. 그가 의도하지 않았다고 해서, 의도한 경우에 비해 사회적 목적에 보다 적게 기여하는 것은 아니다. 그는 자기 자신의 이익을 추구함으로써, 그 자신이 진실로 사회의 이익을 증진시키려고 의도하는 경우보다 오히려 더욱 효과적으로 이를 증진시킨다."[15]

상기한 로스차일드와 같이, 일부 학자들은 《국부론》에서 '보이지 않는 손'이 단 한 번 등장한다는 사실을 근거로, 스미스가 '보이지 않는 손'을 그다지 진지하게 생각하지 않았다고 주장하기도 한다. 그러나 앞서도 언급했듯이 필자는 이러한 견해에 동의하지 않는다. 실제로 《국부론》의 1편 7장 — '상품의 자연가격과 시장가격' — 에서는 비록 '보이지 않는 손'을 직접적으로 언급하지는 않았으나, '보이지 않는 손'의 메커니즘이 작동하는 원리를 상세하게 서술하고 있기 때문이다. 이 장에서 스미스는 모든 상품에는 '자연가격'이 존재하며, 상품의 시장가격은 수급상황에 따라 자연가격에서 끊임없이 이탈하지만, 시간이 지나면 자연가격으로 회귀하려는 힘이 작용한다고 보았다. 여기서 자연가격이란 다소 모호한 개념인데, 대강 말하자면 장기적 또는 정상적인 상황에서 어떤 상품을 만들어 파는 데 드는 비용이라고 할 수 있다(좀 더 구체적으로 스미스는 자연가격을 어떤 상품을 제조하여 시장으로 내오기 위해 지불해야 하는 임금·지대·이윤의 합계액으로 정의하였음 – 옮긴이).

1편 7장에서 스미스는 '보이지 않는 손'이 가격기구를 통해 구체적으로 작동하는 원리를 다음과 같이 묘사한다.[16] '유효수요'(자연가격 수준에서 사람들이 상품을 구매하고자 하는 양을 나타냄 – 옮긴이)가 고정되어 있다는 전제하에서, 만일 어떤 상품의 공급량이 갑자기 늘어나면서 유효수요를 초과한다면, 공급량 중 일부는 보다 적게 지불하려는 사람에게 팔려야 하므로 전체 상품의 시장가격 역시 일시적으로 인하될 수밖에 없다. 이에 따라 상품을 만들기 위해 투입된 노동, 자본, 토지에 대한 대가인 임금, 이윤, 지대 역시 자연가격에서의 수준보다 하락하게 된다. 이렇게 생산요소 가격이 하락하면서 시간이 갈수록 노동, 자본, 토지의 공급이 줄어들고, 그 결과 시장에 공급되는 상품의 양도 결국 유효수요와 일치하는 수준까지 감소한다. 즉, 수요와 공급이 서로 균형을 이루게 된다. 한편 생산요소의 공급이 감소하면서 각 요소의 가격, 즉 임금, 이윤, 지대는 이전의 자연가격 수준을 점차 회복하며, 상품의 공급량이 감소하면서 일시적으로 하락했던 상품의 시장가격 역시 이전의 자연가격 수준을 회복한다. 즉, 시장가격이 자연가격과 일치하게 된다.

지금까지 설명은 애초에 시장가격이 자연가격과 일치하는 상황에서, 외부 충격에 따라 시장가격과 자연가격이 일시적으로 괴리된 경우의 '보이지 않는 손'에 의한 조정 메커니즘을 묘사한 것이다. 한편 '보이지 않는 손'은 애초에 시장가격이 자연가격과 일치하지 않는 경우에도 마찬가지로 조정 기능을 수행한다. 예컨대 어떤 상품의 시장가격이 자연가격보다 높아, 수요에 비해 시장에 과다하게 공급되었다고 하자. 이 경우 초과공급에 따른 생산자 간의 경쟁으로 시장가격은 시간이 갈수록 하락하며, 그 결과 생산자는 수요와 공급이 서로 균형을 이루어 더 이상 가격 하락 압력이 없을 때까지 공급량을 줄이게 된다. 또한 이렇게 상품의 시장가격이 하락하고 공급량을 줄이는 과정에서, 이 상품을 만들기 위해 투입된 노동, 자본, 토지에 대한 수요가 감소하므로 각 생산요소의 가격인 임금, 이윤, 지대 역시 이전보다 하락하게 된다. 이러한 생산요소와 상품가격의 하락은 임금, 이윤, 지대와 상품의 시장가격이 각각의 자연가격 수준과 일치할 때까지 지속된다. 물론 반대로 공급이 수요에 못 미치는 경우에는 이와 정반대의 조정이 일어나겠지만, 결과적으로 수요와 공급이 균형을 회복하고 시장가격과 자연가격이 일치하게 된다는 점에서는 동일하다.

여기서 유의할 점은 자연가격과 유효수요의 개념 자체가 모호할 뿐만 아니라 이들이 어떻게 결정되는지에 대해 스미스는 물론이고 후세의 경제학자들도 별다른 명확한 답을 내놓지 못했다는 점이다. 이들은 그저 이러한 개념의 존재를 '가정'했을 뿐이다. 따라서 시간이 지남에 따라 시장가격이 자연가격에 접근하면서 수요와 공급이 균형을 이루게 된다는 '보이지 않는 손'의 결론 역시 현실에서 실증된 '사실'이 아니라 이론적 '가정'에 불과한 것이 된다. 이는 —'보이지 않는 손'의 현대판 버전이라고 할 수 있는— 자유방임주의 경제학자들이 신봉하는 시장의 자기조정 기능에도 마찬가지로 적용된다.

스미스는 현실에서 '보이지 않는 손'의 조정 메커니즘을 방해하는 장애물이 존재할 수 있음을 인정했다. 예컨대 어떤 상품에 대한 수요가 급증할 경우, 생산자들은 수요 변화를 비밀로 유지할 유인을 가진다. 그렇게 함으로써 다른 기업의 진입에 따른 경쟁 심화를 일시적으로라도 회피할 수 있기 때문이다. 그 결과, 시장가격이 자연가격보다 한동안 높은 수준을 유지하는데도 공급이 늘어나지 못하면서, 그동안 기존의 생산자는 정상수준보다 높은 이윤을 누릴 수 있다. 이러한 가격과 거래량에 대한 불완전 정보는 시장에 본래부터 내재된 문제로, '보이지 않는 손'의 작동을 가로막는 대표적 장애물이다. 설사 정보가 완전하더라도 경쟁이 불완전한 경우, 다시 말해 독과점적 시장구조에서는 생산자가 완전경쟁에서의 균형수준보다 공급을 줄임으로써 가격을 자연가격 수준보다 높게 유지할 수 있다. 이 경우에도 '보이지 않는 손'을 통한 조정 메커니즘은 작동을 멈춘다. 한편 현실의 제도적 요인도 '보이지 않는 손'에 대한 장애물이 될 수 있다. 예컨대 수입품에 관세를 부과함으로써 국내시장에 대한 경쟁이 제도적으로 제한되고, 그 결과 시장가격이 균형보다 높은 수준을 유지하기도 한다.

이와 같이 스미스는 '보이지 않는 손'의 조정 메커니즘에 대한 장애물이 존재할 가능성을 인정하고, 이 중 일부를 언급하긴 했으나 다양한 장애물을 충분히 검토하지는 못했다. 예컨대 스미스는 시장에 참가하는 소비자가 스스로 무엇을 원하는지, 그리고 얼마까지 지불할 용의가 있는지를 명확히 알지 못할 가능성을 고려하지 못했다. 현실에서 엄연히 존재하는 이러한 중대한 장애물을 단순히 없는 것으로 '가정'하고 나면 '보이지 않는 손'은 이제 문제없이 잘 작동하게 된다. 이러한 이상적이고 '우아한' 세계에서 정부는 조세 부과, 품질과 가격 규제 등을 통해 '보이지 않는 손'의 작동을 가로막기만 하는 골칫거리가 된다.

지금까지 살펴본 대로 《국부론》의 1편 7장은 '보이지 않는 손'의 작동원리를 구체적이고 완결된 형태로 묘사하고 있다. 그 내용을 살펴보면, 오늘날 대학교 1학년 경제학 원론 시간에 배우는 수요-공급의 원리(우하향하는 수요곡선과 우상향하는 공급곡선이 만나는 곳에서 균형 시장가격과 거래량이 결정된다는 원리 - 옮긴이)와 크게 다를 것이 없음을 알 수 있다. 영국의 경제학자 알프레드 마셜Alfred Marshall이 수요곡선과 공급곡선을 경제 분석에 명시적으로 도입한 것보다 한 세기나 앞서, 스미스는 그 기반이 되는 '우아한' 이론을 미리 제시한 것이다.

상기한 것 이외에도 '보이지 않는 손'의 작동을 가로막는 현실적 장애물 가운데 스미스가 미처 고려하지 못한 것이 무수히 많다. 대표적인 예로 '보이지 않는 손'이 제대로 작동하려면, 수많은 생산자와 소비자가 가격이 주는 신호에 따라 생산 및 소비 의사결정을 서로 조정하고 상호간 계약조건을 협의할 수 있어야 한다. 말하자면 생산자와 소비자 사이에 서로 흥정을 할 수 있는 기회와 제도적 기반이 마련되어야 하는데, 현실에서 이를 마련하는 것은 쉽지 않은 일이다. 그럼에도 '보이지 않는 손'이 현실에서 구체적으로 작동하는 '과정'에 대해서는 스미스는 물론이고 후세의 경제학자들도 충분히 설명하지 못하고 있다.

예컨대 A라는 출판사가 출간할 책의 적정 가격을 설정하기 위해 시장조사를 하고 있다고 하자. 조사 결과에 따라 책의 가격을 우선 19,900원으로 책정하고 시장 수요의 반응을 살펴본다고 하자. 그런데 만일 경쟁관계에 있는 B라는 출판사가 거의 비슷한 종류의 책을 14,900원으로 가격을 낮추어 출간했더니, 수요가 크게 증가하면서 A 출판사보다 더 큰 이윤을 얻을 수 있었다고 하자. 그러면 비슷한 종류의 책을 출간하는 또 다른 출판사들은 14,900원 근방에서 가격을 약간씩 조정하면서, 총이윤이 가장 많이 남는 적정한 균형가격—스미스의 논의에 따르면 자연가격에 해당함—을 모색하기 시작할 것이다. 현실의 시장에서는—주식시장과 같은 일부 금융시장을 제외하면—가격 모색과정을 조정하거나 주선하는 주체가 없으므로, 조정에 시간이 많이 걸릴 뿐만 아니라 조정과정에서 균형가격 자체가 크게 변동할 경우에는 아예 균형가격으로 영영 수렴하지 못할 수도 있다. 그럼에도 스미스는 가격의 모색과정과 균형가격으로의 수렴 가능성 등에 별다른 관심을 가지지 않았다.

스미스 이후의 경제학자 중 일부는 '보이지 않는 손'의 작동과정,

보다 구체적으로 균형가격의 모색과정을 이론적으로 설명하고자 노력했다. 대표적인 학자가 일반균형 이론의 창시자라고 할 수 있는 19세기 말의 프랑스 경제학자 레옹 왈라스Léon Walras였다. 왈라스는 수학의 연립방정식 체계를 이용하여 경제 내 모든 시장의 동시균형, 즉 일반균형이 존재하며 '보이지 않는 손'의 조정 메커니즘에 의해 이러한 균형의 달성이 가능함을 보이고자 노력을 기울였다.[17] 그러나 그 역시 구체적으로 현실에서 어떤 과정을 통해 균형가격에 도달하는지, 즉 균형가격의 모색과정에 대해서는 명확하게 답하지 못했다. 대신 매우 비현실적인 가정, 즉 수많은 구매자와 판매자에게 사거나 팔려는 가격에 대한 정보를 수집하고, 이를 기초로 조건이 맞는 구매자와 판매자를 서로 이어 주는 가상의 '경매인'auctioneer이 존재한다는 가정을 통해 균형이 달성되는 과정을 대충 얼버무리는 선에서 그치고 말았다. 이후에도 균형가격의 모색과정에 대한 경제학자들의 설명은 왈라스의 그것보다 별달리 나아진 것이 없었다. 결국 '보이지 않는 손'을 통해 어떻게 균형가격에 도달할 수 있는지는 여전히 경제학의 미스터리 또는 블랙박스로 남아 있는 셈이다.

이러한 균형가격 모색 과정의 모호함은 경제 이론으로서 '보이지 않는 손'의 치명적인 결함이라고 할 수 있다. 앞서 출판시장의 예는 그나마 경쟁시장에 가까운 편이다. 그러나 이는 어디까지나 가상의 예일 뿐, 현실에서 가격은 경제관련 이익단체, 노동조합, 독과점 기업 등의 협상력에 좌지우지되는 경우가 대부분이다. 그나마 경쟁적 또는 효율적이라고 하는 금융시장에서도 통정매매, 가장매매, 내부자 거래 등을 통해 상품의 시세가 조종되는 경우가 다반사이다(통정매매는 두 사람 이상이 미리 주식의 종목, 가격, 물량을 담합하여 매매함으로써 시세와 거래량을 조종하는 행위이며, 가장매매는 한 사람이 같은 종목에 대해 매도와 매수 주문을 동시에 냄으로써 시세와 거래량을 조종하는 것임 - 옮긴이). 상품시장과 금융시장이 이럴진대, 하물며 노동시장은 말할 것도 없다. 노동시장의 가격, 즉 임금이야말로 해고의 용이성 등 제도적 요인과 정권의 친기업 · 친노동 성향과 같은 정치적 요인에 가장 막대한 영향을 받는 것이 현실이다.

그럼에도 이데올로기로서의 '보이지 않는 손'은 현실의 가격 결정 과정에서 나타나는 이 모든 '더러움'이 존재하지 않거나, 중요하지 않다고 단지 '가정'해 버린다. 그러고 나면 남는 것은 '우아한' 세상뿐이다. 예컨대 '보이지 않는 손'의 신봉자들은 노조가 임금결정과정에 개입하는 것을 근본적으로 반대한다. '보이지 않는 손'이 '우아한' 자유경쟁 메커니즘을 통해, 임금이 공정한 수준에서, 즉 노동자가 생산에 기여한 만큼으로 결정되도록 안내할 것이기 때문이다. '보이지 않는 손'의 신봉자 가운데 일부는 진정으로 그렇게 믿기도 하지만, 다른 일부는 현실의 임금 결정과정이 '보이지 않는 손'이 아닌, 노사勞社의 상대적 협상력에 좌우된다는 사실을 이미 잘 알고 있다. 그럼에도 이들은 '보이지 않는 손'에 대한 믿음을 결코 철회하지 않는다. 왜냐하면 오늘날 '보이지 않는 손'은 더 이상 경제 이론이 아니라 하나의 신념, 즉 이데올로기이기 때문이다.

'보이지 않는 손'의 신봉자 가운데 이런 유형의 대표적 예가 바로 전 연준 의장(1987~2006년)이었던 앨런 그린스펀Alan Greenspan이다. 그린스펀은 임금이 노동시장의 '보이지 않는 손'이 아니라 노사의 상대적 협상력에 따라 결정되며, 따라서 실업률이 얼마 이상 높아지면, 임금교섭에서 노동자들의 협상력이 약해지면서 기업들이 임금을 균형수준보다 낮게 유지할 수 있음을 잘 알고 있었다. 그린스펀이 경제 전체적인 노동자의 협상력 정도를 파악하기 위해 주목했던 지표가 바로 노동자의 자발적인 퇴직률이다. 자발적인 퇴직률이 높다는 것은 노동자들이 지금 직장을 그만두더라도 더 좋은 곳으로 쉽게 이직할 수 있음을 의미한다. 이에 따라 협상력이 강해진 노동자는 현재 직장에 더 높은 임금을 요구할 것이고, 그 결과 경제 전체적으로 임금과 물가의 상승압력이 높아진다. 반면 퇴직률이 낮다는 것은 노동자들이 지금 직장을 그만둘 경우, 딱히 갈 곳이 마땅치 않음을 의미한다. 이에 따라 협상력이 약해진 노동자는 현재 직장에 남기 위해 낮은 임금 수준 또는 상승률을 감수하므로, 경제 전체적으로 임금과 물가의 상승압력이 완화된다. 이러한 관계를 잘 알고 있던 그린스펀은 임금과 물가의 상승압력을 가늠하기 위해 퇴직률 지표를 주의 깊게 지속적으로 관찰했다. 대체로 그린스펀은 — 연준의 주요 책무 가운데 하나인 물가안정을 위해 — 노동자의 협상력이 강해지는 것을 원치 않았고, 따라서 퇴직률이 낮아지는 것보다는 높아지는 것을 더 우려하는 편이었다. 요컨대 중요한 것은 노동시장의 가격인 임금이 '보이지 않는 손'에 의해 '우아하게' 결정되는 것이 아니며, '보이지 않는 손'의 신봉자들조차도 이를 잘 알고 있다는 사실이다.

'보이지 않는 손'에 대한 그릇된 믿음이 현실을 왜곡하는 또 다른 대표적 사례로 최저임금의 효과에 대한 논란을 들 수 있다. '보이지 않는 손'의 신봉자들은 최저임금이 높아지면 고용이 줄어든다는 것을 당연한 사실로 받아들인다. 상기한 대로 임금은 노동자가 생산에 기여한 만큼의 적정 수준에서 결정되므로, 최저임금 상승에 의해 인위적으로 임금이 높아지면 기업은 노동자의 기여분 이상을 지급하게 되고, 그 결과 이윤이 줄어드는 것을 회피하기 위해 기업은 고용을 줄일 수밖에 없기 때문이다. 그러나 이는 어디까지나 임금이 '보이지 않는 손'에 의해 적정 수준에서 결정된다는 전제하에서만 타당한 이 야기이다. 앞서 언급한 대로 현실에서는 임금이 노사의 상대적 협상력과 정치적 요인 등에 따라 결정되며, 실제로 임금이 노동자의 생산성에 비해 훨씬 낮은 수준에 머무는 경우가 비일비재하다. 이 경우 최저임금의 상승은 고용을 줄이기보다는, 오히려 노동자의 구매력을 높여 수요를 확충하고 경제를 성장시키는 효과가 있다.

사실 노동시장에서 임금이 노동자가 생산에 기여한 만큼의 적정 수준에서 결정된다는 주장은 '보이지 않는 손'을 노동시장에 응용한 것인데, 이를 최초로 정식화한 것은 19세기 말 미국의 경제학자 존 베이츠 클라크John Bates Clark였다.[18] 그러나 이는 어디까지나 이론일 뿐, 현실에서 이것이 얼마나 타당한지를 뒷받침하는 포괄적이고 엄밀한 실증 연구는 오늘날까지도 찾아보기 쉽지 않다. 게다가 최근의 여러 실증 연구들은 최저임금이 상승할 때 고용이 줄어드는 효과는 아예 없거나, 있더라도 매우 미미함을 보여 준다. 이는 '더러운' 현실을 탐구하는 실증 연구가 마침내 '우아한' 이론의 허상을 드러낸 좋은 예라고 할 수 있다.

'보이지 않는 손'에 대한 현실의 장애물 가운데 또 하나 대표적인 것이 이른바 '정보 비대칭성'의 문제이다. 그 고전적인 예가 이른바 '레몬 시장'(겉은 멀쩡하지만 품질이 떨어지는 중고차를 레몬에 비유한 것으로, 노벨경제학상 수상자인 조지 애컬로프George Akerlof의 논문 "The Market for Lemons: Quality Uncertainty and the Market Mechanism" 에서 유래함 – 옮긴이)이라고 불리는 중고차 시장이다. 중고차 시장의 고질적인 문제는, 중고차 딜러가 자신이 내놓은 차의 품질에 대해 중고차를 사려는 사람보다 훨씬 많은 정보 문제를 가지고 있다는 것이다. 앞서 언급한 대로 스미스 역시 이러한 불완전 정보 문제가 '보이지 않는 손'의 작동을 가로막는 장애물임을 인식하고 있었다. 중고차 구매자가 자신이 사려는 차의 품질에 대한 정보를 알지 못하면 품질을 감안한 적정 가격을 제시할 수 없고, 따라서 경쟁을 통한 균형가격으로의 조정 역시 일어날 수 없기 때문이다.

정보 비대칭성은 중고차 시장뿐만 아니라 의료 시장, 보험 시장, 주택담보대출 시장 등 다양한 상품과 서비스 시장에서 보편적으로 나타나는 문제이다. 이 중 2008년 글로벌 금융위기의 도화선이 된 주택담보대출mortgage 시장을 예로 들어 생각해 보자. 대규모 부실사태가 터지기 전까지, 많은 서민들은 자신의 재무상황에 비추어 대출의 구조가 얼마나 위험한 것인지 거의 알지 못하는 상태에서 서브프라임 모기지, 즉 비우량 주택담보대출을 마구잡이로 받았다. 사실 평생 동안 대출 받아 집을 사는 거래를 한두 번 하는 것이 고작인 대부분의 서민들에게, 이러한 금융거래에 대한 정보가 부족한 것은 어쩌면 당연한 일일지도 모른다. 그러나 정보가 부족한 것은 일반 서민들만이 아니었다. 2008년 글로벌 금융위기 직전까지, 수많은 연기금과 펀드의 베테랑 매니저들조차도 자신이 얼마나 터무니없이 위험한 구조의 서브프라임 모기지 관련 채권 또는 파생금융상품을 사들이고 있는지 전혀 감을 잡을 수 없었다. 서브프라임 모기지 사태가 발생하면서, 수많은 펀드매니저와 개인투자자들은 그제야 관련 채권과 파생금융상품을 발행·주선·판매했던 투자은행과 그 임직원들을 사기 또는 금융상품의 불완전판매 혐의로 고소했고, 그 결과 투자은행들은 엄청난 금액의 합의금을 지급하거나 임직원 중 일부가 유죄판결을 받고 수감되기도 했다. 이 모든 비극은 순수한 형태의 '보이지 않는 손'이 전제하는 것과 달리, 현실의 금융시장에서는 거래되는 상품에 대한 정보가 지극히 비대칭적으로 분포한다는 사실에 기인한다.

또한 앞서도 언급했듯이 본래 '보이지 않는 손'의 논의에서는 시장에 참가하는 소비자가 스스로 무엇을 원하는지, 그리고 얼마까지 지불할 용의가 있는지를 잘 알지 못할 가능성이 전혀 고려되지 않았다. '보이지 않는 손'의 신봉자들은 시장에 참가하는 경제주체들이 스스로 자기에게 이익이 되는 것이 무엇인지를 잘 알고 있으며, 이에 따라 이익극대화를 위해 합리적인 판매 혹은 구매 의사결정을 내린다고 단순히 '가정'한다. 그러나 최근 각광받고 있는—그리고 머리말에서 언급한 바 있는—행태경제학은 이러한 가정이 현실에서는 성립하지 않음을 수많은 예증을 통해 보여 준다. 즉, '보이지 않는 손'의 가정과 달리 경제주체들이 이익극대화에 입각하여 합리적으로 의사결정을 하지 않거나 못하는 경우가 매우 빈번하다는 것이다. 대표적 예가 금융시장에서 나타나는 투자자들의 군집행동herd behavior이다. 이는 투자자들이 주가의 저평가 또는 고평가 여부와 미래 전망과 관계없이 단지 다른 투자자들이 많이 매입하고 있다는 이유만으로, 같은 주식을 높은 가격을 지불하면서 매입하는 행태를 의미한다. 반대로 과도한 손실 회피성향loss aversion도 비합리적인 의사결정의 예이다. 위험도를 감안하고도 충분히 수익성이 높은 투자 포트폴리오를 약간의 손실위험 때문에 포기하는 경우가 바로 그런 예이다. 그 밖에도 똑같은 수익률과 위험도를 가진 금융상품을 어떻게 광고 또는 설명하느냐에 따라 상품 가입여부가 달라지는 등 다양한 형태의 비합리성이 보고된 바 있다. 요컨대, 종종 사람들은—'보이지 않는 손'의 가정과 달리—자신에게 무엇이 이익이 되는지를 잘 알지 못하거나, 알더라도 이익을 극대화하는 방향으로 행동하지 않는다는 것이다.

'보이지 않는 손'에 대한 과신과 한계가 가장 큰 스케일로, 그리고 극적으로 드러나는 예가 바로 앞서 언급했던 일반균형 이론이다. 요컨대 일반균형 이론의 결론은 '보이지 않는 손'에 의해 개별 시장은 물론이고, 경제 전체의 모든 시장들이 동시에 균형을 이루는 것이 가능할 뿐만 아니라 효율적이라는 것이다. 이러한 결론은 경제학자들에게 편리한 것을 넘어 어떻게 보면 종교적인 경외감이 들게 할 만큼 '우아한' 것이지만, 앞서 애로우와 드브뢰, 그리고 왈라스의 이론을 살펴보면서 확인한 것처럼 이런 결론이 도출되기 위해서는 가상의 '경매인'과 같은 셀 수 없이 많은 비현실적인 가정을 전제해야 한다.[19] 이러한 점에서 주류경제학의 일반균형 이론은 '보이지 않는 손'에 관한 가장 야심찬 기획이면서, 동시에 '보이지 않는 손'이 얼마나 현실과 동떨어진 것인지를 반증하는 최적의 사례라고 할 수 있다.

지금까지 살펴본 '보이지 않는 손'의 수많은 한계와 장애물에 대해, 대부분의 주류경제학자들은 단순히 이를 무시하거나 대수롭지 않은 것으로 여겨 왔다. 이는 자유방임주의 혁명에 의해 이데올로기의 반열에 오른 '보이지 않는 손'이 가지는 강력한 힘을 반영하는 것이다. 예컨대 자유방임주의 혁명의 아버지 프리드먼은 자유경쟁만으로도 '보이지 않는 손'의 장애물 따위는 말끔히 일소할 수 있다고 역설했다. 예컨대 금융위기 직전의 서브프라임 모기지 관련 채권 및 파생금융상품과 같이 치명적 결함을 가진 금융상품을 취급하거나, 정상적인 상품이라도 금리나 가격을 조작하여 판매하는 금융기관은 시간이 지나면 신뢰할 수 있는 정직한 금융기관과의 경쟁에 따라 자연스럽게 도태된다는 것이다. 또한 일부 비합리적 투자자들의 군집행동 때문에 금융상품의 가격에 일시적 거품이 생기더라도, 상품의 내재가치에 비해 가격이 과도하게 높음을 인식한 투자자들이 상품을 경쟁적으로 내다팔면서 거품이 곧 사라진다는 것이다. 또한 프리드먼에 따르면 노동조합은 하등 불필요한 존재이다. '보이지 않는 손'이 '가정'하듯이, 노동시장에서 임금과 근무조건은 노동자와 기업 사이의 자유로운 경쟁에 따라 결정된다고 보기 때문이다. 오히려 노동조합은 임금을 균형수준보다 높게 유지함으로써 '보이지 않는 손'을 방해하는 요인만 된다는 것이다. 따라서 프리드먼이 볼 때, 거대기업의 횡포에 맞서는 '대항적 권력'countervailing power으로서 노동조합이 필요하다는 존 케네스 갤브레이스John Kenneth Galbraith 등의 논의는 터무니없는 궤변에 불과한 것이 된다.

이와 같이 '보이지 않는 손'은 말하자면, '더러운' 현실에서 '우아한' 경제학을 가능하게 하는 원천이며, 바로 그러한 매력 때문에 하나의 이데올로기가 되어 지난 수십 년간 경제학계를 지배할 수 있었다. 그동안 주류경제학은 '보이지 않는 손'의 토대 위에서 거대한 이론체계의 모래성을 쌓아 왔으나, 모래성은 파도가 밀려오면 언제든 허물어질 수밖에 없다. 2008년 글로벌 금융위기는 경제학 이론체계에 밀어닥친 가장 최근의 파도였던 셈이다.

물론 금융위기 이전에도, 앞서 언급한 '보이지 않는 손'의 수많은 현실적 장애물을 기반으로 한 비판들이 늘 있어 왔다. 이들에 따르면 '보이지 않는 손'은 현실에 대한 하나의 근사近似에 불과하며, 따라서 복잡다기한 실제 경제현상에 적용하기 위해서는 상당한 수준의 수정과 보완이 필수적이다. 이런 비판에도 대부분의 경제학자들, 특히 자유방임주의적 견해를 가진 경제학자들은 아랑곳하지 않고 '보이지 않는 손'을 곧이곧대로 현실에 적용했다. 이들은 앞서 언급한 '보이지 않는 손'의 현실적 장애물, 예컨대 독과점, 불완전 정보, 정보 비대칭성, 경제주체의 비합리적인 의사결정, 균형가격 모색과정의 각종 복잡한 문제들을 단순히 존재하지 않거나 대수롭지 않은 것으로 가정해 버렸다. 경제학자들의 '보이지 않는 손'에 대한 맹신은 그릇된 예측이나 정책 제안으로 이어졌으며, 이러한 예측과 정책 제안의 특징을 요약하면 '시장만능주의'와 '정부 개입에 대한 혐오'로 귀결된다.

'보이지 않는 손'에 근거한 예측과 정책들이 잘못된 것인지는 그러한 예측과 정책의 결과를 현실과 비교해 보면 손쉽게 판단할 수 있다. 가장 대표적인 예가 시장경제는 자기조정 기능을 가지므로 본질적으로 안정적이라는 주장이다. 우리는 산업혁명 이래 시장경제가 셀 수 없이 많은 금융위기와 경기침체를 경험했음을 알고 있다. 현대적 형태의 자본주의가 형성되기 전인 18세기뿐만 아니라, '보이지 않는 손'의 이데올로기에 기초한 자유방임주의 경제학이 지배했던 지난 수십 년 동안에도 금융위기와 경기침체는 어김없이 반복되었고, 특히 금융위기는 이전보다 더욱 빈번해졌다. 앞으로 계속 살펴보겠지만, 그 밖에도 '보이지 않는 손'에 근거한 예측과 정책들이 부정적 결과를 낳은 사례는 셀 수 없이 많다.

이렇게 현실적 한계가 명백한데도 불구하고 '보이지 않는 손'이 경제 이론을 넘어 이데올로기화하면서, 이러한 한계들은 철저히 무시되었다. '보이지 않는 손'의 신봉자들은 오히려 1970년대를 기점으로 시작된, 무분별한 금융규제 완화 등의 자유방임주의적 '개혁'에 더욱 박차를 가했다. 또한 이들은 글로벌 금융위기 직전까지 대안정기가 지속될 수 있었던 것을 자유방임주의적 '개혁'의 공으로 돌리면서, 바야흐로 경제적 번영의 — 사실은 소득불평등 심화와 빈번한 금융위기 등으로 얼룩진 — 시대가 도래했다고 자평하기도 했다. 바로 이런 이데올로기적 맹신이 2003년 루카스가 거시경제학의 주요 과제가 해결되었다고 선언하고, 2005년 프리드먼이 경제가 안정적이라고 단언할 수 있었던 이유이다. 그들은 단지 경기변동의 문제가 해결되었다고 굳게 '믿었기' 때문에, 실제로는 이것이 전혀 해결되지 않았다는 사실을 직시할 수 없었고, 직시하려 하지도 않았다. 또한 그들의 '믿음'에 따르면, 금융위기 이전까지 월스트리트에서 만들어지고 거래되던 금융상품의 이면에 어떤 위험이 도사리고 있는지 알 필요가 없었고, 따라서 이를 알려고 하지 않았다.

애덤 스미스의 《국부론》을 원전의 취지에 따라 제대로 읽은 사람이라면, 그의 이론이 오늘날 이데올로기화한 자유방임주의 경제학을 지지하기는커녕 오히려 정부의 '보이는 손'visible hand의 필요성을 역설적으로 보여 줌을 알 수 있다. 왜냐하면 《국부론》은 어떤 조건에서 시장이 원활히 작동하고 왜 시장이 실패하는지를 묘사함으로써, 시장이 제대로 작동하기 위해서는 적절한 방향의 정부 개입이 필수적임을 효과적으로 보여 준 책이기 때문이다. 요컨대, 《국부론》 원전의 '보이지 않는 손'은 현실의 시장이 아닌 이상화된 시장을 나타내며, 이를 통해 자유방임주의 경제학의 가능성을 제시하는 동시에 현실 적용의 한계를 명확하게 보여 주는 개념이라고 할 수 있다.

2장

세이의 법칙과
'확장적 긴축'

2008년부터 시작된 대침체기에 유럽을 중심으로 한 많은 선진국 경제는 '확장적 긴축'이라는 상식에 어긋나는 정책을 시행했다. 정책담당자들이 — 스스로 의식하지는 못했지만 — 이러한 어리석은 정책을 시행하게 된 이론적 배경에는 — 19세기 초 프랑스의 경제학자 장 바티스트 세이Jean-Baptiste Say가 주창한 — 세이의 법칙Say's law이 자리 잡고 있다.

세이의 법칙의 내용은 간단하다. 한마디로 '공급이 스스로에 대한 수요를 창출하므로' 경제의 총공급은 총수요와 언제나 일치한다는 것이다. 구체적으로 경제주체들이 상품을 생산하면, 생산요소 제공에 대한 대가로서 임금 등의 형태로 상품 생산량만큼 소득이 발생한다. 따라서 발생한 소득을 모두 소비한다면 상품이 과잉공급되는 일은 절대 발생할 수 없다는 것이다. 물론 현실의 경제주체들은 발생한 소득을 모두 소비하지 않고 일부를 저축한다. 그러나 좀 더 세련된 형태의 세이의 법칙에 따르면, 이 경우에도 상품의 과잉공급은 일어날 수 없다. 왜냐하면 저축이 증가하면 이자율이 하락하면서 투자가 증가하므로, 결국 증가한 저축이 모두 투자로 지출되기 때문이다. 세이의 법칙에 따르면 상품시장뿐만 아니라 노동시장에서도 과잉공급(비자발적 실업)은 있을 수 없다. 만일 노동이 초과공급되어 일하고 싶어도 일자리가 없어 놀고 있는 사람이 있다면, 곧 이들의 경쟁에 의해 시장임금이 하락하면서 실업자들이 모두 일자리를 구할 것이기 때문이다. 요컨대 상품시장은 물론, 노동시장에서도 전반적인 초과 공급은 발생할 수 없으며, 발생하더라도 이자율, 임금 등의 가격이 신속하게 조정되면서 매우 일시적인 현상으로 그친다는 것이다.

일찍이 케인즈는 그의 저서 《고용, 이자, 화폐의 일반이론》*The General Theory of Employment, Interest and Money*(이하 《일반이론》)을 통해 현대 자본주의 경제에서 세이의 법칙이 성립하지 않는 이유를 명쾌하게 보여 주었다. 그에 따르면, 세이의 법칙은 현실을 설명하는 데 완전히 실패한 이론이며, 이를 단적으로 보여 준 것이 바로 대공황이었다. 이와 같이 케인즈와 케인즈 학파에 의해 오류로 판명되어 한동안 용도 폐기되었던 세이의 법칙이 2008년 이후의 대침체를 계기로 화려하게 부활한 것이다.

부활의 전조가 된 것은 앞 장에서 살펴본 자유방임주의 혁명이었다. 1970년대 등장한 '보이지 않는 손'의 이데올로기화한 버전이라고 할 수 있는 자유방임주의 경제학은 개별 상품시장에 적용되던 '보이지 않는 손'의 원리를 경제 전체의 모든 시장으로 확대 적용했다. 다시 말해, 개별 상품시장에서 자유 경쟁에 따라 수요와 공급이 자연스레 균형을 이룬다는 '보이지 않는 손'의 원리를 상품 시장뿐만 아니라 경제 전체의 모든 다른 시장, 즉 노동시장, 자본시장에도 일률적으로 적용하기 시작한 것이다. 이에 따르면, 상품시장의 초과공급이 물가가 신축적으로 하락하면서 해소되는 것은 물론이고, 노동시장의 초과공급(비자발적 실업)은 임금이 하락하면서 해소되며, 자본시장의 초과공급, 즉 투자 대비 과잉저축은 이자율이 하락하면서 해소된다.

이와 같은 자유방임주의 경제학의 논의는 원래 개별 시장에 적용하던 '보이지 않는 손'의 '가설'에 역시 '가설'에 불과한 세이의 법칙을 교묘히 결합함으로써, 경제 전체에 대한 '거대한 가정'을 새롭게 덧붙인 것에 지나지 않는다. 예컨대 경기침체기에 기업들이 노동자를 대기 해고하면, 시장에 초과공급된 상품은 대체 누가, 무슨 돈으로 살 것인가? '보이지 않는 손'의 원리에 따라 상품의 초과공급에 의해 물가가 하락하면, 소비자의 구매력이 높아지면서 예전과 동일한 금액으로도 더 많은 상품을 소비할 수 있으므로 상품의 초과공급이 자연스럽게 해소된다는 것이다. 즉, 생산물 시장에서 세이의 법칙이 성립한다. 경제사학사인 마르크 블로흐Mark Blaug는 이러한 논리를 다음과 같이 요약했다. "만일 생산된 상품이 다 팔리지 못할 정도로 총수요가 부족하면 물가가 하락한다. 그 결과 경제주체들이 보유한 현금잔고의 구매력이 높아지고, 결국 생산물에 대한 총수요는 초과공급이 해소될 때까지 증가한다."[1]

자유방임주의 경제학에 의해 부활한 세이의 법칙은 노동시장에도 마찬가지로 적용된다. 즉, 노동시장의 공급 역시 스스로의 수요를 창출한다. 노동공급이 늘어나 노동시장에 비자발적 실업자가 증가하면 '보이지 않는 손'의 원리에 따라 임금이 하락하므로 노동수요, 즉 일자리가 늘어나면서 실업이 해소되기 때문이다. 《애덤의 오류》 Adam's Fallacy의 저자 던컨 폴리의 표현에 따르면, 세이의 법칙하에서 "경제 전체적으로 노동의 만성적인 초과공급이란 존재하지 않는다."[2] 만일 그럼에도 노동시장에 상당한 규모의 실업이 남아 있다면, 이는 모두 자발적 실업일 수밖에 없다. 세이의 법칙으로 인해 시장임금을 받고 일하고자 하는 사람은 누구나 일자리를 얻을 수 있기 때문이다. 그뿐만 아니라 부활한 세이의 법칙은 자본시장에도 마찬가지로 적용된다. 즉, 자본시장의 공급인 저축 역시 스스로 자본시장의 수요인 투자를 창출한다는 것이다. 과잉저축으로 인해 자본시장의 초과공급이 발생하면 이자율이 하락하면서, 과다한 저축을 소진할 때까지 투자가 증가하기 때문이다. 이와 같이 부활한 세이의 법칙에 따르면, 생산물·노동·자본 시장을 막론하고 어떠한 형태의 초과공급도 문제가 되지 않는다. 물가·임금·이자율이 신축적으로 조정되면서 일시적인 초과공급이 신속하게 해소되기 때문이다.

따라서 부활한 세이의 법칙에 따르면 — 자유방임주의 경제학의 결론이 늘 그렇듯이 — 정부의 개입은 하등 쓸모가 없을 뿐만 아니라, 물가·임금·이자율의 조정을 방해하기 때문에 해롭기까지 하다. 정부는 확장적 재정정책을 통해 인플레이션을 유발하고, 최저임금 등 규제를 통해 임금을 높게 유지하며, 재정적자를 조달하는 과정에서 시장이자율을 상승시키기 때문이다. 예컨대 투자 부진으로 인해 자본시장의 초과공급 — 투자 대비 저축이 과잉한 경우 — 이 발생한 경우, 세이의 법칙에 따르면 가만히 두어도 이자율이 하락하면서 투자가 증가하고 과잉저축이 해소된다. 그런데 만일 정부가 재정적자 조달을 위해 자본시장에서 차입을 늘리면 정부의 자금수요가 민간저축을 두고 민간의 자금수요과 경쟁하면서 이자율이 오히려 상승하고, 그 결과 투자는 더욱 위축된다(이와 같이 재정적자 조달을 위한 정부의 차입이 이자율 상승을 통해 민간투자를 위축시키는 것을 구축효과crowding-out effect라고 함 – 옮긴이). 따라서 세이의 법칙에 따르면, 정부는 경기상황과 관계없이 지출과 세입이 일치하는 균형예산을 유지하는 것이 바람직하다. 이처럼 — 글로벌 금융위기 이후뿐만 아니라 심지어 1930년대 대공황기에도 학계와 정·관계를 지배했던 — 균형예산에 대한 집착은 바로 부활한 세이의 법칙에 이론적 기반을 두고 있다.

요컨대 세이의 법칙에 따르면 — 블로흐의 다소 비아냥거리는 투의 표현을 인용하면 — 정부가 개입을 통해 '걸리적거리지' 않고 균형예산을 유지하며 물가·임금·이자율이 신축적으로 조정되는 한, "경제는 스스로 균형을 회복하는 경향을 가진다."[3] 다시 말해, 자유경쟁 시장경제에서는 생산물·노동·자본 등 대상이 무엇이든 관계없이 어떤 초과공급도 일시적인 것을 넘어 지속될 수가 없다는 것이다. 이와 같은 경제의 자기조정 기능은 — 오늘날 이른바 신고전학파 경제학으로 불리는 — 주류경제학의 핵심 명제 가운데 하나이며, 동시에 최근의 주요 경제정책, 특히 '확장적 긴축'이라는 어이없는 정책을 추진하게 된 이론적 배경이 된다.

———— •••• ————

사실 19세기의 경제사를 대략 훑어보기만 해도 세이의 법칙, 즉 경제가 스스로 균형을 회복한다는 가설이 얼마나 현실과 동떨어진 것인지 쉽게 알 수 있다. 19세기 기술과 조직운영상의 혁신으로 대량생산체제가 확립되면서 생산능력이 수요에 비해 크게 확대되고, 그 결과 고실업을 동반한 경기침체가 빈번하게 발생하기 시작했다. 같은 책[4]에서 블로흐는 의문을 제기한다. "자본주의 경제체제는 과연 지속적으로 확장되는 생산능력을 흡수할 만큼 수요를 개척할 수 있을까?" 앞서 살펴본 대로 부활한 세이의 법칙에 따르면 정답은 "그렇다"이다. 물론 정부가 개입을 통해 '걸리적거리지' 않는다는 전제하에서 말이다. 일찍이 케인즈가 간파한 것처럼, 세이의 법칙은 '당시 기업계의 필요와 기대'에 정확히 부응하는 것이었다.[5]

그러나 1930년대 대공황은 경제의 자기조정 기능에 대한 신뢰를 한순간에 무너뜨렸다. 1921년부터 대공황 초기인 1932년까지 미 재무부 장관을 지낸 앤드류 멜론Andrew Mellon은 경제가 거의 붕괴해 가는데도 방임 또는 긴축적 정책을 고집한 것으로 유명하다. 그의 논리 역시 세이의 법칙에 기초한 것으로 가만히 놔두면 물가·임금 등 가격이 떨어지면서 만사가 해결될 것이라고 주장했다. 멜론은 당시 대통령 허버트 후버Herbert Hoover에게 다음과 같이 조언했다고 한다. "노동자와 농부를 해고할 만큼 하고, 주식과 부동산을 내다 팔만큼 팔고 나면, 경제 전체의 썩은 부분이 말끔히 도려내질 것이다. 이전의 과소비 행태가 사라지면서 물가가 떨어지고, 따라서 과도했던 생활비 부담도 줄어들 것이다. 해고되었던 노동자들은 이제 더 낮은 임금으로도 더 부지런히 일하고, 더 금욕적이고 윤리적으로 살아갈 것이다. 사람들의 가치관이 확 바뀔 것이고, 평범한 사람들 중에서 진취적이고 유능한 인재들이 비로소 걸러질 것이다."[6] 균형예산을 고집하던 멜론은 이를 위해 정부지출을 확대하기는커녕 오히려 삭감해야 한다고 주장했고, 수많은 은행들이 파산하는 와중에도 유동성 공급과 이자율 인하를 반대했다. 세이의 법칙에 따르면, 가만히 있어도 시간이 지나면 이자율이 하락하고 투자가 증가할 것이기 때문이다. 그러나 멜론의 예상과 달리 경제는 좀처럼 회생의 기미를 보이지 않았고, 오히려 더욱 깊은 침체의 늪에 빠져들었다. 이러한 대공황 초기의 정책 대응은 2008년 대침체 초기의 대응과 크게 대비된다. 주지하다시피 글로벌 금융위기와 뒤이은 대침체에 대응하여, 대부분의 선진국들은 정부지출을 대폭 확대하는 동시에 시중에 유동성을 제공하고 금리를 제로수준까지 인하하는 등 케인즈주의적 경기부양정책을 시행했다. 이런 대응으로 대침체가 과거의 대공황과 같은 재난으로 비화되는 것을 막을 수 있었음은 대부분 학자들이 인정하는 사실이다.

이와 같은 역사적 교훈에도 불구하고 대부분의 주류경제학 교과서에서는 여전히 세이의 법칙이 기본적으로 올바른 원리인 것처럼 묘사되고 있다. 즉, 현실의 시장경제가 자기조정 기능을 가진다는 것이다. "주류경제학의 표준적인 경제모형은 시장경제가 본질적으로 안정적임을 암묵적으로 가정하며, 따라서 균형으로부터의 이탈은 매우 일시적인 현상으로 간주된다." 한 경제학자는 2008년 금융위기를 비판적으로 분석한 저서에서 이와 같이 지적했다.[7] "대부분의 경제학자가 다가오는 금융위기를 미리 경고하는 데 실패한 것도 궁극적으로는 그들의 이러한 경제관에 기인한다."

2008년 보수적인 경제학의 본산인 시카고대의 경제학자 케이시 멀리건Casey Mulligan이 뉴욕타임스에 썼던 칼럼을 보면 주류경제학자들의 이러한 경제관이 단적으로 잘 드러난다. 그에 따르면, 정부는 금융기관에 대해 구제금융을 제공할 필요도 없고, 해서도 안 된다. 세이의 법칙에 의해 구제금융 없이도 경기침체는 곧 해소될 것이기 때문이다. 위기로 인해 아무리 금융시장이 엉망이라 해도, 세이의 법칙에 따라 시간이 지나면 이자율이 하락하면서 기업들의 투자가 살아난다는 것이다. "대부분이 조롱하긴 했지만, 사실 '우리 경제의 기초 체력은 튼튼하다'는 존 매케인John McCain(미국의 정치인으로 2008년 미국 대통령 선거에서 공화당 후보로 출마하였음 - 옮긴이)이 옳았다." 그는 이렇게 썼다.[8] "우리가 겪고 있는 것은 금융위기이지, 경제위기가 아니다. 지금의 위기는 제2의 대공황과는 한참 거리가 멀다."

명시적으로 이유를 이야기하지는 않았지만, 그의 낙관적인 견해
는 세이의 법칙에 기초한 것이다. 세이의 법칙에 따르면 실물경제가
잘 돌아가고 있는 한, 금융시장에서 은행 몇 개가 파산하는 것쯤은
전혀 문제될 것이 없다. 기업들이 생산을 하면서 스스로에 대한 수요,
즉 소비·투자를 창출할 뿐만 아니라 은행 대출자금의 원천이 되는
저축도 지속적으로 창출하므로, 망한 은행이 있으면 곧 다른 은행이
이를 대신해서 창출된 저축을 대출해 줄 것이기 때문이다. 이런 믿음
때문에 위기로 인한 금융시장의 대혼란 속에서도 멀리건은 실물경제
가 곧 스스로 회복할 것이라고 생각했던 것이다. 그는 금융시장을 실
물경제와 완전히 분리된 별개의 것으로 간주했다. 세이의 법칙에 기
초한 대부분의 주류경제학 경제모형에서 금융시장은 아예 존재하지
않거나, 존재하더라도 실물경제와는 별 상관이 없었기 때문이다.

"현재 실업률 6.1%는 그다지 우려할 만한 수준은 아니다." 칼럼에
서 멀리건은 말한다. "실업률을 고작 5.9%로 낮추기 위해 무려 7천
억 달러를 구제금융으로 쓰는 것이 과연 현명한지 재고할 필요가 있
다." 그러나 그가 칼럼을 쓴 지 얼마 안 되어 실제 실업률은 10%까
지 치솟았다. 또한 멀리건이 결사반대했던 구제금융조치, 즉 부실자
산 구제금융 프로그램Troubled Asset Relief Program은 — 비록 규모나 집
행방법에 문제점이 적지 않았음에도 불구하고 — 이후 금융위기 확산
과 시스템 붕괴를 막는 데 중요한 역할을 한 것으로 평가받고 있다.

━━━●●●━━━

원래 세이의 법칙은 현대 화폐경제가 아니라 고대 물물교환경제

를 대상으로 형성된 가설이다. 따라서 세이의 법칙이 현대 화폐경제에서 성립하지 않는 것은 매우 당연한 일이라고 할 수 있다. 물물교환경제에서는 화폐 대신 상품을 통해 거래가 이루어진다. 대장장이가 자신이 만든 곡괭이를 주고, 한 달 치 우유를 사는 식이다. 세이는 이를 다음과 같이 표현했다.[9] "상품은 상품으로 지불된다." 한편 그보다 이전 세대의 프랑스 경제학자 프랑수아 케네François Quesnay는 다음과 같이 표현했다. "물건을 사는 만큼 팔리고, 물건이 팔리는 만큼 사게 된다."

그러나 현대의 화폐경제에서는 사정이 다르다. 소비자가 번 소득을 모두 소비하지 않고, 불안한 미래를 대비하거나 자산을 증식하기 위해 화폐 또는 금융자산 등의 형태로 저축하기 때문이다. 그럼에도 세이를 비롯한 18세기 말과 19세기 초의 고전학파 경제학자들에게, 소비자가 번 소득을 모두 소비하지 않는 상황은 상상조차 하기 어려운 것이었다. 왜냐하면 당시의 소비자, 즉 노동자들은 대체로 기본적인 소비를 겨우 충족시킬 만큼만 벌 수 있었기 때문이다. 예컨대 애덤 스미스는 세이의 법칙이 단기에서도 성립한다고 믿었다. 마치 물물교환경제와 같이 노동자들이 자신의 노동을 '팔고', 그 대가로 자신이 원하는 다른 상품을 얻는다고 본 것이다.

19세기 후반, 왈라스와 다른 신고전학파 경제학자들이 수학적 모형을 통해 일반균형의 존재와 달성 가능성을 보이면서, 세이의 법칙에 대한 경제학자들의 믿음은 점차 강고해지기 시작했다. 특히 20세기 들어, 앞서 언급한 애로우와 드브뢰가 일반경쟁균형의 존재뿐만 아니라—이후 후생경제학의 기본 정리로 불리는—균형의 파레토효율성—경제 내의 어느 누구도 다른 이의 후생을 감소시키지 않고는 자신의 후생을 증가시킬 수 없는, 효율적인 자원배분 상태를 의미하며, 이 개념을 처음 제시한 이탈리아 경제학자 빌프레도 파레토Vilfredo Pareto의 이름을 딴 것임 — 까지 엄밀하게 수학적으로 증명하면서, 세이의 법칙에 대한 경제학자들의 믿음은 한층 확고해졌다.[10]

그러나 앞 장에서도 언급한 대로, 애로우와 드브뢰의 일반균형이론은 일반균형의 현실적합성을 보여 주기는커녕, 오히려 정반대로 일반균형이 현실에서 얼마나 성립하기 어려운지를 역설적으로 보여 주는 것이다. 애로우와 드브뢰 자신들도 강조한 것처럼, 그들의 이론이 성립하기 위해서는 자유경쟁시장에 대해 셀 수 없이 많은 비현실적인 가정 — 완전한 정보, 독과점의 부재, 경제주체의 합리성 등등 — 을 전제해야 했기 때문이다. 특히 애로우는 그들의 이론적 '증명'이 그들이 창조하고 전제했던 수학적 세계에서만 타당한 것임을 기회가 날 때마다 강조하곤 했다. 오죽하면 애로우의 제자이자, 노벨 경제학상 수상자인 조지프 스티글리츠Joseph Stiglitz가 이렇게 말할 정도였다.[11] "애로우는 일찍이 일반균형모형을 창조하고 난 후, 그것이 현실과는 다르다는 것을 보이는 데 나머지 한평생을 보냈다."

실제로 그들의 일반균형모형은 그 자체로 현실을 설명하기보다는, 모형이 전제한 비현실적인 가정을 하나하나 완화할 경우 현실 경제가 어떻게 달라질 것인지를 설명하는 데 더 적합하다고 할 수 있다. 예컨대 현실에서와 같이 독과점이 존재할 경우, 경제 전체의 생산과 소득은 얼마나 줄어들 것인가, 경기침체에도 불구하고 노조의 압력이나 사회적 관습에 따라 임금이 떨어지지 않으면 고용은 어떻게 반응할 것인가, 아니면 정반대로 — 지난 40년 가까이 실제로 그랬던 것처럼 — 임금이 균형 수준보다 지나치게 낮은 수준으로 유지되면 어떤 일이 벌어질 것인가 등등의 경우 말이다. 이와 같이 그들의 일반균형 이론은 현실을 묘사하기보다는, 경제가 균형에서 벗어난 보다 현실적인 상황에서 어떤 현상이 나타날지를 추론하는 데 오히려 더 유용한 이론이라고 할 수 있다.

일반균형 이론의 한계는 이뿐만이 아니다. 앞 장에서 논의한 대로, 현존하는 어떤 일반균형 이론도 수많은 소비자와 생산자가 어떤 절차를 거쳐 균형가격에 대한 합의에 도달할 수 있는지, 즉 균형가격의 모색과정을 명시적이고 구체적으로 설명하지 못했다. 즉, 거의 대부분의 일반균형 이론에서 균형은 존재하기만 하면 자동적으로 도달되는 것으로 가정된다.

이런 한계 때문에 비주류 경제학자인 던컨 폴리는 주류경제학의 일반균형 이론에 대해 '경제학 하위분야 중 가장 추상적이며, 혹자에 따르면 과학보다는 심지어 이데올로기에 더 가까운 분야'라고 신랄하게 평가하기도 했다.[12] 비슷한 맥락으로 경제평론가 조너선 슐레퍼Jonathan Schlefer는 그의 저서 《경제학의 가정들》The Assumptions Economists Make에서 일반균형 이론에 대해 다음과 같이 썼다.[13] "그 이론이 가정한 것처럼 시장이 완전한 이상, 자본가, 노동자, 지주 사이에는 어떤 갈등과 반목도 존재할 필요가 없으며, 우리들은 모두 가능한 한 최고의 후생을 누리게 된다." 더 나아가 그는 칼 마르크스를 포함하여 많은 정치사상가들이 제시했던 다양한 형태의 유토피아, 즉 이상향理想鄕 가운데, 일반균형 이론이 상정하는 균형이야말로 가장 대담하고 거창한 것이라고 비아냥거리며 혹평하기도 했다.

비록 소장학자 시절의 케인즈는 세이의 법칙을 신봉했지만, 대공황을 거치면서 세이의 법칙의 실패는 케인즈에게 두말할 나위 없는 명백한 사실이 되었다. 대공황기인 1930년대, 세이의 법칙이 예측한 대로 임금이 하락했음에도 고용은 회복되지 않았으며, 그 결과 실업률은 무려 25%까지 치솟은 후 한동안 높은 수준을 유지했다. 이에 케인즈는 상기한 대로 1936년 출간된 저서 《일반이론》을 통해 세이의 법칙을 이론적으로 반박하고 새로운 이론체계를 구축하고자 했다.

앞선 논의에서 시사한 것처럼, 화폐와 금융의 존재는 과거의 물물교환경제와 현대 자본주의 경제를 구분 짓는 핵심요소이다. 그리고 물물교환경제에 기초한 세이의 법칙이 현대 자본주의 경제에서 성립하지 않는 것 역시 바로 화폐와 금융의 존재에 기인한다. 그럼에도 스미스, 리카도, 밀 등의 고전학파 경제학자들과 왈라스, 파레토 등의 신고전학파 경제학자들은 화폐 및 금융 시스템이 실물경제와 분리된 별개의 것이며, 실물경제의 상품 거래와 교환을 원활히 하는 보조적 역할만을 담당한다고 보았다. 멀리건의 칼럼에서도 엿볼 수 있듯이, 이렇게 화폐와 금융 시스템을 실물경제와 분리된 것으로 보는 견해는 오늘날까지도 수많은 경제학자의 유전자에 고스란히 남아 있다. 심지어 최근까지도 대부분의 거시경제모형에 금융부문이 존재하지 않는 것은 아마도 이러한 견해의 영향이 크다고 판단된다. 블로흐는 앞서 언급한 저서에서 세이의 법칙을 다소 조소 섞인 어투로 다음과 같이 요약하고 있다.[14] "세이의 법칙에 따르면 영구적인 경기침체란 존재할 수 없다. 가격과 이자율의 자동적인 조정에 따라, 개별 경제주체는 물론이고 전체 경제 수준에서 공급이 스스로에 대한 수요를 창출하기 때문이다." 그러나 정작 문제는 대공황과 같은 대규모 경기침체가 결코 영구적인 것은 아니지만, 충분히 괴로울 정도로 지속적이라는 점이다.

케인즈는 세이의 법칙, 즉 경제가 자기조정 기능을 가진다는 '신화'fairy tale를 반박하기 위해 현대의 화폐 및 금융 시스템을 이론에 도입한다. 판매와 구매가 동시에 일어나는 물물교환경제에서는 상품이 생산되면 거의 바로 판매된다. 왜냐하면 교환 수단으로 화폐가 존재하지 않으므로, 소비를 하기 위해서는 자신이 생산한 상품을 파는 것 외에 다른 방법이 없기 때문이다. 그러나 판매와 구매가 분리되는 화폐 경제에서는 상품이 생산되는 시점과 판매되는 시점 사이에 상당한 시차가 존재한다. 화폐 경제에서는 노동자들이 생산에 기여한 대가로 임금을 화폐의 형태로 수령하므로 생산된 상품을 바로 판매하지 않고도 소비가 가능하며, 또한 금융 시스템의 존재에 따라 당장의 판매수익이 없어도 기업들은 화폐를 빌려서 노동자에게 임금을 먼저 지급할 수 있기 때문이다. 이렇게 현대 자본주의 경제에서 화폐 및 금융 시스템의 존재는 생산과 판매시점을 분리시킴으로써, 경제 전체적인 총수요 부족 현상, 즉 경기침체가 발생할 수 있는 환경을 조성하는 요인이라고 할 수 있다.

또한 다음과 같은 화폐 경제의 몇 가지 특징 때문에 현대 자본주의 경제는 총수요 부족으로 인한 경기침체의 위험에 쉽게 노출된다. 먼저 화폐 경제에서는 소비자들이 생산을 통해 번 소득 중 일부를 소비하지 않고 저축한다. 따라서 저축된 만큼 새롭게 투자되지 않으면, 세이의 법칙이 예측하는 대로 공급(실질생산 또는 국민소득)이 스스로에 대한 수요(정부와 해외부문이 존재하지 않는 경우, 소비와 투자의 합계로 결정됨)와 일치할 수 없다. 그런데 오늘날 주류인 신고전학파 경제학자들은 소비자들의 저축이 언제나 투자와 일치한다고 주장한다. 소비자들의 저축이 은행에 예금되면 은행의 자금이 풍부해지면서 차입이자율이 낮아지고, 그 결과 기업들이 투자를 위해 차입을 늘리기 때문이다. 물론 소비자들은 저축을 몽땅 은행에 예금하는 것이 아니라 일부를 주식이나 채권을 사는 데 쓸 수 있다. 그러나 신고전학파 경제학자들에 따르면 주식 또는 채권 투자자금 역시 결국은 기업으로 흘러들어가 실물투자로 연결되므로, 저축은 언제나 투자와 일치하게 된다는 것이다. 그러나 케인즈에 따르면 이자율이 낮아진다고 해서 반드시 투자가 증가하는 것은 아니다. 그 이유는 다음과 같다.

우선 케인즈는 투자 의사결정에서―주류경제학자들이 매우 성가시게 생각하는 두 가지 요인인―불확실성과 심리적 요인의 역할을 강조한다. 케인즈에 따르면, 기업 투자는 저축량에 따라 결정되는 가용자금의 양이나 차입이자율뿐만 아니라, 미래 경영환경에 대한 기업의 기대에도 크게 영향을 받는다. 예컨대 미래에 자사 제품에 대한 소비자 수요가 감소할 것으로 예상하는 기업은 아무리 시중자금이 풍부하여 이자율이 낮다 해도, 제품 생산을 늘리기 위한 투자를 좀처럼 하지 않을 것이다. 따라서 이자율 조정에 따라 저축과 투자가 자동적으로 일치한다는 세이의 법칙은 현실에서 결코 성립하지 않는다.

케인즈는 더 나아가 기업의 투자 의사결정이 미래에 대한 합리적인 분석보다는 비합리적이고 감성적인 '야성적 충동'animal spirit에 좌우된다고 보았다. 그러다 보니 경기침체기에는 미래에 대한 비관적 전망이 합리적 기대를 압도하면서, 기업 투자가 과도하게 위축될 수 있음을 지적했다. 또한 케인즈에 따르면, 화폐 경제에서는 투자뿐만 아니라 소비 역시 미래에 대한 가계의 기대에 크게 영향을 받는다. 예컨대 경기침체에 따라 취업 전망이 비관적으로 변하거나 실직에 대한 우려가 높아진 경우, 가계는 현재 소비를 줄이고 은행 예금을 더 늘릴 수 있다.

또한 케인즈는 저축이 투자로 연결되는 또 하나의 통로인 주식시장의 속성을 고려할 때, 주가의 변화가 경제를 교란하는 요인이 될 수 있음을 지적했다. 케인즈에게 주식시장은 합리적이고 객관적인 협상을 통해 금융투자자의 저축이 기업의 투자로 연결되는 통로 같은 것이 전혀 아니었다. 그는 《일반이론》에서 주식시장을, 마치 여러 명의 미인대회 후보자 가운데 가장 많은 사람에게 선택된 후보자를 맞추는 사람이 상금을 가져가는 콘테스트에 비유했다. 케인즈에 따르면, 이러한 콘테스트에서 최적의 전략은 내가 가장 미인이라고 생각하는 후보를 선택하는 것이 아니라, 다른 모든 사람들이 가장 아름답다고 생각할 만한 후보를 선택하는 것이다. 이와 마찬가지로 주식시장에서 주식의 가격은 기업의 진정한 내재가치 따위로 결정되는 것이 아니라, 다른 투자자들이 적정하다고 생각하는 기업 가치의 수준을 얼마로 보느냐에 따라 결정된다. 그러다 보니 주가는 투자자들의 주관적인 심리 변화에 크게 좌우되며, 이에 따라 종종 과도한 거품이 형성되면서 주가가 폭등하거나, 거품이 붕괴하면서 폭락하기도 한다. 그 결과 주어진 저축 규모에 비해 어떨 때는 투자가 과도하게 증가하기도 하고, 또 다른 때는 투자가 과도하게 위축되기도 하는 것이다. 케인즈에 따르면, 이렇게 심리적 요인에 크게 영향을 받는 투자와 주식시장의 속성으로 인해, 특히 경제주체들의 심리가 위축되는 경기침체기에는 세이의 법칙이 예측하는 바와 달리 투자가 저축에 크게 못 미칠 수 있다.

지금까지 살펴본 케인즈의 논의는 세이의 법칙으로 요약되는 당시 주류경제학계인 신고전학파의 거시경제 이론에 대한 급진적인 도전이었다. 이에 따르면 경제는 더 이상 자기조정 기능을 가지지 않으며, 따라서 경제가 경기침체에서 스스로 회복하는 것은 불가능하다. 세이의 법칙이 예측하는 바와 달리, 물가·임금·이자율이 신축적으로 하락한다 해도 총수요 부족은 해결되지 않으며, 이러한 상태는 외부의 충격이 없으면 영구적으로 지속될 수도 있다. 이와 같이 총수요 부족 상태가 오래 지속될 수 있는 것은 케인즈의 이론에서 경기침체와 고실업 상태가 균형에서 일시적으로 이탈한 결과가 아니라, 바로 그 자체로서 새로운 균형을 나타내기 때문이다. 다시 말해, 케인즈는 고실업 상태에서 경제의 총수요와 총공급이 일치하는 균형이 성립할 수 있음을 이론적으로 증명한 것이다. 이와 관련하여―1960년대 이래 하버드대에 남아 있는 몇 안 되는 진보주의자liberals 가운데 한 명인―경제학자 스티븐 마글린Stephen Marglin은 케인즈 《일반이론》의 경제적 함의를 다음과 같이 기술했다.[15]

"《일반이론》의 주된 이론적 결론은 다음과 같다. 즉, 일단 경제가 충격에 의해 완전고용상태에서 벗어나 경기침체에 빠지면, 또 다른 외부적 충격이 없이는 영구적으로 회복이 불가능하다는 것이다. 외부 충격이 없는 상황에서 경기침체가 영구적으로 지속될 수 있다는 것은, 이 상태에서 수요와 공급의 힘이 서로 '균형'을 이룬다는 것을 의미한다.

따라서 이러한 상태는 말하자면 '실업 균형'unemployment equilibrium이라고 할 수 있다. 물론 경제는 완전고용상태에서도 균형을 이룰 수 있다. 그러나 케인즈에 따르면, 인위적인 정책적 노력 없이는 실업 균형에서 완전고용상태를 나타내는 균형으로 바로 이동할 수 있는 방법은 존재하지 않는다. 다시 말해, 시장의 '자기조정 메커니즘' 따위는 존재하지 않을 뿐만 아니라, 심지어 통화정책만으로는 경제를 실업 균형에서 건져 내어 완전고용을 회복하는 것이 불가능한 경우도 있다."

케인즈에 비판적인 일부 경제학자들의 인식과 달리, 케인즈가 세이의 법칙을 부정한 근거는 노조 또는 독과점 기업의 존재나 임금의 하방경직성과 같이, 경제가 경쟁균형에 도달하는 것을 방해하는 시장의 불완전성이나 시장실패 등이 아니었다. 오히려 케인즈는 균형의 존재와 안정성을 신뢰하는 편이었다. 케인즈 이론의 급진적인 측면은 균형의 존재나 안정성을 부정한 것이 아니라, 경기침체와 고실업 상태의 균형, 즉 실업 균형이 안정적으로 지속될 수 있음을 보였다는 점이다. 케인즈 이론의 이러한 측면은 경제가 자기조정 기능에 의해 스스로 이상적인 완전고용균형을 회복한다고 보는 신고전학파 이론체계에 대한 치명적인 도전이라고 할 수 있다.

한편 정책적 측면에서, 케인즈는 경기침체를 극복하기 위해 경제주체들이 허리띠를 졸라맬 것이 아니라 오히려 재정적자 등을 통해 지출을 늘려야 함을 이론적으로 명쾌하게 보여 주었다. 경기침체기에 아무도 돈을 쓰지 않는 상황에서, 재정적자를 내서라도 정부가 지출을 늘리면 민간투자가 촉진된다는 것이다. 그러나 세이의 법칙에 따르면, 재정적자를 통한 정부지출의 증가는 투자의 재원이 되는 경제의 총저축을 '써 버림으로써' 민간투자를 감소시키므로(완벽한 구축효과) 경기침체를 극복하는 데 아무런 도움이 되지 않는다. 어떤 개별 가계의 저축이 일정한 상황에서 가족 중 누군가가 저축된 돈을 '써 버리면', 다른 누군가는 지출을 줄여야만 생계를 꾸려 갈 수 있는 것과 마찬가지 원리라는 것이다. 따라서 세이의 법칙에 따르면, 소득이 줄어드는 불황일수록 미래를 대비하여 가계가 오히려 저축을 늘리는 것이 바람직하다.

그러나 현실에서 전체 경제와 개별 가계는 그 성격이 완전히 다르다. 경기침체기에 세이의 법칙이 시사하는 것처럼 어떤 가계가 저축을 늘린다고 하자. 개별 가계의 입장에서 이는 미래 대비를 위해 매우 바람직한 것이고, 전체 경제에 미치는 영향은 전혀 없다. 그러나 전체 경제의 가계들이 모두 저축을 늘린다면 문제는 달라진다. 저축은 소득에서 소비하고 난 나머지이므로, 모든 가계가 저축을 늘린다는 것은, 즉 모든 가계가 소비지출을 줄인다는 것을 의미한다. 전체 경제에서 누군가의 지출은 다른 누군가의 소득이므로, 모든 가계가 소비지출을 줄이면 다른 가계와 기업의 소득이 그만큼 줄어든다. 이렇게 소득이 줄어든 가계와 기업은 지출, 즉 소비와 투자를 줄이고 이것이 또 다른 가계와 기업의 소득을 줄이는 악순환이 반복되면서 경기침체가 더욱 심화되는 것이다. 케인즈는《일반이론》에서 이러한 '저축의 역설'paradox of thrift(경제주체들이 소비를 줄이고 저축을 늘릴 경우 총공급 대비 총수요가 부족해지고, 그 결과 균형국민소득과 함께 총저축이 오히려 줄어드는 현상 – 옮긴이) 메커니즘을 매우 명쾌하게 설명하고 있다.

그렇다고 케인즈가 장기적 투자와 경제성장을 위한 재원으로서 저축의 중요성을 부인한 것은 전혀 아니다. 다만, 케인즈가 역설한 것은 재정적자를 통한 정부지출의 증가가 단기적으로는 — 세이의 법칙이 주장하듯이 — 저축을 '써 버리는' 것처럼 보이지만, 장기적으로는 경제성장과 소득 증가를 통해 오히려 저축을 늘린다는 사실이다. 이와 관련하여 버클리대의 경제학자 브래드 드롱Brad DeLong은 세이의 법칙에 대해 다음과 같이 평한 바 있다. "중요한 것은, 세이의 법칙이 이론적으로 틀렸다는 것뿐만 아니라, 만일 그것이 현실에서 작동하려면 아이러니하게도 매우 복잡하고 세심한 정책적 개입이 필요하다는 사실이다." 또한 드롱은 세이 자신조차도 세이의 법칙에 대해 모호한 태도를 취했다는 점을 지적한 바 있다.[16]

역사적으로 케인즈주의적 정책 처방이 성공한 사례는 적지 않다. 이 중에는 제2차 세계대전 당시 정부의 전비지출 증가가 대공황에서 회복하는 결정적인 계기가 된 것처럼 전쟁이나 국방비 증가에 기인한 경우도 있고, 1930년대 독일의 경우처럼 평시의 정부지출 증가가 경기를 활성화한 사례도 있다. 특히 대공황의 저점이었던 1933년부터, 프랭클린 루스벨트Franklin D. Roosevelt 행정부의 뉴딜정책New Deal 시행에 따른 정부지출 증가로 경기가 빠르게 회복된 것(다만 자유방임주의적 또는 보수주의적 경제학자들 사이에서는 뉴딜정책의 경기부양 또는 생산성 효과에 대해 많은 논란이 있음에 유의 – 옮긴이) 역시 후자의 대표적 사례 가운데 하나라고 할 수 있다. 비록 인플레이션에 대한 터무니없는 우려로 인해, 1937년경부터는 세금을 인상하고 통화량 증가를 억제하는 등 긴축적 기조로 전환했고, 그 결과 경제가 다시 침체에 빠지고 말았지만 말이다.

이러한 성공적인 역사적 경험에도 불구하고 세이의 법칙을 전면적으로 부정하는 오리지널 버전의 케인즈 이론과 그에 따른 정책 처방은 지금까지 단 한 번도 주류경제학계의 정설로 받아들여진 적이 없다. 이는 그만큼 세이의 법칙이 경제학자들의 뇌리에 뿌리 깊게 자리 잡고 있음을 시사한다. 예컨대 2008년부터 시작된 대침체에 대응하여 2009년 오바마 행정부가 8,000억 달러 규모의 대규모 경기부양책을 시행하는 등 잠시나마 케인즈주의적 정책 처방이 부활하는 것처럼 보였으나, 이는 그때뿐이었다. 이내 미국뿐만 아니라 유럽의 선진국들은 '확장적 긴축'이라는 황당한 논리에 따라, 다시 예전의 긴축적 정책 기조로 황급히 전환했던 것이다.

돌이켜 보면, 제2차 세계대전 이후 경제학계에서 케인즈주의가 최종적으로 승리했다는 일반적인 인식도 순전히 '신화'에 불과한 것이었다. 실제로는 케인즈 이론의 오리지널 버전이 아닌, 기껏해야 순화純化된 버전이 1950~1960년대 미국의 일부 경제학계에서 받아들여졌을 뿐이다. 이후에도 케인즈 이론과 정책 처방은 주류경제학계에 좀처럼 뿌리내리지 못했고, 이 때문에 대침체가 지속되고 있는 와중에도 잠깐이나마 시행했던 케인즈주의적 정책들을 헌신짝 버리듯 폐기할 수 있었던 것이다.

제2차 세계대전 이후 미국의 케인즈주의자들은 오리지널 버전의 케인즈 이론이 아닌, 순화된 버전의 케인즈 이론을 주류경제학에 접목하는 데 그쳤다. 예컨대 MIT의 폴 새뮤얼슨Paul Samuelson으로 대표되는 미국의 케인즈주의자들은 경기침체와 고실업 상태에서 경제의 균형이 지속될 수 있다는 케인즈 이론의 급진적 측면을 도저히 받아들이지 못했다. 그들은 케인즈주의적 정책 처방이 필요한 경우가 아주 일시적이고 예외적인 상황이며, 이러한 상황이 발생하는 원인은 바로 시장의 불완전성에 있다고 보았다. 그들에게 시장의 불완전성이란, 대개의 경우 생산물 가격과 임금의 경직성을 의미했다. 즉, 경기침체에도 불구하고, 노조 또는 독과점 기업의 존재 등 시장 불완전성으로 인해 ― 세이의 법칙이 전제하는 것과 달리 ― 임금과 생산물 가격이 충분히 하락하지 않기 때문에 일시적으로 고실업과 경기침체가 발생하며, 이 경우 시간이 지나 가격이 충분히 조정될 때까지 정부가 일시적으로 개입하여 경기를 부양할 필요가 있다는 것이 이들의 생각이었다. 따라서 경기침체와 대량실업사태를 지속적이고 안정적인 균형 상태로 본 케인즈와 달리, 이들은 가격의 일시적인 경직성에 따른 불균형 상태로 보았다는 점에서 큰 차이가 있다.

이와 같은 인식의 차이는 새뮤얼슨의 다음과 같은 서술에서 잘 드러난다.[17]

"케인즈의 논의 가운데 가장 논리적으로 설명하기 어려웠던 것은 대규모 실업이 지속되는 균형이 과연 존재할 수 있는가의 문제였다. … 고민 끝에 나는 이 문제를 그냥 무시하기로 했다. 나는 스스로에게 물어보았다. 1933년에서 1937년 사이 경제가 왜, 그리고 어떻게 대공황의 심연에서 탈출할 수 있었는지를 이해할 수 있게 해 주는 유일한 이론체계를 내가 왜 사소한 문제 때문에 포기해야 하는가? … 루스벨트 정부의 뉴딜정책이 대공황을 극복하는 데 별 도움이 되지 않았으며, 제2차 세계대전이 발발하고 나서야 경제가 대공황에서 겨우 탈출할 수 있었다는 주장은 터무니없이 잘못된 것이다. 대공황에서의 회복기간 가운데 설비투자가 가장 큰 폭으로 증가한 기간이 바로 1934년에서 1937년 사이였기 때문이다. 한편 케인즈 이론을 이론적으로 정당화하기 위해 내가 할 수 있는 최선은 생산물 가격과 임금이 충분히 경직적임을 가정하는 것뿐이었다."

이렇게 순화된 형태의 케인즈주의에 따르면, 단기적인 가격 경직성하에서 경기침체로 인해 일시적인 고실업 상황이 발생한 경우, 필요한 정부의 역할은 확장적 재정정책을 통해 실업의 고통을 어느 정도 경감하는 수준에 그친다. 왜냐하면 장기적으로는 세이의 법칙이 시사하듯이 시장의 자기조정 기능이 저절로 작동하면서 경제가 스스로 완전고용균형으로 복귀하기 때문이다. 이처럼 새뮤얼슨이 주도한 미국의 케인즈주의 경제학은 순화된 형태의 케인즈 이론의 일부를 세이의 법칙을 포함한 기존의 주류경제학, 즉 신고전학파 이론에 기계적으로 결합한 것에 불과하다고 할 수 있다. 그래서 이러한 미국식 케인즈주의 경제학을 우리는 흔히 '신고전학파 종합'the Neoclassical Synthesis이라고 부른다.

그러나 미국식 케인즈주의 경제학이 기존의 주류경제학보다 적어도 인플레이션에 관해서는 좀 더 관대했던 것이 사실이다. 케인즈주의자들은 경제 전체의 물가상승률, 즉 인플레이션율이 0인 것보다는 어느 정도 완만하게 물가가 상승하는 편이 완전고용 생산수준과 낮은 실업률을 유지하는 데 도움이 된다고 보았다. 경제 전체의 인플레이션이 0이거나 매우 낮은 경우, 기업들이 자사제품의 가격만을 인상하기는 어려우므로 약간만 원가가 상승하는 요인이 발생해도 가격을 올리는 대신에 생산량을 줄일 수밖에 없다. 반면 경제 전체적으로 물가가 완만하게 상승하는 경우, 기업들은 원가 상승요인 발생 시 자사제품의 가격 인상으로 대응함으로써 이윤 마진을 유지하는 동시에 생산량을 유지하거나 늘릴 수 있다. 이와 같은 인플레이션과 생산 수준 또는 실업 간의 관계 — 이를 처음 발견하고 주목한 뉴질랜드 출신 경제학자 알반 필립스Alban W. Phillips의 이름을 따서 이를 필립스 곡선이라고 부름 — 는 이후 미국식 케인즈주의 정책 이론의 토대가 되었다.

이러한 관계에 근거하여, 미국식 케인즈주의는 인플레이션뿐만 아니라 정부의 재정적자에 대해서도 어느 정도 관대한 태도를 취한다. 즉, 재정적자를 통한 정부지출 증가는 어느 정도 인플레이션을 유발하지만, 다른 한편으로 고용을 늘리고 실업률을 낮출 수 있으므로 충분히 정당화가 가능하다는 것이다. 그러나 경기침체를 일시적인 불균형 현상으로 보는 미국식 케인즈주의의 근본적 한계로 인해, 인플레이션과 재정적자에 대한 이들의 유연한 태도 역시 제한적일 수밖에 없다. 다시 말해, 일단 정부지출 증가를 통해 일시적인 불균형 상태인 경기침체에서 벗어나 완전고용균형에 다시 가까워지고 나면, 그때부터는 정부지출 증가를 멈추고 균형재정을 유지하는 것이 바람직하다는 것이다. 그 이상 정부지출을 증가시키면 1960년대 말부터 1970년대 초까지의 미국 경제와 같이 경기가 과열되면서 과도한 인플레이션이 발생하기 때문이다.

이와 같이 미국식 케인즈주의는 출발부터 오리지널 버전의 케인즈 이론 및 정책 처방과는 거리가 있었다. 그나마 순화된 버전으로 남아 있던 케인즈 이론의 요소마저 뿌리부터 비판하고 나선 것이 바로 밀턴 프리드먼이었다. 이러한 비판을 통해 프리드먼은 근본적으로 경제학을 대공황 이전의 상태로 되돌리려 했으며, 그와 동시에 시장의 자기조정 기능, 즉 세이의 법칙에 대한 믿음을 이전보다도 더욱 강화하고자 했다.[18] 프리드먼이 볼 때, 대공황이 오랫동안 지속된 것은 케인즈가 이야기한 것처럼 세이의 법칙이 실패하거나 정부지출을 충분히 증가시키지 못했기 때문이 아니다. 오히려 정부의 부적절한 개입 자체가 대공황을 지속시키고 악화시킨 원인이라고 프리드먼은 지적한다. 그는 대공황 초기인 1931년에 경기침체가 진행되고 있는 상황에서도, 연준이 긴축적 통화정책을 시행한 것이 소규모 불황을 대규모 공황으로 확대시킨 주원인이라고 본다. 이렇게 대공황이 지속·악화된 원인을 시장의 결함이 아닌 정부의 정책에서 찾는 경향은 프리드먼의 추종자들에게 더욱 폭넓게 확장된 형태로 나타난다. 예컨대 그들 중 일부는 루스벨트 대통령의 뉴딜정책이 노동조합에 지나치게 강한 협상력을 부여했고, 그 결과 임금이 높은 수준을 유지하면서 대공황이 지속·악화되었다고 주장한다. 또 다른 일부는 1930년 '스무트–홀리Smoot-Hawley 법안' — 미국이 자국 산업 및 고용의 보호를 위해 수입 전반에 대해 고율의 관세를 부과한 법안 — 이 이전까지의 자유무역 질서를 무너뜨린 것이 대공황의 지속·악화에 크게 기여했다고 주장한다.

1970년대 들어 프리드먼의 제자인 루카스와 그의 추종자들—이들을 일컬어 새고전학파the New Classicals라고 부름—은 케인즈 이론의 근본적인 기저까지 비판하기 시작한다. 즉, 상기한 '야성적 충동'의 개념이 시사하듯이 소비자 또는 투자자의 비합리성에 근거한 케인즈 이론은 그 전제부터 근본적으로 잘못되었다고 이들은 비판했다. 루카스 등은 가계, 기업, 투자자 등의 경제주체들이 현재 의사결정과 미래 기대형성에서 매우 합리적일 뿐만 아니라(합리적 기대 rational expectation의 가정), 탁월한 선견지명까지 갖출 정도로 충분히 '똑똑하다'고 보았다. 따라서 케인즈가 주장한 것처럼 경기침체기에 물가와 이자율이 하락하고 있음에도, 미래에 대한 막연한 비관적 전망 때문에 가계가 소비를 줄이고 기업이 투자를 주저하는 일은 현실에서 벌어지지 않는다는 것이다.

또한 정책적 측면에서 루카스와 그의 추종자들은 프리드먼보다도 더 적극적으로 정부 개입의 유용성을 부정했다. 통화주의자인 프리드먼은 구축효과 등의 이유로 케인즈주의적 재정확대정책의 유효성은 부정했지만, 적어도 확장적 통화정책, 즉 이자율 인하와 화폐공급 확대가 단기적으로 총수요를 늘려 경기를 부양할 수 있음을 인정했다. 그러나 루카스와 그의 추종자들은 재정정책은 물론이고, 통화정책의 유효성마저도 완전히 부정했다. 경제주체들이 합리적 기대를 하는 상황에서는—재정정책이든 통화정책이든 관계없이—예상된 모든 정책은 실물경제에 전혀 영향을 주지 못하며, 예상치 못한 정책의 효과 역시 매우 일시적인 것에 그친다(이를 새고전학파의 정책무력성 명제policy ineffectiveness proposition라고 함 - 옮긴이)는 것이다.

다시 프리드먼으로 돌아가면, 인플레이션은 실업보다 프리드먼에게 훨씬 중요한 문제였다. 세이의 법칙을 신봉하는 그에게 이는 어쩌면 매우 당연한 일일 것이다. 세이의 법칙하에서 총공급과 총수요는 항상 일치하므로 정부가 어떤 식으로 경기를 부양하든 간에, 이는 초과수요를 야기하여 인플레이션을 유발할 것이기 때문이다. 이런 믿음을 프리드먼은 자연실업률 가설을 통해 이론화했다. 자연실업률 가설에 따르면, 경제의 자기조정 기능에 따라 실업률은 장기적으로 완전고용상태에서의 수준, 즉 자연실업률 natural rate of unemployment 수준에 항상 수렴하며, 확장적 통화정책을 통해 실업률을 자연실업률 수준보다 인위적으로 낮추려 하면 인플레이션율이 지속적으로 상승할 수밖에 없다. 그러므로 당국의 확장적 통화정책은 장기적으로 실업률에 아무런 효과가 없으며, 인플레이션율만 지속적으로 높이는 결과를 초래한다는 것이다.

이와 같은 자연실업률 가설에 따르면, 실업률은 어차피 장기적으로 자연실업률에 수렴하므로 정책당국이 신경 써야 할 것은 오직 화폐공급을 적정 수준으로 조절함으로써 인플레이션을 안정시키는 것이다. 이에 따라 급기야 프리드먼은 화폐공급을 당국의 재량에 따라 결정하는 것이 아니라, 사전적으로 결정된 고정 비율로 증가시키는 것이 바람직하다고 주장하기에 이른다. 프리드먼은 이와 같이 고정된 통화량 증가율을 준수하도록 함으로써, 통화정책 당국이 실업률을 낮추기 위해 무리한 확장적 통화정책을 시행하여 과도한 인플레이션을 유발하는 사태를 미연에 방지할 수 있다고 믿었다. 프리드먼은 정책당국이 실업률을 자연실업률 수준보다 낮추기 위해, 할 수만 있다면 언제든지 인플레이션을 무릅쓸 준비가 되어 있다고 보았기 때문이다.

인플레이션이 만연했던 1970년대를 거치면서, 미국의 케인즈주의자들은 프리드먼의 자연실업률 가설을 적극적으로 수용했다. 이들은 자연실업률 가설의 예측대로, 케인즈 이론에 기초한 확장적 통화 또는 재정정책이 ― 실업률은 낮추지 못하면서 ― 1970년대의 지속적인 고인플레이션을 유발한 주원인이라고 생각하게 되었다. 또한 이들은 경기부양의 수단으로서 통화정책보다 재정정책을 보다 선호한 케인즈와 달리, 프리드먼의 견해에 따라 점차 통화정책을 보다 선호하게 되었다. 세이의 법칙을 신봉하는 프리드먼이 볼 때, 경기부양 수단으로서 확장적 재정정책은 완전한 구축효과에 따라 아무 효과가 없으며, 오직 통화정책만이 ― 비록 단기적이긴 하지만 ― 실물경제에 영향을 줄 수 있기 때문이다. 물론 재정정책이 통화정책보다 입안과 집행 과정에서 의회의 승인 등 거쳐야 할 절차가 길고 번거로운 관계로, 프리드먼의 견해에 동조하지 않는 경제학자들도 정책수단으로서 통화정책을 더 선호하게 된 측면도 있었다.

이와 같이 케인즈주의자들조차 실업보다 인플레이션에 보다 주목하고 인플레이션 억제를 위해 케인즈주의적 재정정책보다 통화정책에 보다 의존하게 되면서, 프리드먼과 루카스, 그리고 그들의 추종자들은 마침내 그들의 이론이 케인즈주의에 대해 승리를 거두었으며, 이에 따라 세이의 법칙이 부활했다고 선언하기에 이른다. 특히 루카스와 그 추종자들의 합리적 기대이론이 당시 거시경제학계를 석권할 수 있었던 것은 지나치게 극단적인 가정에도 불구하고 ― 혹은 이러한 극단적인 가정 덕택에 ― 수학적으로 계량 가능하고 간단명료한 모형을 제시할 수 있었던, 이 이론의 방법론적 특징에 주로 기인했다고 볼 수 있다.

그러나 프리드먼과 루카스의 이론은 정작 현실을 설명하는 데는 번번이 실패하곤 했다. 초기의 대표적인 사례가 바로 1982년 경기침체이다. 두 자리 수의 인플레이션을 잡기 위해 당시 연준 의장이었던 폴 볼커Paul Volcker가 이자율을 급격히 인상하면서 시작된 경기침체는 볼커 자신은 물론, 루카스와 그의 추종자들이 예상한 것보다 훨씬 폭이 깊고 지속적이었다. 루카스 등의 이론에 따르면, 연준의 예상된 이자율 인상에 따라 소비와 고용 등은 거의 변하지 않거나 매우 일시적으로만 위축되어야 한다. 왜냐하면 합리적 기대를 형성하는 소비자와 기업이 연준의 이자율 인상으로 인해 곧 경제 전체적으로 물가가 하락할 것을 예상함에 따라, 그들의 임금 요구수준과 자사제품의 가격을 전체 물가의 변화에 맞추어 하락시킬 것이기 때문이다. 이렇게 물가와 임금이 신속히 하락하면서, 이자율 인상에도 불구하고 소비와 고용은 거의 감소하지 않거나 미미하게 감소한 후 이전 수준을 회복한다는 것이다. 그런데 현실은 이와 전혀 달랐다. 연준의 이자율 인상 이후, 대공황 이래 최악의 경기침체가 들이닥쳤고, 실업률은 치솟아 상당 기간 높은 수준을 유지했던 것이다.[19] 그러나 루카스는 자신의 이론이 이렇게 1982년의 경기침체를 예측 또는 설명하는 데 실패한 것 따위에는 전혀 아랑곳하지 않는 듯이 보인다. 머리말에서 언급한 대로, 그로부터 20년이 지난 2003년에 "경기침체의 방지라는 거시경제학의 주요 과제는 이미 해결되었다"고 오만한 발언을 서슴지 않는 것을 보면 말이다.

이러한 현실설명력의 부족에도 불구하고 프리드먼과 루카스의 이론이 거시경제학의 주류로 부상할 수 있었던 이유는 방법론적으로 그들의 이론이 단순하고 일관적인 수리적 모형으로 제시된 것에 상당 부분 기인한다. 그러나 그보다도 더 중요한 이유는 그들이 제시한 일반균형모형이 현실의 시장경제를 '비교적 잘 묘사하는 것'a close enough approximation으로 인식되었기 때문이다. 장기적으로 볼 때 현실의 시장경제는 일부 위기 기간을 제외하면, 프리드먼과 루카스가 주장하는 것처럼 별다른 정부 개입 없이도 대체로 완전고용에 가까운 상태를 유지하면서 지속적으로 성장해 온 것이 사실이다. 프리드먼은 언젠가 사석에서 다음과 같이 이야기했다고 전해진다.[20] 즉, 경제의 일반균형이 존재하는지, 존재한다면 안정적인지 따위의 이론적 문제는 전혀 중요하지 않다는 것이다(실제로 프리드먼은 왈라스 등의 일반균형이론에 대해 별 관심이 없었다고 전해진다). 왜냐하면 현실의 경제가 안정적이라는 것은 굳이 이론적으로 증명하지 않아도 과거의 장기 데이터를 보면 너무나도 자명한 사실이기 때문이다. 지난 두 세기에 걸쳐 산업화된 선진국의 자본주의 경제는 빠르고 지속적으로 성장해 왔다. 간간이 경기침체와 실업사태를 겪기는 했지만 이는 대부분 일시적인 현상에 불과했고, 경제는 곧 완전고용을 회복하면서 지속적으로 성장해 왔다는 것이다.

그러나 프리드먼의 이런 인식은 단기는 물론 중기적으로 실업과 경기침체가 미치는 경제·사회적 영향을 지나치게 과소평가한 것이다. 또한 프리드먼뿐만 아니라 그보다 온건한 주류경제학자들이 그랬듯이, 과거 데이터에서 나타난 자본주의 경제의 안정적 성장이 오롯이 자유경쟁 시장경제 자체의 내재적 특징 때문에 가능했다고 보는 것 역시 심각한 오류이다. 이들은 시장경제의 내적 요인 이외에, 과거 자본주의 경제의 안정적 성장을 가능하게 한 다양한 외적 요인을 종종 무시하곤 한다. 이러한 시장경제의 외적 요인은 대부분 '제도적' 또는 '사회구조적' 요인인데, 예컨대 앞 장에서 언급했던 규모의 경제를 동반한 기술 진보, 새로운 시장과 원재료 공급처의 확대 외에도 가계의 소비 수요 및 관행의 변화, 교육의 중요성에 대한 국가적 인식 변화, 도시의 성장에 따른 교외지역의 개발, 물질주의 문화의 확산, 재산권 관련 법체계의 변화 등등이 여기에 포함된다. 시장경제의 안정적 성장에서 이러한 제도적 또는 사회구조적 요인들의 역할을 규명하는 것은 19세기와 20세기 초반의 경제학자들에게는 매우 중요한 연구 주제였다. 그러나 현대 주류경제학에서 이러한 주제는 소수의 학자들에 의해 아주 제한적으로만 다루어져 왔다.[21]

한편 1980년대 들어 순화된 버전의 케인즈 이론을 일부 수용했지만 프리드먼과 루카스의 영향을 크게 받은 경제학파가 등장한다. 새케인즈학파the New Keynesian가 바로 그들이다. 이들은 케인즈적 전통을 계승한다고 자처하지만 근본적으로 시장의 자기조정 기능을 신봉한다는 점에서 케인즈보다는 새고전학파에 더 가까우며, 실제로 이들 중 상당수의 학자가 정치적으로 보수주의에 친화적이다. 프리드먼이나 루카스와 달리 이들은 시장의 여러 가지 불완전성—독과점 기업과 노동조합의 존재, 정보의 불완전성 등—으로 단기적으로 생산물 가격과 임금이 경직적일 수 있으며, 따라서 적어도 단기적으로는 정부의 개입이 필요할 수 있음을 인정한다. 그러나 이들 역시 임금과 가격의 경직성이 해소되는 장기에는 시장의 자기조정 기능, 즉 세이의 법칙이 잘 작동한다고 본다. 또한 이들은 단기적인 정책 개입 수단으로서, 프리드먼과 유사하게 재정정책보다는 통화정책을 선호한다. 아울러 이들은 프리드먼-루카스와 마찬가지로 위기와 같은 예외적이고 일시적인 경우를 제외하고는, 기본적으로 균형재정을 유지하는 것이 바람직하다고 주장한다.

이들은 경기침체와 고실업을 가격 경직성에 따른 일시적인 불균형 현상으로 이해한다는 점에서, 이를 장기적으로 지속가능한 균형 상태(실업 균형)로 보는 오리지널 버전의 케인즈 이론과는 근본적인 차이가 있다. 이와 관련하여 새케인즈학파의 대표주자라고 할 수 있는 하버드대의 경제학자 그레고리 맨큐Gregory N. Mankiw는 다음과 같이 서술했다.[22] "정치적 스펙트럼상에서 우파에 해당하는 신고전학파는 원활하게 작동하는 자유경쟁시장을, 좌파에 해당하는 케인즈학파는 각종 시장실패 요인으로 가득 찬 경제를 상정한다." 그러나 이와 관련하여 앞서 언급했던 경제평론가 조너선 슐레퍼의 다음과 같은 서술을 상기할 필요가 있다. 즉, 케인즈가 시장이 제대로 작동하지 않는 가장 중요한 원인으로 보았던 것은 "독과점 기업 또는 노동조합의 존재와 같은 시장의 불완전성이나 시장실패 요인 따위가 아니었다." 케인즈가 생각한 진정한 원인은 "인간의 근원적 조건과 관련된 것이다." 바로 미래의 불확실성, 즉 "우리가 미래를 예측할 수 없다는 사실 말이다."[23]

맨큐와 같은 저명한 경제학자가 이와 같이 케인즈의 이론을 오해하는 지경인데, 하물며 일반적인 경제학 교과서는 말할 것도 없을 것이다. 당장 세계에서 가장 많이 팔리고 있는 맨큐의 《경제학원론》 Principles of Economics부터가 그렇다. 그는 이 책에서 "장기적으로 전체 경제의 물가가 하락함에 따라, 경제는 스스로 경기침체에서 벗어나 균형을 회복한다."고 했다.[24] 블랑샤 등 맨큐보다 좀 더 온건한 경제학자들이 집필한 교과서도 큰 틀에서 세이의 법칙을 지지한다는 점에서, 맨큐의 것과 다를 바 없다.

경제학자 피터 보핑거Peter Bofinger는 경제학 교과서에 대한 서베이 논문에서 다음과 같이 서술하고 있다.[25] "교재를 읽고 난 후 … 학생들은 필연적으로 다음과 같은 결론에 도달하게 된다. 즉, 기본적으로 전체 시장경제는 개별 시장과 마찬가지로 스스로 균형을 회복하는 힘을 가진다는 것이다. … 따라서 정부나 중앙은행의 어떤 형태의 정책적 개입도 불필요한 것일 뿐만 아니라, 전체 거시경제를 안정화하기보다는 오히려 불안정하게 만드는 요인이 된다. 마치 가격규제, 관세 부과, 보조금 지급과 같은 정부의 미시적인 정책 개입이 개별 시장을 교란시키는 것처럼 말이다." 이것이 바로 주류경제학과 경제 교육의 현주소임을 감안할 때, 세이의 법칙이 2008년 이후의 대침체를 계기로 화려하게 부활했다는 앞서의 언급은 지나치게 피상적인 생각일지도 모르겠다. 사실 세이의 법칙, 즉 자기조정 기능을 가지는 시장경제의 관념은 여태껏 단 한 번도 경제학의 주류에서 떠나본 적이 없기 때문이다.

게다가 프리드먼과 새고전학파에 의해 세련되게 다듬어진 현대적 형태의 세이의 법칙은 고전적인 세이의 법칙에 비해 오히려 더 극단화되는 경향을 가진다. 앞서 언급한 대로 프리드먼과 그의 추종자들은 세이의 법칙이 의미하는 것처럼 경제가 정부의 개입 없이도 자기조정 기능에 따라 스스로 경기침체에서 회복된다고 볼 뿐만 아니라, 더 나아가 정부의 부적절한 개입 자체가 경기침체의 주된 원인이 될 수 있다고 주장한다. 대공황이 지속·확산된 원인으로 연준의 부적절한 통화정책을 꼽는 것이 대표적 예다. 이뿐만이 아니다. 더욱 극단적인 경우, 혹자는 대공황에 대응하기 위한 정책인 뉴딜정책 자체가 오히려 대공황을 지속·악화시킨 원인이라고 주장하기도 한다.

즉, 뉴딜정책에 따라 노조의 협상력이 지나치게 강해지면서 경기침체에도 불구하고 임금이 높은 수준을 유지했고, 그 결과 공황이 더욱 길게 지속되었다는 것이다. 이들의 논의에 따르면, 경기침체 시 당국의 정책적 개입은 그 형태와 무관하게 '절대악'처럼 보인다.

이제 시선을 좀 더 최근으로 돌려 보자. 2007년 미국 금융위기와 이후의 대침체를 직접적으로 촉발한 것은 바로 주택시장의 거품 붕괴에 따른 주택가격의 하락이었다. 그로 인해 2008년 가을, 월스트리트의 금융시장이 붕괴하면서 대공황 이래 최악의 경기침체가 시작된 것이다. 국민소득이 대공황 이래 어떤 불황보다도 더 큰 폭으로 감소했으며, 실업률은 2009년 10%대에 육박했다. 1982년 경기침체 당시 실업률이 11%까지 치솟은 것에 비하면 낮은 수준이지만, 문제는 한번 높아진 실업률 수준이 매우 더디게 떨어졌다는 것이다. 1982년 경기침체의 경우, 실업률이 정점을 찍은 이후 2년 만에 약 2.5%p 실업률이 하락한 반면, 이번 대침체의 경우 2년 간 고작 1%p 하락하는 데 그쳤다.

이렇게 최악의 경기침체가 지속되자 미국 경제학계와 정책담당자를 중심으로 — 비록 순화된 버전이기는 하지만 — 케인즈주의가 잠깐이나마 부활하는 듯했다. 이에 대해 2008년 루카스는 다음과 같이 비아냥거리는 투로 말했다.[26] "글쎄요. 경제상황이 전쟁터와 같이 절박하다면, 누구나 케인즈주의자가 됩니다. 그렇지만, 제가 볼 때 지금 우리 경제의 상황은 전쟁터와는 거리가 먼 것 같습니다. 정부에서 경기부양을 위해 세금을 환급해 주겠다고 난리치는데, 사실 아무 소용없는 짓이에요. 일시적으로 세금을 깎아 주면 사람들은 이를 소비하는 게 아니라 다 저축할 테니까요. 다만 소득세율을 영구적으로 낮춰 준다든지 하는 것은 괜찮다고 봐요. 하지만 이 역시 경기를 부양하기까지 시간이 상당히 많이 걸려요. 그리고 길게 보면, 정부는 지속 가능한 재정을 위해 깎아 준 세금을 어차피 다시 거두어들여야 합니다. 이를 고려하면, 정부가 재정을 통해 경기를 부양하고자 나서는 것은 거의 도움이 안 됩니다. 지금은 연준이 최종대부자lender of last resort로서 유동성을 공급해 주는 것만으로도 충분하다고 봐요."

여담이지만 사실 루카스가 케인즈주의에 대한 반감을 드러낸 것은 새삼스러운 일이 아니다. 예컨대 1982년 경기침체가 발생하기 직전인 1980년에 루카스는 케인즈주의가 종말을 고했다고 선언하면서 다음과 같이 말하기도 했다.[27] "요즘 사람들은 더 이상 케인즈학파의 이론 따위는 진지하게 받아들이지 않아요. 학회에 가서 케인즈 이론 어쩌고 하면 사람들이 수군거리다가, 이내 서로 마주보고 낄낄대기까지 합니다."

좌우간 루카스의 2008년 발언을 보면, 재정정책을 통한 개입에 대해 보수주의 경제학자들이 가진 전형적인 생각을 엿볼 수 있다. 이들에 따르면 정부가 세금을 깎아 주면, 사람들은 소비를 늘리는 것이 아니라 그만큼 저축을 늘린다. 왜냐하면 합리적 기대를 하는 소비자, 즉 납세자들은 정부가 지금 세금을 깎아 주어 재정적자가 발생하면 언젠가는 적자를 메우기 위해 세금을 더 거두어야 함을 잘 알고 있기 때문이다(이러한 가설을 거시경제학에서는 리카도의 동등성정리 Ricardian equivalence theorem라고 함－옮긴이). 따라서 세금환급과 같은 케인즈주의적 확장재정정책은 경기를 부양하는 데 아무 쓸모가 없다는 것이다.

더 나아가 이들은 케인즈주의적 재정정책을 통해 소비를 증가시키려는 시도 자체가 애당초 무의미하다고 본다. 왜냐하면 사람들이 경기침체로 예전보다 소비를 줄이고 저축을 많이 한다고 해도, 세이의 법칙에 따르면 늘어난 저축이 결과적으로는 투자지출로 이어질 것이기 때문이다. 이러한 생각은 전형적인 반케인즈주의자인 시카고대의 경제학자 존 코크란John Cochrane의 발언에서 잘 드러난다.[28] "케인즈주의적 확장재정정책의 목표는 사람들이 더 많은 돈을 저축 대신 소비에 지출하도록 유도하는 것이다. 따라서 이러한 정책의 성패 여부 역시, 사람들이 실제로 얼마나 많은 돈을 저축이 아닌 소비에 지출했는가에 따라 평가된다. 그러나 이는 완전히 잘못된 생각이다. 예컨대 정부가 세금을 환급해 주었을 때, 깎아 준 세금으로 사람들이 자동차를 사든, 아니면 지게차를 한 대 더 사려는 기업에게 이 돈을 빌려주든, 경제 전체의 지출수준은 달라지지 않기 때문이다." 물론 이러한 발언은 소비자의 저축이 모두 투자로 이어진다는 세이의 법칙을 암묵적으로 전제하고 있다.

이러한 공공연한 반케인즈주의 진영의 반발에도,[29] 2009년 초 취임한 오바마 대통령의 참모들은 대부분 온건한 케인즈주의자이거나 그에 동조하는 편이었으며 — 여기에는 앞서 언급했던 서머즈와 대공황 연구로 유명한 버클리대의 크리스티나 로머Christina Romer, 그리고 시카고대의 오스탄 굴스비Austan Goolsbee 등이 포함됨 — 따라서 이들은 경기부양을 위한 확장적 재정정책을 대체로 지지했다. 그러나 학계에서는 여전히 확장적 재정정책에 대한 반케인즈주의자들의 비판

여론이 우세했기 때문에 오바마 경제팀은 다른 공화당 성향의 경제학자들에게서 확장적 재정정책에 대한 지지를 얻어 내는 데 많은 애를 먹었다. 예컨대 자칭 새케인즈학파인 맨큐조차도 경기부양을 위해 정부지출을 확대하는 것에 공개적으로 반대했고, 기껏해야 소폭의 세금 삭감 정도만을 권장했다. 대침체에 대응하는 데는 연준의 확장적 통화정책—이자율 인하—만으로도 충분하다고 보았기 때문이다. 대침체에 대응한 확장적 재정정책을 공개적으로 반대한 또 다른 예로는 부시 대통령의 경제자문 역할을 담당했던, 스탠포드대의 저명한 경제학자 존 테일러John Taylor를 들 수 있다.

더 나아가 앞서 언급한 코크란은 대놓고 케인즈주의를 조롱하기도 했다. 2009년에 한 인터뷰에서 코크란은 다음과 같이 말했다. "1960년대부터 어떤 대학의 경제학과 대학원에서도 케인즈학파의 경제학을 가르치지 않아요. 그것은 말하자면 어릴 때 읽는 동화 속 이야기 같은 것이죠. 무척 재미있지만 현실은 아닌 이야기 말이에요. 힘들고 지칠 때 어릴 적 읽었던 동화를 떠올리면 조금 위안이 될 수 있겠지만, 그렇다고 해서 그 이야기가 현실에 더 가까워지는 건 아니잖아요?"

한편 글로벌 금융위기 이후 유럽에서는 확장적 재정정책에 대한 반발이 미국보다도 더 심했다. 확장적 재정정책은 고사하고, 심지어 유럽의 통화정책당국인 유럽중앙은행조차 극심한 경기침체 상황에서도—인플레이션에 대한 터무니없는 우려로 인해—고금리 정책을 고수하는 지경이었다. 이는 유럽중앙은행European Central Bank이 과거 독일 중앙은행의 엄격한 긴축주의, 즉 최우선 목표인 물가안정을 위해 엄격한 통화관리를 실시하는 전통을 고스란히 계승하고 있기 때문이다. 과거 독일 중앙은행은 물론이고, 현재 유럽중앙은행의 경제학자들은 대체로 케인즈와 케인즈학파의 이론과 정책 처방에 대해 비판적인 편이다. 따라서 이들은 확장적 통화정책뿐만 아니라 케인즈주의적 확장재정정책에 대해서도, 구축효과와 인플레이션에 대한 우려 등을 이유로 완강히 반대하곤 했다.

지금까지 살펴본 반케인즈주의 진영의 확장적 재정정책에 대한 거센 반발은 실증적 근거에 기초한 것이라기보다는 다분히 이데올로기적 논쟁의 성격이 강하다. 왜냐하면 대다수의 실증 연구에 따르면 경기침체기에 케인즈주의적 확장재정정책이 상당한 경기부양효과를 발휘한 것으로 나타났기 때문이다. 예컨대 오바마 대통령의 경제자문위원회 의장을 역임했던 로머는 2011년 재정정책의 효과에 대한 서베이 논문[30]에서, 1달러만큼 정부지출이 증가하면 1달러보다 더 큰 폭으로 GDP가 증가함을 실증적으로 보인 여러 연구들을 인용·소개했다. 다름 아닌 케인즈가 말한 '승수'multiplier 효과이다. 구체적으로 연방정부의 국방비 또는 사회복지 지출의 집행실적이 증가한 지역일수록 소득의 증가폭이 더 컸던 것으로 나타났다.

이렇게 확장적 재정정책의 유효성을 지지하는 여러 실증 연구들이 소개되고 경기가 대침체에서 매우 더디게 회복되면서, 코크란과 같은 반케인즈주의 경제학자들도 2012년 즈음에는 확장적 재정정책에 대한 완강한 반대를 조금씩 누그러뜨렸다. 그럼에도 이들은 여전히 상기한 실증 연구 결과가 애매모호하다고 비판하면서, 연구의 객관성과 신뢰성에 의문을 제기했다. 그러나 앞서 언급한 로머의 논문을 보면 알 수 있듯이, 상기한 실증 연구 결과들은 일반인들도 이해할 수 있을 만큼 명쾌하게 잘 정리되어 있다. 더구나 로머는 자신이

사상적으로 케인즈주의자가 아니며, 단지 실증 분석에 따라 밝혀진 '사실'만을 보고하고 있음을 강조했다.

이런 학계의 논쟁에도 오바마 행정부는 대규모 경기부양조치의 필요성을 절감하고 있었다. 그가 취임한지 한 달 만에 의회는 '미국 재건 및 재투자법'American Recovery and Reinvestment Act을 제정함으로써, 총 7천 8백억 달러(사후적으로는 총 8천 3백억 달러로 늘어남)에 달하는 세금 환급과 정부지출 확대 프로그램을 시행했다. 이는 전체 경제규모의 5%에 해당하는 상당한 규모의 경기부양조치였다. 그럼에도 로머와 서머즈를 비롯한 오바마의 참모들은 더 큰 규모의 경기부양조치가 필요하다고 주장했으나, '정파를 초월한 협조'bipartisanship를 중시하는 오바마 대통령은 더 큰 규모의 경기부양조치에 대한 지지를 얻기 위해 정치적 위험부담을 무릅쓰고 싶어 하지 않았다. 게다가 오바마 대통령은 공화당이 요구한 대로 경기부양조치 예산 가운데 많은 부분을 정부지출 확대 대신 세금 환급에 할애함으로써 상당 수준의 정치적 양보도 했다. 온건 성향의 오바마 대통령의 입장에서는, 아무리 경기침체가 심각하다 해도 역사상 유례가 없는 1조 달러 규모의 경기부양조치를 의회에서 통과시키는 것은 거의 불가능하다고 판단한 것 같다. 또한 그는 일단 경기부양조치를 시행한 후에도 경기가 살아나지 않으면, 그때 가서 제2의 조치를 검토하면 될 거라고 보았던 것 같다. 그러나 이제 와서 보면 이는 치명적인 전략적 실수였다.

여하튼 수많은 논란에도, 오바마 행정부의 경기부양조치가 상당한 효과를 거둔 것은 틀림없는 사실이다. 특히 경기부양조치가 집행되자마자 거의 동시에 일자리 감소폭이 크게 준 것은 매우 고무적인 현상이었다. 만일 경기부양조치가 없었다면 대침체의 폭은 더 깊었을 것이고, 일자리도 훨씬 더 빨리 감소했을 것이다. 경기부양조치로 인해 대략 삼백만 개의 일자리가 증가한 것으로 추정되었다. 그럼에도 대침체 초기, 즉 2008년부터 2009년 초까지 일자리 감소폭이 워낙 커서 실업률은 2011년까지도 9% 이상의 높은 수준을 유지했다.

경기부양조치의 효과가 가시화되면서 오바마 행정부의 경제 참모들은 실업률이 최대 8%를 넘지 않을 것이라고 희망 섞인 전망을 내놓았다. 이들이 이렇게 빗나간 전망을 한 것은 재정정책의 효과에 대한 이들의 예측이 근본적으로 틀렸다기보다는, 정책 시행 당시 경제상황을 제대로 파악하기에는 그들이 가진 정보가 턱없이 부족했기 때문이다. 대침체 초기, 매달 거의 80만 개에 달하는 일자리가 사라지는 상황에서, 이러한 노동시장의 급격한 변화를 경제모형을 통한 예측에 반영하기에는 데이터도 부족했고 시간도 모자랐던 것이다.

학문적으로 보면 전망이 빗나가는 것은 으레 있을 수 있는 일이지만, 정치적으로 보면 이는 두고두고 아쉬움이 남는 큰 실수였다. 왜냐하면 실업률이 예측과 달리 10%에 육박하면서, 이를 계기로 반케인즈주의 진영의 주장, 즉 케인즈주의적 확장재정정책이 전혀 효과가 없다는 주장이 다시 설득력을 얻게 되었기 때문이다. 열성적인 반케인즈주의자인 코크란과 맨큐, 테일러 등의 보수적 경제학자들은 기회를 놓치지 않고 경기부양조치의 유효성에 대해 비판을 쏟아내기 시작했고, 오바마 대통령의 경제 참모들을 포함한 온건 성향의 경제학자들은 이를 제대로 반박하지 못했다. 이 중 유일한 예외가 있다면, 과거 연준 이사회의 부의장을 지낸 바 있는 앨런 블라인더Alan Blinder를 들 수 있다. 그는 본인의 실증 연구와 관련 연구 서베이를 통해 오바마 행정부의 경기부양조치가 유의미한 효과가 있었으며, 수백만 개의 일자리를 창출했다고 보고했다.[31] 또한 이후의 연구들도 대체로 이러한 결과를 지지했다. 그러나 정치적 상황이 점차 불리하게 돌아가자, 오바마 대통령은 경기부양조치의 성과를 대대적으로 선전하는 것은 물론이고, 확장적 재정정책의 기조마저 결국 포기하기에 이른다.

2008년 금융위기와 뒤이은 대침체기에 나타난 균형재정에 대한 집착과 그로 인한 긴축적 재정정책은, 세이의 법칙과 같은 그릇된 경제이론이 경제에 얼마나 큰 폐해를 끼치는지를 단적으로 잘 보여 주는 사례라고 할 수 있다. 대략 2011년경부터 시행된 정부지출 축소를 통한 긴축적 재정정책은 서구의 선진국을 통틀어 수천만 개의 일자리를 사라지게 한 핵심적인 요인이었다.

사실 금융위기가 발발하기 전부터 대부분의 선진국에서는 다양한 요인으로 재정적자가 증가하는 추세였다. 예컨대 미국의 경우, 2000년대 초중반 부시 행정부의 대규모 감세정책과 이라크 전쟁 수행을 위한 국방비 지출 등에 따라 재정적자가 지속적으로 확대되었다. 이에 따라 대침체 직전인 2007년 말 미국의 GDP 대비 정부부채의 비율은 약 30%까지 상승했다. 이후 부시 행정부 말기이자 대침체가 시작된 해인 2008년에는 본격적인 확장적 재정정책을 실시하기 이전인데도 급작스러운 경기후퇴로 인한 조세수입 감소에 따라 재정적자가 대폭 증가했고, 그 결과 GDP 대비 정부부채 비율은 1년

만에 38%로 상승했다. 이와 같이 대침체 이전의 재정적자 누적은 주로 경기후퇴로 인한 조세수입 감소나 의도적인 감세정책, 또는 전쟁 관련 국방비 지출 등에 기인한 것이며, 사회복지지출과 같은 정부지출 프로그램의 확대와는 거의 관계가 없었다. 그러나 이런 사실은 정부지출 확대에 근본적으로 부정적인 워싱턴의 정치인들이나 언론, 그리고 결정적으로 오바마 대통령에게조차 전혀 중요한 고려대상이 아니었다.

확장적 재정정책, 그중에서도 특히 정부지출 확대에 대한 반대는 주로 다음의 두 가지 논의에 근거한다. 하나는 정부지출의 확대가 잘해야 경제의 생산성에 별 영향을 못 주거나, 때때로 자원배분의 효율성을 저해하여 오히려 생산성을 떨어뜨린다는 것이다. 다른 하나는 세이의 법칙에 따라, 주어진 저축 규모하에서 정부지출의 확대는 이자율 상승을 통해 민간투자를 '구축한다'crowd out는 것이다. 오바마 행정부의 경기부양조치에 대한 정치인과 학자들의 반대 역시 이러한 일반적인 반대 논리의 연장선상에 서 있다. 즉, 블라인더가 언급한 대로, "오바마 행정부의 경기부양조치에 대한 공격은 결국 경기부양을 위한 확장적 재정정책 전반에 대한 공격이나 다름없었다."

오바마 대통령은 그 자신이 세이의 법칙에 대한 무의식적인 동조자라는 점이나, 자신이 시행하려던 경기부양조치에 대한 경제학자들의 완강한 반대가 궁극적으로 세이의 법칙에 기초한 것이라는 사실을 미처 깨닫지 못했을지도 모른다. 그러나 한 가지 확실한 것은 그가 비록 대침체 초기의 경기부양조치를 제안한 장본인임에도 불구하고, 다른 한편으로는 당시 경제상황이 허용하는 것 이상으로 긴축적 재정을 옹호하는 태도를 취했다는 점이다. 오바마 대통령의 양면적인 태도는 다음과 같은 일련의 정치 행보에서 잘 드러난다. 2009년 오바마 대통령은 취임한 지 불과 5일 만에 국가예산과 관련하여 여야 영수회담을 제의했고, 그로부터 한 달 후 실제 개최된 회담에서 재정적자 감축을 최우선 의제로 올렸다. 그는 회담에서 이렇게 말했다.[32] "우리가 지금의 위기를 넘긴다 해도, 만일 재정적자 문제를 해결하지 못하면 또 다른 위기가 곧 찾아올 수 있습니다. 즉, 머지않아 정부가 빌린 엄청난 돈에 대한 이자가 점점 쌓일 것이고, 거기에 더해 원금을 갚을 날이 도래하겠지요. 이렇게 정부가 빚에 쪼들리게 되면 정부뿐만 아니라 우리 경제에 대한 신뢰가 약화되고, 우리의 후손들은 두고두고 부채 부담에 시달릴 것입니다." 이 발언으로 미루어 볼 때, 그는 재정적자 확대가 정치적으로 엄청난 부담이 될 수 있음을 확실히 알고 있었다.

2010년 초 오바마 대통령은 재정개혁위원회National Commission on Fiscal Responsibility and Reform를 창설한 후, 기관의 책임자로서 두 명의 재정 보수주의자를 임명했다. 클린턴 행정부에서 비서실장을 역임했었던 어스킨 보울즈Erskine Bowles와 전 공화당 상원의원이었던 앨런 심슨Alan Simpson이 그들이다. 재정개혁위원회가 활동을 시작하면서 여기저기서 비관적인 재정적자 전망치가 쏟아져 나왔고, 이는 재정 상황에 대한 여론의 우려를 가중시키고, 공화당의 반오바마 진영에게 비판의 유용한 빌미를 제공했다. 최종적으로 재정개혁위원회는 정부가 GDP 대비 정부지출 비율을 1970년대 이후의 평균치인 21% 이하로 유지하도록 권고했다. 그런데 이 정도의 비율을 유지하기 위해서는 노령 및 장애 연금과 메디케어 제도를 포함한 모든 사회복지 프로그램 관련 지출을 큰 폭으로 삭감해야 한다. 바꾸어 말하면, 이 정도 수준의 정부지출 예산은 인구의 고령화 속도와 증가하는 의료비 및 교육비 등을 감당하기에 턱없이 모자라다는 것이다.

이와 같이 재정건전화 방안으로 증세增稅보다는 정부지출 삭감을 강조한 재정개혁위원회의 권고를 오바마 대통령은 처음엔 받아들이지 않았다. 하지만 얼마 지나지 않아 정치상황이 오바마 행정부에 불리하게 전개되면서, 이른바 '긴축경제학'austerity economics 또는 '확장적 긴축'expansionary austerity — 이후 살펴보겠지만 이는 경기침체 시에도 재정적자의 감소가 경제에 대한 신뢰를 높임으로써 경기회복을 촉진할 수 있다는 믿음을 의미함 — 이 정책의 전면으로 부상했고, 그 결과 강력한 긴축적 재정정책 기조로의 회귀 현상이 나타났다.

실제로 — 실업률이 9.6%에 달했던 — 2010년 11월에 열린 의회의 중간 선거에서 민주당은 대패했다. 하원에서 다수당의 지위를 내주었고 상원에서도 가까스로 이를 지켰다. 이런 선거 결과는 이후 오바마 행정부가 나머지 임기와 집권 2기 내내 공화당의 완고한 재정보수주의자들의 강력한 견제 속에서 재정정책을 수행해야 함을 의미했다.

선거의 영향은 바로 다음 해인 2011년에 곧 나타났다. 즉, 국가부채한도 상향조정과 관련된 공화당과의 대치 과정에서, 결국 자동적 강제몰수automatic sequestration 제도가 2013년부터 시행되기에 이른 것이다. 여기서 자동적 강제몰수란 의회가 일정 수준의 재정적자 목표치를 달성하기 위해 필요한 정부지출 삭감이나 증세에 합의하지 못한 경우, 일부 필수적 지출항목을 제외한 지출예산의 대부분을 자동으로 삭감하는 조치이다. 예산안 협상 결과, 세수 확대 측면에서는 상당한 진전이 있었으나 사회복지 관련 정부지출 삭감에 대한 이견으로 협상은 교착상태에 빠졌고, 이에 따라 제도 시행 첫해인 2013년부터 자동적 강제몰수 조치가 발동되었다. 그 결과 국방비를 포함한 지출예산 전반이 삭감되면서, 안 그래도 지지부진한 경기회복세에 찬물을 끼얹고 말았다. 물론 세이의 법칙에 따르면, 정부지출의 삭감은 민간투자의 재원이 되는 여분의 저축을 늘림으로써 투자를 증가시킬 것이다. 그러나 현실에서 민간투자는 좀처럼 증가하지 않았다.

또한 반오바마 진영은 긴축적 재정정책 기조를 관철하기 위해, 주요 사회복지 프로그램인 메디케어와 메디케이드의 지출 증가로 인해 장기적으로— 대략 2020년대에는— 재정적자 규모가 빠르게 확대될 것이라는 점을 집중적으로 부각했다. 그러나 당시 시점에서 이는 너무 앞서 나간 예측이었다. 당시로부터 적어도 10년 동안은 재정적자가 충분히 통제 가능한 수준인 것으로 예측되었기 때문이다. 구체적으로 당시 미 의회예산처Congressional Budget Office, CBO의 전망에 따르면, 향후 10년 동안 재정적자가 평균적으로 GDP의 1.5% 정도에 불과할 것으로 예측되었다. 대침체 당시 GDP 대비 재정적자 비율이 최대 10%를 넘어섰음을 감안하면, 이는 매우 양호한 수준이라고 할 수 있다. 그럼에도 2013년 말까지도 자동적 강제몰수 조치는 유지되었고, 그만큼 경기회복은 점점 더 더뎌졌다.

———— •• ————

이러한 긴축적 기조로의 극적인 전환이 나타난 배경에는 상기한 것과 같은 정치적 이유도 작용했지만, 일종의 이데올로기로서 기능하는 경제 이론의 역할이 컸다. 세이의 법칙의 신봉자들이 이 과정에서도 중추적인 역할을 담당한 것이다. 몇몇 저명한 주류경제학자들은 경기침체 시 재정적자의 감소가 경제에 대한 신뢰를 높임으로써 경기회복을 촉진하는 유용한 정책일 수 있음―이른바 '확장적 긴축'―을 지지하는 연구 결과를 내놓았다. 대표적인 예가 하버드대의 경제학자 알베르토 알레시나Alberto Alesina의 연구이다. 2010년 블룸버그 비즈니스위크는 '지금은 알레시나의 시간'이라고 선언하면서, '확장적 긴축'에 대한 그의 논의를 소개했다.[33] "지난 4월 마드리드에서 열린, 유럽연합 재무장관들이 참석한 회의에서, 알레시나는 실증연구 결과를 언급했다. 이에 따르면, 정부가 민간의 신뢰하에 정부지출을 대규모로 삭감하는 경우, 대체로 이후의 경제성장률이 높아지는 것으로 나타났다." 그에 따르면, 정부지출 삭감을 통한 재정적자의 감소는 미래 경제상황에 대한 민간의 신뢰를 호전시킴으로써, 경제에 존재하는 초과저축만큼 민간투자를 확대하도록 유도한다. 또한그는 민간의 신뢰 회복을 저해하지 않으면서 재정적자를 감소시키기위해서는, 세수를 늘리는 것보다 정부지출을 삭감하는 것이 보다 효율적인 방법이라고 주장하기도 했다.

결론부터 말하면 알레시나의 연구들은 기본적으로 매우 부실한것이었다. 실증 연구의 가장 중요한 한계는 연구대상 국가들이 긴축적 재정정책을 시행할 당시에 처해 있던 경제적 상황의 차이를 전혀고려하지 않았다는 것이다. 다시 말해 긴축적 재정정책에 대한 알레시나의 낙관적 결론은 오직 긴축적 정책 수행 시 이미 경기가 탄력적으로 회복하고 있거나 자국 화폐가치가 절하되면서 수출이 증가하고있는 국가에만 제한적으로 적용될 수 있었다. 그러나 대침체 당시의 미국과 대부분의 유럽 국가들에서는 이러한 조건이 거의 성립하지 않았으므로, 연구 결과를 당시의 미국과 유럽 국가들에 확대 적용하는 것은 명백히 잘못된 오류였다.

그럼에도 이런 오류 따위는 정치인들에게 아무런 문제가 되지 않았다. 미국 공화당을 중심으로 한 티파티Tea Party(정부의 건전재정 운영을 촉구하고, 조세저항 활동을 펼치는 미국의 보수주의적 정치운동 – 옮긴이) 세력들은 알레시나의 연구를 정부지출 삭감을 요구하는 자신들의 주장에 대한 이론적 근거로 활용했다. 이 연구는 미국뿐만 아니라 유럽의 정치인들에게도 영향을 미치면서, 2010년 초반부터 유럽 각국이 긴축적 정책 기조로 전환하는 데 중요한 역할을 했다. 즉, 유럽연합 집행부와 유로Euro 지역 중심부 국가의 정부들은 정부부채 위기를 겪고 있던 주변부 국가들, 즉 스페인, 포르투갈, 이탈리아, 그리스 등에 정부지출의 대폭 삭감과 세율 인상 등 가혹한 긴축적 재정정책을 시행하도록 강요했다. 그 결과 이미 경기가 후퇴하고 있던 이들 주변부 국가들은 더욱 깊은 경기침체의 늪에 빠져들었고, 실업률은 끝없이 치솟았으며, 이로 인한 사회적 동요도 위험 수준에 이르렀다. 그럼에도 정책을 강요하거나 묵인했던 정치인들과 학자들은 세이의 법칙에 따라 이러한 '단기적' 고통이 곧 해소될 것이라고 믿었다.

그러나 다른 한편으로는 알레시나의 연구에 대한 비판이 제기되었다. 2010년 가을, 블랑샤를 비롯한 IMF의 경제학자들은 긴축적 정책이 시행된 당시의 경제상황을 적절히 조정하여 정책 효과를 추정한 연구를 발표했다.[34] 연구 결과는 알레시나의 것과 매우 달랐다. '확장적 긴축' 정책이 전혀 작동하지 않은 것은 물론이고, 오히려 GDP를 감소시키고 실업을 증가시켰던 것이다. 이후 IMF의 경제학자들은 후속 연구를 통해 알레시나의 연구를 결정적으로 반박하는 또 다른 논문을 발표하기도 했다.[35] 이런 일련의 비판은 '확장적 긴축' 이데올로기에 비로소 균열이 발생하기 시작했음을 의미하는 것이다.

'확장적 긴축'을 지지한 연구 가운데 알레시나의 연구보다 더 큰 영향력을 미친 연구는 바로 하버드대의 카르멘 라인하트Carmen Reinhart와 케네스 로고프Kenneth Rogoff의 연구이다. 이들은 과거 국가별 자료를 이용하여 GDP 대비 국가부채 비율과 경제성장의 관계에 대한 실증 연구를 수행했다. 연구 결과에 따르면, 어떤 국가의 GDP 대비 국가부채 비율이 90%를 넘어설 경우, 그 국가의 경제성장률이 급격히 감소하는 것으로 나타났다. 말하자면 GDP 대비 국가부채 비율이 성장에 부정적 영향을 주기 시작하는 임계 수준이 대략 90% 정도라는 것이다. 고령화 등에 따라 정부의 보건 관련 사회복지지출이 급증할 것으로 전망되는 상황에서, 미국의 국가부채 비율은 머지않아 이러한 임계 수준을 넘어설 것이었다.

국가부채 비율의 임계 수준이 90%라는 명제는 순식간에 정치인들과 언론으로 퍼져 나갔다. 예컨대 유력 일간지 워싱턴 포스트는 사설[36]을 통해 "지금의 추세대로 GDP 대비 국가부채 비율이 지속적으로 상승하면, 경제성장을 저해하기 시작하는 임계 수준인 90%에 곧 접근할 것"이라고 경고했다. 한편 당시 공화당 하원의원이자 이후 원내대표가 되는 폴 라이언Paul Ryan은 사회복지 관련 정부지출을 획기적으로 삭감하는 예산안을 발의하면서, 90% 임계수준을 '결정적' 근거로 들었다.[37] 미국만 그런 것이 아니었다. 대침체가 지속되는 가운데서도 균형재정과 국가부채 감소를 위해 엄격한 긴축적 재정정책을 시행한 영국의 재무부 장관 조지 오스본George Osborne은 가장 선호하는 경제학자로 라인하트와 로고프를 꼽기도 했다.[38]

그런데 문제가 발생했다. 연구 결과가 신뢰성을 얻으려면 타인이 연구 결과를 재연replicate할 수 있어야 하는데, 어느 누구도 그들의 연구 결과를 재연할 수 없었기 때문이다. 라인하트와 로고프의 연구에 사용된 자료가 뒤늦게 공개된 후, 매사추세츠 애머스트대 대학원생이었던 토머스 헌든Thomas Herndon이 이를 이용하여 그들의 연구 결과를 재연하려 시도했지만 실패했다. 왜냐하면 그들의 연구에서 수치 계산 실수, 선택적 표본 선정, 코딩 오류 등 크고 작은 수많은 오류가 발견되었기 때문이다.[39] 이러한 발견을 기초로 헌든은—그의 지도교수와의 공저 논문을 통해—과거 데이터 분석 결과, 국가부채 비율이 성장에 부정적 영향을 주기 시작하는 유의미한 임계 수준은 존재하지 않는다고 주장했다. 이에 대해 라인하트와 로고프는 일부 사소한 실수에도 불구하고, 부채비율이 90% 임계 수준을 넘어서면 성장률이 유의미하게 감소한다는 주된 결과에는 변함이 없다고 주장했다. 그러나 십분 양보하여 그들이 주장하는 대로 성장률이 감소한 경우만 보더라도, 그 감소폭은 미미한 수준에 불과했다.

라인하트-로고프 연구의 문제는 이뿐만이 아니다. 헌든의 재연 시도 이전에도 일부 경제학자들은 그들의 연구가 '역인과관계'reverse causality의 문제에 취약함을 지적했다. 즉, 그들이 주장하는 대로 GDP 대비 국가부채 비율이 높아져서 GDP 성장률이 하락한 것인지, 반대로 GDP 성장률이 하락하여 국가부채 비율이 높아진 것인지가 그들의 논의만으로는 전혀 명확하지 않다는 것이다. 관련된 기존 선행연구를 보면, 국가부채 비율보다는 GDP 성장률이 인과관계의 원인에 더 가깝다는 것이 중론이다. 그럼에도 많은 보수적 정치인들과 자유방임주의적 경제학자들은 라인하트-로고프 연구의 오류와 한계는 철저히 무시한 반면, 그들의 구미에 맞는 연구의 결론에만 주목했다.

그 밖에도 앞서 언급한 맨큐, 테일러 등의 보수주의적 경제학자들은 '확장적 긴축'을 적극적으로 옹호한 것은 아니지만, 확장적 재정정책의 효과에 대체로 회의적이었다. 예컨대 테일러는 세금환급 정책이 민간소비를 증가시키는 데 실패한 과거 사례들을 지적한 바 있다. 그러나 앞서 언급한 로머는 이러한 테일러의 논의가 현실을 오도하고 있다고 반박했다. 로머는 테일러가 예로 든 시기에 민간소비는 세금환급 이전부터 이미 하락하는 추세였으며, 세금환급 정책 시행에 따라 소비의 하락세가 멈췄다는 사실을 지적했다. 따라서 단순히 정책 시행 후 소비가 증가하지 않았다는 사실만으로 세금환급 등의 확장적 재정정책이 무력하다고 보는 것은 잘못된 해석이라는 것이다.

'확장적 긴축' 정책의 실패를 미국보다도 더욱 극적으로 보여 주는 나라가 바로 영국이다.[40] 보수당의 데이비드 카메론David Cameron 총리는 2010년 취임하자마자 정부지출을 삭감하는 동시에, 부가가치세율을 대폭 인상했다. 경기가 미처 회복되지 않은 상황에서 이러한 긴축적 정책을 시행한 목적은—알레시나의 정책 조언대로—재정적자의 감소를 통해 민간의 신뢰를 회복함으로써 소비와 투자를 촉진하는 것이었다. 또한 영국의 경우, 스페인이나 그리스 등 유로를 사용하는 다른 유럽국가와 달리 자국화폐의 가치를 떨어뜨림으로써 수출을 촉진하는 정책을 구사할 수 있다는 점에서, 보다 강력한 긴축적 정책을 추진할 여지가 있었던 것 역시 사실이다. 당시 보수당 정부의 재무부 장관이었던 오스본은 긴축적 정책 기조로 인해 영국의 재정적자가 곧 감소할 것이라고 호언장담했다.

영국의 학계에서도 때 이른 긴축적 정책을 적극적으로 지지했다. 런던정경대 교수들을 중심으로 한 영국의 저명한 경제학자들은 보수당 정부의 긴축적 재정정책을 지지하고 독려하는 서한을 보내기도 했다. 유력 일간지인 파이낸셜타임스도 사설을 통해 이런 정책 기조를 옹호했다. '확장적 긴축' 정책의 이론적 기반인 세이의 법칙은 다른 어떤 나라보다도 영국에서 더욱 화려하게 부활한 것처럼 보였다.

그러나 시간이 갈수록 영국의 재정적자는 줄어들기는커녕 오히려 늘어났다. 그럼에도 보수당 정부는 긴축적 정책 기조를 계속 유지했다. 재무부 장관 오스본은 오히려 호언장담을 더 보태기까지 했다. 즉, 긴축적 정책에 따라 재정적자가 감소하는 것은 물론이고, 투자와 수출이 증가하면서 성장률도 높아질 것이라고 주장했다. 그 논리는 이렇다. 긴축적 재정정책에 따른 재정적자의 감소는 정부의 차입, 즉 화폐수요 감소를 통해 화폐의 가격인 이자율을 하락시킬 것이다. 이는 영국 파운드화 자산에 투자했을 때의 수익률이 감소함을 의미하므로 파운드화에 대한 수요를 감소시키며, 따라서 파운드화의 가치가 하락한다. 이와 같은 파운드화의 가치 하락은 수출을 촉진하여 성장률을 높인다. 아울러 더욱 중요한 것은 세이의 법칙에 따라 이자율이 하락하고 기업들의 경제에 대한 신뢰가 회복되면서 기업 투자가 초과저축을 해소할 만큼 증가한다는 것이다.

그러나 이는 모두 희망사항일 뿐이었고, 현실은 전혀 달랐다.[41] 2013년 초 기준으로 영국의 GDP 대비 재정적자 비율은—이자지급액을 제외하고도—유럽 국가 중 가장 높은 축에 속했다. 또한 경상수지는 대침체가 시작된 2008년 수준에서 거의 변함이 없었다. 투자 지출 증가율은 전망치의 절반에 불과했고, GDP는 2009년 수준보다 한참이나 낮았다. 정책의 실패가 점차 가시화하면서, 이에 대한 학계의 지지도 사그라졌다. 상기한 정책 지지 서한을 보냈던 학자들 중 절반 가까이가 자신들이 정책 효과에 대해 지나치게 낙관적이었음을 시인하면서,[42] 긴축적 정책에 대한 지지를 철회하고 정책 기조의 전환을 촉구했다. 그러나 이런 학계의 요구에도 아랑곳하지 않고, 카메론 정부는 긴축적 정책을 계속 고수했다.

———— •••• ————

'확장적 긴축' 정책으로 인해 경제가 망가진 것은 비단 영국뿐만이 아니었다. 남유럽 재정위기의 진원지였던 그리스는 물론이고, 스페인·포르투갈·아일랜드·이탈리아 등 유로를 사용하는 대부분의 주변부 국가들 역시 재정위기 상황에서도 경기부양조치는커녕 오히려 긴축적 정책을 자국 정부 또는 독일 등 중심부 국가에게 강요받았다. 특히 유로 지역의 경제적 주도권을 쥐고 있는 독일은 재정위기에 빠진 유럽의 주변부 국가들에게 구제금융을 제공하는 대가로 — 큰 폭의 증세와 사회복지 관련 정부지출 대폭 삭감 등 — 가혹한 긴축 정책을 강요했다. 대침체를 극복하기 위해 케인즈주의적 경기부양조치가 필요하다고 역설했던, 파이낸셜타임스의 칼럼니스트인 마틴 울프Martin Wolf는 한 인터뷰에서 다음과 같이 이야기 한 바 있다.[43] "(독일인에게) 경제학은 도덕철학의 일종인 것 같습니다. … 그들이 볼 때 재정적자를 늘려 경기를 부양하는 것은 단순히 효과가 없거나 비효율적인 것뿐만이 아니라, 비도덕적인 것이라고 할 수 있습니다." 이러한 긴축에 대한 병적인 집착은 독일의 정치인이나 정책담당자들뿐만 아니라—미국의 주류경제학을 거의 그대로 수입한—독일의 학계에 팽배한 사고방식이라고 할 수 있다.

이렇게 주변 유럽국가에 긴축적 정책을 강요하면서, 독일은 경제적 성공의 원천을 스스로 훼손하는 우를 범하고 있다. 즉, 2000년대 들어 독일의 경제성장은 주로 이웃 유럽 국가들, 특히 유로 지역에 대한 수출에 힘입은 것이었다. 그런데도 가뜩이나 재정위기에 처한 이들 이웃 국가에 긴축적 정책까지 강요함으로써 경기침체를 심화시키고, 그 결과 독일의 수출시장이 더욱 위축되는 결과를 초래한 것이다. 게다가 이런 상황에 대해 독일 정부는 재정지출 확대를 통해—유로 지역의 총수요를 결정하는—자국의 내수시장을 부양하기는커녕, 오히려 자국 노동자의 임금 상승을 억제함으로써 수출의 가격경쟁력을 유지하는 전략으로 대응해 왔다. 그 결과 남유럽 재정위기에 따른 유로 지역의 전반적인 수입수요 감소에도 불구하고 독일은 낮은 실업률과 경상수지 흑자를 꾸준히 유지한 반면, 재정위기에 시달리던 유로 지역 다른 국가들의 경상수지 적자폭은 더욱 커지고 말았다.

독일이 이렇게 주변 국가들에게 가혹한 긴축적 정책을 강요한 배경에는 여러 정치적 요인 이외에도, 세이의 법칙을 기초로 하는 '확장적 긴축'의 이데올로기가 크게 작용했다고 볼 수 있다. 이러한 이데올로기를 순수한 형태로 잘 보여 주는 인물이 바로 독일 중앙은행의 총재였던 옌 바이트만Jens Weidmann이다. 아마도 그만큼 세이의 법칙을 문자 그대로 순수하게 받아들이고 신봉하는 사람도 드물 것이다. 그에 따르면, 경제가 어려울수록 가계든 정부든 간에 더욱 허리띠를 졸라매어 저축을 늘려야 한다. 당장은 소비가 줄지만, 세이의 법칙에 따라 늘어난 저축이 모두 투자로 연결되어 미래의 생산과 고용이 늘어날 것이기 때문이다. 그가 볼 때, 케인즈주의적 확장재정정책은 이미 충분한 수요를 더 늘려서 인플레이션만을 유발하는 어리석은 정책이다.

'보이지 않는 손'의 아이디어가 그 단순함과 '우아함'으로 많은 사람을 매료시킨 것처럼, '확장적 긴축'의 이데올로기 역시 비슷한 이유로 강력한 호소력을 가지고 있었다. 상기한 논평에서 울프는 하나의 도덕적 이데올로기로서 독일의 경제관에 대해 다음과 같은 결론을 내린다. 독일인들이 볼 때, 어떤 나라의 재정적자가 쌓인다는 것은 그 나라 국민들의 무책임함을 보여 주는 증거이며, 따라서 이런 무책임에는 상응하는 대가가 따른다는 것이다(이는 일부 유럽 국가의 재정 위기는 그 나라 국민과 정부의 과소비와 방만한 재정 운영에 기인한 것이며, 따라서 위기를 극복하기 위해서는 허리띠를 졸라매는 고통을 감수할 수밖에 없음을 의미한다. - 옮긴이).

이와 비슷한 맥락에서, 많은 보수적 경제학자들과 정치인들은 재정적자가 쌓인 정부를 빚 부담에 시달리는 가계에 비유함으로써, '확장적 긴축'의 이데올로기를 옹호하곤 했다. 예컨대 미 백악관 예산관리국의 책임자였으며 이후 재무부 장관이 되는 잭 루Jack Lew는 건전한 재정을 검소한 가계에 비유하면서, 긴축적인 예산안의 필요성을 강조했다. 경기부양조치를 제안했던 오바마 대통령조차 때때로 이런 비유를 즐겨 사용했다. 그러나 주지하다시피, 이렇게 정부재정을 가계의 살림에 비유하는 것은 매우 부적절한 것이다(왜냐하면 가계와 달리 정부는 언제든지 자본시장에서 돈을 대규모로 빌릴 수 있고, 그 빚을 갚을 필요 없이 계속 차환할 수 있으며, 빚을 갚더라도 언제든지 원하는 만큼 세금을 거두어 갚을 돈을 마련할 수 있기 때문이다. ─옮긴이).

아무튼 이와 같이 '확장적 긴축' 정책의 실패가 분명해졌음에도 일부 정치인들은 이런 현실을 부정하거나, 심지어 왜곡하고 미화하기도 했다. 예컨대 영국의 재무부 장관 오스본은 계속된 침체 이후 2013년에 경기가 미약하게 회복세를 보이자, '확장적 긴축' 정책의 방향이 결국 옳았으며 그 효과가 드디어 나타나기 시작했다고 자화자찬했다. 당시 비슷한 회복세를 보였던 스페인의 경우에도, 총리가 이와 유사한 반응을 보였다. 그러나 당시 영국의 GDP는 여전히 위기 이전의 최고점에 비해 턱없이 낮은 수준이었으며, 스페인의 경우 실업률이 무려 25%를 맴도는 수준이었다.

반면 또 다른 정치인들은 뒤늦게야 '확장적 긴축' 정책을 폐기하고자 했다. 2013년 7월 오바마 대통령은 뉴욕타임스와의 인터뷰에서 이제 긴축적 정책 기조를 폐기할 때가 되었다고 말했다.[44] 그도 그럴 것이, 그는 2013년 초부터 발동된 자동적 강제몰수에 따른 무차별적인 지출예산 삭감에 대해 크게 우려하고 반발해 왔기 때문이다. 그러나 따지고 보면 이는 사실 자승자박自繩自縛이었다. 공화당과의 예산협상 과정에서 자동적 강제몰수 제도를 먼저 제안한 것이 다름 아닌 오바마의 경제팀이었기 때문이다. 더구나 정책을 폐기하기에는 이미 때가 너무 늦은 상황이었다. 긴축적 정책의 부작용이 여기저기서 벌써 나타나고 있었기 때문이다.

새뮤얼슨의 동료이자 온건한 케인즈주의자였고 노벨경제학상 수상자인 로버트 솔로우Robert Solow는 2008년 새고전학파의 거시경제학에 대해 다음과 같이 논평한 바 있다.[45]

"경제학자들 가운데는 언제나 근본주의자들이 있기 마련이다. 이들은 별다른 전제조건 없이도 개별 경제주체의 이기심, 합리성, 균형 등에서 모든 경제 원리가 도출되는 깔끔한 이론을 원한다. 사실 우리 모두는 그런 깔끔한 이론에 매력을 느낀다. 그런데 지금 여기에 그런 이론(새고전학파의 거시경제이론을 의미함 – 옮긴이)이 등장했다. 이 깔끔한 이론은 배우기 어려울 만큼 난해한 것은 아니지만, 상당한 수준의 수리적 기법을 사용하여 경제학자들이 마치 '과학자'가 된 것 같은 우쭐함을 느끼게 한다. 그러나 무엇보다도 중요한 이 이론의 매력은 자유방임주의적 정책에 친화적이라는 것이다. 이러한 특징은 1970년대부터 시작된 우경화 추세와 맞물려 이 이론의 정치적 매력을 배가하는 요인이다."

사실 경제학적 근본주의에 대한 솔로우의 상기 서술은 새고전학파뿐만 아니라 1970년대 이후 현실과 현저하게 괴리되기 시작한 주류경제학 이론 전반에 공통적으로 적용된다고 할 수 있다. 이러한 현실로부터의 괴리를 단적으로 보여 주는 현상이 바로 세이의 법칙의 부활이다. '확장적 긴축' 정책의 이론적 기초를 제공한 세이의 법칙은 사실 이론이라기보다는, 한 번도 실증적으로 증명된 바가 없는 '가설' 또는 아예 증명이 불가능한 '공준'postulate에 불과한 것이다.

과거 경기침체의 역사를 돌이켜 보면, 세이의 법칙에 대한 믿음이 경제에 엄청난 폐해를 야기했음을 깨닫게 된다. 이번 대침체가 정확히 그런 예라고 할 수 있다. 세이의 법칙에 기초한 '확장적 긴축'의 시행에 따라, 유럽의 많은 국가들은 보다 깊은 침체의 수렁에 빠져들었고 미국은 경기회복이 수년간 지체되었다. 세이의 법칙에 대한 집착은 경제의 생산력과 국제경쟁력을 유지하기 위해 필요한 공공투자를 저해했을 뿐만 아니라, 경기침체로 인해 실직과 채무부담의 고통을 겪고 있는 가계에 제공하는 사회안전망조차 부실하게 만들었다. 이와 같이 잘못된 경제 이론은 일자리를 좀먹고 국민의 복지 수준을 낮출 뿐만 아니라, 더 나아가―최근 유럽의 일부 국가와 미국을 중심으로 한 우파 포퓰리즘의 부상에서 잘 드러나듯이―정치적 불안정까지도 야기할 수 있다.

3장

최소화된 정부와 사회: 프리드먼의 어리석음

오늘날 주류경제학 이론에서 정부는 대부분의 경우 방관자에 불과하다. 대부분의 주류경제학 이론에서 정부의 역할은 때때로 발생하는 자유경쟁시장의 틈새를 메우는 역할에만 한정된다. 여기서 말하는 자유경쟁시장의 틈새는 앞선 장에서 언급했던 시장의 불완전성, 즉 시장실패를 의미한다. 심지어 정치적으로 진보적이라는 경제학자들마저 정부는 오직 시장실패가 발생한 경우에만 이를 시정하기 위해 개입해야 한다고 종종 이야기하곤 한다. 물론 시장실패만 시정한다 해도 정부가 해야 할 일은 한두 가지가 아니다. 예컨대 공공 인프라에 대한 투자, 독과점 규제, 의료보험·고용보험 등 사회보장제도 실시, 공적연금제도 운영, 공해pollution에 대한 규제 등등을 들 수 있다. 그런데 문제는 시장실패가 과연 발생했는지, 발생했다면 그 정도가 정부 개입이 정당화되는 수준인지를 측정할 수 있는 명확하고 과학적인 방법이 어디에도 존재하지 않는다는 점이다. 그렇다 보니 많은 주류경제학자들은 시장실패가 단지 이론적 가능성일 뿐 현실에서는 거의 발생하지 않는다고 단순하게 가정하면서, 정부 개입의 근거를 손쉽게 부정하곤 한다.

정치학자 또는 행정학자가 정부의 의사결정을 분석하거나 사회학자가 사회제도를 분석할 때 경제적 요인에 대한 고려는 필수적이다. 그렇다면 반대로 경제학자가 시장경제를 분석할 때도 정부와 사회제도의 영향을 고려하는 것이 필수적이지 않을까? 논리적으로는 그런데, 현실은 전혀 그렇지가 않다. 예컨대 자유방임주의 혁명의 선구자이자 시장 근본주의자인 프리드먼에 따르면 — 일부 예외적 경우를 제외하고 — 자유경쟁시장은 정부의 개입 없이도 스스로 사회 구성원들의 자유를 보호하고 이들 간의 이해관계를 원만하게 조정할 수 있다. 쉽게 말해, 프리드먼이 생각하는 이상적인 자유시장경제에서는 경제 자체는 물론이고 사회가 원활히 작동하는 데 정부의 역할은 거의 존재하지 않는다. 이 장에서는 이러한 경제와 사회에 대한 인식을 '프리드먼의 어리석음'Friedman's Folly이라 칭하고, 그가 왜 어리석은지를 살펴보고자 한다.

먼저 한 가지 명심할 것은 상기한 프리드먼의 경제관과 사회관이 스미스의 '보이지 않는 손'과 밀접하게 관련되어 있으나, 양자 간에는 근본적인 차이가 존재한다는 점이다. 즉, 프리드먼과 달리 스미스는 '보이지 않는 손'을 경제 영역을 넘어서 사회 전반을 조직·운영하는 원리로까지 확장하여 생각해 본 적이 단 한 번도 없다. 스미스 당시만 해도 시장이 아닌 정부가 정치·사회적으로는 물론이고, 경제적으로도 가장 중요한 기관 또는 제도로 간주되었고, 이 때문에 정부의 목적과 역할에 대한 철학적 논쟁이 매우 활발했다. 그러나 오늘날, 특히 경제학을 중심으로 이러한 관심은 크게 줄어들었다. 진화경제학자 리처드 넬슨Richard Nelson의 말을 빌리면, 현대 경제학은 바람직한 정부의 권한과 역할에 대해 별다른 설득력 있는 논증을 제시하지 못했다.

본질적으로 정부는 하나의 사회이다. 즉, 함께 모여 사는 우리들 모두가 포함된 사회로부터 정부가 구성되고, 이렇게 구성된 정부는 사회를 다양한 방식으로 규제하고 운영한다. 반면 시장경제는 사회

구성원들이 서로 상호작용을 하는 여러 방식 가운데 하나에 불과하며, 그 자체는 사회가 아니다. 그럼에도 프리드먼의 자유방임주의 혁명의 세례를 받은 현대 주류경제학은 시장경제가 곧 하나의 사회라고 주장한다. 따라서 경제뿐만 아니라 사회를 지탱하고 운영하는 원리로서, 시장경제는 정부를 거의 대체할 수 있다는 것이다.

이렇게 시장경제가 정부를 대체할 수 있다는 생각이 잘 드러나는 경제학 분야가 바로 경제성장 이론 또는 경제발전 이론이다. 현대 주류경제학에서는 경제성장과 경제발전 과정에서 정부의 고유한 역할을 거의 인정하지 않는다. 특히 1970년대 이래의 자유방임주의 혁명을 거치면서, 성장과 발전에서 정부의 역할은 단지 자유경쟁시장이 원활히 작동할 수 있도록 재산권을 보장하고 관련 법·제도를 유지하는 것으로 한정되었다.

그런데 최근에는 경제적 성과에 대한 제도의 영향을 강조하는 신제도주의 경제학New Institutional Economics을 중심으로 이러한 경향에 일부 변화가 나타났다. 이들은 하나의 '제도적 실체'로서 정부의 중요성을 강조한다. 이들에 따르면 사회간접자본, 공공교육, 연구개발, 보건의료 등에 대한 정부의 투자는 민간투자 못지않게 경제성장과 경제발전에 중요한 요인이며, 민간경제가 자생적으로 성장할 수 있는 환경을 조성할 뿐만 아니라 사회정의와 복지수준의 향상에도 기여할 수 있다.

특히 기존 주류경제학의 입장과 달리, 이들은 정부 개입의 근거가 단기적인 시장실패로만 한정되지 않는다고 보는 것에 주목할 필요가 있다. 예컨대 제도주의 경제학자들은 평등한 교육기회를 제공하기 위한 사회정책적 목적의 교육투자뿐만 아니라, 교육시장에서

'보이지 않는 손'이 본질적으로 작동하지 못하여 자원배분의 효율성이 지속적으로 저해되는 것을 방지하기 위한 규제 역시 필요하다고 역설한다. 또한 이들 중 일부는 경제성장 과정에서 정부가 어느 정도의 재정적자를 지속적으로 유지할 필요가 있다고 주장한다. 앞서 언급한 세이의 법칙과 달리, 자유방임적 시장경제에서는 장기적으로도 수요가 공급에 비해 부족한 경향이 나타날 수 있기 때문이라는 것이다. 대체로 그들은―지나치게 과도한 협상력을 부여하지 않는 한도 내에서―노동조합의 필요성과 사회정책의 일환으로서 최저임금제도와 노동시간에 대한 규제의 순기능을 인정한다. 또한 이들은 시민의 권리로서 보건의료서비스에 대한 접근을 정부가 보장해야 한다고 주장한다. 특히 이들 중 좀 더 진보적인 일부는 정부가 애매모호한 개념인 기회의 평등만을 추구하는 데서 더 나아가, 폭넓은 대중에게 현금보조를 제공하는 등의 방법을 통해 보다 적극적으로 결과의 평등을 지향해야 한다고 주장한다. 아울러 이들은 주류경제학의 성장이론 또는 발전 이론과 달리, 정부의 연구개발 투자가 기업가들에게 새로운 혁신의 기회를 창출함으로써 경제성장과 경제발전에 크게 기여할 수 있다고 생각한다. 상기한 모든 예는 단기적인 시장실패를 넘어 시장경제에 내재하는 만성적인 결함을 시정하기 위해 지속적인 정부의 개입이 요구되는 사안이다.

이러한 제도주의적 경향의 '새로운 사고'는 경제성장과 경제발전을 뒷받침하기 위한 적절한 제도적 장치의 필요성을 새삼 깨닫게 하는 계기를 제공했다. 그러나 결론부터 말하면, 이러한 생각은 사실 별달리 '새로울' 것 없는, 즉 정부 개입의 근거로서 시장실패만을 강조하는 주류경제학의 논의를 '제도'라는 포장지로 그럴듯하게 재포장한 것에 불과하다. 이는 최근 신제도주의 경제학을 주도하고 있는 MIT의 신진 경제학자 대런 애스모글루Daron Acemoglu와 하버드대의 정치학자 제임스 로빈슨James Robinson이 집필한《국가는 왜 실패하는가》Why Nations Fail를 보면 잘 드러난다.[1]

이 책에서 저자들은 경제발전의 궁극적 원인에 대해 이야기한다. 먼저 국가별 경제발전 정도의 차이를 지리적 요인으로 설명하는 기존 이론들을 반박하면서, 경제발전을 이룩하여 부유해진 국가들과 그렇지 못한 국가들의 제도적 특징을 서로 비교한다. 이를 통해 그들은 다음과 같은 가설을 도출한다. 즉, 경제발전에 성공한 국가들은 공통적으로 자유방임적 시장경제가 원활히 작동하도록 돕는 제도적 기반을 확립한 국가들이라는 것이다. 이러한 제도적 기반의 대표적 예로는 재산권과 계약의 자유에 대한 법적 보장, 효율적인 금융제도, 창업에 대한 규제의 최소화 등을 들 수 있다. 정부가 제공하는 공공서비스 중에서도, '민간의 거래'에 대한 공평한 경쟁 환경을 마련하는 것이 가장 중요하다고 이들은 강조했다. "한 국가의 경제적 제도는 사적재산권을 보호하고, 공평무사한 법체계를 확립하며, 국민들이 자유롭게 거래와 계약을 할 수 있는 공평한 경쟁 환경을 제공하는 것을 목표로 해야 한다. 아울러 새로운 기업의 진입을 촉진하고 직업선택의 자유를 보장하는 것 역시 경제적 제도가 담당해야 할 중요한 역할이다."[2] 이들이 필요하다고 본 모든 제도적 기반의 유일하고 궁극적인 목표는 '시장실패'를 방지하여 자유경쟁시장이 원활히 작동하도록 하는 것이다.

역설적이지만 이런 특징은 이들이 상대적으로 덜 중요하게 고려한 경제적 제도들을 하나하나 구체적으로 살펴볼 때 오히려 더 잘 드러난다. 예컨대 이들은 500쪽이 넘는 방대한 분량에 걸쳐 경제적 제도에 대해 논하면서도 노동조합이나 최저임금제도는 각각 고작 다섯 번, 두 번 언급하는 데 그쳤을 뿐만 아니라, 기본적으로 이들 제도에 별다른 가치를 부여하지 않았다. 유치산업infant industries의 보호를 위한 관세 부과 등의 조치는 아예 언급조차 하지 않았다. 과거 미국뿐만 아니라 서구 국가들의 산업화 과정에서 수입에 대한 보호관세가 빈번하게 부과되었고, 그 결과 일부 긍정적 효과가 있었는데도 말이다.[3]

저자들은 짐짓 자애로운 어조로 '포용적'inclusive 경제제도와 이를 성취하기 위한 정부 개입의 필요성을 역설한다.[4] "경제발전의 원천으로서 포용적 경제제도는 소수의 엘리트만이 아닌, 광범위한 사회 계층에 대해 재산권을 안전하게 보장하고 공평한 경제적 기회를 제공해야 한다. … 포용적 경제제도가 제대로 기능하기 위해서는 정부의 적극적 역할이 요구된다." 이 책에서 저자들은 다양한 국가의 성공과 실패 사례들을 역사적으로 엄밀하게 분석했지만, 정작 어떻게 포용적 정치 및 경제 제도를 확립할 것인가에 대해서는 위의 인용문과 같이 애매모호하고 진부한 서술만을 반복하고 있다. 다시 말해 이들은 문제만을 제기했을 뿐, 문제 해결의 청사진은 제시하지 못했다. 기껏해야 상기한 대로 포용적 경제제도를 통해—프리드먼류의 자유방임주의 경제학이 이상적으로 간주하는—자유경쟁시장이 원활히 작동하는 환경을 조성해야 한다고 주장하는 수준에 그치고 있다. 이들은—포용적 제도에 대비되는 개념인—'착취적'extractive 제도를 옹호하는 엘리트들을 경멸하는 어조로 비판하고 있다. 그러나 또 다른 유형의 엘리트, 구체적으로 합리적 규제, 사회보장제도, 공공재에 대한 투자, 노동조합의 권익, 공정한 임금결정과정, 진정한 사회적 다원주의의 가치를 무시하고 무차별적인 자유방임주의를 옹호하는 엘리트들에 대해서는 철저히 함구하고 있다.

이들이 볼 때, 성공적인 제도와 실패하는 제도를 구분하는 핵심 기준은 제도의 포용성 여부이다. 따라서 당연히 이들이 생각하는 포용적 제도는 엘리트 사회보다는 평등주의적 사회에 보다 친화적일 수밖에 없다. 그러나 이들은 북한과 같은 극단적인 엘리트주의 국가를 비포용적 또는 착취적 제도의 예로 듦으로써 손쉽게 자신들의 주장을 정당화하는 동시에, 포용적 제도 내에 존재하는 다양한 스펙트럼(예컨대 정치적으로는 자유지상주의와 자유주의, 그리고 사회민주주의 등, 경제적으로는 자유방임적 시장경제와 케인즈주의적 수정자본주의 등 - 옮긴이)을 애써 무시하고 있다.

그들은 포용적 제도의 예로서 남한을 북한과 비교하면서도, 남한의 경제적 성공에 대해 의례적인 찬사만을 표할 뿐 정작 그러한 경제적 성공이 매우 비시장 또는 반시장적인 정부의 정책 — 국가 주도의 중등·고등 교육 장려 정책, 수출 산업 또는 선별된 주력 산업에 대한 막대한 보조금과 금융 지원 등 — 을 통해 주도되었다는 사실에 대해서는 한마디도 하지 않는다. 왜냐하면 남한의 사례는 이들이 생각하는 포용적 제도의 전형, 즉 시장실패를 방지하여 자유경쟁시장이 원활히 작동하는 환경을 조성하는 제도의 범주에서 상당히 벗어난 것이기 때문이다. 결론적으로 이들이 말하는 포용적 제도에서 정부의 역할은 주류경제학에서 정부의 역할, 즉 시장실패를 교정하는 데 한정된 것과 본질적으로 동일한 것이다.

자유방임주의 혁명의 선구자 프리드먼은 최소화된 정부의 역할을 정당화하는 체계적인 이론적 프레임을 거의 최초로 제공한 학자였다. 프리드먼의 주장은 그것이 대부분의 경제학자들에게 매우 극단적인 것으로 비칠 때조차도, 결국에는 학계를 지배할 만큼 엄청난 영향력을 행사할 수 있었다. 왜냐하면 그의 이론이 가지는 영향력은 이론의 내용보다도 이론의 간결함과 명료함 같은 외적 매력에 기인한 바가 컸기 때문이다. 1962년에 발간된 그의 저서 《자본주의와 자유》Capitalism and Freedom — 그의 아내인 로즈 프리드먼Rose Friedman이 남편의 연설 또는 인터뷰 내용을 편집하여 펴낸 책임 — 는 이런 매력을 잘 보여 준다. 이 책은 매우 명확한 이분법적 논리를 제시한다. 요컨대, 거의 대부분의 경우 정부는 악이고 시장은 선이다. 심지어 — 정부 고유의 기능으로 생각되어 왔던 — 국가와 사회 전반을 조직·운영하는 것조차 '보이지 않는 손'과 '세이의 법칙'을 통해 충분히 가능하다는 것이다.

사실 프리드먼은 치밀한 이론가는 아니었다. 앞서 언급한 대로, 그는 왈라스를 비롯한 신고전학파 경제학자들이 제시한 복잡한 일반균형 이론 따위에는 별 관심이 없었다. 그는 전체 시장의 일반균형이 자동적으로 달성된다는 것을 한 치의 의심도 없이 그저 '믿었으며', 따라서 균형이 어떤 과정을 거쳐서 달성되는지(균형가격의 모색과정)에 대해서는 따로 설명할 필요를 느끼지 못했다. '보이지 않는 손'과 '세이의 법칙'의 신봉자인 프리드먼이 볼 때, 자유경쟁시장이 효율적이고 안정적이라는 것은 너무도 자명한 사실이었다. 이러한 그의 논리에 따르면, 현실에서 대공황과 같이 경제가 비효율적이고 불안정적인 상황이 종종 발생하는 것은 시장의 내재적 특징이 아닌 정부의 부적절한 개입에 기인한 것일 수밖에 없다. 한편 프리드먼이 정부의 역할이 최소화된 자유방임적 시장경제를 옹호한 것은 그것이 자원의 효율적 배분과 이상적이고 공정한 소득분배를 달성한다고 믿었기 때문이기도 하지만, 다른 한편으로는 그것이 ― 프리드먼이 추구하는 지상목표인 ― 사회 구성원의 개인적 자유를 극대화하는 지름길이라고 보았기 때문이다. 이렇게 개인적 자유를 극대화하는 체제로서 시장경제를 옹호하는 견해는 《자본주의와 자유》의 핵심 논제이자, 프리드먼의 경제 이론 전반의 토대를 이루는 것이다.

이와 관련하여 그는 다음과 같이 진술했다.[5] "대개 사람들은 정치와 경제를 서로 분리된 별개의 영역으로 인식한다. 예컨대 개인의 자유는 정치적 영역의 문제인 반면, 물질적 복지수준은 경제적 영역의 문제라는 것이다. 이 논리에 따르면, 정치체제와 경제체제 간에는 어떤 필연적인 연관관계도 존재하지 않으며, 따라서 어떤 정치체제든지 모든 종류의 경제체제와 양립 가능하다." 그러나 그가 볼 때, 이러한 생각은 명백히 잘못된 것이다. "자유경쟁 시장자본주의는 경제적 자유는 물론이고 정치적 자유까지도 극대화하는 경제체제이다. 왜냐하면 시장자본주의를 통해 정치적 권력의 통제로부터 경제력을 분리할 수 있을 뿐만 아니라, 이에 따라 후자(경제력)가 전자(정치적 권력)를 견제하기 때문이다."[6]

또한 자유경쟁시장이 효율적인 이유에 대해 프리드먼은 다음과 같이 서술했다.[7]

"시장에서 어떤 강제 없이도 자발적 협조를 통해 개개인의 경제활동이 조정될 수 있는 이유는 *경제적 교환 거래의 당사자들이 모두 자발적이고 거래에 필요한 정보를 모두 알고 있을 경우*, 이 거래는 모든 당사자들에게 이익이 된다는 자명한 사실에 기인한다. 이와 같이 당사자들의 자발적인 교환 거래에 의해 조직되는 사회 모델을 우리는 자유로운 사기업 중심의 교환경제체제 또는 다른 말로 자유경쟁 시장자본주의라고 부른다."

여기서 이탤릭체로 표기한 전제 조건에 주목하기 바란다. 현실에서 이 전제 조건이 충족되는 경우, 즉 교환 거래의 당사자들이 모두 자발적이고 거래에 필요한 모든 정보를 알고 있는 경우는 극히 드물다. 대부분의 경우 거래 당사자 간에는 협상력의 불균형이 존재하며, 거래에 대한 정보 역시 비대칭적인 것이 현실이다. 그러나 이러한 현실적 한계 따위는 프리드먼이나 그 추종자들에게는 하등 문제가 되지 않았다.

앞서 언급한 애쓰모글루와 로빈슨의 논의, 즉 정부는 국민들이 자유롭게 거래와 계약을 할 수 있는 공평한 경쟁 환경을 제공해야 한다는 주장 역시 상기한 프리드먼의 견해와 기본적으로 동일한 맥락을 가진다. 왜냐하면 이들이 말하는 공평한 경쟁 환경은 다름 아닌 상기한 프리드먼의 전제 조건, 즉 거래의 당사자들이 모두 자발적이고 거래에 필요한 모든 정보를 알고 있는 상황과 사실상 거의 동일한 것이기 때문이다. 다시 말해, 이들 역시 일단 정부가 공평한 경쟁 환경을 조성하고 나면, 그때부터는 정보에 밝은 대등한 경제주체들의 자발적인 거래를 통해 자유경쟁 시장자본주의가 스스로 효율성을 달성할 수 있음을 암묵적으로 전제한다는 것이다.

그런데 정작 중요한 문제는 현실에서 공평한 경쟁 환경을 어떻게 정의하느냐는 것이다. 애쓰모글루와 로빈슨뿐만 아니라 대부분의 주류경제학자들에게 공평한 경쟁 환경이란 매우 추상적이고 선언적 의미의 개념에 불과하다. 그러나 실제 현실에서 진정으로 공평한 경쟁 환경을 조성하기 위해서는 선결되어야 할 문제들이 한두 가지가 아니다. 예컨대 노동자와 고용주 사이의 임금협상이 자발적이려면 노동자와 고용주가 서로 엇비슷한 수준의 협상력을 가져야 하며, 회사의 경영성과에 대한 정보 역시 충분히 공유되어야 한다. 좀 더 넓게 보아, 모든 사회 구성원들이 동일한 출발점에서 경쟁을 시작하려면 아동빈곤의 해소, 질 좋은 교육과 유아보육에 대한 공평한 접근 권리, 사회취약계층에 대한 최소 수준 이상의 소득과 의료보조 등 정부가 선결해야 할 과제들이 수없이 널려 있다. 그럼에도 프리드먼은 이러한 공평한 경쟁을 위한 전제 조건들이 정부의 개입 없이도 현실에서 저절로 충족된다고 그저 '가정할' 따름이다.

시장경제가 곧 하나의 사회이며, 따라서 시장경제가 정부의 역할을 거의 대체할 수 있다고 보는 프리드먼의 견해, 즉 '프리드먼의 어리석음'은 시민사회와 공동체의 가치를 심각하게 훼손함으로써 경제학뿐만 아니라 미국의 정치·사회에 두고두고 악영향을 미쳤다. 프리드먼에게 정부란 기본적으로 '필요악'이었다. 그에 따르면, 정부가 필요한 때는 국방·치안을 통해 국민의 재산권을 보호하고, 경쟁을 저해하는 독과점을 방지하며, 지방도로 건설이나 초등교육과 같이 민간이 공급하기 힘든 일부 공공재를 공급하고, 극빈자들을 입에 풀칠할 만큼만 보조하는 경우뿐이다. 또한 프리드먼은 단순히 정부뿐만 아니라—시민단체나 노동조합 등과 같이—모든 형태의 집단적 의사결정을 위험하고 유해한 것으로 보았다. 그가 볼 때, 경제뿐만 아니라 사회의 가장 바람직한 운영 원리는 '개개인에게 그들이 최소로 필요로 하는 것을 주고, 다음은 스스로 알아서 살아가도록 내버려 두라'는 것이다. 이와 같은 그의 견해는 사실상 정부의 존재 의미를 부정하는 것이다. 사회의 집단적 의사결정을 빼고 나면, 도대체 정부가 필요한 이유는 무엇인가?

프리드먼은 경제와 사회의 발전에서 정부를 비롯한 공동체의 집단적 행동이 가지는 중요성을 전혀 인식하지 못했다. 이는 다음과 같은 그의 서술에 잘 드러난다.[8]

"문명의 진보 가운데 어느 것 하나도 정부의 손으로 이루어진 것이 없다. 콜럼버스가 신대륙을 발견하게 된 항해를 시작한 것은 중국으로 가는 새 항로를 개척하기 위함이었지, 의회나 정부의 명령이나 지시에 따른 것이 아니었다. 뉴턴과 라이프니츠, 아인슈타인과 보어, 셰익스피어와 밀턴, 에디슨과 포드, 나이팅게일과 슈바이처 등등은 모두 저마다의 분야에서 인류문명의 진보에 획기적으로 기여했지만, 이들 중 어느 누구도 정부의 지시나 지원을 받지 않았다. 이들의 업적은 개인적인 천재성의 산물이자 고집스러운 소수 견해의 산물인 동시에, 다양성을 허용한 사회 분위기의 산물이었다."

그러나 이는 문명의 진보에 대한 지극히 왜곡된 생각이다. 예컨대 고대 아테네의 황금기에 국가의 지원을 받아 탄생한 수많은 예술작품을 떠올려 보라. 중세 르네상스 시대에도 예술작품의 주된 발주자는 도시국가 아니면 가톨릭 교회였다. 또한 르네상스 시대의 많은 예술가들은 중세의 노동조합이라고 할 수 있는 길드guild에 고용되어 생계를 유지하고 작품활동을 할 수 있었다. 아울러 도시국가 피렌체의 지배자인 메디치 가문The Medici이 문예활동의 열렬한 지원자였다는 것은 잘 알려진 사실이다. 여담이지만 교황 율리우스 2세가 조각가였던 미켈란젤로에게 억지로 벽화를 그리게 하지 않았다면, 우리는 《천지창조》와 같은 장엄한 명작을 결코 볼 수 없었을 것이다. 한참 최근으로 와서, 대공황기에 경제가 붕괴되는 와중에도 정부의 보조금 지원을 통해 많은 훌륭한 예술작품들이 탄생할 수 있었던 것 역시 기억할 필요가 있다.

그뿐만 아니라 정부는 단일 주체로서는 가장 규모가 큰, 교육과 연구개발에 대한 투자자이다. 예컨대 상기한 프리드먼의 서술에서 언급된 위인 가운데 거의 대부분은 국공립 학교에서 교육을 받거나 교수로서 교육과 연구를 했다. 또한 미국의 경우 19세기부터 대학의 기술연구에 대한 보조금 지원을 시작했는데, 그 덕분에 MIT와 버클리대 등 세계 최고 수준의 교육·연구 기관이 들어설 수 있었다. 한편 정부는 스스로 수많은 신기술을 개발하는 개발자이기도 하다. 예컨대 20세기 초 미 육군의 화학자들은 물을 정화하는 방법을 크게 개선했고, 잘 알려져 있듯이 로버트 오펜하이머Robert Oppenheimer는 정부의 프로젝트(맨해튼 프로젝트)를 통해 원자폭탄까지 만들었다. 제2차 세계대전 이후에도 정부 지원 연구개발 프로그램을 통해 컴퓨터칩에서 인터넷에 이르는 수많은 신기술이 개발되었다. 주지하다시피 아이폰 등 애플의 전자제품에 적용된 거의 대부분의 기초과학 기술은 사실 직접 정부에 의해 또는 정부 지원 연구개발 프로젝트를 통해 개발된 것들이다.[9] 또한 미국의 국립보건원National Institutes of Health 은 수없이 많은 새로운 의학기술의 개발을 지원했다. 한 통계에 따르면, 제2차 세계대전 이후 새롭게 발견된 분자molecule의 무려 75% 정도가 국립보건원에서 발견된 것이라고 한다. 이런 사례를 볼 때, 가장 중요한 혁신의 주체는 어쩌면 민간기업이 아니라 정부일지도 모르겠다.

이렇게 정부의 역할에 대한 프리드먼의 견해가 역사 및 현실과 동떨어져 있음에도, 《자본주의와 자유》에 집약된 그의 생각과 제안은 동시대와 후세의 경제학자들에게 엄청난 영향을 미쳤고, 그중 많은 부분이 정책에 반영되었다. 예컨대 프리드먼은 노령 및 장애 연금과 같은 사회보험제도의 시행에 완강히 반대했는데, 실제로 오늘날 보수적 경제학자들뿐만 아니라 일부 온건한 주류경제학자들도 노령 및 장애 연금을 민영화, 즉 사보험으로 전환해야 한다고 주장한다. 심지어 민주당 정부였던 클린턴 정부에서도 민영화를 고려한 바가 있으며, 마찬가지로 민주당의 오바마 정부에서는 민영화까지는 아니지만 정치적 타협의 일환으로서 노령 및 장애 연금의 혜택을 줄이기도 했다. 또한 프리드먼은 민간산업 지원을 위한 정부의 보조금 지급을 강도 높게 비판했는데, 오늘날 이런 보조금을 통한 산업정책은 거의 금기시되고 있다. 교육정책 관련해서, 그는 정부 지원을 받지만 사립학교와 같이 자율적으로 운영되는 자율형 공립학교인 차터스쿨 charter school을 선호했는데, 실제로 이러한 차터스쿨은 최근 미국에서 점점 늘어나고 있다.

한편 프리드먼은 최저임금제도를 맹렬히 비판했는데, 그 때문인지는 모르지만 지난 수십 년간 최저임금 수준은 동결되다가 간혹 찔

끔 오르는 행태를 반복해 왔고, 그 결과 인플레이션을 조정한 실질 최저임금은 현저히 하락했다. 그는 누진적progressive 소득세제 — 소득이 높을수록 세율이 높아지는 세금제도 — 역시 반대했는데, 실제로 오늘날 미국의 소득세제는 1970년대와 비교해서 누진성 정도가 크게 낮아졌다. 또한 그는 노동조합의 존재를 비판하다 못해 개탄했는데, 그가 《자본주의와 자유》를 펴냈던 당시 35%에 달했던 노조조직률은 오늘날 10%에도 못 미치는 수준까지 하락했다. 아울러 그는 상품가격 자체에 대한 규제는 물론이고, 상품의 품질에 대한 규제, 금융투기에 대한 규제, 심지어 노동시장에서의 인종차별을 금지하는 규제조차 반대했다. 그의 이러한 견해는 실제로 지난 수십 년간 지속된 반독점 규제, 생산물 및 근로자 안전관련 규제, 환경 규제의 완화 추세와 깊이 연관되어 있으며, 2008년 금융위기의 원인을 제공한 금융의 탈규제화에도 직접적으로 영향을 미쳤다.

정부 역할의 최소화를 금과옥조로 삼는 프리드먼과 그의 추종자들이 득세하면서, 세금 인하와 함께 정부지출의 축소가 시대적 과제가 되었다. 이 때문에 사회 취약계층에게 직접 현금을 지급하는 사회보장 프로그램이 대폭 축소되었고, 이들에 대한 그나마 남은 미미한 혜택도 대부분 세금을 깎아 주는 형태로 집행되었다. 그러다 보니 사회보장제도가 유명무실해질 수밖에 없었다. 예컨대 아동수당, 즉 취학 전 아동에 대한 현금보조는 유럽의 선진국뿐만 아니라 남미의 국가에서조차 매우 보편적인 제도인 반면, 유독 미국에서는 강력한 저항으로 인해 시행되지 못하고 있다. 심지어 앞서 언급한 대로 미국의 아동빈곤률이 선진국 가운데 최고 수준인데도 말이다. 미국은 아동수당 대신 부모의 소득세액을 일부 공제해 주고 있는데, 다른 나라들과 비교하면 그 혜택의 규모가 너무나 빈약하여 초라할 지경이다.

정부지출 프로그램뿐만 아니라 세금을 깎아 주는 정책도 빈약하긴 마찬가지이다. 예컨대 저임금 노동자의 소득보조를 위해 세금을 환급해 주는 제도인 근로장려세제earned income tax credit의 경우, 현재는 수혜범위가 지나치게 좁고 지원규모도 매우 빈약하다. 위로는 소득 중하위층으로, 아래로는 소득이 없거나 적어서 환급받을 세금조차 없는 극빈층까지 수혜범위를 넓히는 것이 시급하지만, 프리드먼의 추종자들과 그의 견해에 영향을 받은 주류경제학자들이 볼 때 이는 어림도 없는 일이다.

———◦•◦———

1995년 한 인터뷰[10]에서 프리드먼은 무정부주의가 비현실적이라는 것을 알지만, 적어도 '무정부를 지향하는 자유지상주의자'가 되고 싶다고 말했다. 이런 그가 19세기 미국 경제의 부상을 자유방임주의적 자본주의 발전의 전형으로 이해한 것―물론 후술하겠지만 이는 근거없는 믿음, 즉 신화에 불과함―은 별로 놀라운 일이 아니다. 보수적 역사학자인 앵거스 버긴Angus Burgin은 프리드먼의 발언을 다음과 같이 인용했다.[11] "역사적으로 미국 경제가 진정한 의미의 자유기업 자본주의에 가장 가까웠던 시기는 바로 19세기라고 할 수 있다. 이 시기에는 누구나 미국에 와서 자유롭게 창업하거나 일할 수 있었고, 따라서 당시의 미국은 뉴욕에 있는 자유의 여신상의 공식 명칭('세상을 밝히는 자유'Liberty Enlightening the World가 공식 명칭임 - 옮긴이)에 걸맞는 나라였다. 19세기의 미국만큼 보통 사람들의 생활수준이 빠르게, 그리고 큰 폭으로 향상된 사례는 동시대는 물론이고 역사적으로도 유례가 없는 것이다."

프리드먼의 자유방임주의적 자본주의에 대한 신화는 전 대통령 레이건의 또 하나의 신화, 즉 미국 고유의 엄격한 개인주의individualism에 대한 믿음과 그 대상에서 유사한 측면이 있다. 실제로 프리드먼은 레이건을 정치적으로 지지했을 뿐만 아니라, 레이건도 프리드먼의 《자본주의와 자유》를 탐독한 것으로 알려져 있다. 그러나 구체적으로 보면, 프리드먼의 신화는 레이건의 신화와 성격이 사뭇 다르다. 즉, 프리드먼은 개인이 본성적으로 탐욕스러우며 비합리성 등의 다양한 결함에 취약한 존재라고 본다. 그럼에도 자유방임주의적 자본주의의 '보이지 않는 손'이 이러한 탐욕스러운 개인의 행동을 조정하여 전체 사회에 이로운 방향으로 이끈다는 것이다. 그러나 레이건은 개인을 탐욕스럽다기보다는 진취적이며, 결함보다는 재능이 더 많은 존재로 본다. 따라서 레이건이 볼 때, 자유방임주의적 자본주의는 이러한 진취적인 개인들이 자신의 재능을 마음껏 발휘할 수 있는 환경을 조성한다는 점에서 가장 큰 의의를 가진다.

한편 앞서 인용한 프리드먼의 주장, 즉 미국인의 생활수준이 19세기에 가장 빠르게 향상되었다는 주장은 사실이 아니다. 실제로는 19세기에 비해 20세기에 향상 속도가 훨씬 빨랐다. 19세기에 미국인의 임금은 연 평균 약 1%씩 상승한데 반해, 20세기에는 약 2%씩 상승했다.[12] 연 평균 1%p의 차이는 보기보다 매우 큰 것이다. 예컨대 1달러를 복리 예금에 1%의 이자율로 예치하면 100년 후 2.7달러가 되지만, 2%의 이자율로 예치하면 100년 후 7.2달러가 된다. 즉, 평균적인 노동자의 생활수준이 19세기 동안 대략 2.7배 향상된 반면, 20세기 동안에는 무려 7.2배나 향상되었다는 것이다. 미국 역사상 처음으로 중산층이 사회의 다수가 된 것은 19세기가 아닌 20세기였다.

　프리드먼이 볼 때 전무후무한 자유방임주의적 자본주의의 황금기였던 19세기에 비해, 20세기에 생활수준의 향상 속도가 훨씬 더 빨랐다는 사실은 경제성장과 경제발전에서 정부의 역할에 대한 프리드먼의 인식에 뭔가 문제가 있음을 암시한다. 20세기는 19세기와 달리 경제에서 정부의 규모와 역할이 크게 확대되고 민간의 경제와 사회활동에 대한 정부의 개입 범위가 대폭 넓어진 시기임에도 불구하고, 경제성장과 생활수준 향상의 속도가 더 빨랐기 때문이다. 실제로 20세기에는 19세기에 비해 경제규모 대비 정부지출의 비중이 훨씬 컸을 뿐만 아니라, 그 증가세도 매우 빨랐다.

　20세기에 정부규모의 확대가 미국과 유럽 선진국의 경제성장에 긍정적 또는 적어도 중립적 영향을 주었다는 실증적 근거는 차고 넘친다. 예컨대 새고전학파 경제학자인 낸시 스토키Nancy L. Stokey와 세르지오 레벨로Sergio Rebelo는 1913년 개인 소득세제가 시행되기 시작한 이래, 소득세율의 변화가 경제성장에 미친 영향을 분석했다. 그 결과 다음과 같은 결론을 내렸다.[13] "이 기간에 나타난 소득세율의 대폭 인상은 평균 경제성장률에 유의미한 영향을 주지 않았다."

　또한 정치학자인 레인 켄워시Lane Kenworthy는 미국을 대상으로 GDP 대비 조세수입의 비율과 경제성장률의 변화를 서로 비교했다. 20세기 초, GDP 대비 — 연방, 주, 지방 정부를 모두 포함한 — 정부 조세수입의 비율은 약 10%였다. 이 비율은 이후 지속적으로 상승하여 1990년대에는 37% 수준을 유지하게 된다. 이렇게 정부의 세입규모가 지속적으로 증가하는 가운데서도, 같은 기간 미국 경제는 — 대공황 등으로 어느 정도 기복은 있었지만—연 평균 1.2%의 성장률로 꾸준히 성장해 왔다.

사회민주주의 복지국가의 전통이 강한 스웨덴과 노르웨이에서는 20세기 들어 정부의 세입규모가 GDP 대비 무려 60%대까지 빠르게 증가했다. 그러나 이들 국가에서도 경제성장세가 둔화되거나 하는 현상은 나타나지 않았다. 다만 스웨덴의 경우, 1990년대 초 금융위기로 인한 경기침체를 겪으면서 정부의 사회복지지출을 일부 삭감했다. 일각에서는 이를 케인즈주의적 복지정책의 실패를 보여 주는 신호로 해석하기도 했다. 그러나 켄워시에 따르면, 당시 스웨덴 정부의 세입은 GDP 대비 65%로서 예외적으로 매우 높은 상황이었으며, 이 시기를 제외한 평상시에 이 비율이 60% 수준을 유지했을 때는 경제가 순조롭게 성장해 왔다. 하물며 비슷한 시기에 GDP 대비 조세수입의 비율이 30%대에 불과했던 미국의 경우, 정부규모 확대가 성장에 부정적 영향을 미칠 가능성은 거의 없다고 할 수 있다.

프리드먼의 19세기 미국 경제에 대한 자유방임주의적 자본주의의 그릇된 신화는 그의 경제 이론이 실증적 근거보다는 주로 개인적 신념에 기초한, 이데올로기 편향적인 것임을 잘 보여 주는 하나의 예이다. 그런데 이렇게 이데올로기 편향적인 프리드먼이 이론의 타당성을 판단하는 기준으로서 현실 예측력을 강조했다는 것은 참으로 아이러니한 일이다. 프리드먼은 널리 알려진 소논문에서,[14] 이론의 타당성 또는 유용성은 이론의 가정이 현실에 얼마나 부합하는가와는 관계가 없다고 주장했다. 이론이 얼마나 경제적 현실을 잘 예측하는가가 바로 이론의 타당성과 유용성을 결정하는 유일한 기준이라는 것이다. 예컨대 통화주의 경제학의 창시자이기도 한 프리드먼이 화폐의 공급량, 즉 통화량을 GDP 성장률의 가장 중요한 결정요인으로 보았다는 것은 널리 잘 알려진 사실이다. 그런데 그가 이런 주장을 하게 된 것은, 단순히 과거 자료에서 통화량 변화가 이후의 GDP 변화를 잘 예측하는 것처럼 보였기 때문이다. 통화량 변화가 이론적으로 어떤 과정을 거쳐 GDP 성장률에 영향을 미치는지는 프리드먼에게 거의 중요하지 않았다.

이러한 이론의 현실 예측력에 대한 강조에도 불구하고, 정작 《자본주의와 자유》에서 프리드먼은 자신의 이론적 주장을 뒷받침할 만한 실증적 증거를 거의 제시하지 않고 있다. 따라서 이 책은 실증 경제학과는 거리가 먼, 자신의 주장만을 담은 일종의 논쟁서에 가깝다고 할 수 있다. 다시 말해, 이 책은 자유경쟁 시장자본주의가 실제로 어떻게 작동하는지가 아닌, 어떻게 작동할 수 있는지 혹은 작동해야만 하는지에 대한 주장으로 가득 차 있다.

앞서 언급한 대로, 경제가 무언가 잘못되면 프리드먼은 어김없이 이를 정부의 탓으로 돌린다. 그가 볼 때, 대공황의 원인은 금융투기나 총수요의 부족 따위가 아니라 연준의 잘못된 통화정책이다. 경제뿐만 아니라 사회 문제도 마찬가지이다. 심지어 프리드먼은 1950년대와 1960년대에 주요 사회 문제로 등장한 청소년 비행의 원인을 정부의 공공주택정책에서 찾기도 한다. 그는 또한 정부 또는 공공부문의 다양한 활동, 예컨대 전력사업, 해외원조, 도심 재개발사업 등이 광범위한 경제·사회적 부작용의 원인이라고 주장했다.

물론 정부의 사회복지정책 역시 프리드먼의 단골 비판 대상이었다. 예컨대 그는 노령 및 장애 연금 제도와 같이, 사람들에게 노후의 최저소득을 보장해 주기 위해 강제적으로 세금을 거둔다는 발상 자체를 혐오했다. 왜냐하면 그가 볼 때, 이는 개인의 경제적 자유를 심각하게 침해하기 때문이다. 그러나 현실에서 노령 및 장애 연금 제도가 정착되기 전까지 30%를 넘던 노인빈곤율이 현재 10% 정도로 하락한 것을 보면, 이러한 강제적 연금제도는 없어서는 안 될 매우 성공적인 프로그램이라고 평가할 수 있다. 만일 노령 및 장애 연금 제도가 없었다면, 현재 노인빈곤율이 심지어 40%를 넘었을 거라고 혹자는 추정하기도 한다.

또한 프리드먼은 누진적 소득세제, 정부의 사회복지 프로그램 등으로 인해 소득불평등이 해소되기는커녕 오히려 더 악화되었다고 주장한다. 그 근거로 그는 1950년대와 1960년대 초를 기준으로 정부의 규모가 큰 국가일수록 소득의 불평등 정도가 더 심각함을 지적했다. 즉, 영국보다 프랑스가, 그리고 미국보다 영국이 정부규모가 더 큰 동시에 소득불평등 정도 역시 더 강하다는 것이다. 그러나 최근자료를 보면, 이러한 순서가 완전히 역전되었음을 알 수 있다. 즉, 미국이 영국보다, 영국이 프랑스보다 소득불평등 정도가 더 심각하다. 다시 말해, 오늘날에는 프리드먼의 주장과 반대로 선진국 가운데정부규모가 작은 국가일수록 소득불평등 정도가 더 심각한 것으로 나타난다.

《자본주의와 자유》의 마지막 장에서 프리드먼은 이렇게 묻는다.[15] "지난 수십 년간 정부가 시행했다는 이른바 '개혁' 조치 가운데 그 목적을 달성한 것이 있는가? 있다면 무엇인가?" 그러고 나서 그는 성공했다고 평가되는, 몇 안 되는 예외적인 정책들을 나열한다.[16] 여기에는 1950년대의 고속도로 건설, 초중등 교육시스템의 확립, 경쟁을 촉진하기 위한 '반독점법' 집행, 감염병 예방을 위한 공공보건사업, 지방정부의 법질서 및 치안 유지 기능 등이 포함된다. 누가 보더라도 필수적이고 당연히 정부가 수행해야 할 정책이 대부분이다. 이러한 예외에도 불구하고 프리드먼은 결론적으로 정부의 성과에 대해 부정적인 평가를 내린다. "지금까지의 논의를 종합할 때, 대체로 정부의 실적이 초라하다는 것에는 의심의 여지가 없다고 판단된다." 즉, 그의 평가에 따르면, 정부의 개입이 대체로 경제와 사회의 발전에 방해만 되어 왔지 도움이 된 것은 거의 없다는 것이다.

이렇게 실증적 증거 없이 무비판적으로 자유경쟁 시장자본주의를 이상화하는 동시에 정부의 역할을 과소평가하는 경향은 오늘날 많은 주류경제학자에게 무의식적으로 계승되었으며, 그 폐해는 매우 심각하다. 프리드먼의 견해가 가지는 영향력과 그 폐해가 잘 드러나는 또 다른 대표적 예가 최저임금제도에 대한 인식이다.

전혀 놀라운 일은 아니지만, 프리드먼은 최저임금제도의 필요성을 전면적으로 부정했다.[17] 그가 볼 때, 최저임금제도는 "의도한 바와 정확히 반대로 효과가 나타나는", 절대로 시행해서는 안 되는 정책이었다. "만일 최저임금제도의 효과가 있다면, 이는 노동자의 빈곤이 확실히 증가한다는 것이다." 최저임금제도가 노동자를 빈곤하게 하는 이유는 간단하다. 스미스의 '보이지 않는 손'에 의해 어떤 상품의 가격이 오르면 그에 대한 수요가 감소하므로, 노동의 가격인 임금이 오르면 마찬가지로 노동에 대한 수요, 즉 고용이 감소하기 때문이다. 그런데 1장에서도 언급한 대로 여기에—사람들이 무심코 지나치기 쉬운—암묵적인 가정이 하나 전제되어 있다. 즉, 노동자들은 그들이 생산에 기여한 만큼 보수를 받는다는 가정(좀 더 경제학적으로 말하면 실질임금이 노동의 한계생산과 일치함을 의미함 - 옮긴이)이 그것이다. 만일 노동자들이 생산에 기여한 것보다 더 적게 받고 있다면, 최저임금이 상승해도 임금이 여전히 생산에 대한 기여분보다 낮은 한 고용주가 노동자를 꼭 해고할 이유는 없기 때문이다.

그러나 이러한 가정은 '보이지 않는 손'과는 전혀 관계없이 후세의 경제학자가 새롭게 추가한 것이며, 사실로 완전히 검증된 적도 없다. 스미스와 왈라스의 이론이 나온 지 수십 년 후에 존 베이츠 클라크가 노동이 생산에 기여한 바, 즉 노동의 한계생산에 따라 임금이 결정되는 분배 이론을 전개하면서 이러한 가정이 등장한 것이다. 이이론을 한계생산력설이라고 하는데(이는 후에 신고전학파, 즉 주류경제학의 핵심 분배 이론으로 자리 잡았음 – 옮긴이), 이는 예나 지금이나 실증적으로 완전히 검증된 바 없는 하나의 가설로 남아 있다.

그러나 프리드먼은 이렇게 가설에 불과한 이론을 사실로 가정하고, 그에 근거하여 최저임금제도의 필요성과 유용성을 깡그리 부정한 것이다. 그런데 만일 현실에서 그 가정이 성립하지 않는다면 어떻게 될 것인가? 즉, 고용주의 강력한 협상력으로 인해 노동자들이 자신이 기여한 것보다 낮은 수준의 임금을 받는 상황에서, 최저임금 인상으로 임금이 노동자 기여분에 상응하는 적정 수준으로 상승한다면 어떨까? 이 경우에는 최저임금 인상이 고용을 줄이기는커녕, 오히려 노동자의 구매력을 높여 소비와 투자를 촉진하지 않을까? 이렇게 현실에서 나타날 수 있는 다양한 가능성을 프리드먼은 조금도 고려하지 않았다.

그러나 프리드먼은 물론이고 그의 영향을 받은 많은 주류경제학자의 관계된 문헌을 읽다 보면, 노동자들이 생산에 기여한 만큼 보수를 받는다는 암묵적인 가정이 얼마나 많은 논란의 대상인지, 그리고 이에 대한 실증적 증거가 얼마나 빈약한지 등을 생각해 내기가 쉽지 않다. 왜냐하면 이들 문헌에서는 그러한 가정을 자명한 사실로 간주하여 아예 언급조차 안 하고 있기 때문이다.

프리드먼과 같은 보수적 경제학자들만 이러한 암묵적 가정을 하는 것은 아니다. 예컨대 오바마 대통령의 정책자문위원회 의장이었고 정치적으로 진보적이라고 평가되는 크리스티나 로머조차도 뉴욕타임스의 칼럼[18]을 통해 최저임금 인상을 비판하면서, 암묵적으로 이와 같은 가정을 전제한 바 있다. 이것만 봐도 프리드먼과 같은 시장만능주의적 사고방식의 영향력이 얼마나 강력하고 광범위한지 알 수 있다. 상기한 대로 현실에서는 노동자들의 임금이 그들이 생산에 기여한 것보다 적을 수 있으며, 이 경우 최저임금제도나 노동조합을 통해 임금을 적정 수준으로 올리면 고용을 줄이지 않으면서도 노동자의 구매력을 높여 총수요를 부양할 가능성이 있다. 그러나 프리드먼의 토양에서 교육받은 대부분 주류경제학자들의 입장에서는 이러한 가능성을 인정하는 것은 고사하고, 생각하기조차 쉽지 않은 것이 현실이다.

그렇다면 진짜 현실은 어떨까? 최근 들어 최저임금 인상의 효과를 사례연구를 통해 실증 분석한 연구들이 많이 등장했다.[19] 이러한 연구들의 공통적인 결과를 요약하면, 최저임금 인상의 고용에 대한 영향은 통계적으로 유의미한 효과가 없거나, 기껏해야 아주 미미한 감소 효과만 나타난다는 것이다. 사례연구 이외에 다양한 통계적 기법을 사용한 연구들도 이와 마찬가지 결과를 보고했다. 즉, 최저임금 인상은 고용에 거의 영향이 없으며, 오히려 노동자들의 구매력을 높여 지역 경제를 성장시킬 수도 있다는 것이다. 다시 말해 최저임금제도의 효과에 대한 프리드먼의 이론적 예측은 현실과 부합하지 않으며, 오히려 앞서 언급한 현실적 가능성이 더 실제에 가깝다는 것이다.

프리드먼의 주장 가운데 가장 어이없는 것은 자유경쟁시장에서 다양한 형태의 고용 차별이 저절로 최소화된다는 주장이다. 그는 합리적인 기업이라면 효율성과 경쟁력을 극대화하기 위해 인종·성별·종교 등과 무관하게 직무에 가장 적합한 노동자를 채용할 것이므로, 노동시장에서의 차별은 문제될 것이 없다고 주장한다. 만일 어떤 기업이 인종·성별·종교 등을 기준으로 비합리적인 인력 채용을 한다면, 효율성이 떨어지고 경쟁력이 약화되면서 결국 시장에서 자연스럽게 도태될 것이기 때문이다. 이러한 논리와 함께 계약의 자유 등을 근거로 하여, 프리드먼은 인종차별을 금지하는 '민권법'civil rights laws에 적극적으로 반대했다. 이런 법은 개인의 천부적인 자유, 예컨대 계약과 영업의 자유 등을 침해한다는 것이 그 주된 이유였다. 프리드먼에 따르면, 예컨대 어떤 식품점 사장이 흑인 점원을 고용하면 매출이 떨어질 거라고 판단한 경우, 이 사장은 흑인을 점원으로 고용하는 것을 거부할 자유를 가진다. 따라서 만일 법에 의해 흑인의 고용을 강제할 경우, 이는 사장의 계약 및 영업의 자유를 침해하기 때문에 부당하다는 것이다. 프리드먼이 볼 때, 인종에 대한 차별은 개인이나 집단의 기호嗜好의 문제이며, 따라서 법을 통해 이러한 기호를 특정한 방향으로 강제하는 것은 개인이나 집단의 자유를 심각하게 제한하기 때문에 나쁜 것이다.

자유에 대한 병적인 집착이 지나치다 못해, 프리드먼은 급기야 말도 안 되는 궤변까지 늘어놓는다. 그는 자신이 모든 종류의 차별에 대해 단호히 반대한다고 힘주어 강조한 뒤, 소단원의 결론을 대신하여 다음과 같이 말한다.[20] "인종 차별을 반대하는 사람들이 지향해야할 최선의 방법은 정부의 권력을 동원하여 주변 사람들에게 억지로 인종 차별을 못하게끔 강제하는 것이 아니라, 그들을 설득하여 인종에 대한 선호를 자신들과 비슷하게 바꾸도록 하는 것이다."

—————•◦•—————

19세기에 미국인의 생활수준이 가장 빠르게 향상되었다는 프리드먼의 주장이 그릇된 신화이듯이, 이 시기 미국을 비롯한 유럽 선진국의 경제발전과 생활수준의 향상이 자유방임주의적 자본주의에 의해 가능할 수 있었다는 주장 역시 또 하나의 신화에 불과하다. 역사를 살펴보면 알 수 있듯이, 이 시기의 경제발전은 자유방임주의적 자본주의와 같은 단순한 모형만으로 설명하기에는 훨씬 더 복잡하다.

결론부터 말하면, 초기 산업화 과정의 미국은 자유방임주의적 자본주의와는 거리가 한참 멀었다.[21] 원재료 등 1차 상품뿐만 아니라 거의 모든 상품의 거래에 수도 없이 많은 규제가 존재했다. 앞서 인용한 대로 프리드먼은 누구나 미국에 와서 자유롭게 경제활동을 할수 있었다고 했지만, 이는 사실이 아니었다. 이주와 직업선택의 자유는 지극히 제한적이었다. 예컨대 이 시기에는 수많은 노동자가 계약 하인indentured servant — 주인이 유럽에서 미국으로 가는 경비, 음식, 숙소 등을 제공해 주는 대신, 정해진 기간 동안 농장노동자나 하인 등으로 일하는 제도 — 의 형태로 미국으로 건너왔다. 따라서 이들이 자유를 얻기 위해서는 정해진 계약기간을 다 채우거나, 도중에 채무 등을 갚음으로써 권리를 사야만 했다.

당시 미국에서 개인들이 자립적으로 경제활동을 할 수 있었던 주된 원동력은 '보이지 않는 손'이나 자유경쟁 시장경제 따위가 아니었다. 당시 가장 중요한 생산요소였던 토지에 대한 소유권이 대중들 사이에 널리 분산된 것이 바로 핵심적인 원동력이었다. 미국 독립혁명 이후, 새로운 독립정부는 과거 식민지 시절 토지 대부호가 소유했던 토지를 몰수하고 재분배했다. 또한 토지를 쪼개지 않고 한꺼번에 장자에게 상속함으로써 몇몇 대부호가 토지를 독점하게 만들었던, 과거 영국식의 토지상속제도를 철폐했는데, 이러한 제도 개혁에 앞장선 인물이 바로 후에 미국의 3대 대통령이 되는 토머스 제퍼슨Thomas Jefferson이었다. 게다가 이후 '연방헌법'이 제정되면서, 새롭게 연방에 편입된 주들은 주가 소유한 토지를 연방정부에 무상으로 양도했다. 또한 시간이 갈수록 토지거래에 대한 규제가 정비·완화되면서, 토지의 공급이 크게 늘어나고 토지 가격도 안정되었다. 이에 따라 1800년경에는 전체 미국인의 3분의 2가 토지를 소유했던 것으로 추정되는데,[22] 이는 구대륙인 유럽과 비교하면 놀랄 만큼 소유권이 분산된 것이라고 평가할 수 있다.

한편 19세기 초반 국내 상업과 무역이 비약적으로 발전하기 시작하면서 도로와 운하 등에 대한 수요가 크게 늘어났는데, 이런 사회간접자본 건설을 위한 자금조달의 주된 원천은 민간이 아닌 정부였다. 다만, 당시만 해도 연방정부의 차입에 대한 제약과 거부감이 강했기 때문에, 주로 주정부가 채권을 발행하여 운하 건설자금 등을 조달했다. 뉴욕주의 이리 운하Erie Canal를 필두로 하여 매사추세츠, 펜실베이니아, 메릴랜드를 비롯한 많은 주들이 같은 방법으로 스스로 자금을 조달하여 운하를 건설했다. 이렇게 정부 조달자금으로 건설된 운하와 도로들은 초기 미국의 산업화에 크게 기여했다.

이후 연방정부의 경제적 역할은 점차 확대되었다. 제퍼슨과 대척점에 선 인물로서 알렉산더 해밀턴Alexander Hamilton은 연방주의자답게 자유로운 차입을 통해 연방정부가 스스로 자금을 조달할 수 있어야 한다고 주장했다. 또한 그는 정부가 조달한 자금을 이용하여 일부 선별된 산업을 지원하는 정책 ― 오늘날의 산업정책industrial policy ― 을 제안했으며, 유치산업 보호를 위한 관세 부과를 옹호했다. 한편 해밀턴 등 연방주의자와 제퍼슨 등 반연방주의자 사이에서 중도노선을 걸었던 미국의 4대 대통령 제임스 매디슨James Madison 역시 높은 관세의 부과를 지지했다. 또한 19세기 중반에는 무기 생산을 위한 연방정부의 국방비 지출이 증가했는데, 이는 정부와 계약한 민간 군수산업체가 새로운 대량생산체제와 경영조직을 구축하는 계기가 되었다. 이렇게 시장의 수요가 아닌 정부와의 군수계약에 따라 새로운 제품과 생산기술에 대한 투자가 이루어지는 시스템은 기존 유럽에서는 찾아볼 수 없는 새로운 것이었다. 이는 이후 미국 기업의 주요 생산기술과 경영기법의 진보에 크게 기여했다.

1820년대에 들어서면서 미 정부는 공립학교를 통한 무상 초등교육을 적극적으로 추진하는데,[23] 이는 남북전쟁 이전 정부가 시행한 제도 개혁 가운데 가장 의미 있는 성과로 평가받고 있다. 그 결과 1850년경에는 미국의 아동 1인당 교육비 지출이 프러시아를 제외하고는 선진국에서 가장 높은 수준이 되었으며, 아동의 취학률도 영국, 프랑스 등 유럽의 선진국 못지않게 상승했다. 초등 공교육의 재원은 주로 소득수준과 관계없이 부과되는 보편적인 재산세를 통해 조달했는데, 이는 미국에서 소득재분배 조세정책의 효시라고 할 수 있다.

한편 중등교육 이상을 이수한 노동력에 대한 수요가 증가하면서, 19세기 후반까지 공립을 포함한 다수의 고등학교가 새로 설립되었고 많은 주에서 무상 공교육화가 진행되었다. 이러한 공교육의 확대는 경제적으로 양질의 노동공급을 통해 경제성장을 견인했을 뿐만 아니라, 정치·사회적으로도 성숙한 시민사회의 형성과 민주주의의 발전에 크게 기여했다.

정부는 산업화의 상징인 철도망을 형성하는 데도 매우 중요한 역할을 담당했다. 19세기 대부분의 선진 산업국가에서는 정부가 직접 또는 보조금을 통해 철도 건설을 주도했다. 예컨대 미국의 경우, 정부는 철도 건설 용도로 엄청난 규모의 토지를 제공했다. 추정에 따르면, 정부가 제공한 토지의 규모는 철도 건설에 투입된 전체 자본량의 무려 절반에 달했다. 비록 철도 건설을 위한 연방정부의 현금 지출금액만 따지면 당시 GDP의 3~4% 정도였지만, 정부가 제공한 토지의 가치까지 합산하면 정부의 기여규모는 훨씬 커질 것이다. 정부 주도의 철도 건설과 철도망 확대는 운송비 절감 및 운송속도 향상을 통해서는 물론이고, 건설과정에서 철강재에 대한 수요를 증가시킴으로써 경기활성화에 큰 기여를 했다.

또한 19세기 후반에서 20세기 초에 걸쳐 공중보건 관련 인프라를 구축하는 데도 정부가 거의 전적인 역할을 담당했다. 이렇게 정부 주도로 만들어진 공중보건 관련 인프라는 질병 예방과 퇴치는 물론 경제성장에도 긍정적인 영향을 미쳤다. 예컨대 정부가 도시의 상하수도 시설을 구축·정비하면서 도시가 점차 확대될 수 있었으며, 그 결과 도시 인구가 증가하고 상품과 노동에 대한 수요가 확대되면서 경제성장이 촉진될 수 있었다. 정부는 도시를 중심으로 인프라 구축뿐만 아니라 예방접종 홍보 등 공중보건 관련 캠페인을 실시함으로써, 감염병 예방과 질병으로 인한 경제적 피해 감소에 크게 기여했다.

영국에서는 '곡물법'the Corn Laws(국내 곡물 가격을 높게 유지하기 위해 수입 곡물에 높은 관세를 부과하였던 법으로, 곡물법의 폐지는 지주계급에 대한 산업자본가들의 승리와 자유무역주의의 확립을 의미하는 것으로 평가됨 – 옮긴이) 폐지 과정에서 볼 수 있듯이, 스미스 등 고전학파 경제학자들이 옹호하는 자유무역주의가 주도권을 장악하면서 각종 보호무역을 위한 규제들이 철폐되었다. 당시 세계의 공장으로서 최고의 제조업 경쟁력을 가진 영국의 입장에서는 이러한 자유무역주의가 경제성장에 긍정적인 요인이었다. 반면 뒤늦게 산업화가 진행된 미국의 경우에는 영국과 유럽의 다른 후발 산업국가와의 경쟁에서 초기 단계의 제조업을 보호하기 위해, 관세 부과 등의 보호무역 조치를 취하는 선택을 했다. 실제로 미국은 일부 짧은 기간—1860~1880년—을 제외하고는 산업화 과정 내내 높은 관세 수준을 유지했다. 이는 물론 프리드먼의 관점에서 보면 저주와 다름없는 최악의 정책이다. 그러나 당시의 보호무역 조치는 대체로 소기의 성과를 거둔 것으로 평가되고 있으며, 그 결과 미국의 제조업은 20세기 초까지 빠른 속도로 성장했다. 예컨대 다트머스대의 더글러스 어윈Douglas A. Irwin과 같이 관세 정책의 유용성에 대해 대체로 회의적인 경제학자들도 이 시기 미국과 같은 초기 산업화 단계의 경제에서는 관세 부과가 산업과 경제 성장에 긍정적으로 작용할 수 있음을 인정한다.[24]

남북전쟁 이후, 즉 19세기 말에서 20세기 초에 걸쳐 산업화가 심화·확산되면서 제도의 변화 속도 역시 빨라졌다. 진보적인 정치운동이 세력화되면서, 산업 재해로부터 노동자를 보호하고 지나치게 긴

노동시간을 제한하는 입법이 이루어졌다. 한편 20세기 초에는, 중앙은행으로서 연준이 창설되었다. 과거 수차례 반복된 금융위기와 이에 따른 경기침체, 그리고 전쟁 등을 겪으면서 위기 시 최종대부자 역할을 담당하고 화폐가치 안정을 도모하는 중앙은행에 대한 필요성이 대두되었기 때문이다. 그 밖에도 시간이 갈수록 여러 산업에서 독과점 경향이 두드러지면서, 이를 규제하기 위한 '반독점법'이 제정되고 집행되기 시작했다.

한편 같은 기간 정부 개입에 대한 미국인들의 인식은 당시의 정치와 경제 상황에 따라 빈번하게 변했다. 예컨대 1890년대부터 시작된 진보주의 운동the progressive movement은 의회와 정부의 제도적 틀 내에서 고삐 풀린 자유방임적 시장경제의 폐단을 개혁하고자 했는데, 이를 통해 남북전쟁 이후 미국 사회에 팽배해 있던 반연방정부적 정서가 어느 정도 해소되었고, 사회 개혁의 주체로서 정부의 역할에 대한 새로운 각성이 대두되었다.

그러나 제1차 세계대전에서 승리한 미국 경제에 호황이 지속되면서, 1920년대 들어서는 진보주의 운동이 거의 사그라들고 다시 자유방임주의적 자본주의의 신화가 부활했다. 이 시기의 폭발적인 경제 호황은 주로 자동차, 전기, 영화, 라디오의 보급과 같은 소비문화의 혁명적인 변화에 힘입은 것이었다. 이로 인해 미국인들은 가구당 한 대씩 자동차를 소유할 정도로 세계 최고의 풍요로운 생활수준을 누리게 되었다. 그러나 경기 과열과 과다한 투기로 인해 주식시장과 부동산 시장에 거품이 형성되면서, 경제는 더 이상 이를 주체할 수 없는 지경에 이른다. 결국 1929년 주식시장의 대붕괴를 통해 누적된 거품이 터지면서 경제는 대공황의 나락으로 떨어지게 된다.

대공황으로 인해 비로소 전면적인 정부 개입의 시대가 열렸다. 루스벨트의 뉴딜정책에 따라, 정부는 재정을 동원하여 대규모 건설 사업 등을 시행하고, 이를 위해 스스로 고용주가 되어 노동자를 고용했다. 노령 및 장애 연금 또는 실업보험과 같은 사회보장제도와 은행에 대한 예금보험제도가 정부에 의해 처음으로 시행되었다. 이와 같은 대공황 극복을 위한 정부의 개입과 이로 인해 발생한 재정적자는 케인즈 이론에 의해 충분히 정당화되었다. 정부의 개입은 상당한 효과를 발휘했는데, 실제로 1933년에서 1937년 사이 GDP가 빠르게 증가한 것이다. 그러나 빠른 경기회복에 따른 인플레이션과 재정적자의 누적을 지나치게 앞서서 걱정한 루스벨트는 1937년부터 세금 인상 등을 통해 재정정책을 긴축기조로 전환했고, 연준 역시 이자율을 인상했다. 그러나 섣부른 정책기조의 전환은 살아나던 미국 경제를 다시 상당 기간 후퇴시키는 결과를 초래했다. 후퇴를 지속하던 미국 경제는 제2차 세계대전으로 인해 정부가 전비 지출을 대폭 늘리자 비로소 완연히 회복되었으며, 대공황 당시 최대 25%까지 치솟았던 실업률은 거의 완전고용 수준으로 하락했다.

제2차 세계대전 종전 후부터 자유방임주의 혁명이 시작된 1970년대 중반까지는 흔히 자본주의의 황금기golden age of capitalism로 불리는 기간으로, 이 시기 정부는—전쟁 시와 같은 정도는 아니지만—시장경제를 교정하고 각종 사회 문제를 해결하기 위해 적극적으로 개입했다. 예컨대 정부는 주간 고속도로interstate highway를 직접 건설했고, 국립보건원을 통해 폭넓은 의학 연구에 보조금을 지원했으며, 국방부를 통해 무기 생산뿐만 아니라—민간의 다양한 용도로 응용이 가능한—첨단기술의 연구개발에 엄청난 금액을 투자했다. 아울러 정부는 대학 진학을 장려하기 위해 보조금을 지급했고, 노령 및 장애 연금을 확대하여 수많은 노인들을 빈곤에서 구제했으며, 메디케어, 메디케이드 등의 의료복지정책을 새롭게 도입했다.

이 시기에는 경제 전체가 빠르게 성장했을 뿐만 아니라 전 계층의 소득이 고르게 증가했으므로 소득분배 상황도 역사상 그 어느 때보다 양호했다. 즉, 소득 최상위층과 최하위층의 소득 격차가 현저히 줄어들었다. 프리드먼은 소득불평등을 감소시키는 가장 좋은 방법은 정부 개입의 축소, 즉 더 작은 정부라고 늘 말하곤 했다. 하지만 역사를 돌아보면, 이러한 주장은 완전히 현실과 동떨어진 것임을 쉽게 알 수 있다. 실제로 소득불평등도가 현저히 감소한 이 시기에는 정부 개입이 축소되기는커녕 오히려 확대되었기 때문이다. 이 시기의 소득불평등도 감소는 프리드먼이 말하는 것처럼 자유경쟁시장이 작동한 결과가 아니라, 제2차 세계대전과 그로 인한 빠른 경제성장 및 실업률 감소, 그리고 전후에 시행된 다양한 형태의 케인즈주의적 정책 개입에 기인한 것이었다. 예를 들어 린든 존슨Lyndon Johnson 행정부가 '빈곤과의 전쟁'War on Poverty 프로그램을 시행하면서, 1960년대 초 22%에 달했던 빈곤율은 1970년대에는 11%까지 하락했다. 그러나 1970년대에 들어서면서 과도한 재정적자 누적과 석유파동으로 인한 높은 인플레이션 등으로 인해 자본주의의 황금기는 종언을 고하게 된다. 아울러 때마침 등장한 프리드먼의 자유방임주의 혁명으로 자유방임주의적 자본주의의 신화가 새로운 형태로 부활하게 된다.

자유방임주의 혁명에 따른 정부의 역할에 대한 인식변화를 살펴보기에 앞서 지금까지의 논의를 정리하면 다음과 같다. 건국 이후 미국의 산업화 과정을 돌이켜 보면, '보이지 않는 손'의 시장 메커니즘

만큼이나—혹은 그보다 더—정부의 '보이는 손'이 중요한 역할을 해 왔다는 것이다. 더 나아가, 이렇게 광범위한 역할을 적극적으로 수행하는 정부 없이는 시장도 원활히 작동할 수 없음을 우리는 깨닫게 된다. 이와 관련하여 경제학자 마리아나 마추카토Mariana Mazzucato는 과거 대부분의 기술 진보가 민간보다는 정부 투자의 산물임을 역사적·실증적으로 보여 주고 있다.[25]

따라서 경제의 역사를 단 한 번이라도 제대로 공부한 사람이라면, 어느 누구라도—정부 개입을 최소화해야 할 '필요악'으로 보는—프리드먼의 견해에 도저히 동의할 수 없을 것이다. 그러나 최근 주요 대학 경제학과의 커리큘럼을 한 번 보라. 경제사 또는 경제사상사 과목이 아예 없거나, 있더라도 필수가 아닌 선택과목의 하나에 불과한 경우가 대부분이다. 주류경제학자들은 자신들의 이론만으로도 현실을 설명하는 데는 충분하다고 보기 때문에, 이런 과목에 대한 필요성을 느끼지 못하는 것이다. 이들에게 과거의 역사는 더 이상 이론의 타당성을 검증하는 기준이 될 수 없는 듯하다.

———◆◆◆———

1970년대 들어 높은 인플레이션과 함께 실업률 상승, 재정적자 누적, 베트남전의 경제·사회적 후유증, 과도한 복지에 대한 우려 등의 문제가 불거지면서, 앞서 언급한 대로 자본주의의 황금기가 종언을 고하는 동시에 정부에 대한 신뢰가 크게 약화되었다. 이제 정부는 이러한 모든 경제 문제와 사회 문제를 해결하기는커녕 오히려 야기하는 원인으로 비난받았으며, 이로 인해 정부의 개입을 최소화하는 자유방임주의적 정책기조가 다시 전면에 등장하게 된다.

당시 정부의 신뢰를 약화시킨 결정적 요인은 바로 두 자리 수에 달하는 높은 수준의 인플레이션이었다. 사실 이 시기의 인플레이션은 정부가 가격을 통제했다가 철폐하는 등의 정책적 오류에도 일부 기인했지만, 그보다는 주로 석유파동과 농작물 흉작과 같은 우연적이고 외생적인 요인에 더 큰 영향을 받았다. 그럼에도 불구하고 프리드먼은—이 기회를 놓칠세라—당시의 높은 인플레이션을 과도하게 확장적인 재정 및 통화 정책을 시행한 정부의 탓으로 돌렸으며, 이러한 프리드먼의 주장은 동시대 경제학자들과 정책담당자들에게 빠르게 전파되어 결국 주류경제학계를 장악했을 뿐만 아니라 이후 경제정책에도 지대한 영향을 미치게 된다.

그 결과 나타난 현상은 단순히 대공황 이전의 고전적 형태의 자유방임주의 경제학으로의 복귀가 아니었다. 그보다도 더 극단적으로 정부 개입을 부정하는, 진일보한 형태의 자유방임주의 경제학이 뿌리내리기 시작한 것이다. 많은 주류경제학자들은 프리드먼의 새로운 경제학 이론이 당시의 변한 경제적 현실의 요구에 따라 등장했으며, 이러한 새로운 이론의 등장은 경제학의 진보를 의미한다고 믿었다. 그러나 사실 이는 스스로에 대한 기만이었다. 왜냐하면 사실 프리드먼의 이론이 주류경제학자와 정책담당자들에게 쉽게 수용될 수 있었던 것은 그것이 변화된 경제 현실을 잘 설명하기 때문이라기보다는, 정부 개입을 부정하는 이데올로기적 입장을 정당화하는 데 매우 유용하다는 점에 기인했기 때문이다.

고전적 형태의 자유방임주의 경제학에 비해 프리드먼의 이론이 가지는 중요한 차이이자 가장 파괴적인 특징은 그것이 시민사회와 공동체의 존재 가치를 철저히 무시하면서, 이를 시장경제의 부속물이나 배경 정도로만 취급하고 있다는 점이다. 프리드먼이 볼 때, 정부를 비롯한 공동체의 집단적 행동을 통해―경제에 개입하는 것은 말할 것도 없고―사회를 통치하고 운영한다는 것은 시대착오적 사고방식이었다. 중요한 것은, 개인들이 자신의 이해관계에 따라 행동함으로써―'보이지 않는 손'이 시사하는 것처럼―경제적 번영을 달성할 수 있을 뿐만 아니라, 이상적인 사회를 형성하고 유지할 수 있다는 것이다. 즉, '보이지 않는 손'에 기초한 고전적 형태의 자유방임주의와 달리, 프리드먼은 자유경쟁 시장자본주의가 경제뿐만 아니라 사회 전반을 조직·운영하는 원리로서 정부를 비롯한 모든 형태의 집단적 행동을 대체할 수 있다고 보았다. 그가 볼 때, 실질적으로 미국을 통치하고 운영하는 것은 정부나 시민사회 따위가 아니라 '보이지 않는 손'과 자신의 이익을 극대화하는 소비자 개인이었다. 자유경쟁 시장자본주의가 경제뿐만 아니라 사회 조직·운영 원리로서 정부를 대체할 수 있다는 생각은 실제로 레이건 행정부의 경제 및 사회 정책에 심대한 영향을 미쳤다. 집권 기간 동안 레이건 대통령은 환경보호청, 식품의약품국, 연방통신위원회 등 사회적 규제를 담당하는 정부 기관의 직원을 대폭 감원했고, 반독점과 공정거래에 관한 규제감독 기관의 권한을 대폭 축소했다. 또한 그는 불법파업을 빌미로 항공관제사 노조를 완전히 분쇄함으로써, 이후 수십 년간 전국적으로 노동조합이 빠르게 쇠락하는 계기를 마련했다. 아울러 그는 사상 최대 규모의 감세정책을 시행하기도 했다. 레이건 집권기인 1982년 발간된 《자본주의와 자유》의 새로운 개정판 서문에서, 프리드먼은 자신이 이전에 예언한 대로 사회가 변하고 있다며 자신감을 보였다.

프리드먼에 따르면, 정부는 자유경쟁 시장자본주의에 의해 대체될 수 있으므로 불필요할 뿐만 아니라 비효율적이기도 했다. 실제로 프리드먼이 득세한 이후, 이제 정부가 효율적이라고 주장하는 경제학자는 좀처럼 찾기 힘들어졌다. 정부의 비효율성에 대한 프리드먼의 논의는 상당 부분 동료인 제임스 뷰캐넌James Buchanan과 조지 스티글러George Stigler의 영향을 받았다. 뷰캐넌은 시장에서 민간 경제주체가 그렇듯이, 정부 관료와 정치인들도 자신의 이익을 극대화하는 방식으로 행동한다고 본다. 이들의 이익극대화 결과, 정부의 규모가 효율성 측면에서 적정한 수준에 비해 지나치게 확대되는 경향이 존재한다는 것이다. 한편 스티글러는 규제당국이 규제대상에 포획되는captured 경향이 있음을 지적했다. 이 경우 규제당국은 오히려 규제대상의 부당한 이익을 대변하고 보호하는 공범의 역할을 하게 된다. 예컨대 관련 규제당국은 종종 대형 제약회사나 정유회사의 독과점에 따른 불공정 거래 행위, 군수계약 업체의 고질적인 비용 부풀리기와 리베이트 관행을 눈감아 주기도 한다. 한편 1990년대부터 금융권에 만연했던 회전문식 인사 관행 ― 금융규제당국의 인사가 퇴직 후 월스트리트의 민간금융기관으로 영전하는 관행 ― 이 '봐주기' 식의 관대한 규제를 조장함으로써, 이후 금융위기의 예방에 실패한 것 역시 이러한 규제 포획의 대표적 사례라고 할 수 있다.

지금까지 살펴본 여러 가지 이유 때문에 정부는 비효율적일 수 있다. 그렇다면 민간 경제주체들은 정부보다 항상 더 효율적일까? 역사를 되돌아보면 꼭 그렇게 이야기하기는 힘들 것 같다. 예컨대 1980년대부터 미국의 자동차와 전자 산업은 정부의 정책적 개입이 거의 없었음에도 불구하고, 동종업계의 일본 기업들에 비해 품질과

가격 경쟁력이 뒤지면서 쇠락하기 시작했다. 금융업은 또 어떠한가? 2008년 금융위기는 말할 것도 없고, 그 이전에도 월스트리트의 대형 금융기관들이 마구잡이로 대출을 하거나 앞다투어 금융투기를 하는 바람에 생겨난 부동산 또는 주가 거품이 꺼지면서, 금융시장과 실물 경제가 아수라장이 된 적이 어디 한두 번인가?

반면─대부분의 주류경제학자들은 좀처럼 인정하려 들지 않지만─정부의 정책이 민간부문만큼 또는 그 이상 효율적으로 작동한 사례는 적지 않다. 예컨대 앞서 언급한 대로, 과거 정부 주도의 연구개발은 그 자체가 혁신의 가장 중요한 원천이었을 뿐만 아니라 민간경제의 혁신을 가능하게 하는 필수적 조건이었다. 의학 분야의 혁신 또한 국립보건원의 자체 연구개발과 막대한 민간연구 지원이 없었다면 거의 불가능했을 것이다. 그뿐만 아니라 노령 및 장애 연금과 메디케어 등 정부의 사회보장 프로그램들 역시 고령화로 인한 재원조달의 어려움은 있지만, 적어도 그 운영에서는 사적연금이나 민영 의료보험보다 더 효율적인 것으로 평가받고 있다.

———— •••• ————

1980년대 이후 프리드먼의 자유방임주의 혁명이 점차 힘을 얻으면서 실제로 정부의 권한과 개입 범위가 줄어들었음에도, 경제적 성과는 그 이전 시기에 비해 개선되기는커녕 오히려 악화되었다. 어떤 지표로 비교를 하든 간에─비록 오리지널 버전의 케인즈 이론과는 거리가 있었지만─케인즈주의가 우세했던 1950년대와 1960년대의 경제적 성과는 자유방임주의 혁명이 학계를 휩쓴 1980년대 이후의 성과를 압도한다. 1980년대 이후의 성과가 그 이전보다 열등한 것은 — 일부 프리드먼의 추종자들이 주장하듯이 — 프리드먼의 이론이 충분히 수용되지 못했기 때문이 아니라, 오히려 반대로 이것이 너무 철저하게, 심지어 그나마 진보적이라는 민주당에까지 영향을 미쳤기 때문이다.

예컨대 레이건의 뒤를 이은 민주당의 지미 카터Jimmy Carter 대통령은 항공 및 육상 운송업의 많은 규제를 철폐했다. 또한 그는 예금 금리에 대한 상한을 폐지하는 등 금융규제 완화에도 매우 열성적이었다. 금융규제가 대폭 완화된 것은 또 다른 민주당 정권인 클린턴 정부 시절이다. 클린턴 정부는 투자은행들의 차입비율과 장외 파생 금융상품에 대한 규제를 거의 포기하다시피 했는데, 이는 2008년 금융위기를 초래하는 주된 요인 중 하나가 된다. 또한 대공황 이후 금융위기의 재발을 막기 위해 제정된 것으로, 일반 상업은행의 증권 및 보험업 겸업을 금지했던 '글래스–스티걸법'Glass-Steagall Act 역시 클린턴 정부 시절에 폐기되었다. 이에 따라 상업은행이었던 시티그룹과 보험·증권업 중심의 대형 종합금융회사인 트래블러스 그룹이 서로 합병하는 등 금융기관의 겸업 및 대형화가 촉진되었다. 금융기관의 겸업 및 대형화는 금융기관들의 대마불사大馬不死 행태(대형 금융회사가 자신이 파산해도 구제금융을 받을 수 있다는 믿음 때문에 과도한 차입을 통해 위험한 투자를 늘리는 행태 – 옮긴이)를 부추겼으며, 이를 통해 이후 금융위기를 초래하는 또 하나의 요인이 된다.

클린턴 정부 시절의 규제 완화 또는 방기放棄는 여기에 그치지 않는다. 경영진의 성과에 대한 보수로서 제공되는 스톡옵션을 회계상 비용으로 처리하지 않는 것이 허용된 반면, 회사와 경영진을 감시하고 견제하기 위해 주주들이 소송을 제기할 수 있는 요건은 대폭 강화되었다. 또한 증권사 애널리스트들이 선별된 일부 고객에게만 투자 추천정보를 제공하던 관행 역시 계속 방치되다가, 규제에 대한 요구가 수년 간 제기된 후에야 마지못해 이를 금지했다. 기업회계에 대한 규제 공백 속에서 장부상 부채를 숨기고 이익을 부풀리는 회계 부정이 만연했으며, 그 결과는 엔론이나 월드컴과 같은 대기업의 파산으로 이어지기도 했다. 그러나 클린턴 정부 시절의 규제 방기 사례 가운데 가장 무책임하고 폐해가 컸던 것은 상기한 대로 장외 파생금융상품에 대한 규제를 포기한 것이라고 할 수 있다.

이 당시 금융규제의 완화 또는 방기는 행정부뿐만 아니라 중앙은행, 즉 연준에서도 공통적으로 나타난 현상이었다. 금융규제 완화의 선봉에는 전 연준 이사회 의장이었던 앨런 그린스펀Alan Greenspan이 있었다. 그는 '보이지 않는 손'을 맹신하는 시장 근본주의자에 가까운 인물이라고 할 수 있는데, 본래 사상적으로는 자유지상주의자인 아인 랜드Ayn Rand의 영향을 가장 크게 받았으나 프리드먼의 견해 역시 그의 시장 근본주의적 입장을 강화시키는 데 중요한 역할을 했다. 2000년대 중반 주택가격이 폭등하고 관련 금융상품 시장이 과열되는 와중에도 그린스펀은 거품의 존재를 부정했을 뿐만 아니라, 설사 거품이 존재하더라도 그다지 문제될 것이 없다는 태도를 보였다. 왜냐하면 가만히 두어도 '보이지 않는 손'의 경쟁 메커니즘이 주택시장과 관련 금융시장의 과열을 막아 줄 것이라고 믿었기 때문이다. 구체적으로 어떤 사람이 주택 또는 주택담보대출과 관련된 채권을 내재가치보다 훨씬 비싼 가격에 사려 한다고 가정하자. 합리적이고 스마트한 투자자라면 이 기회를 놓치지 않고 재빨리 이 사람에게 본인이 보유한 주택 또는 관련 채권을 팔아서 차익을 실현할 것이다. 만일 경제 내에 이렇게 스마트한 투자자가 일정 수준 이상 존재한다면, 이들 사이에 매도 경쟁이 일어나면서 주택 또는 관련 채권의 가격이 결국 하락할 것이므로 거품은 사라진다는 것이다.

이와 같은 '보이지 않는 손'에 대한 맹신은 금융시장에 대한 규제의 완화 또는 방기로 이어졌는데, 그중에서도 뼈아픈 실책 가운데 하나는 은행 등 금융기관의 낮은 자기자본비율을 그대로 방치한 것이다. 프리드먼과 그 영향을 받은 그린스펀이 볼 때, 은행은 정부의 규제 없이도 스스로 자율적인 규제가 가능한 기관이다. 왜냐하면 다른 어떤 투자자보다도 은행은 가장 합리적이고 스마트한 투자자에 속하기 때문이다. 그들에 따르면, 스마트한 투자자인 은행은 자신의 이익을 극대화하기 위해 스스로 과도한 차입을 자제하고 위험투자를 적정 수준으로 제한할 것이다. 따라서 은행의 자기자본비율에 대한 규제는 불필요하다는 것이다. 이러한 순진하고도 어리석은 생각 때문에, 은행에 더 높은 자기자본비율을 유지하도록 요구하는 규제는 금융위기 이전은 물론이고 심지어 이 글을 쓰고 있는 2013년 말 현재까지도 실현되지 못하고 있다.

프리드먼의 이론은 규제 완화뿐만 아니라 정부지출 프로그램, 특히 사회복지지출의 삭감에도 중요한 역할을 했다. 1996년 시행된 사회복지 '개혁' 조치를 통해 클린턴 정부는 각종 사회복지수당을 삭감하고 수혜자의 구직활동을 의무화하는 등 수혜요건을 대폭 강화했다. 클린턴 정부의 사회복지 개혁은 심지어 시장친화적 성향의 당시 재무장관 로버트 루빈Robert Rubin마저 지나치다 싶어 반대할 정도로 과격하게 친시장적인 정책이었다. 이후 2008년 시작된 대침체를 통해 이러한 사회복지 개혁 조치의 취약성이 적나라하게 드러나게 된다. 왜냐하면 사회복지 개혁 조치가 처음 시행된 때는 경제가 장기호황 상태였으므로 사회복지수당이 삭감되고 수혜자가 줄어들어도 별 문제가 없었으나, 대침체와 같이 극심한 경기침체 상황에서는 안 그래도 넘쳐나는 실업자들이 복지혜택조차 받지 못하면서 실업의 사회적 고통이 가중되었기 때문이다. 이로 인한 폐해를 단적으로 보여 주는 현상이 대침체 당시 아동빈곤율의 급등이다.

한편 프리드먼의 이론이 주류경제학에 얼마나 성공적으로 안착하였는가를 가장 잘 보여 주는 사례로 한때 케인즈주의자였던 로렌스 서머즈의 변신을 들 수 있다. 머리말에서도 언급한 바 있는 2001년의 한 인터뷰[26]에서 서머즈는 다음과 같이 말했다. "학창 시절, 주변에 케인즈주의 경제학자들로 가득 찬 가정환경(서머즈의 부모 모두 경제학자이며 특히 그의 친삼촌은 미국 케인즈주의의 태두인 폴 새뮤얼슨임 - 옮긴이)에서 자란 나에게 프리드먼은 말하자면 '악마적인 인물'이었습니다." 그러나 뒤이어 프리드먼에 대한 존경심을 다음과 같이 표현했다. "과거 학창시절에 비해 훨씬 균형 잡힌 시각을 가지게 된 지금, 나는 여러 경제 문제에 관한 프리드먼의 탁월한 식견에 존경심을 품지 않을 수 없습니다. 그의 설득력 있는 견해를 좀 더 깊게 곱씹어 보면 볼수록 이러한 존경심을 새삼 느끼게 됩니다."

최근 경제에서 정부의 역할이 지나치게 비대해졌음을 지적하면서, 서머즈는 프리드먼의 새로운 이론이 "실리콘 밸리와 같이 분권화된 민간경제의 성공과, 반대로 과거 러시아와 동유럽 국가들과 같이 중앙집권화된 계획경제의 실패 경험으로부터 비롯된 것"이라고 주장했다. 서머즈가 볼 때, 실리콘 밸리의 성공한 IT 기업들이야말로 '워싱턴'의 영향력과 통제 범위에서 벗어난, 분권화된 민간경제의 표상이었다. 반면, 그는 IBM이나 GM과 같은 전통산업의 대기업들을 구시대적인 '명령과 통제형'command-and-control 기업으로 보고, 이들이 다시 번영하기 위해서는 의사결정 권한을 여러 직급으로 분산하는 등 근본적인 구조조정이 필요하다고 주장했다. 그 밖에도 개발도상국들의—이제는 더 이상 쓸모없는 것으로 판명된—경제기획 부처나 '완전한 실패'로 알려진 일본의 산업정책 등 역시 서머즈에게는 중앙집권화된 기구인 정부의 실패를 보여 주는 전형적인 사례였다.

그러나 프리드먼의 주장이 종종 역사적 사실과 배치되는 것처럼, 서머즈가 예로 든 역사적 사례들 역시 정부와 전통산업의 거대기업 등 중앙집권화된 기구의 실패를 지지하는 증거로서는 매우 부적절한 것이었다. 예컨대 IBM이나 GM 등은—지금도 과거만큼은 아니지만 건재한 편이며—과거 시점에서 보면 지금의 실리콘 밸리 기업들만큼 혹은 그 이상 성공한 기업으로 평가되었다. 또한 정부의 중앙집권적 개입이 항상 기업 경영환경에 부정적으로 작용한 것도 아니었다. 제2차 세계대전 직후인 1950년대의 미국에서도 최근의 실리콘밸리만큼이나 수많은 우량기업—예컨대 제록스, 존슨앤드존슨, 휴렛팩커드 등등—이 등장했던 것이다. 이 시기는 프리드먼이 등장하기 이전이고, 따라서 정부가 민간의 경제활동에 광범위하게 개입하던 시기였음에도 불구하고 말이다.

이른바 '혁신의 시대'라고 부르는 오늘날, 경제학자들은 물론이고 대부분의 일반인들은 정부가 본질적으로 혁신의 걸림돌이며, 혁신의 주체는 오직 민간 기업뿐이라고 생각한다. 그러나 이 역시 터무니없는 신화에 불과하다. 최근 이코노미스트의 기사는 이러한 신화를 잘 반영한다.[27] "작은 정부일수록 혁신이 용이해진다. … 정부 부처에서 나온 공무원이 자잘한 규정 위반을 따지고 드는 상황에서는, 기업들이 새로운 생산공정을 도입하거나 제품 디자인을 변경하기 쉽지 않다. … 관료집단은 공공의 이익을 위해 필요한 것보다 훨씬 더 많은 규제를 생산하는 경향이 있다."

정부가 혁신의 걸림돌이라고 주장하는 사람들이 그 근거로 즐겨 드는 사례가 있다. 바로 2011년에 파산한 태양광 패널 제조사인 솔린드라Solyndra의 사례가 그것이다. 솔린드라는 미 연방정부의 막대한 투·융자를 받았으나, 저가를 앞세운 중국 제조업체들과의 경쟁에 밀려 결국 파산하고 말았다. 이는 흔히 벤처투자자로서 정부의 기업 선별 능력의 부족을 잘 보여 주는 사례로 회자되어 왔다. 그러나 이는 반쪽만의 진실이다. 초기에 솔린드라의 투자자 중에는 사모펀드 등 민간 벤처자본의 비중이 더 컸으나, 이들은 미리 막대한 손실을 감수하고 지분을 털어 낸 것이다. 또한—잘 알려지지 않았지만— 오바마 정부는 솔린드라 말고도 다양한 재생에너지 관련 신생기업에 투자했는데, 이 중 솔린드라처럼 파산한 기업은 거의 없으며 대부분은 아주 양호한 경영실적을 보였다.

앞서 언급한 경제학자 마추카토는 그의 저서 《기업가로서의 국가》The Entrepreneurial State에서 혁신의 주된 원천이 정부가 아닌 민간 기업이라는 통념을 설득력 있게 반박한다. 그는 다음과 같이 썼다.[28] "역사적으로 보면, 정부는 기초 또는 응용 분야를 막론하고 실패의 위험이 가장 큰 연구들을 주로 지원해 왔을 뿐만 아니라, 때때로 자신이 직접 가장 획기적인 형태의 혁신적 기술을 개발하기도 했다."

앞서 언급한 대로 서머즈와 같은 경제학자들은 실리콘 밸리 기업들의 성공을 민간 부문에 의한 혁신의 대표적 사례로 들고는 한다. 그러나 잘 알려지지 않은 사실이 있다. 실리콘 밸리 초기에 기업 생태계가 생성·확산되고 스스로 혁신을 주도할 수 있을 때까지, 이들을 지탱해 준 가장 중요한 요인은 바로 정부의 수요, 구체적으로 국방사업 관련 계약이었다는 점이다. 또한 유사한 사례로, 마추카토는 흔히 기술 혁신의 선도자로 알려진 애플 사가 사실은 정부가 주도하거나 지원한 연구개발 프로그램을 통해 개발된 기술에 크게 의존했다는 사실을 지적했다. 예컨대 2007년에 미 에너지부 산하의 아르곤 국립연구소Argonne National Laboratory에 근무하던 두 명의 유럽 출신 과학자들이 노벨물리학상을 수상했는데, 왕립 스웨덴 과학아카데미가 밝힌 수상 이유에 따르면 그들의 연구를 통해 애플의 아이팟에 사용된 핵심 기술이 개발되었다고 한다. 그뿐만 아니라 애플의 아이폰, 아이패드 등에 장착된 터치스크린 역시 그 기초 기술은 정부 주도의 연구개발 프로젝트를 통해 개발된 것이다.

마추카토에 따르면 2011년도 R&D 매거진이 선정한 가장 중요한 혁신적 연구 프로젝트 88개 가운데 77개가 단독 또는 공동으로 연방정부의 자금을 지원 받은 프로젝트였다.[29] 특히 정부 지원의 대부분은 상업적 응용가능성이 아직 불투명한 초기 단계의 기술 개발 프로젝트에 주로 집중되었다. 게다가 정부가 주도 또는 지원한 연구개발 프로그램의 중요성은 시간이 갈수록 더 커지고 있다. 예컨대 포춘지가 선정한 500대 기업들이 1년 동안 개발한 혁신 기술의 수는 1970년 44건에서 2000년에는 고작 9건에 그친 반면, 정부 주도의 연구개발 프로젝트를 통해 개발된 것은 1970년 18건에서 2000년에는 무려 49건으로 불어났다. 이러한 추세를 고려하면, 솔린드라의 파산에 즈음하여 서머즈가 오바마 대통령에게 보낸 이메일[30]에서 정부를 '형편없는'crappy 벤처투자자로 묘사한 것은 매우 왜곡된 평가라고 할 수 있다. 그럼에도 이 글을 쓰고 있는 지금, 미 정부는 연구개발 관련 예산을 계속 줄이는 추세이다.

———•••———

자원배분과 경제성장에 대한 조세의 부정적 영향을 강조한 프리드먼의 견해 역시 이후 미국의 조세정책에 강력한 영향력을 행사했다. 프리드먼과 그의 영향을 받은 공급경제학supply-side economics(조세 감면을 통해 노동공급을 늘리고 기업의 투자 확대를 유도함으로써 경제의 총공급을 늘리는 경제정책을 추구한 일군의 경제학자들을 의미함 - 옮긴이)에 따르면, 높은 세율은 노동자들의 근로의욕을 저하시키고 투자에 대한 유인을 왜곡 또는 감소시킨다. 이러한 견해에 의거하여, 레이건 대통령은 엄청난 규모의 감세정책을 시행했다. 감세정책의 이론적 배경을 제시한 공급경제학자들은 세율을 낮추면 노동자의 근로의욕과 기업의 투자 유인을 촉진하여 조세수입이 줄기는커녕 오히려 늘어나며, 따라서 재정적자를 크게 우려할 필요가 없다고 주장했다. 그러나 정작 레이건 대통령 자신은 조세수입이나 재정적자의 변화에 별 관심이 없었던 것 같다. 왜냐하면 그가 감세정책을 통해 진정으로 원했던 것은 — 공급경제학자들이 주장하는 것처럼 총공급의 증가 따위가 아니라 — 정부라는 '야수를 굶겨서'starve the beast 그 규모를 축소시키는 것이었기 때문이다. 다시 말해, 감세를 통해 조세수입이 감소하면 정부는 재정적자 폭을 줄이기 위해 어쩔 수 없이 정부지출 규모를 축소할 수밖에 없을 것이라는 레이건의 계산이 깔려 있었다는 것이다. 그런데 이러한 레이건의 생각이 사실은 프리드먼의 정부에 대한 견해에 뿌리를 두고 있었다는 것은 잘 알려져 있지 않다. 프리드먼은 월스트리트저널에 다음과 같이 쓴 적이 있다.[31] "이 상황에서 우리는 어떻게 해야 정부의 규모를 줄일 수 있는가? 방법은 오직 하나뿐이다. 낭비벽이 심한 아이들의 버릇을 고치려면 용돈을 끊는 수밖에 없듯이, 정부 규모를 줄이는 유일한 방법은 세금수입을 끊는 것뿐이다."

레이건의 감세 정책 이후, 미국은 다른 어떤 선진국보다도 낮은 세율과 조세부담률을 줄곧 유지해 왔다. 최근 들어 재정적자를 줄이기 위해 제안된 여러 가지 법안들도 — 심지어 공화당이 아닌 민주당이 제안한 경우조차도 — 대부분 세율의 인상보다는 정부지출의 삭감을 주된 내용으로 하고 있다. 이렇게 재정적자 감소 방안으로 세율 인상보다 정부지출 삭감을 선호하는 경향은 실증적 근거에 기초한 것이 아니라, 프리드먼의 자유방임주의 혁명 이후 수십 년간 형성된 '작은 정부'에 대한 이데올로기적 편향에 기인한 것이다. 다시 말해, 오늘날 균형예산을 주장하는 정치인들이나 경제학자들은 — 의식적이든 무의식적이든 — 대부분 자유방임주의적 자본주의의 신화에 기초하여 세금 삭감을 통한 정부규모의 축소를 더 선호하게 되었다는 것이다. 어쩌면 이들 중 일부에게는 — 프리드먼이나 레이건과 같이 — 재정적자의 감소보다도 오히려 정부규모의 축소가 더 중요한 목표일지도 모른다.

그러나 세금 삭감을 통한 정부규모의 축소가 경제성장에 긍정적 영향을 준다는 실증적 근거는 어디에도 존재하지 않는다. 예컨대 경제학자 피터 린데르트Peter Lindert는 그의 저서 《공공부문의 확대와 경제성장》Growing Public에서, GDP 대비 정부지출의 비율이 GDP 성장률과 대체로 서로 무관함을 실증적으로 보였다. 그에 따르면, 성장의 속도는 정부지출의 규모가 아니라 정부지출이 어디에 쓰이고 어떻게 조달되는지에 달려 있다는 것이다. 또한 경제학자 조엘 슬렘로드Joel Slemrod와 존 바키야Jon Bakija는 그들의 저서[32]를 통해 높은 세율과 낮은 성장률 사이에는 어떠한 명시적 관계도 존재하지 않음을 보인 바 있다.

이와 같이 실증적 근거의 유무와 관계없는 정부 개입에 대한 두려움 또는 혐오는 프리드먼 이론의 기저를 이루는 핵심 요소이다. 이는 프리드먼의 자유방임주의 혁명이 경제이론적 변화라기보다는 경제적 이데올로기의 혁명임을 시사하는 것이다. 프리드먼의 자유방임주의 혁명 이후, 정치적 성향을 막론하고 대부분의 주류경제학자들에게 '작은 정부'는 이제 모든 경제정책 논의의 출발점이 되었다. 다시 말해, 정부의 개입은 그것이 긍정적 효과를 가지거나 적어도 유해하지 않음이 입증되지 않는 한, 언제나 '유죄'guilty로 추정되었다.

자유방임주의 혁명이 시작된 1970년 이후, 미국은 이렇다 할 경제성장 전략이나 대대적인 산업정책을 제시한 적이 없다. 평상시 경제정책의 유일한 목적은 경쟁시장이 효율적으로 작동하도록 내버려 두거나, 기껏해야 이를 위한 환경을 조성하는 것이었다. 프리드먼의 자유방임주의적 견해에 따르면, 정부의 역할은 그것만으로도 충분했기 때문이다. 보수적 성향의 경제학자 타일러 코웬Tyler Cowen이 2011년에 저술한 베스트셀러 《거대한 침체》the Great Stagnation는 경제성장에 있어 정부의 역할을 지극히 소극적·제한적으로 보는 주류경제학의

입장을 잘 보여 주는 사례이다.[33]

　코웬에 따르면, 제2차 세계대전 이후 미국의 경제성장은 초기에는 광활한 토지 등의 풍부한 자연자원에, 그리고 이후에는 기술 진보와 교육수준의 향상에 주로 기인했다. 코웬의 책에 대한 수많은 비판에도, 주류경제학의 입장을 대변하는 사례로서 이 책을 든 것은 경제성장에 관한 서적치고 비교적 대중적으로 성공했다는 이유도 있지만, 무엇보다도 그 내용이 기본적으로 주류경제학의 경제성장 이론과 거의 일치하기 때문이다. 이를테면 주류경제학의 경제성장 이론 역시 지속적인 경제성장의 주요 요인으로 기술 진보와 ― 교육수준의 향상을 의미하는 ― 인적자본의 축적을 꼽는다. 이에 따르면, 경제성장 초기에는 저축과 투자가 자본축적을 통해 경제규모를 성장시키는 주된 요인이지만, 자본축적이 진행됨에 따라 투자의 수익률은 점차 낮아지게 된다. 따라서 경제가 지속적으로 성장하기 위해서는 자본축적 이외에도 생산성을 향상시킬 수 있는 다른 요인, 즉 기술의 진보와 인적자본의 축적이 함께 병행되어야 한다는 것이다. 이러한 주류경제학의 경제성장 이론에 덧붙여, 코웬은 세계 최고의 강대국이자 자원부국으로서 미국의 특수성 등을 고려하여 사용 가능한 토지 등 자연자원의 초기 부존량을 또 다른 주요 성장요인으로 추가한 것이다.

　주류경제학의 경제성장 이론이 상당히 그럴 듯해 보이듯이, 코웬의 성장모형 역시 외견상 그럴 듯해 보인다. 그러나 코웬의 성장모형은 자연자원 확보와 기술 진보, 총수요 확충 및 교육수준의 향상을 위해 과거 정부가 수행했던 역할의 중요성을 과소평가함으로써, 미국의 경제성장 역사를 전반적으로 왜곡되게 해석하고 있다. 예컨대 초기 경제성장에서 자연자원 부존량의 중요성을 강조한 코웬의 논의는 기본적으로 타당하다. 하지만 코웬은 역사적으로 자연자원의 공급 및 가격 안정을 위해 정부가 수행한 중요한 역할에 대해서는 조금도 언급하지 않는다. 가장 중요한 자원의 하나인 원유를 예로 들어 살펴보자. 1950년대와 1960년대에 걸쳐 중동에서 원유 수입이 지속적으로 증가하는 가운데 석유 소비량이 세 배만큼 증가했지만 원유 가격은 오히려 하락했다. 이는 미 정부의 외교 전략과 함께, 정부와 서구의 메이저 석유회사들이 협상력을 통해 인위적으로 원유 가격을 낮춘 결과였다. 다시 말해, 이 시기 원유 가격이 안정될 수 있었던 것은 원유시장이 효율적으로 작동해서가 아니라, 미 정부가 적극적으로 개입했기 때문이라는'것이다. 그러나 코웬뿐만 아니라 주류경제학자의 문헌 어디에서도 이에 대한 언급은 찾아보기 힘들다.

성장의 또 다른 주요 요인으로 제시된 기술의 진보 역시 마찬가지이다. 앞서도 언급했듯이 신기술 개발에서 정부가 주도 또는 지원한 연구개발 프로그램의 기여도는 주류경제학자들이 생각하는 것보다 훨씬 크며, 최근으로 올수록 더욱 증가하고 있다. 예컨대 인터넷과 관련된 각종 정보통신기술에 대한 초기 주요 연구들은 대부분 미 국방부 주도의 연구개발 프로젝트에서 나온 것이다. 또한 1980년대 설립되었던 세마테크Sematech는 차세대 반도체 제조기술 개발을 위해 미 정부가 인텔 등 관련 민간 업계와 함께 컨소시엄을 이루어 출자한 프로젝트인데, 이는 이후 마이크로프로세서 제조 부문에서 미국이 일본에 대한 기술적 우위를 회복하는 데 크게 기여했다고 평가된다.

한편 코웬은 경제성장에서 총수요 확충의 필요성을 소홀히 다루었을 뿐만 아니라, 총수요 확충을 위해 정부가 수행하는 재정정책의 역할도 철저히 무시했다. 예컨대 코웬은—제2차 세계대전 이후 이른바 자본주의의 황금기에—노동조합의 협상력 강화를 통한 임금 상승이 경제가 완전고용 또는 잠재 성장률을 달성하고 유지하기 위해 필요한 총수요의 확충에 얼마나 중요한 기여를 했는지 거의 인식하지 못하고 있다. 어쩌면 이는 당연한 것일지도 모른다. 왜냐하면, 2장에서 언급한 솔로우를 비롯한 주류경제학자들의 경제성장 이론에 따르면, 경제성장은 순전히 총공급, 즉 생산능력의 확대와 관련된 현상일 뿐이며, 총수요의 변화는 장기적인 경제성장에 아무런 영향을 주지 못하기 때문이다.

그러나 이는 현실과 거리가 멀어도 한참 먼 것이었다. 제2차 세계대전 이후, 노동조합의 협상력은 지금에 비해 훨씬 강력했다. 예컨대 디트로이트에 주로 소재하던 자동차 회사들의 노동조합들은 강력한 협상력을 바탕으로 소속 노동자들의 임금을 상승시켰을 뿐만 아니라, 다른 회사 또는 직종 노동자들의 임금 수준에도 영향을 미쳤다. 이러한 임금 상승은 이론적으로 기업의 비용을 높여 성장을 저해할 수 있었지만, 현실에서는 노동자들의 구매력 수준을 높여 경제가 완전고용 또는 잠재 성장률을 달성하기 위해 필요한 만큼의 총수요를 확충하는 데 핵심적인 역할을 했다. 여기서 한 가지 기억할 것은 이렇게 노동조합이 실질적인 협상 권한을 가질 수 있었던 것도, 따지고 보면 정부가 노동시장에 개입하여 이를 제도적으로 뒷받침했기 때문이라는 점이다.

한편 전후 상당 기간 미국 경제가 대체로 완전고용 또는 잠재 성장률을 달성할 수 있었던 것은 많은 부분 정부의 확장적 재정정책에도 힘입은 바가 크지만, 코웬은 이런 사실 역시 무시하고 있다. 특히 정부지출 가운데서도 국방비 지출의 영향이 컸다. 미-소 냉전과—흔히 군산복합체military-industrial complex라고 하는—방위기업들의 정치적 영향력 확대에 따라, GDP 대비 국방비 예산의 비율은 1950년대에는 평균 12%, 그리고 1960년대에는 평균 10%에 달할 정도로 높은 수준을 유지했다. 또한 앞서 언급한 대로 이 시기에는 정부가 재정을 동원하여 주간 고속도로 등 다양한 사회간접자본을 건설했으며, 이는 도시 규모와 교외의 확대를 통해 건설투자뿐만 아니라 민간소비를 촉진하는 데 크게 공헌했다.

마지막으로 국민의 교육수준 향상에서도 정부는 핵심적 역할을 수행했다. 예컨대 정부는 제2차 세계대전 직후 시행된 '제대군인원호법'G.I. Bill(제대한 군인들에게 고등교육 또는 직업훈련의 기회를 제공하기 위해 대학 등록금과 생활비 등을 지원하도록 규정한 법–옮긴이)을 지속적으로 유지 또는 확대 적용하고, 다양한 종류의 대학 등록금 지원 프로그램을 제공함으로써 국민의 고등교육 기회를 획기적으로 확대했다. 이에 따라 1950년대에서 1960년대 사이에 대학 진학률이 빠르게 높아졌으며, 이는 인적자본 축적을 통해 경제성장에 긍정적인 영향을 준 것으로 평가된다. 물론 이 역시 코웬의 책에는 전혀 언급되지 않았다.

정리하면, 코웬의 경제성장 모형뿐만 아니라 그것의 원류가 되는 주류경제학의 주요 경제성장 이론들은 하나같이 '보이지 않는 손'의 이데올로기에 입각하여, 경제성장에서 정부의 역할을 사실상 부정하고 있다. 그러나 상기한 대로 이러한 성장이론들은 정부의 역할과 관련하여, 미국 경제가 실제로 밟아 온 성공적인 성장경로를 제대로 설명하지 못하고 있다.

프리드먼에 따르면, 자신과 같은 고전적인 의미의 자유주의자들은 "인간을 근본적으로 불완전한 존재로 본다."[34] 불완전한 인간으로 구성된 사회가 진정으로 자유롭기 위해서는, '좋은' 사람들이 좋은 일을 할 수 있는 자유—긍정적 자유—가 허락되는 것 못지않게, '나쁜' 사람들의 행동으로 인해 '좋은' 사람들이 피해를 보지 않을 자유—부정적 자유—역시 보호되어야 한다. 다시 말해, 철학자 이사야 벌린Isaiah Berlin의 용어를 빌리자면,[35] 프리드먼은 '긍정적 자유'positive freedom보다는 '부정적 자유'negative freedom의 중요성을 보다 강조한 셈이다. 그러나 개인들이 저마다 다른 능력과 기회가 주어진 상태, 즉 서로 다른 출발점에서 삶을 시작해야 하는 현실에서는, 벌린이 말한 긍정적 자유가 부정적 자유만큼이나 또는 그 이상으로 중요하다고 할 수 있다. 이 경우 정부는 대중들에게 인간으로서 최소한의 존엄을 유지할 수 있도록 양질의 교육, 일자리, 의료서비스를 제공함으로써 긍정적 자유를 어느 정도 실현할 수 있다. 노벨경제학상 수상자인 철학자 아마르티아 센Amartya Sen의 표현을 빌리면, 대중들이 가치있고 충만한 삶을 영위할 수 있는 역량capabilities을 갖추도록 보장함으로써 긍정적 자유를 실현할 수 있다는 것이다.[36]

프리드먼이 상정하는 이상적인 사회, 즉 경제와 사회의 조직·운영 원리로서 자유경쟁시장이 정부를 완전히 대체하는 사회는 현실에서 절대로 존재할 수 없다. 정부가 없는 사회를 생각해 보라. 기업들은 자본이 있어도 공교육을 잘 받은 유능한 노동자를 구하기가 좀처럼 쉽지 않을 것이다. 경쟁의 룰을 정하고 집행하는 정부가 없으니 기업 간에 공정한 경쟁이 이루어지기 힘들 것이다. 성공 가능성에 비해 위험이 커서 누구도 선뜻 연구개발을 하려 들지 않으니 기술 혁신이 매우 더딜 것이다. 도로·철도·기간통신망 등 사회간접자본을 건설할 정부가 없으니 물건을 만들어도 이를 제때 광고하고 시장에 유통시키며 배송하는 일이 거의 불가능할 것이다. 쌓아 놓은 재산이나 소득원이 없는 노인들은 빈곤할 수밖에 없고, 실업수당조차 없는 상황에서 실업자들은 구직활동은커녕 끼니부터 걱정해야 할 것이다. 이러한 사회에서는 민주주의는 말할 것도 없고, 사회 통합조차 요원한 일일 것이다.

우리는 과거에 이와 유사한 사회를 경험한 적이 있고, 그 사회가 얼마나 노동자와 일반 대중에게 잔인한 사회인지도 잘 알고 있다. 예컨대 남북전쟁 이후부터 진보주의 운동이 등장하기 전까지 미국의 경제와 사회가 그 좋은 예이다. 또한 우리는 이렇게 정부가 시장에 의해 대체된 사회가 결국은 경제적 몰락과 사회적 비극의 길을 걷게 된다는 것 역시 경험을 통해 알고 있다. 자유방임주의적 자본주의의 신화가 부활했던 1920년대의 경제적 번영이 대공황의 파국으로 마감된 것이 바로 그 예이다.

프리드먼의 자유방임주의 혁명이 시작된 1970년대 이래 지난 40년 동안, 미국은 또 다시 정부를 시장으로 대체하려는 무모한 실험을 해 왔다. 먼저 경제적 측면에서 — 앞서 살펴본 것처럼 — 이 시기의 성과를 이전과 비교해 보면, 이 실험이 과거 경험과 마찬가지로 거의 실패한 것임은 분명하다. 한편 사회적 측면에서 보면, 프리드먼의 자유방임주의 혁명은 '보이지 않는 손'에 기초하여 창조된 새로운 형태의 물질적 개인주의를 통해 사회의 조직·운영 원리로서 정부를 완전히 대체하려는 시도였다. 그러나 이 역시 실패한 것처럼 보인다. 2008년 금융위기를 계기로, 미국인들은 자신이 더 이상—경제적으로 거대한 하나의 기업이자 정치·사회적으로 공정하고 정의로운 민주주의 국가인—미국이라는 공동체의 일원이 아님을 깨닫게 되었기 때문이다. 어쩌면 이러한 실패는 예정된 것인지도 모른다. 물질적 개인주의만으로는 사회구성원으로서 타인에 대한 의무의 자각自覺, 즉 공동체 의식을 함양할 수 없기 때문이다. 이것이 바로—시장이 곧 하나의 사회이며, 따라서 정부 대신 시장을 통해 사회를 조직·운영할 수 있다고 보는—'프리드먼의 어리석음'이 야기한 최악의 결과이다.

정리하면, 역사적으로 볼 때 정부는 프리드먼의 이론은 물론이고 지금의 주류경제학 이론이 시사하는 것보다 훨씬 광범위하고 적극적인 역할을 담당해 왔으며, 이러한 정부의 개입은 대체로 성공적이었다. 그럼에도 프리드먼의 자유방임주의 혁명이 휩쓸고 간 이후부터 지금까지 많은 주류경제학자들이 프리드먼 사상의 정신적 노예로 전락하면서, 지금의 주류경제학은 경제와 사회에서 정부가 담당해야 할 역할과 그 가치에 대해 더 이상 아무런 조언도 해 줄 수 없는 지경이 되었다. 지금의 주류경제학에서—시민사회는 말할 것도 없고—정부는 시장에 비해 언제나 부차적인 것이다. 심지어 상대적으로 진보적 성향의 경제학자들조차 정부의 역할을 시장실패를 교정하는 것으로만 한정하는 데 동의할 정도이니 말이다. 이렇게 견고한 자유경쟁시장에 대한 맹신을 버리지 않는 한, 정부의 바람직한 역할에 대한 균형 있는 검토와 연구는 요원한 일이 될 수밖에 없다.

4장

중요한 것은 물가 안정뿐?

통화정책 운영체제 가운데 하나인 물가안정목표제, 다른 말로 인플레이션 타게팅inflation targeting은 현실과 동떨어진 주류경제학의 경제모형이 경제정책을 얼마나 심각하게 오도誤導할 수 있는지를 잘 보여 주는 사례라고 할 수 있다. 물가안정목표제는 1990년 뉴질랜드에서 최초로 도입된 이후 여러 선진국과 개발도상국으로 확산되었으며, 현재 대략 40개에 가까운 수의 국가(2017년 기준 39개국이 채택 - 옮긴이)가 이를 채택하고 있다. 물가안정목표제란 실제 물가상승률을 사전적으로 공표한 목표 수준에서 안정시키기위해, 중앙은행이 이자율이나 통화량 조절을 통해 통화정책을 운영하는 방식을 말한다. 목표 물가지수로는 대개 소비자물가지수를 사용하며, 물가상승률의 목표 수준은 국가별 경제상황에 따라 다양하나 선진국의 경우 대체로 연 2% 정도를 목표로 하는 경우가 많다. 다시 말해, 경제 전체의 소비자물가 평균이 전년 대비 2% 정도 상승하도록 통화정책을 운영한다는 것이다.

일부 국가의 경우, 다른 경제지표를 감안하지 않고 오직 물가안정만을 유일한 목표로 하는 엄격한 물가안정목표제를 시행하고 있으나, 이는 소수에 불과하다. 미국을 포함한 대부분의 국가는 물가안정과 함께 경제성장과 금융안정 등을 동시에 고려하여 유연하게 통화정책을 운영하는데, 이를 가리켜 신축적 물가안정목표제flexible Inflation targeting라고 한다.

물가안정목표제를 옹호하는 학자들에 따르면, 이 제도의 목표는 인플레이션율을 낮은 수준에서 안정적으로 유지함으로써, 높은 수준의 인플레이션이 — 자원의 효율적 배분을 보장하는 — 시장 가격의 형성과정을 왜곡하지 못하도록 방지하는 것이다. 그들은 현재 인플레이션율이 통제 가능한 범위 안에서 소폭 상승할지라도, 경우에 따라서는 미래에 훨씬 높은 인플레이션으로 이어질 수 있음을 우려한다. 예컨대 만일 소비자들이 가까운 미래에 물가가 상승할 것이라고 예상하게 되면 소비자들은 물가가 더 오르기 전에 현재 소비를 늘릴 것이며, 그 결과 물가는 예상보다 더 빠르게 상승할 것이다. 따라서 현재 인플레이션율이 낮은 수준이더라도, 소비자들의 미래 물가에 대한 예상에 따라 미래 인플레이션율은 현재보다 훨씬 높아질 수 있다는 것이다.

미래 물가에 대한 예상은 또 다른 경로를 통해서도 실제 인플레이션에 영향을 미친다. 만일 노동자들이 미래에 물가가 상승할 것이라고 예상하면, 이들은 늘어날 생활비 부담을 고려하여 임금 인상을 요구할 것이다. 한편 임금 인상은 기업 입장에서는 원가의 상승을 의미하므로, 기업은 이윤 마진을 유지하기 위해 자신이 생산하는 상품이나 서비스의 가격을 인상하게 된다. 그 결과 물가가 상승하고, 이러한 물가 상승을 반영하여 노동자들은 추가적인 임금 인상을 요구할 것이다. 이와 같은 임금-물가 악순환wage-price spiral을 통해 인플레이션은 점차 가속화되며, 이에 따라 소비자 또는 노동자와 기업들은 소비와 임금 의사결정에 어려움을 겪게 된다. 물가안정목표제를 옹호하는 학자들은 인플레이션을 조기에 통제하지 않을 경우, 상기한 경로들을 통해 인플레이션이 통제 불가능한 수준으로 금방 확대될 수 있음을 우려하는 것이다. 마치 1970년대의 석유파동 이후처럼 말이다.

물론 통제가 불가능할 정도의 인플레이션은 당연히 경제에 중대한 위협이 된다. 그러나 물가안정목표제가 추구하는 것은 이 정도로 심각한 인플레이션을 방지하는 것뿐만 아니라, 더 나아가 평상시 인플레이션율을 낮은 수준으로 안정시키는 것이다. 실제로 금융위기 등 유사시를 제외하면 1980년대 이후 미국의 경제정책은 통화정책 일변도였고, 가장 중요한 통화정책의 목표는 인플레이션율을 2% 목표 수준에서 안정적으로 유지하는 것이었다. 이와 관련하여 경제학자 제럴드 엡스타인Gerald Epstein과 에린치 옐던Erinç Yeldan은 그들의 저서에서 다음과 같이 결론짓고 있다.[1] "이제 물가안정목표제는 주류 거시경제학의 새로운 정설로 자리매김했다."

연준 이사회 의장을 역임한 바 있는 버냉키 역시 물가안정목표제의 주요 지지자 가운데 한 명이다. 그는 1999년 공저한 저서 《인플레이션 타게팅》Inflation Targeting의 서문에서 다음과 같이 정부 개입의 시대가 끝나고 시장의 시대가 열렸음을 선언했다.[2] "공산주의가 몰락하고 정부주도의 경제정책이 도처에서 시장지향적인 개혁으로 대체되고 있는 지금, 경제성장과 국가의 번영은 오직 민간기업과 자유경쟁시장에 의해서만 가능하다는 합의가 형성되었다." 그가 볼 때, 정부가 아닌 중앙은행이 오직 인플레이션율에만 초점을 맞추어 통화정책을 운영하는 물가안정목표제야말로 정부 개입을 제한하고 시장지향적 개혁을 추구하는 당시의 지배적 이데올로기에 이상적으로 부합하는 정책이었다.

버냉키와 공저자들이 사회간접자본 투자 등 정부가 담당해야 할 다른 역할이 존재함을 부정한 것은 물론 아니다. 하지만 그들에게 물가를 안정시키는 것은 공공 경제정책의 최우선적인 목표였으며, 그 밖의 정책은 모두 부차적인 것이었다. 그들에 따르면, 인플레이션이 낮게 안정적으로 유지되기만 하면 '보이지 않는 손'에 의해 자유경쟁 시장은 최적의 경제적 성과를 이루어 낸다. 다시 말해, 가능한 한 최대로 효율적인 자원배분이 달성되며, 그 결과 장기 경제성장률도 극대화할 수 있다는 것이다. 그들은 다음과 같이 썼다.[3] "물가안정을 통화정책의 최우선 목표로 설정한 이유는 낮고 안정적인 인플레이션이 경제의 효율성을 증진하고 이를 통해 장기 경제성장을 촉진한다는 합의가 경제학자들과 중앙은행 정책담당자들 사이에 형성되었기 때문이다." 구체적으로 이들에 따르면, 낮고 안정적인 인플레이션은 시장에 참가하는 경제주체들이 미래의 물가와 원가 수준, 그리고 이자율 등을 예상하는 것을 용이하게 해 준다. 이렇게 불확실성이 완화되면 가계와 기업은 미래의 소비, 생산, 고용에 대해 합리적인 의사결정을 내릴 수 있다. 다시 말해, 인플레이션에 대한 불확실성이 '보이지 않는 손'의 효율적인 작동을 방해하는 것을 막을 수 있다는 것이다.

그런데 아이러니한 것은 저자들이 '인플레이션과 전반적인 경제적 성과 사이의 관계를 실증적으로 직접 검증하는 것은 매우 어려운 일'임을 스스로 인정하고 있다는 점이다.[4] 말하자면 물가안정목표제를 옹호하는 그들의 주장이 실증적 근거에 기초한 것이 아니라, '보이지 않는 손'에 대한 순진한 믿음에 기초한다는 것을 자인한 셈이다. 그들은 인플레이션을 안정적으로 낮게 유지함으로써 자유방임주의 경제에서 '보이지 않는 손'의 작동을 가로막는 가장 중요한 장애물을 제거하고, 이를 통해 경제성장을 극대화할 수 있다고 주장했다. 그러나 그들은 이 주장을 실증적으로 증명할 수는 없었다.

십분 양보하여 물가안정목표제가 유용한 정책운영체제임을 인정한다 하더라도, 왜 목표 인플레이션율이 2% 정도로 낮은 수준이어야 하는가 역시 의문이다. 필연적으로 그래야 할 근거가 전혀 없기 때문이다. 여러 실증연구에 따르면, 연간 인플레이션율이 두 자리수만 아니면 경제성장에 별 영향이 없는 것으로 나타났다. 즉, 인플레이션율이 2%를 초과하더라도 과도하지만 않다면 경제성장을 저해하는 효과는 없다는 것이다.[5] 또한 일부 경제학자들은 3% 정도로 목표 인플레이션 수준을 상향하는 것이 최근의 미국 경제에 보다 적합함을 설득력 있는 근거를 들어 주장하기도 했다.[6] 그러나 고작 1%p 정도 목표 수준을 높인 것임에도 사람들에게는 매우 급진적인 변화로 비친 탓인지, 이 주장에 귀를 기울이는 이들은 많지 않았다.

사실 연준이 ― 명시적 또는 공식적으로 수치를 언급하지는 않았지만 ― 목표 인플레이션 수준을 2%로 설정한 지는 꽤나 오래되었다. 1988년 당시 연준 이사회 의장이었던 그린스펀은 의회에서 "가계와 기업이 저축과 투자를 결정할 때 지속적이고 일반적인 가격의 상승 또는 하락을 염려하지 않아도 될 만큼 충분히 인플레이션율이 낮은 수준을 유지해야 한다"고 발언한 바 있다.[7] 또한 1996년에는 ― 연준 이사회 이사들과 지역 연준 총재들이 모여 통화정책 방향을 논의하는 ― 연방공개시장위원회Federal Open Market Committee에서 원칙적으로 인플레이션율이 제로에 가까운 것이 바람직하다고 말하기도 했다.[8] 그런데도 그린스펀은—비공식적인—인플레이션 목표 수준을 2%로 설정했는데, 이는 공식적인 소비자물가지수 상승률 통계가 1~2%p 정도 실제 물가상승률을 과대평가한다고 알려져 있기 때문이다. 이와 같은 과대평가 경향을 감안하면, 소비자물가지수 기준으로 2%를 목표 인플레이션율로 설정하더라도 실제로는 제로에 가까운 물가상승률을 목표로 하는 셈이 된다.

물가안정목표제하에서 중앙은행은 목표 인플레이션 수준을 달성하기 위해 주로 이자율을 조정하는 방식으로 통화정책을 운영한다. 예컨대 경기가 과열될 경우 중앙은행은 이에 대응하여 이자율을 인상하고, 그 결과 소비·투자 등 총수요가 감소하면서 임금과 물가상승률이 점차 하락하는 식이다. 일부 경제학자들, 특히 프리드먼 등의 통화주의에 따라 경제의 통화량이 물가뿐만 아니라 경제성장률을 결정하는 핵심요인이라고 여기는 학자들은 이자율보다 통화량 증가율을 조절하는 방식으로 통화정책을 운영하는 것이 보다 바람직하다고 주장하기도 한다. 그러나 오늘날 대부분의 경제학자들은 그렇게 생각하지 않는다. 왜냐하면 경제 전체의 통화량은 중앙은행이 일방적으로 조절할 수 있는 것이 아니며, 경기상황에 따라 얼마든지 영향을 받기 때문이다.

예컨대 경기가 호황이면 기업들은 예전보다 더 많은 대출을 은행에 신청한다. 심사를 통해 대출이 승인되면, 은행은 대출 신청기업의 당좌예금 계좌 잔액을 대출금액만큼 증가시킨다. 여기서 당좌예금은 요구불예금demand deposit의 일종으로, 경제 전체의 통화량을 구성하는 주요 요소 가운데 하나이다. 다시 말해, 기업의 신청에 따라 은행이 대출을 시행하면 경제의 통화량이 증가한다는 말이다. 이와 같이 통화량 증가율은 중앙은행이 원하는 대로 — 외생적으로 — 결정할 수 있는 것이 아니라 경기상황 등에 영향을 받아 — 내생적으로 — 결정된다.

따라서 중앙은행은 통화량 증가율 대신 자신들이 직접적으로 통제 가능한 단기 이자율 등을 조정하는 방법으로 통화정책을 운영하게 된다. 예컨대 연준은 일반은행들이 상호 간에 초단기로 자금을 차입할 때 적용하는 금리인 연방기금금리federal funds rate를 직접 통제함으로써 은행 대출금리와 채권수익률 등 다양한 시장이자율에 간접적으로 영향을 미치며, 이는 결국 경제의 인플레이션율과 성장률의 변화로 이어진다. 물론 인플레이션 타게팅이 이렇게 이자율 조정을 통해서만 이루어지는 것은 아니다. 금융위기 이후 최근에 연준은 비공식적이고 암묵적인 인플레이션 목표를 추구하던 종전 방식에서 벗어나, 미래의 목표 인플레이션율을 명시적으로 공표하기 시작했다. 이러한 정책의 목적은 경제주체들의 기대인플레이션을 목표 수준으로 유도하는 동시에 미래 인플레이션에 대한 불확실성을 경감하여 경제주체들이 합리적으로 소비, 생산, 고용의 의사결정을 하도록 돕는 것이다.

결론부터 말하면, 현행 물가안정목표제의 가장 큰 문제점은 목표 인플레이션 수준이 지나치게 낮고 제도 운영이 경직적이어서 물가안정 이외에 중앙은행이 추구해야 할 다른 목표를 소홀히 하기 쉽다는 것이다. 1978년 제정된 '완전고용과 균형성장에 관한 법률', 이른바 '험프리-호킨스법'Humphrey-Hawkins bill은 물가안정과 함께 완전고용, 즉 낮은 수준의 실업률을 유지하는 것을 연준이 추구해야 할 정책 목표로 제시하고 있다(이에 따라 물가안정과 완전고용을 연준의 양대 책무 dual mandate라고 부름 - 옮긴이). 그러나 1980년대 초 볼커가 연준 이사회 의장이었던 시절부터 지금까지 연준은 두 번째 목표, 즉 완전고용을 추구하는 것을 상대적으로 등한시해 왔다. 물론 볼커 이후의 연준 이사회 의장들, 즉 그린스펀과 버냉키는 이를 강력히 부인하겠지만 말이다.

연준이 두 가지 목표 가운데 물가안정에 비해 완전고용을 상대적으로 등한시해 온 것은 두 가지 목표 간에 서로 상충하는 측면이 있기 때문이다. 만일 완전고용에 성공하여 실업률이 크게 낮아졌다고 하자. 실업자 수가 줄면서 현재 취업 중인 노동자의 협상력이 강화되고, 그 결과 이전보다 임금은 더 빠르게 상승할 것이다. 기업의 입장에서 임금 상승은 원가가 높아졌음을 의미하며, 따라서 기업은 이윤 마진을 확보하기 위해 생산하는 상품 또는 서비스 가격을 인상하게 된다. 이렇게 완전고용을 추구하다 보면 물가안정목표제하에서 인플레이션 목표를 달성하기 어려울 수 있으므로, 연준은 2%의 목표 인플레이션율을 달성하기 위해 실업률의 상승을 어느 정도 용인해 온 것이다.

그런데 그린스펀 또는 버냉키에게 이는 전혀 문제될 것이 없었다. 그들이 볼 때, 상기한 대로 인플레이션이 낮게 안정적으로 유지되기만 하면 장기적으로 경제성장률이 극대화되고, 이에 따라 가능한 최대 수준의 고용, 즉 완전고용을 달성할 수 있기 때문이다. 즉, 그들은 물가안정과 완전고용 간의 상충관계를 인정하지 않았다. 그러나 이 역시 실증적 근거가 아닌 현실과 동떨어진 이론 — 구체적으로는 앞서 언급했던 프리드먼의 자연실업률 가설 — 에 기초한 것이었다. 다시 말해, 2%의 목표 인플레이션하에서도 완전고용에 가까운 낮은 실업률(자연실업률 수준을 의미함-옮긴이)을 유지할 수 있다는 실증적 증거는 어디에도 없었다. 과거 자료를 보면, 2%의 목표 인플레이션 수준이 완전고용을 달성하기에는 지나치게 낮은 것임을 알 수 있다.

과거 연준은 2%의 목표 인플레이션을 달성하기 위해 필요 이상으로 고용 증가와 임금 상승을 억제해 왔다. 실제로, 1980년대 이후부터 물가안정목표제를 시행한 지난 30년 동안 노동자들의 실질임금은 거의 상승하지 않았고, 그 결과 소득불평등도는 대공황 직전인 1920년대 이래 최고 수준으로 악화되었다. 같은 기간 실업률은 1990년대 IT 거품에 따른 호황기를 제외하면, 대체로 자연실업률보다 높은 수준을 유지했다.

이와 같이 실제 실업률이 자연실업률을 지속적으로 상회했다는 것은 경제의 생산과 고용이 완전고용수준에 지속적으로 미달했음을 의미하며, 노동의 초과공급으로 인해 임금 역시 완전고용상태의 수준에 못 미쳤음을 나타낸다. 이러한 사실은 실제 실업률을 미 의회예산처에서 추정한 자연실업률 자료와 서로 비교함으로써 확인할 수 있다. 실제로 경제학자 존 슈미트John Schmitt가 1979년부터 2012년까지의 두 자료를 비교한 결과, 실제 실업률이 자연실업률을 초과한 기간은 전체 대상 기간의 3분의 2에 달했다.[9] 또한 해당 기간에 임금의 정체 현상이 특히 뚜렷이 나타났다. 이로부터 판단하건대, 물가안정목표제를 시행한 지난 30년 동안 미국 경제의 성장과 고용 창출은 실현 가능한 수준에 훨씬 못 미쳐 왔다고 할 수 있다.

그린스펀은 완전고용을 등한시하는 것을 넘어, 종종 노동자의 고용 불안정을 반기는 듯한 모습을 보이기까지 했다. "과거 고용과 임금 간의 역사적 관계에 비추어 볼 때, 현재의 임금 상승률은 노동시장 상황이 예측하는 것보다 현저하게 낮습니다." 1997년 의회에 통화정책 현황을 보고하는 자리에서 그린스펀은 자랑스러워하는 말투로 말했다.[10] "이러한 임금 상승률의 이례적인 하락 추세는 최근 몇년 동안 뚜렷해졌는데요. 이는 주로 고용의 안정성이 이전보다 구조적으로 저하된 것에 기인한다고 판단됩니다."

그로부터 2년 후 한 연설에서 그린스펀은 고용 안정성의 인식 변화에 대한 여론조사 결과를 언급했다.[11] 여론조사에 따르면, 1981년에 실직에 대한 두려움을 느끼고 있다고 응답한 노동자는 전체의 12%에 불과했던 반면, 1999년에는— 경제의 실업률이 약 4%까지 하락했음에도—동일한 응답을 한 노동자의 비율이 무려 37%까지 상승했다. 그린스펀은 이번에도 예전의 자랑스러워하는 말투로, 이러한 고용 안정성의 인식 변화가 지난 20년간 지속된 고실업과 저임금 현상으로 인해 노동자들의 협상력이 크게 약화된 것에서 비롯되었다고 보고했다. 이와 같은 사례를 통해 그린스펀이 연준의 두 가지 목표 가운데 물가안정을 보다 우선시했으며, 이러한 정책기조는 필요 이상으로 높은 실업률로 귀결되었음을 알 수 있다.

———— •••• ————

물가안정목표제의 지지자들은 대체로 물가안정목표제의 필요성 또는 유용성의 근거를 경제 이론에서 찾는 경향이 있다. 그러나 사실 물가안정목표제의 필요성은 경제 이론에서 도출된 것이라기보다는,

1970년대 높은 수준의 인플레이션과 불안정한 경제상황에 대한 정책적 반응의 일환으로 제기된 것이다. 1970년대 말 인플레이션율이 두 자리 수까지 상승하자, 당시 대통령이었던 카터는 민주당원이자 은행가였던 볼커를 연준 이사회 의장으로 임명했다. 이는 볼커가 같은 민주당 성향의 전임자들에 비해 인플레이션을 좀 더 공격적으로 억제할 의지가 있어 보였기 때문이다. 물론 이때까지만 해도 카터는 볼커가 그 정도로 의지가 강한 사람일 줄은 상상도 못했을 것이다. 1979년 취임한 볼커는 인플레이션을 잡기 위해, 취임한 지 대략 2년 만에 정책금리, 즉 연방기금금리를 최대 19%까지 인상했다. 이런 충격요법에 따라 소비·투자 등 총수요가 급격히 위축되면서 1982년에는 인플레이션율이 3%대까지 하락했으나, 그 대가는 엄청났다. 대공황 이래 최악의 경기침체가 발생하면서 실업률이 두 자리 수까지 상승한 것이다.

물가안정을 위해 성장과 고용을 희생하는 것은 볼커 이후 연준의 전통(?)이 된 듯하다. 그린스펀은 1987년 취임 직후, 낮은 인플레이션을 유지하는 것이 자신의 최우선 목표임을 공공연하게 선언하곤 했다. 그도 그럴 만한 것이, 볼커의 인플레이션에 대한 단호한 입장과 대규모 경기침체를 감수하면서까지 인플레이션을 억제하려는 강력한 의지는 이후로도 두고두고 경제학자들과 정책담당자들의 존경의 대상이 되었기 때문이다.

이와 같이 1970년대의 극심한 고인플레이션은 경제 이론과 정책에 상당한 반향을 일으켰고, 그 영향은 심지어 오늘날까지도 지속되고 있다. 방향은 정반대지만, 이는 1930년대의 대공황이 이후 경제학계와 대중들의 인식에 미친 영향과 거의 비견할 만한 것이다. 대공황기에 무려 25%에 달하는 실업률을 경험하면서, 이후 거의 한 세대 동안 경제정책의 최우선 목표는 뭐니 뭐니 해도 실업률을 낮추는 것이었다. 그러나 1970년대를 지나면서 큰 변화가 나타난다. 1970년대 중반의 여론조사 결과를 보면, 대부분 사람들이 가장 우려하는 경제 문제가 더 이상 실업이 아니라 인플레이션임을 알 수 있다.[12] 다른 학문 분야와 마찬가지로 경제학 역시 어느 정도 지적 경직성 intellectual rigidity을 가지므로, 통상적으로 경제 이론의 조류가 바뀌는 데는 상당한 시간이 걸린다. 그러나 다른 한편으로 보면, 경제학자들은 경제 환경의 변화뿐만 아니라 경제에 대한 대중의 인식 또는 정서 변화에 생각보다 민감하게 반응하며, 그 결과 때로는 경제 이론의 조류가 매우 빠르게 변하기도 한다. 1970년대 고인플레이션 현상이 이후 경제학계에 미친 영향이 바로 그러한 대표적 예이다.

그린스펀의 연준 의장 후임자인 버냉키 역시 물가안정에 최우선 순위를 두었던 점에서는 전임자들과 다를 것이 없었다. 만일 앞서 언급한 사실, 즉 1980년대부터 최근까지의 기간—이는 흔히 '대안정기'라고 부르는 기간과 거의 겹침—중 거의 대부분의 기간에서 실제 실업률이 자연실업률을 상회했음을 버냉키가 제대로 인식하고 있었다면, 물가안정을 최우선시하는 그의 태도가 달라졌을까? 그랬다면 '대안정기'에 대한 그의 긍정적 인식은 조금 누그러들었을지 모르겠으나, 근본적인 정책기조가 바뀌지는 않았을 것이다. 아마도 그는 인플레이션이 안정된 상황에서 실업률이 일시적이나마 4% 아래로 하락했던 클린턴 재임 기간 중의 장기호황을 보면서, 애써 연준의 정책 기조를 정당화하려 했을 것이다. 어쩌면 더 나아가, 당시의 장기호황이 낮은 수준에서 안정된 인플레이션 덕분에 가능했던 것이라고 하면서, 물가안정을 우선하는 정책기조를 더욱 옹호했을 수도 있다. 그러나 정작 그가 깨달아야 했던 것은 연준의 정책기조 여하에 따라—그가 그렇게 격찬해 마지 않던—'대안정기' 기간에 실업률은 더 낮아질 수 있었고, 취업자 수는 더 많이 늘어날 수 있었다는 점이다.

물가안정을 최우선시하는 연준의 기조는 고용 부진과 경기침체 이외에도 또 다른 부작용을 낳았다. 중앙은행이 추구해야 할 또 다른 목표인 금융안정에 소홀해진다는 것이다. 실제로 1990년대 후반부터 2000년대 중반 금융위기가 터지기 전까지 주식시장과 부동산시장에서 차례로 대규모의 자산 거품이 형성되는 가운데서도, 당시 그린스펀과 버냉키가 이끌던 연준은 인플레이션율이 낮은 수준을 유지하는 것만 보고는 아무런 대응도 하지 않았다. 물가안정을 최우선시하는 연준으로서는 인플레이션율이 낮게 유지되는 한 주식시장이 지나치게 과열되든, 가계의 주택담보대출이 폭증하든 간에 신경 쓸 이유가 전혀 없었기 때문이다. 예컨대 버냉키에 따르면, 주식 또는 부동산 시장의 투기는 물가안정을 해치지 않는 한 우려할 만한 문제가 아니다. 예컨데 부동산시장의 거품이 심해져 주택가격이 과도하게 상승하면, 주택보유자의 소비가 증가하고 건설투자가 증가하면서 물가가 상승하게 된다. 그때 비로소 연준이 개입하여 인플레이션을 억제하는 긴축적 통화정책을 시행하면, 소비와 투자가 위축되고 경기과열이 진정되면서 간접적으로 주식 또는 부동산시장의 거품이 점차 해소된다. 요컨대 연준이 인플레이션율만 낮은 수준으로 안정시키면, 그 과정에서 자산시장의 과도한 거품도 자연스럽게 해결된다는 것이다.

이와 같이 자산시장의 거품을 방치하는 연준의 태도는 1996년 그린스펀의 '해프닝' 이후 더욱 강화되었다. 당시 주식 가격에 상당한 거품이 존재한다는 예일대의 경제학자 로버트 실러Robert Shiller의 조언에 따라, 그린스펀은 1996년 12월의 한 연설에서 주식시장의 '비이성적 과열'irrational exuberance을 경고한 바 있다.[13] 그러자 시장이 이를 향후 금리 인상 등 긴축적 정책기조로의 전환 신호로 받아들이면서, 전 세계 주식시장이 동반 폭락하게 된다. 이를 통해 그린스펀은 거품의 가능성을 언급하기만 해도 시장에 대한 충격이 엄청날 수 있음을 깨달았다. 따라서 이 해프닝은 연준이 이후 자산시장의 거품에 대해 무관심한 태도를 유지하도록 하는 중요한 계기가 되었다.

시장의 과잉 반응에 당황한 그린스펀은 이후 거품의 존재와 그에 대한 정책 방향과 관련하여 매우 모호한 입장을 보였다. 사실 '비이성적 과열'이 등장하는 다음과 같은 원래의 발언부터가 모호한 것이었다. "비이성적 과열로 자산가격이 급등할 때, 이것이 최근 일본에서와 같이 예기치 못한 장기불황을 야기할 만큼 심각한 거품인지 아닌지를 어떻게 판단할 수 있는가?" 즉, 이 발언은 주식시장의 거품을 경고하기 위한 것으로도 볼 수 있지만, 다른 한편으로는 오히려 주식시장에 거품이 존재하는지를 미리 알기 어렵다는 의미로도 해석할 수 있다. 이후에도 그린스펀은 거품에 대응한 정책 개입과 관련하여 다소 모호하지만 대체로 부정적인 의견을 피력했다. 예컨대 그는 자산시장의 거품에 대해 금리 인상으로 대응할 경우, 실물경제에 대한 부작용이 상당할 것임을 경고하기도 했다.

사실 자산시장에 거품이 발생한 경우, 연준은 금리 인상 이외에도 다양한 정책적 대응수단을 보유하고 있다. 예컨대 전통적인 통화정책수단의 하나인 법정지급준비율의 인상(일반은행들은 수취한 예금 가운데 일부를 의무적으로 현금으로 보유하거나 중앙은행에 예치해야 함. 이러한 현금을 법정지급준비금이라 하고, 전체 예금 대비 법정지급준비금의 비율을 법정지급준비율이라 함 - 옮긴이)을 통해서나 금융기관이 충족해야 할 자기자본비율을 높이는 등의 방법으로, 은행 등 금융기관이 차입과 대출을 줄이도록 유도할 수 있다. 또한 금융기관에 대한 검사를 통해 주택담보대출에 대한 부실 심사나 허위 서류에 의한 사기 대출을 적발하거나 사전에 예방할 수 있다. 그뿐만 아니라 연준은 자체적으로 또는 관계기관의 협조를 통해 주식 또는 파생금융상품 시장에서 차입투자 시 적립해야 하는 증거금률을 높이거나 모기지 관련 채권 등 각종 파생금융상품이 거래되는 시장의 투명성을 제고함으로써 자본시장의 과도한 금융투기를 억제하는 방향으로 정책을 수행할 수 있다. 그러나 그린스펀과 후임자인 버냉키는 이 중 어느 것도 하지 않았고 ― 2000년대 초의 IT 거품 붕괴 또는 2008년 서브프라임 모기지 사태를 통해 ― 자산시장의 거품이 터질 때까지 그저 쳐다보기만 했다. 그린스펀이 볼 때, 연준의 개입은 하등 불필요한 것이었다. 앞선 장에서 언급한 대로, 가만히 두어도 '보이지 않는 손'의 메커니즘을 통해 자산시장의 거품이 해소되고, 금융기관들도 과도한 차입과 대출을 스스로 자제할 수 있다고 그는 믿었기 때문이다.

정리하면 물가안정목표제하에서 물가안정을 최우선시하는 연준의 태도는 그 밖의 정책목표, 즉 완전고용과 금융안정을 소홀히 하는 부작용을 야기했고, 이에 따라 과거 미국 경제는 큰 대가를 치루곤 했다. 연준이 볼 때, 실제 인플레이션이 목표 수준인 2% 근방에서 안정되기만 하면 문제될 것은 전혀 없었다. 그러나 이는 큰 착각이었다. 물가가 안정된 사이, 다른 한편에서는 더 많은 실업이 발생했고,

또 다른 한편에서는 자산시장에 거품이 형성되면서 금융위기의 그림자가 드리우고 있었던 것이다.

———•◦•———

앞서 살펴본 대로 1970년대의 고인플레이션 경험은 이후 물가안정목표제가 등장하는 데 결정적인 역할을 했다. 1960년대 중반까지는 국민소득과 임금이 빠르게 증가하는 가운데서도, 인플레이션은 대체로 낮은 수준을 유지했다. 그러나 베트남전 수행을 위한 정부지출이 확대되고 이를 당시 존슨 행정부가 세금 징수가 아닌 차입을 통해 조달하면서, 인플레이션 압력이 점차 증대되기 시작했다. 1968년에야 뒤늦게 세금을 인상했지만 인플레이션 상승세는 멈추지 않았고, 이에 따라 연준이 금리 인상의 속도를 높이면서 미국 경제는 1969년부터 경기후퇴에 직면하게 된다. 그런데 경기 위축에도 불구하고 인플레이션율은 경제학자들과 정책담당자들의 예상만큼 충분히 둔화되지 않았다. 무언가 전에 없던 구조적 변화가 있는 것 같았다. 예전보다 인플레이션 수준이 높아졌을 뿐만 아니라, 그 지속성도 한층 강화되었던 것이다.

급기야 1971년 리처드 닉슨Richard Nixon 대통령은 가격과 임금에 대한 직접 통제를 실시한다. 통제 직후 1년 남짓 인플레이션이 어느 정도 안정되는 듯하였으나, 문제는 그 다음이었다. 가격과 임금에 대한 통제가 해제되자, 그동안 인위적으로 억제되었던 여러 상품의 가격과 임금이 한꺼번에 폭발적으로 상승하기 시작한 것이다. 마치 물이 끓는 주전자의 뚜껑을 열었을 때처럼 말이다. 게다가 닉슨 대통령이 재선을 위한 경기부양 목적으로 1971~1972년에 정부지출을 확대한 것까지 겹치면서, 물가상승 압력은 더욱 가중되었다. 그뿐만 아니라 당시 닉슨의 친구인 아서 번즈Arthur Burns가 이끌던 연준은 — 아마도 닉슨의 재선을 돕기 위해 — 정책금리를 낮은 수준으로 유지하다가 인플레이션이 폭등하자 그제서야 마지못해 금리를 인상했다.

그런데 1970년대를 '인플레이션의 시대'로 만든 결정적인 요인은 상기한 수요측 요인보다는 공급측면에서 인플레이션 압력을 극적으로 증대시킨 일련의 사건들이라고 할 수 있다. 예컨대 때마침 발생한 심각한 흉작으로 식품가격이 급등했다. 하지만 그보다 결정적인 요인은 바로 제1차 석유파동이었다. 1973년 제4차 중동전쟁(이스라엘과 이집트·시리아 등 아랍국가 간의 전쟁으로, 당시 석유수출국기구OPEC가 이스라엘을 압박하기 위해 급격한 원유 감산 및 금수 조치를 시행함에 따라 전 세계적인 원유가격의 폭등, 즉 제1차 석유파동을 초래한 계기가 됨 - 옮긴이)이 발발하면서, 그 여파로 이듬해까지 원유가격이 거의 네 배만큼 상승했으며, 그 결과 미국의 소비자물가 상승률은 1974년 12%를 넘어섰다. 이러한 공급측면의 충격으로, 미국 경제는 1974년에서 1975년 사이 제2차 세계대전 이후 최악의 경기침체를 겪게 된다. 즉, 인플레이션이 높은 수준을 유지하는 가운데 경기가 침체되는, 전형적인 스태그플레이션stagflation 현상이 나타난 것이다. 1960년대 평균적으로 3% 수준을 유지하던 실업률은 1975년에는 8.5%로 상승했다. 경기침체 와중에도 높은 인플레이션으로 인해 시장금리 역시 큰 폭으로 상승했다. 예컨대 1960년대 4~5% 수준을 유지하던 주택담보대출 금리는 7%를 넘어섰고, 기업 대출금리의 기준이 되는 우대이자율prime rate(미국의 은행이 가장 신용도가 높은 기업에 대해 무담보로 대출할 경우 적용하는 우대금리 - 옮긴이)은 1974년에 10%를 넘어섰다.

　이렇게 인플레이션이 가장 위협적인 경제 문제로 부상한 것과 비례해서, 프리드먼의 학문적 명성도 높아져 갔다. 인플레이션의 궁극적 원인이 정책당국에 의한 통화량의 증가라는 그의 통화주의적 입장은 학계의 정설로 수용되었다. 그에 따르면, 1970년대 고인플레이션의 주범은 시중에 통화를 지나치게 많이 공급하여 이자율을 오랫동안 낮게 유지해 온 연준이며, 정부지출 확대를 통해 재정적자를 야기한 정부와 의회 역시 그 공범이었다. 이들이 공범인 이유는 정부지출 확대 자체가 인플레이션 압력을 높일 뿐만 아니라, 정부지출의 재원 조달 목적으로 정부가 국채발행을 늘리는 것이 연준으로 하여금 국채의 이자부담 경감을 위해 대규모로 국채를 사들이도록 하는 무언의 압력으로 작용하기 때문이다. 이렇게 연준이 국채를 사들일 경우 경제의 통화량은 증가할 수밖에 없고, 따라서 인플레이션 압력이 높아진다.

　고인플레이션이 정부의 탓이라는 프리드먼의 주장은 논리적으로도 그럴 듯할 뿐만 아니라, 자신들이 겪고 있는 경제적 고난의 주된 원인을 애타게 찾던 대중의 요구에도 정확히 부응하는 것이었다. 일부 경제학자, 예컨대 앨런 블라인더는 실증 연구를 통해 통화량 증가보다는 닉슨의 가격·임금 통제 해제, 작물의 흉작, 석유파동에 따른 원유가격의 폭등이 훨씬 더 중요한 인플레이션 상승요인임을 보임으로써 프리드먼의 주장을 반박하기도 했다.[14] 그러나 인플레이션에 대한 찾기 쉬운 원인과 빠른 해결책에만 온통 사람들의 관심이 쏠린 상황에서, 블라인더의 주장은 대중의 관심을 끌기에는 역부족이었다. 또한 정치인들 역시 당파를 막론하고, 금리를 점진적으로 인상하면서 상기한—즉, 블라인더가 인플레이션의 원인으로 제시한—요인들의 영향이 사라지기를 기다릴 만한 마음의 여유가 전혀 없었다. 그렇다 보니 결국 인플레이션에 대한 신중한 접근을 주문하던 이들의 목소리는 완전히 묻혀 버렸고, 이런 접근에 매우 비판적이던 볼커가 이후 연준 의장이 되어 충격요법을 시행하기에 이른 것이다.[15]

시간이 가면서 식품과 원유가격은 점차 진정되는 듯했다. 그러나 1970년대 말에는 제2차 석유파동으로 원유가격이 다시 폭등했고, 또 한차례 흉작을 겪었다. 소비자물가 상승률이 제1차 석유파동 때보다 더 높은, 최대 15%까지 급등했고, 주택담보대출 금리 등 시장금리도 크게 올라 성장률을 둔화시키는 요인으로 작용했다. 이렇게 인플레이션 상황이 심각해지고 그로 인해 경기마저 둔화되면서, 이제 미국인들의 인내심은 한계에 달했다. 지긋지긋한 인플레이션을 바로 멈출 수 있다면 경기침체조차 감수할 수 있을 정도가 된 것이다. 그러나 만일 그때, 인플레이션을 급격하게 멈추기 위한 대가가 얼마나 혹독한 것인지 미리 알 수 있었다면, 어느 누구도 경기침체를 감수할 수 있다고 자신하지 못했을 것이다. 볼커의 충격요법—큰 폭의 신속한 금리 인상—이 시행된 직후인 1982년, 미국 경제는 대공황 이래 최악의 경기침체에 빠져들면서 말 그대로 자유낙하free-fall했던 것이다. 1982년 말 실업률은 최대 11%에 육박했고, 주가는 십여 년 내 최저로 떨어졌으며, 투자지출 역시 큰 폭으로 감소했다.

볼커의 충격요법으로 인플레이션이 마침내 진정된 것은 사실이다. 그 과정에서 치른 대가 역시 엄청났지만, 그래도 지긋지긋한 인플레이션으로 시달리던 많은 이들에게 이는 큰 승리가 아닐 수 없었다. 당시 대통령이었던 레이건은 이 승리의 또 하나의 수혜자라고 할 수 있다. 눈치 빠른 그는 인플레이션을 해소하는 것이 유권자들의 최우선 관심사임을 잘 알고 있었으므로, 볼커의 충격요법을 주저 없이 지지했고, 그 결과 인플레이션 해소를 본인의 경제적 업적으로 둔갑시킬 수 있었던 것이다.

그러나 사실을 말하자면, 당시 인플레이션이 해소된 것은 레이건 덕분이 아니라, 오히려 레이건인데도 불구하고 가능했다고 보는 것이 옳다. 왜냐하면, 레이건은 인플레이션이 채 진정되기도 전에 자신의 선거 공약대로 대규모 감세정책을 시행하여 엄청난 규모의 재정적자를 유발했기 때문이다. 이후 레이건은 감세 규모가 지나치다 싶었는지 세금을 인상했으나—늘어난 세금부담은 부유층보다는 주로 중산층에게 부과되었음—그럼에도 불구하고 레이건 임기 말기의 GDP 대비 재정적자 비율이 카터 행정부 말기에 비해 훨씬 컸을 정도로, 레이건의 감세 규모는 엄청난 것이었다. 본래 감세정책은 케인즈주의적 총수요 부양정책의 하나로—물론 레이건이 감세정책을 시행한 취지는 총수요를 부양하는 것이 아니라 공급경제학에 기초하여 근로의욕과 투자유인을 제고하기 위함이었음—기본적으로 인플레이션을 조장하는 방향으로 작용한다는 점에서, 레이건의 정책 방향은 매우 모순적이었다. 그러나 볼커의 충격요법이 감세정책의 효과를 압도하면서, 인플레이션율은 빠르게 하락하여 1983년에는 4% 아래로 떨어졌다. 레이건의 대규모 감세와 이로 인한 재정적자 증가에도 불구하고, 충격요법에 의해 인플레이션의 기세가 꺾인 것이다.

그동안 치솟는 물가와 고용 불안, 높은 대출이자율 등으로 신음하던 미국인들은 이제야 비로소 조금 안도할 수 있었다. 이제 막 인플레이션이라는 터널을 탈출한 미국인들이 다시는 그 터널로 돌아가

고 싶어 하지 않는 것이나, 이를 위해 인플레이션 타게팅을 지지하게
된 것은 어찌 보면 너무도 당연한 반응이라고 할 수 있다. 이와 같이
1970년대 고인플레이션의 경험은 미국의 대중이 물가안정목표제를
지지하게 된 결정적인 계기가 되었다.

———•••———

　그러나 1970년대 고인플레이션의 유산은 물가안정목표제뿐만이
아니다. 당시와 같은 고인플레이션이 재발할지 모른다는 두려움은
인플레이션을 유발할 수 있는 정부의 모든 경제활동에 대한 무분별
한 불신으로 이어졌다. 대표적 예가 인플레이션을 조장한다는 이유
로 재정적자의 확대를 죄악시하는 것이다. 1970년대는 미국 정부 역
사상 최초로 유의미한 수준의 재정적자가 지속적으로 나타난 기간이
다. 물론 이 시기 재정적자의 크기는 대규모 감세정책을 시행한 레이
건 행정부 기간과 비교하면 새발의 피에 불과했다. 그럼에도 이미 오
래 전부터—프리드먼 등의 자유방임주의 경제학자들에 의해—재
정적자가 인플레이션을 유발하는 주요인인 것처럼 대중에게 각인되
어 왔으므로, 당시 재정적자의 누적은 매우 위협적인 것으로 인식되
었다. 이러한 대중적 인식에 따라, '세금을 더 거두어 정부지출을 늘
리자'는 민주당의 재정정책 기조는 조롱거리가 되었다. 이에 따라
1970년대부터 사회복지 관련 정부지출은 지속적으로 삭감되었고,
그 결과 중하위층 미국인의 삶은 이전보다 더 팍팍해질 수밖에 없
었다.
　대중의 인플레이션에 대한 두려움을 정부의 경제활동 전반에 대

한 불신으로 전환시킨 것은 다름 아닌 프리드먼 등의 자유방임주의 경제학자들과 레이건과 같은 보수적 정치인들이었다. 이들은 자유경쟁시장을 미사여구rhetoric로 포장하는 동시에 정부지출 확대가 인플레이션에 미치는 영향에 대한 두려움을 조장하여 대중의 반정부적 정서를 효과적으로 환기시켰다. 예컨대 1980년 대통령 선거 직전, 카터와의 마지막 방송토론에서 레이건은 다음과 같이 말했다.[16] "인플레이션이 발생하는 것은 우리 국민들이 과소비를 하기 때문이 아닙니다. 과소비를 통해 인플레이션을 발생시키는 것은 바로 정부입니다." 토론 전까지 카터에 비해 간발의 차로 앞섰던 레이건의 지지도는, 토론 이후 급격히 상승하여 그 격차를 크게 벌렸다. 레이건의 이러한 전략은, 2008년 금융위기 이후의 대침체기에 긴축경제학을 옹호한 사람들이 인플레이션과 함께 국가부채 확대에 대한 우려를 부추김으로써 대규모 경기부양조치를 무산시킨 사례와 매우 유사함을 알 수 있다.

이와 같이 1970년대의 고인플레이션과 그 재발에 대한 우려가 대중의 반정부 정서를 야기한 주된 요인인 것은 사실이다. 하지만 일각에서는 반정부 정서가 고조된 또 다른 원인으로, 존슨 행정부의 베트남전 수행과 '위대한 사회'Great Society 프로그램 등 광범위한 사회개혁정책에 대한 대중의 반감을 꼽는다. 1964년 존슨 대통령은 통킹만the Gulf of Tonkin에서 당시 북베트남군의 공격이 있었다는 허위 정보를 근거로 선전포고 없이 베트남전에 본격적으로 개입했다. 이렇게 시작된 베트남 전쟁은 주지하다시피 1975년까지 지속되면서 수많은 비극을 낳았고, 이에 반발하여 등장한 반전反戰 운동은 미국인의 반정부 정서를 한층 강화하는 계기를 제공했다. 아울러 존슨 행정부가 시행한 정치·사회적 개혁정책 — 흑인에게 선거권을 보장하고 인종차별을 금지한 '선거권법'과 '민권법' 제정, 그리고 오늘날 미국 사회보장 프로그램의 근간을 이루는 메디케어와 메디케이드를 최초로 실시한 '빈곤과의 전쟁' 프로그램 등 — 은 그 자체로는 매우 훌륭한 정책이었으나, 다른 한편으로는 정부 정책에 대한 불신과 반감을 야기하는 부작용도 존재했다. 왜냐하면 일부 대중에게는 이러한 정치·사회적 개혁 프로그램이 유색인종만을 위한 '퍼주기식' 정책으로 인식되었기 때문이다. 더구나 베트남전으로 인해 재정상황이 여의치 않은 상황에서 존슨 행정부가 대규모의 사회복지 프로그램까지 시행하면서, 재정적자에 대한 대중의 우려는 더욱 깊어질 수밖에 없었다.[17]

존슨의 후임으로 닉슨이 대통령에 취임한 이후, 대중의 반정부 정서는 더욱 악화되었다. 가장 중요한 계기는 두말할 나위 없이 워터게이트 사건Watergate Affair(닉슨의 대통령 재선을 위해 측근들이 워싱턴의 워터게이트빌딩에 있는 민주당 전국위원회 본부에 침입하여 도청장치를 설치하려다 발각·체포된 사건. 이로 인해 닉슨은 결국 임기 도중 불명예 퇴진하게 됨 – 옮긴이)이지만, 그는 그 밖에도 임기 중 여러 실정을 저질렀다. 예컨대 닉슨은 베트남전을 조기 종전하겠다는 선거 공약의 이행에 실패했을 뿐만 아니라, 의회에 통지 또는 승인 없이 베트남군의 보급로 차단 목적으로 캄보디아를 무단 폭격하는 등 전쟁을 오히려 확대하는 결정을 내리기도 했다. 이런 일련의 행동은 대중에게 기만적인 모습으로 비추어졌고, 그만큼 정부에 대한 신뢰는 실추되었다.

최근 일부 연구에 따르면, 당시 반정부 정서가 확산된 것은 1970년대에 걸쳐 우파 정치세력과 기업의 이익단체들이 조직적으로 로비·선전·홍보 활동을 강화한 것에 힘입은 바가 크다고 한다. 실제로 보수적 싱크탱크인 헤리티지 재단Heritage Foundation, 미국 기업 연구소American Enterprise Institute, 카토 연구소Cato Institute 등이 감세정책과 규제완화 등을 정당화하는 수많은 조사·연구 보고서를 내면서 그 영향력을 크게 확대한 시기가 바로 이때이다(특히 이 중 헤리티지 재단과 카토 연구소는 1970년대 중반에 설립되었음 – 옮긴이). 이 때문에 미국의 진보진영은, 당시부터 만연하기 시작했던 대중의 반정부 정서가 우파 싱크탱크의 적극적인 선전활동과 이익단체들의 강력한 로비에 기인한 것이라고 주장하곤 했다.[18] 그러나 이것만으로는 —후술하는 것과 같이 — 1970년대 중반 이후 미국뿐만 아니라 영국, 프랑스, 독일, 그리고 여타 유럽의 선진국에서 공통적으로 물가안정 일변도의 긴축적 통화정책과 긴축적 재정정책이 시행된 근본 원인을 설명할 수 없다.

———•••———

사실 앞서 언급한 미국 대중의 반정부 정서를 야기한 몇 가지 요인들, 즉 우파의 로비나 싱크탱크의 선전활동, 존슨과 닉슨의 실정과 낮은 지지도 등은 기껏해야 부차적인 것에 불과하다. 앞서 언급한 대로 인플레이션에 대한 두려움을 보편적인 반정부 정서로 전환·확산시키고, 이러한 반정부 정서에 편승해서 물가안정 일변도의 긴축적 통화정책과 사회복지지출 삭감 등 긴축적 재정정책에 대한 그럴듯한 학문적 구실을 제공한 핵심은 다름 아닌 프리드먼을 비롯한 '주류경제학자'들이었기 때문이다. 이들의 주장은 — 당파와 관계없이 — 수많은 정치인에게 지대한 영향을 미쳤고, 그 결과 1970년대 중반 석유파동으로 인해 스태그플레이션을 경험했던, 미국을 비롯한 유럽의 선진국들에서는 이후 공통적으로 가혹한 긴축적 정책이 시행되었다. 예컨대 독일은 1970년대 내내 인플레이션 억제를 지상과제로 하여, 고금리를 유지하는 긴축적 통화정책기조를 고수했다. 이를 통해 인플레이션은 잡을 수 있었으나, 그 대신 낮은 성장률과 치솟는 실업률을 감수해야 했다.

1979년 마가렛 대처Margaret Thatcher 수상이 취임하면서, 영국은 미국보다도 더 앞서서 강력한 긴축적 통화정책과 재정정책을 시행했다. 다른 나라에서와 마찬가지로 이러한 긴축적 정책은 생산과 고용을 크게 위축시켰다. 게다가 고금리 정책기조가 유지되면서 영국으로 자본이 유입되었고, 그 결과 영국 파운드화의 가치가 상승하면서 가격경쟁력을 상실한 영국의 제조업은 이후 구조적으로 몰락의 길을 걷게 된다.

1980년대 초반에는, 심지어 사회주의 정당이 집권했던 프랑스에서조차 같은 현상이 나타난다. 경제학자 앤드류 글린Andrew Glyn에 따르면,[19] 당시 대통령이었던 프랑수아 미테랑François Mitterrand은 "이전 중도우파 성향의 정부들이 추진했던 것보다 훨씬 더 긴축적이고 시장지향적인 정책들을 도입했다." 이런 정책들의 궁극적 목표는 인플레이션을 억제하는 것이었고, 실제로 이에 성공하여 프랑스는 독일과 비슷한 수준의 인플레이션을 유지할 수 있었다. 그러나 다른 나라와 마찬가지로 이러한 긴축적 정책의 대가는 10%에 달하는 실업률의 상승으로 나타났다. 1990년대 초반에는 사회민주주의적 전통이 강한 스웨덴마저 인플레이션을 억제하기 위해 긴축적 통화정책과 재정정책을 시행했다. 그 결과 실업률은 9%대까지 상승했는데, 이는 과거 대체로 낮은 실업률 수준을 유지해 온 스웨덴에서는 매우 이례적으로 높은 것이었다.

더욱 큰 문제는, 긴축적 정책으로 한번 상승한 실업률이 이후에도 하락하지 않고 높은 수준을 유지했다는 점이다. 이런 유럽 선진국의 고실업 현상은 1980년대와 1990년대 내내 지속되었다. 긴축적 정책을 옹호했던 경제학자 가운데 어느 누구도 정책 시행 결과 대량 실업사태가 발생할 수 있음을 경고하지 않았으며, 실업사태가 그렇게 길어질 것이라고 예측하지도 못했다. 예컨대 앞선 장에서 언급한 대로, 프리드먼과 그의 제자인 루카스 등은 볼커의 충격요법으로 인해 발생한 1982년의 경기침체가 아주 일시적이고 완만한 경기후퇴에 그칠 것이라는, 터무니없는 예측을 했던 것이다.

긴축적 정책을 옹호했던 주류경제학자들의 이론은 현실을 분석하고 예측하는 데보다는, 오히려 현실을 가리고 정책을 정당화하는 데 더 유용하게 사용되기도 했다. 예컨대 볼커는 강력한 긴축적 통화정책을 실시하면서도, 자신의 목적은 이자율을 인상하는 것이 아니라―프리드먼 등 통화주의자들이 제안하는 대로―단지 경제의 통화량을 조절하는 것이라고 주장하곤 했다. 당시 소장 경제학자였던 크루그먼은 한 컨퍼런스에서, 이렇게 통화량 조절만 강조하는 볼커의 변명에 대해 '몰래 긴축을 하기 위한 전략'이라며 비판했다. 사실 이는 누가 봐도 속이 훤히 들여다보이는 변명이었다. 볼커가 프리드먼의 순진한 주장처럼 연준이―이자율 변화 없이―단지 통화량만 조절하여 정책을 수행할 수 있다고 믿었을 리가 없기 때문이다. 이에 대해 카터 대통령의 정책 자문이었던 찰스 슐츠Charles Schultze 역시 볼커의 발언이 대폭적인 금리 인상을 숨기기 위한 완곡 어법의 하나에 불과하다고 지적한 바 있다.

긴축적 통화정책과 재정정책 이외에 인플레이션을 억제한다는 명목으로 시행되었던 또 다른 유형의 정책이 있다. 영국의 대처 정부가 실시한 국유기업의 민영화가 그 대표적 사례이다.[20] 실제로 전체 GDP 대비 이들 국유기업의 기여분은 1979년 10%에서 2004년 6%까지 하락했다. 예컨대 영국 정부는 통신회사 브리티시 텔레콤, 철강회사 브리티시 스틸, 항공회사 브리티시 에어웨이, 그리고 수도와 전기 국유기업 등의 전부 또는 일부를 민간에 매각했다. 민영화에서 발생한 상당 규모의 매각 수입을 통해 정부는 재정적자를 일부 메울 수 있었으나, 다른 한편으로는 국유기업에서 국고로 흘러들어 오던 세외수입을 포기해야 했다.

민영화 정책의 주된 명분은 매각 수입을 통한 재정건전성 제고가 아니라 인플레이션의 억제였다. 우파 정치인들이나 자유방임주의 경제학자들에 따르면, 국유기업이 민영화될 경우 시장의 경쟁압력에 노출되면서 기업의 효율성이 향상되고, 이에 따라 가격을 낮출 수 있다. 그러나 앞서 언급했던 경제학자 글린에 따르면, 현실에서 민영화의 생산성 효과는 매우 미미하며, 그보다는 고용 감소와 임금 하락 효과가 두드러진 것으로 나타났다. 다시 말해, 민영화된 과거 국유기업들은 생산성은 거의 그대로인 상황에서 주로 노동자 해고와 임금 삭감을 통해 이윤을 늘렸다는 것이다. 따라서 해고되지 않고 살아남은 노동자들은 예전보다 더 긴 시간을 일해야만 했다.

한편 미국과 같이 국유기업이 많지 않은 나라에서는 민영화 대신 경제 전반에 대한 규제 완화 정책이 실시되었다. 이 역시 경제를 활성화하는 동시에 시장경쟁을 촉진함으로써 경제의 효율성을 높이고,

이를 통해 인플레이션을 안정시키는 것을 명분으로 내걸었다. 앞서 언급한 대로 레이건은 환경과 소비자 보호를 위한 규제를 담당하는 정부기관들을 차례로 무력화시켰으며, 심지어 시장경쟁 촉진을 목적으로 독과점을 규제하는 반독점 규제기관의 권한을 대폭 축소하기도 했다.

돌이켜 보면, 선진국 경제에서 1970년대는 '인플레이션의 시대'였을 뿐만 아니라, 그렇지 않았더라도 제2차 세계대전 이후의 눈부신 성장 추세가 마무리되면서 구조조정과 같은 새로운 변화가 요구된 시기였던 것은 사실이다. 예컨대 1970년대 들어 선진국 경제의 생산성은 눈에 띄게 정체된 반면, GDP 가운데 임금 등 인건비로 노동자에게 분배되는 비율이 전례 없는 수준으로 높아졌으며, 그 결과 기업의 이윤율은 전반적으로 낮아졌다. 또한 세계 무역의 규모와 범위가 크게 확대되면서, 미국과 유럽 선진국의 기업들은 이제 값싼 노동력으로 무장한 개발도상국 기업들과 세계시장은 물론 국내시장을 두고 치열하게 경쟁하기 시작했다.

그러나 이에 대응하여, 레이건과 대처 등의 정치인이 주도하고 자유방임주의 경제학자들이 뒷받침한 긴축적 통화 및 재정정책과 민영화 또는 규제완화정책들은 결과적으로 실패했다. 미국과 영국의 예에서 보듯이—IT 거품이 주도했던 1990년대 호황기 중 일부 기간을 제외하면—1950년대와 1960년대의 높은 성장률과 낮은 실업률을 이후로는 영영 회복할 수 없었기 때문이다. 때때로 나타난 금융시장의 활황세 역시 이러한 저조한 경제적 성과를 만회하는 요인이 될 수 없었다. 왜냐하면 2000년대 초의 IT 거품 붕괴와 2008년 서브프라임 모기지 사태에서 보듯이, 활황세에 형성된 거품은 이내 붕괴되어 금융위기와 경기침체로 이어졌기 때문이다. 상기한 대로, 1980년대 이후 지속된 구조적인 고실업과 거듭된 자산 거품의 형성과 붕괴는 경직적인 물가안정목표제, 즉 물가안정 일변도의 긴축적 통화정책에 기인한 바가 크다.

———— •• ————

재차 강조하지만, 물가안정목표제는 현대 경제정책 이론에서 제시된 정책 가운데 이론적·실증적 근거가 부실한 것 중 하나라고 할 수 있다. 상기한 대로 물가안정목표제하에서 목표 물가상승률의 적정 수준을 결정하는 검증된 방법조차 아직 알려진 것이 없다는 점이 그 단적인 예이다.

따라서 주류경제학자들과 정책담당자들에게 물가안정목표제가 인기를 얻은 것은 제도 자체의 경제 이론적 특징과는 무관하며, 그보다 1970년대의 고인플레이션 경험과 관계가 깊다. 예컨대 어떤 사람들은 물가안정목표제를 지지하는 이유로, 초기의 완만한 물가 상승이 임금-물가 악순환을 통해 두 자리 수에 육박하는 전면적인 인플레이션으로 비화될 가능성을 든다. 1970년대에 실제로 그랬기 때문이다. 이들에 따르면, 당시와 같은 임금-물가 악순환을 예방하기 위해서는 미래 인플레이션에 대한 민간의 기대를 안정시키는 것이 가장 중요하며, 이를 위해 중앙은행은 인플레이션 목표를 투명하게 제시하고 이를 달성하도록 예측 가능한 정책을 수행해야 한다. 이 때문에 물가안정목표제가 필요하다는 것이다. 여기서 더 나아가, 테일러 등의 일부 경제학자들은 목표 인플레이션을 타게팅하는 과정에서 정책의 투명성과 예측가능성을 극대화하기 위해, 중앙은행이 명시적인 준칙explicit rule을 통해 정책금리를 결정해야 한다고 주장하기도 했다.

그러나 지금까지의 논의를 종합하면, 물가안정목표제는 이론적 기초부터 부실했을 뿐만 아니라, 실증적으로도 경제적 성과가 매우 실망스러웠다. 물가안정 일변도의 경직적인 물가안정목표제를 통해 1970년대와 1980년대 초반 급등하는 인플레이션을 억제할 수 있었으나, 그 대가는 너무나 컸다. 실업률이 급등했을 뿐만 아니라, 한번 상승한 실업률은 이후로도 상당 기간 높은 수준을 유지했던 것이다. 게다가 인플레이션이 안정된 이후에도 2% 목표 수준을 유지하기 위해 물가안정목표제를 경직적으로 운영한 결과, 상기한 대로 자연실업률 이상의 만성적인 고실업 상태가 최근까지 지속되었다. 아울러 경직적인 물가안정목표제하에서 중앙은행이 또 다른 정책목표인 금융안정을 소홀히 한 것은 1980년대 이후 거듭된 자산 거품의 형성과 붕괴, 그로 인한 금융위기와 경기침체를 야기한 주요인으로 작용했다.

경직적인 물가안정목표제로 자연실업률 이상의 고실업 상태가 지속되면서, 임금은 지속적인 하방 압력에 노출되었다. 실제로 1980년대부터 미국 노동자의 실질임금이 노동생산성보다 상승 속도가 뒤처지면서, 양자 간의 괴리가 점차 심화되어 왔다. 앞선 장에서 언급한 대로 주류경제학의 분배 이론인 한계생산력설에 따르면, 본래 실질임금은 생산에 대한 노동의 기여분, 즉 노동시간당 생산량으로 측정되는 노동생산성과 같은 추세로 변동해야만 한다(좀 더 정확히 말하면, 실질임금은 노동 한 단위 투입에서 추가로 얻을 수 있는 생산량인 노동의 한계생산marginal product과 일치해야 함. 따라서 여기서는 노동의 한계생산과 노동생산성이 거의 유사한 추세로 움직인다고 암묵적으로 가정한 것임-옮긴이). 그럼에도 실제 실질임금이 노동생산성에 비해 느리게 상승했다는 것은, 노동자의 기여분 중 일부가 기업의 이윤으로 편입되었음을 의미한다. 실제로 1980년대 중반 이후의 이른바 '대안정기' 동안, GDP 가운데 기업 이윤의 비중은 지속적으로 상승한 반면, 노동소득의 비중—이른바 노동소득분배율—은 줄기차게 하락했다. 이제 어떤 진지한 주류경제학자도 노동자들이 자신들의 정당한 몫을 받아간다는 주장—경제학적으로 표현하면, 실질임금이 생산에 대한 노동자의 기여분인 노동생산성과 일치한다는 주장—을 하기 힘든 상황이 된 것이다. 그럼에도 대부분의 주류경제학자들은 과도한 긴축 기조를 유지해 온 경직적인 물가안정목표제가 이러한 현상의 주원인일 수 있음을 철저히 외면한 채, 교육기회 불평등과 같은 지엽적인 요인만으로 이를 설명하곤 한다.

한편 2008년 금융위기와 그로 인한 대침체를 거치면서, 연준의 태도에도 변화가 나타났다. 극심한 경기침체에 따라 이제는 더 이상 인플레이션이 문제가 아니라 오히려 디플레이션을 염려해야 할 상황이 되었으며, 특히 지난 수십 년간 정체된 실질임금과 이로 인한 소득불평등이 금융위기 이후 중요한 사회 문제로 부각되었기 때문이다. 예컨대 2013년 초, 당시 연준 부의장이었던—그리고 2014년 초에 버냉키의 후임자로 연준 의장으로 취임한—재닛 옐런Janet Yellen을 비롯한 연준의 일부 인사들은 고용 부진과 취약한 노동시장 상황에 좀 더 주의를 기울여 통화정책을 수행해야 함을 역설했다.

이와 같은 연준의 변화는 본래 물가안정목표제의 충실한 지지자였던 버냉키가 금융위기 직후 어떻게 변신했는지를 살펴보면 극적으로 드러난다. 조금 과장해서 말하면, 그는 2008년과 2009년 거의 무너지기 일보직전이었던 미국 경제를 구해 낸 사람이다. 버냉키는 신속히 금리를 인하하고 다양한 창의적인 방법을 통해 시중에 유동성을 공급했으며, 적기에 금융기관에 구제금융을 제공하여 금융부문의 안정을 지켜냈을 뿐만 아니라, 이른바 양적완화정책Quantitative Easing — 중앙은행이 국채, 모기지 관련 채권 등 장기증권을 직접 매입함으로써 장기이자율을 안정시키고 대출을 촉진하여 경기를 부양하는 정책 — 을 시행하여 실물경제의 침체와 대량실업사태를 극복하는 데 크게 기여했다. 전형적인 주류경제학자였던 그가 냉엄한 경제현실에 부딪히면서 — 과거 자신이 지지했던 — 고루하고 위선적인 기존 주류 이론의 틀을 깨고 행동했던 것이다. 또한 이 과정에서 과도한 확장적 통화정책이 머지않아 인플레이션의 급등으로 이어질 것이라는 보수적 경제학자들의 비판에 정면으로 맞섰다. 그가 볼 때, 당시 경제상황에서 적어도 당분간은 인플레이션이 우려의 대상이 아니라고 보았기 때문이다.

———•••———

마지막으로 물가안정목표제를 이론적으로 정당화하는 데 핵심적인 역할을 한 프리드먼의 자연실업률 가설을 구체적으로 살펴보고 이 장을 마치고자 한다. 프리드먼은 자연실업률 가설을 통해, 완만한 인플레이션을 유발할 정도로 경기부양정책을 시행하면 경제의 실업률을 단기는 물론 장기적으로도 낮출 수 있다는 케인즈주의적 사고방식을 반박했다. 다시 말해, 인플레이션율과 실업률 간에 단기뿐만 아니라 장기적으로 상충관계가 존재한다는 생각을 비판한 것이다.

자연실업률 가설에 따르면, 경기부양정책을 통해 총수요가 증가할지라도 실업률은 일시적으로만 하락할 뿐 장기적으로는 자연실업률 수준에서 변함이 없으며, 결국 인플레이션율만 상승하게 된다. 왜냐하면 총수요 증가에 따라 물가가 상승할 경우, 예상보다 자신의 실질임금이 감소했음을 인식한 노동자들은 물가가 오른 만큼 더 높은 임금인상을 요구할 것이고, 그 결과 원가가 상승한 기업들은 생산과 고용을 다시 물가가 오르기 전의 수준으로 줄일 것이기 때문이다.

자연실업률 가설은 물가안정목표제가 보급되는 데 결정적인 역할을 하게 된다. 통화정책을 통해 경기를 부양한다 해도 장기적으로 인플레이션율만 높아질 뿐 실업률에는 변함이 없다면, 그나마 통제 가능한 인플레이션이라도 확실히 잡는 것이 상책이기 때문이다. 자연실업률 가설은 수많은 주류경제학자들의 사고에 단단히 뿌리박힐 정도로 강력한 영향력을 행사해 왔다. 예컨대 앞서 언급한 책《인플레이션 타게팅》에서 버냉키와 공저자들은 다음과 같이 서술했다.[21] "과거의 이론과 달리, 확장적 정책으로 인해 얻을 수 있는 편익(예컨대 실업률 하락)은 대개 일시적인 것에 그치는 반면, 그로 인한 비용(예컨대 고인플레이션으로 인한 효율성 손실)은 거의 영구적이라는 것이 최근에 합의된 결론인 듯하다."

이와 같은 자연실업률 가설의 학문적 인기와 무관하게, 그 이론적·실증적 타당성은 매우 취약하다. 먼저 이론적 문제점을 살펴보자. 자연실업률 가설이 성립하기 위해서는 인플레이션 발생 시 노동자들이 현재와 미래의 실질임금 감소를 신속하게 인식 또는 예측하는 동시에, 그에 따라 거의 즉각적으로 임금인상 요구를 한다는 전제가 필요하다. 그래야만 기업이 생산과 고용을 줄이면서 실업률이 원래의 자연실업률 수준으로 돌아가고, 결과적으로 인플레이션율만 상승하는 결과가 나타나기 때문이다. 그러나 이는 앞선 장에서 살펴본 새고전학파의 합리적 기대 가정과 같이 경제주체의 합리성 정도를 지나치게 과대평가한다는 이론적 문제점이 있다.[22]

한편 자연실업률 가설에 대한 또 다른 유력한 이론적 비판이 존재한다. 노동자들의 임금인상 요구에 따라 임금이 상승하더라도, 이로 인해 노동생산성이 향상되면 인플레이션율은 오히려 하락할 수 있다는 지적이 그것이다. 왜냐하면, 임금 인상은 근로의욕 제고로 인해 그 자체로 노동생산성을 높일 수 있을 뿐만 아니라, 노동자의 구매력 확대를 통해 시장을 확대함으로써 전반적인 생산의 효율성을 제고할 수 있기 때문이다(분업을 통한 생산성 향상의 필수적인 전제조건은 시장규모의 확대라는 《국부론》의 지적을 기억하라! - 옮긴이). 이러한 생산성 향상에 따라 임금이 인상된 것보다 더 큰 폭으로 생산 또는 매출액이 증가하면, 이윤 마진의 감소 없이도 임금 인상이 가능하므로 굳이 생산물 가격을 올릴 필요가 없으며, 따라서 인플레이션 압력을 완화하는 요인으로 작용할 수 있다는 것이다. 그뿐만 아니라 임금인상에도 불구하고 이윤 마진이 줄어들지 않으므로, 기업은 자연실업률 가설의 예측과 달리 생산과 고용을 줄이지 않을 수 있다. 이런 주장을 펼치며 자연실업률 가설을 반박하는 대표적인 경제학자로는 네덜란드의 두 경제학자 세르바스 스톰Servaas Storm과 로 나스터패드 Ro C.W.M. Naastepad를 들 수 있다.[23]

다음으로 자연실업률 가설의 실증적 타당성을 살펴보자. 자연실업률 가설의 가장 큰 문제는 현실의 자연실업률이 어느 정도인지를 도무지 알 수가 없다는 것이다. 게다가 자연실업률은 노동시장 상황에 따라 끊임없이 변하는 값이다. 예컨대 1990년대 초반만 해도, 심지어 물가안정목표제에 비판적인 경제학자들조차 미국의 자연실업률을 5~6% 정도로 보았다. 그러나 1990년대 후반에 실제 실업률이 4% 아래까지 하락했음에도, 자연실업률 가설의 예측과 달리 인플레이션은 낮은 수준을 유지했다. 이런 현상은 자연실업률 가설을 지지하는 경제학자들을 매우 곤혹스럽게 만들었다.

자연실업률 가설에 의문을 제기하게 만드는 사례는 또 있다. 앞서 언급한 대로, 1980년대 이후 대부분의 기간 동안 미국에서는 실제 실업률이 자연실업률을 상회했다. 이 경우 자연실업률 가설의 예측대로라면, 인플레이션율은 지속적으로 하락해야 정상이다. 그러나 이른바 대안정기로 불리는 이 시기에 인플레이션율은 일부 연도를 제외하면 물가안정목표 수준인 2%대에서 대체로 안정적인 움직임을 보였다. 이는 자연실업률 추정이 잘못되었거나, 아니면 자연실업률 가설 자체가 틀리다는 것을 암시한다. 만일 후자의 경우라면, 연준은 물가안정목표제하에서 2%의 목표 인플레이션을 달성하기 위해, 실현 가능한 수준을 훨씬 초과하는 실업률을 지속적으로 용인해온 셈이 된다. 그 결과 같은 기간 임금은 정체되었으며, 소득불평등은 추세적으로 악화되었다.

지금까지의 논의에서 다음과 같은 몇 가지 교훈을 얻을 수 있다. 우선 인플레이션을 낮은 수준에서 안정시키는 것이 ─ 물가안정목표제의 지지자들이 주장하는 것처럼 ─ 장기적으로 완전고용의 달성을 전혀 보장해 주지 못한다는 것이다. 또한 물가안정 일변도의 경직적 물가안정목표제는 물가안정 이외에 정책당국의 다른 목표, 예컨대 완전고용, 금융안정을 소홀히 하도록 함으로써, 만성적인 고실업과 금융위기를 유발할 수 있다. 따라서 물가안정목표제를 도입하더라도, 경제상황에 따라 목표 인플레이션을 신축적으로 조정하는 것이 필수적이라는 것이다. 한편 자연실업률 가설에 따라 임금 인상을 반드시 인플레이션 상승 요인으로만, 부정적으로 볼 필요는 없다는 점이다. 왜냐하면 임금 인상은 한편으로는 원가를 상승시키는 요인이지만, 다른 한편으로는 노동생산성 향상을 통해 인플레이션 압력을 완화하는 요인으로 작용할 수 있기 때문이다. 마지막으로 미국과 유럽 선진국의 1980년대 이후 경험을 통해 알 수 있듯이, 2%의 목표 인플레이션을 정당화하는 실증적 근거는 어디에도 존재하지 않으며, 이는 완전고용을 달성하기에는 지나치게 낮은 수준이라는 점이다. 정책 도입 과정에서 물가안정목표제만큼 정책 자체보다 이데올로기적 논리가 우선했던 사례는 역사적으로 좀처럼 찾아보기 힘들다.

5장

거품은 존재하지 않는다?

1950~1960년대에 시카고대와 MIT의 재무경제
학자들을 중심으로 주식·채권 등 금융증권의 가격이 결정되는 원리
에 관한 새로운 이론적 패러다임이 등장한다. 바로 이른바 효율시장
가설Efficient Markets Theory, EMT이다. 당초 효율시장가설은 금융시장에
서 의사결정이 합리적으로 이루어진다는 가설을 엄밀한 통계적 검정
을 통해 검증하는, 신중하게 잘 설계된 과학적 이론으로 출발했다.
그러나 '보이지 않는 손'이 그랬듯이 이 가설은 이후 점차 극단화되어
금융규제의 무분별한 완화를 옹호하는 하나의 이데올로기로 변모했
고, 결국 2008년 글로벌 금융위기의 단초를 제공하는 파괴적인 결과
를 초래했다. 이렇게 극단적으로 이데올로기화한 버전만큼 폐해를
끼치진 않았으나 — 오늘날 학계에 널리 수용된 — 효율시장가설의
완화된 버전조차도 금융시장을 관찰해 온 일반인들이 어리둥절할 만
큼 현실과 동떨어진 측면을 가지고 있다.

효율시장가설의 결론을 한마디로 말하면 다음과 같다. 주식의 경
우를 예로 들면, 어떤 기업의 주식 가격은 그 주식에서 미래에 발생
할 것으로 예상되는 모든 현금흐름의 현재가치, 즉 기업 주식의 내재
가치를 정확히 반영한다는 것이다. 이러한 기본 명제에서 다음과 같
은 여러 가지 파생적 함의가 도출된다. 금융증권의 가격은 언제나 그
증권의 내재가치를 정확히 반영하므로, 주식·채권·외환·파생상품
등 증권의 종류와 관계없이 투기적 거품이란 애초에 존재하지 않으

며, 따라서 거품을 통제 또는 해소하기 위한 금융 규제와 감독 등 정부의 모든 노력은 불필요할 뿐만 아니라 때로는 해롭기까지 하다는 것이다. 한편 주가가 기업 가치를 정확히 반영하므로, 경영자의 유일한 목표는 자사 주식의 가치를 극대화하는 것이어야만 한다. 또한 이러한 목표를 성공적으로 달성하는 한, 경영자의 높은 보수는 얼마든지 정당화될 수 있다. 예컨대 1970년경만 해도 노동자 평균임금의 60배 정도였던 경영자 보수가 최근에는 무려 300배가 넘는 수준까지 증가했으나, 이 역시 효율시장가설을 통해 충분히 설명 가능하다는 것이다.

사실 초기 발전단계에서 효율시장가설은 현실에 대해 풍부한 시사점을 주는 매우 유용한 이론이었다. 예컨대 포트폴리오 분산의 장점을 강조함으로써 인덱스 펀드를 널리 보급하고, 이를 통해 많은 투자자들이 운용수수료 등 투자에 소요되는 비용을 줄일 수 있었던 것도 효율시장가설에 힘입은 바가 컸다. 여기서 인덱스 펀드index fund란 개별 종목의 수익률이 아닌, 예컨대 S&P 500과 같은 전체 시장주가지수의 수익률을 얻도록 골고루 분산된 포트폴리오에 투자하는 펀드를 말한다. 효율시장가설에서 말하는 효율적인 시장에서는, 많은 합리적인 투자자들이 사용 가능한 모든 정보를 충분히 활용하여 금융증권의 가격에 대한 분석을 하고, 이를 바탕으로 증권을 경쟁적으로 매매한다. 따라서 효율적인 시장에서는 증권의 가격에 영향을 줄 수 있는 정보가 공표되면 거의 즉각적으로 그 증권의 가격에 반영된다. 이 경우에는 아무리 뛰어난 펀드매니저라도 공표된 정보만을 활용하여 시장의 평균적인 수익률 이상을 벌기가 극히 어렵다. 이렇게 어차피 시장 평균수익률 이상을 버는 것이 거의 불가능하다면, 가장 유력한 대안은 시장에서 거래되는 여러 주식을 골고루 편입한 포트 폴리오, 즉 인덱스 펀드 등에 투자함으로써 시장 평균수익률을 얻는 동시에 분산투자를 통한 위험감소효과를 누리는 것이다.

그러나 상기한 대로 효율시장가설의 발전과정은—'보이지 않는 손'과 마찬가지로—자유경쟁시장의 합리성에 대한 믿음이 어떻게 극단적으로 이데올로기화하는지를 여실히 보여 주는 또 하나의 예라고 할 수 있다. 저널리스트인 저스틴 폭스Justin Fox는 효율시장가설의 역사적 발전과정을 다룬 저서에서 효율시장가설에 대해 다음과 같이 서술하고 있다.[1] "이는 매우 강력한 영향력을 미친 이론이다. 예컨대 인덱스 펀드의 고안과 보급뿐만 아니라 현대 포트폴리오 이론과 위험을 고려한 투자성과 척도, 주주가치 중심의 기업문화, 파생금융상품의 등장, 그리고 1970년대 이래 줄곧 강화되었던 금융규제당국의 불간섭주의 경향 등에 핵심적인 이론적 토대를 제공했기 때문이다."

그러나 필자는 폭스가 효율시장가설의 정치 이데올로기적 성격을 과소평가한 것에 대해서는 좀처럼 동의할 수 없다. 이 책에서 폭스는 다음과 같이 서술하고 있다. "어떤 측면에서 보면, 효율시장가설의 발전과정은 제2차 세계대전 이후 한동안 수면 아래에 있던 자유방임주의 이데올로기의 부활과 밀접하게 맞물려 있는 것처럼 보인다. 하지만 효율시장가설은 본질적으로 정치적 이데올로기가 아니다. 이는 어디까지나 금융시장에 경제주체의 합리적·수학적·통계적 의사결정을 적용함으로써 도출된 과학적 명제이다."

그러나 사실 효율시장가설은 다른 어떤 경제 이론 또는 금융재무 이론들에 비해서도—과학적 가설보다는—정치적 이데올로기에 가까운 성격을 가진다. 지금까지 우리가 살펴본 경제학 이론 또는 가설 가운데 효율시장가설만큼 경쟁시장이 자기조정기능을 가진다는—다시 말해, 외부 개입 없이도 시장이 스스로 균형을 신속하게 회복한다는—'신화'에 크게 의존하는 것을 찾아보기 힘들다는 점만 봐도 이를 알 수 있다. 이와 관련하여, 효율시장가설의 주창자 가운데 한 명인 노벨경제학상 수상자 유진 파머Eugene Fama는 한 인터뷰에서 다음과 같이 말했다.[2] "내가 추가적으로 기여한 것이라고는, 금융시장의 균형에 관한 모형 없이는 시장이 효율적인지를 검증하는 것이 불가능함을 보인 것뿐이다." 상기한 대로, 초기의 효율시장가설은 새로운 정보를 잘만 이용하면 얼마든지 초과수익을 거둘 수 있다고 자만하던 월스트리트의 금융자본가와 펀드매니저 등에게 금융시장의 현실을 깨우쳐 주는 비판적인 순기능을 담당했다. 그러나 이후 효율시장가설이 극단적으로 이데올로기화하면서, 오늘날 이 가설은 월스트리트의 이해를 충실히 대변하여 금융규제 완화 등을 정당화하는 도구로 전락하고 말았다.

필자의 대학원 시절만 해도 효율시장가설의 이러한 순기능이 아직 두드러진 때였다. 필자는 어떤 금융시장의 참가자들도 시장의 평균수익률을 초과하는 수익을 지속적으로 얻을 수 없다는 효율시장가설의 함의에 대해 전적으로 동의했다. 대학원 졸업 후 언론인으로 일할 때도, 필자는 월스트리트의 일부 투자자들이 시장수익률 이상을 계속 벌 수 있다고 자신만만하게 선전했던 각종 투자기법들이 실제로는 얼마나 엉터리인지를 폭로하는 글을 종종 쓰곤 했다.

대학원에서 통계학 또는 계량경제학을 공부하면 대번에 알 수 있는 사실 중 하나는, 실제로 아무런 규칙성 없이 움직이는 시계열이라 하더라도 자세히 살펴보면 일정한 패턴을 가진 것처럼 보일 수 있다는 점이다. 과거의 주가 자료가 그 대표적 예라고 할 수 있다. 그런데 중요한 것은, 이렇게 과거 주가 자료에서 어떤 패턴이 발견됐다고 해서 미래에도 그 패턴이 반복된다는 보장은 전혀 없다는 것이다. 왜냐하면 상기한 대로, 실제로는 규칙성이 전혀 존재하지 않는 경우에도 실현된 과거 주가 자료를 보면 마치 패턴이 존재하는 것처럼 보일 수 있기 때문이다. 그럼에도 월스트리트의 '기술적 분석가'analyst(기술적 분석이란 과거 주식의 가격 또는 거래량 자료를 이용하여 주가 변동의 추세나 패턴을 발견함으로써 미래의 주가를 예측하는 증권분석 방법임. 주로 과거 주가자료의 도표chart를 이용하므로 흔히 차트 분석이라고도 함 – 옮긴이) 들은 끊임없이 과거 주가자료에서 일정한 패턴을 찾아내고자 노력한다. 이러한 패턴이 가까운 미래에 계속 반복될 것이라고 주장하면서 말이다.

이렇게 기술적 분석가들이 발견했다고 주장하는 주가 변동 패턴의 대표적 예로 이른바 '1월 효과'january effect를 들 수 있다. 이는 1월의 주가상승률이 다른 달에 비해 평균적으로 더 높게 나타나는 패턴이 존재한다는 것이다. 필자는 효율시장가설에 입각하여 1월 효과의 존재를 꾸준히 비판해 왔다. 만일 주식시장이 효율적이라면, 1월의 주가상승률이 상대적으로 더 높음을 인지한 투자자들이 12월에 더 많은 주식을 매입할 것이다. 그 결과 12월의 주가가 상승하면서 상대적으로 더 높았던 1월의 주가상승률은 이제 다른 달과 비슷한 수준으로 하락할 것이다. 즉, 주식시장이 효율적이라면 1월 효과는 존재할 수 없다는 것이다. 따라서 만일 1월에 주가상승률이 상대적으로 높은 현상이 자료에서 관찰되었다면, 이는 1월의 주가 변동에 특별한 패턴이 존재하기 때문이 아니라 순전히 우연의 일치에 불과할 가능성이 높다. 실제로 필자가 자료를 통해 계산한 결과, 1월뿐만 아니라 6월에도 비슷한 경향이 존재함을 발견했다.

물론 효율시장가설 역시 엄연히 이론적 '가설'에 불과하므로, 이에 반하는 실증적 증거들은 얼마든지 존재할 수 있다. 실제로 정교한 통계적 기법을 적용한 최근 실증 연구 가운데는 1월 효과가 정말로 존재한다는 것을 지지하는 결과도 많다. 그뿐만 아니라 효율시장가설에 반하는 주가 변동 패턴의 또 다른 예로서 이른바 '모멘텀momentum 현상'의 존재를 지지하는 연구도 다수 있다. 여기서 모멘텀 현상이란 한번 주가가 상승하기 시작하면, 이후 상당 기간 상승세가 지속되는 현상을 의미한다. 만일 주식시장이 효율적이라면, 어떤 주식의 가격 상승률이 모멘텀을 가진다는 것을 투자자들이 인지할 경우 이들의 경쟁적인 매입으로 인해 그 주식의 현재 가격이 미리 상승하면서 미래의 주가상승률은 평균적인 수준으로 하락하게 된다. 다시 말해, 효율시장가설이 성립한다면 모멘텀 현상은 존재할 수 없다는 것이다. 그럼에도 현실에서 모멘텀 현상이 존재한다면, 이는 효율시장가설을 반박하는 주요 근거가 될 수 있다. 이후 언급하겠지만, 이렇게 효율시장가설에 위배되는 이례적 현상이 현실에서 종종 나타난다는 것은 효율시장가설이 극단적으로 이데올로기화하는 것을 경계해야 할 중요한 이유가 된다.

아무튼 다시 원래의 논의로 돌아가서, 이렇게 초기의 효율시장가설은 매우 중요한 순기능을 담당하는, '좋은' 이론으로 출발했다. 효율시장가설에 따르면—상기한 기술적 분석가들처럼 자칭 주식투자 전문가라고 하는 사람들을 포함해서—제아무리 유능한 투자자라고 하더라도 시장의 평균수익률을 초과하는 수익을 지속적으로 얻기란 매우 힘든 일이다. 더구나 초과수익을 얻기 위해 노력하는 과정에서 거래 또는 운용수수료 등의 형태로 많은 거래비용이 소요되므로, 웬만큼 거액을 투자하는 투자자가 아닌 이상 시장을 초과하는 수익을 거두는 것은 더욱 어려워진다. 이 때문에 거래비용이 저렴하면서도 시장 평균수익률을 거둘 수 있는 인덱스 펀드의 필요성이 대두한 것이다. 이러한 투자에 대한 교훈의 제공은 효율시장가설이 가진 순기능의 대표적 예이다. 그러나—후술하겠지만—효율시장가설은 이후 극단적으로 이데올로기화되는 과정을 거치면서 경제에 엄청난 위협으로 작용하게 된다.

———•••———

이제부터는 효율시장가설의 역사적 발전과정을 살펴보고자 한다. 다만 그에 앞서 주식의 내재가치가 무엇을 의미하는지를 먼저 알아볼 필요가 있다. 상기한 대로 효율시장가설에 따르면 어떤 기업의 주식 가격은 그 기업 주식의 내재가치를 정확히 반영하여 결정되므로, 효율시장가설이 타당한지를 검증하기 위해서는 우선 주식의 내재가치가 무엇을 의미하며 어떻게 결정되는지를 알아야만 하기 때문이다.

앞서 언급한 대로, 주식의 내재가치intrinsic value는 그 주식에서 미래에 발생할 것으로 예상되는 모든 현금흐름, 즉 배당금(또는 순이익)의 현재가치로 결정된다. 단, 현재가치를 계산할 때 미래의 예상 배당금은 화폐의 시간가치와 주가변동의 위험 등을 반영하여 적절하게 할인되어야 한다. 예컨대 10년 뒤 확실히 100만 원의 배당금을 지급하는 주식이 있다고 할 때, 지금 100만 원을 주고 그 주식을 사는 바보는 없을 것이다. 왜냐하면 지금 100만 원을 다른 곳에 투자하면, 하다못해 쥐꼬리만 한 정기예금 이자라도 벌 수 있으므로 10년 후에는 100만 원보다 반드시 큰 액수로 불어날 것이기 때문이다. 따라서 미래의 예상 배당금 100만 원의 현재가치는 100만 원보다 할인된, 더 적은 금액이 된다. 그뿐만 아니라 주식은 기본적으로 위험자산이다. 왜냐하면 주식의 시장가격은 기업 실적과 시장 수급 변화에 따라 끊임없이 변동하기 때문이다. 따라서 투자자들은 종종 마이너스 수익률 또는 — 정기예금이나 국채와 같은 — 무위험자산에 투자했을 때보다 더 낮은 수익률을 감수하고 주식을 팔게 되는 위험에 노출된다. 이러한 주가변동에 따른 미래 현금흐름에 대한 위험 역시 현재가치 계산 시 배당금 등 미래 현금흐름을 추가적으로 할인시키는 요인이다.

이제 본격적으로 효율시장가설의 발전과정을 살펴보자. 효율시장가설로의 첫 번째 여정은 노벨경제학상 수상자인 해리 마코위츠Harry Markowitz의 포트폴리오 이론[3]에서 비롯된다. 1950년대 등장한 이 이론에 따르면, 다양한 종목의 주식을 분산하여 보유하는 포트폴리오를 구성하면 개별 주식에 존재하는 가격변동 위험을 크게 줄일 수 있다. 그 이유는 다음과 같다. 다양한 종목의 주식 가격은 경제상황의 변화에 제각각 다르게 반응한다. 예컨대 경기호황기에 어떤 종목은 주가가 크게 오르는 반면, 다른 종목은 — 산업별 또는 지역별 여건에 따라 — 오히려 주가가 떨어지기도 한다. 이렇게 다양한 특징을 가지는 종목을 충분히 골고루 포트폴리오에 편입하면 개별 주가의 변동이 서로 상쇄되어 위험이 크게 줄어들면서, 전체 포트폴리오의 평균수익률을 안정적으로 달성할 수 있다는 것이다. 물론 이때 기대되는 평균수익률은 포트폴리오에 편입된 주식들의 내재가치를 반영한다고 간주한다. 이와 같이 마코위츠의 포트폴리오 이론은—후술할 샤프 등의 자본자산 가격결정모형을 통해 계승·발전되면서—효율시장가설이 성립하기 위한 전제조건을 규명하는 데 중요한 이론적 기초를 제공했다.

한편, 1960년대 중반에는 미국 케인즈주의의 태두라고 할 수 있는 새뮤얼슨이 초기 효율시장가설과 유사한 주장을 제기한 바 있다. 그는 주식의 시장가격이 그 내재가치 주위에서 무작위로 움직인다고 주장했다.[4] 새뮤얼슨은 이를—효율시장가설과 마찬가지로—정보에 밝고 합리적인 투자자들이 경쟁적으로 기업을 분석하고 주식을 매매하는 과정에서, 해당 기업에 관련된 모든 정보가 주식의 시장가격에 신속히 반영되기 때문이라고 설명했다. 그에 따르면, 무작위적이고 예측 불가능한 충격으로 인해 발생하는 일시적 오차를 제외할 경우 주식의 시장가격은 해당 기업의 장기적 내재가치에 대한 정확한 척도가 될 수 있으며, 따라서 투자자들은 기업의 내재가치를 추정함으로써 미래 주가를 어느 정도까지는 예측할 수 있다는 것이다. 이러한 새뮤얼슨의 주도하에 당시만 해도 진보적인 학풍을 보였던 MIT는 보수적 학풍의 시카고대와 더불어 효율시장가설의 양대 산실이 되었다.

———•◦•———

주식 가격이 무작위randomness로 움직인다는 것은 투자자들이 운이 아닌 자신의 노력을 통해 시장의 평균수익률보다 더 높은 수익률을 거두는 것이 거의 불가능함을 의미한다. 무작위로 움직이는 주가는 무작위의 정의상 예측이 불가능하기 때문이다. 이 경우 주가 변동에는 어떤 추세나 패턴도 존재하지 않으며, 따라서 과거 주가자료에서 추세나 패턴을 찾아내어 이를 기초로 미래 주가를 예측할 수 있다는 기술적 분석가들의 주장은 더 이상 설 자리를 잃게 된다. 이는 동전을 다섯 번 던졌는데 모두 앞면이 나왔다고 해서, 여섯 번째에도 앞면이 나오리라 믿고 내기를 거는 어리석은 행동을 하는 것과 마찬가지이기 때문이다.

프리드먼의 제자였던 파머는 효율시장가설을 이론적으로 정립한 최초의 학자 중 한 명이었다. 한편 그는 이후 극단적으로 이데올로기화한 효율시장가설을 끝까지 고수하고 옹호한 대표적 학자이기도 했다. 1965년의 기념비적인 논문에서 그는 다음과 같이 서술했다.[5]

'효율적' 시장은 다음과 같은 조건을 만족하는 시장으로 정의된다. 이익을 극대화하는 합리적인 투자자들이 다수 존재하고, 이들은 증권 가격에 영향을 줄 수 있는 모든 중요한 정보에 손쉽게 접근할 수 있으며, 또한 이들은 주어진 정보를 최대한 활용하여 미래 개별 증권의 가격을 예측한 결과에 따라 경쟁적으로 거래한다.

이러한 조건이 만족되는 효율적 시장에서는, 합리적인 투자자들의 경쟁으로 인해 과거와 현재의 활용가능한 모든 정보는 물론이고, 미래에 대한 시장의 예상까지도 현재의 증권 가격에 정확히 반영된다. 다른 말로 하면, 이는 효율적 시장에서 어떤 증권의 시장가격은 그 증권의 내재가치에 대한 최적의 추정값이 됨을 의미한다.

현실의 주식시장이 이러한 의미의 효율적 시장에 해당하는지 실증적으로 검증하기 위해, 파머와 많은 재무경제학자들은 이른바 '사건 연구'event studies를 수행했다. 사건 연구란 기업의 주가에 영향을 줄 수 있는 사건이 발생했을 때, 사건 발생 전후로 해당 기업의 주가가 어떻게 변했는지를 비교하여 살펴보는 연구 방법이다. 예컨대 어떤 제약회사가 대규모 기술수출 계약이 성사 단계에 있음을 발표했다고 하자. 이 경우 연구자들은 발표 직후 이 회사의 주가가 얼마나 신속하게 상향 조정되는지 측정한다. 반대로 기술수출 계약이 취소되었음을 발표한 경우에는, 발표 직후 주가가 얼마나 신속하게 하향 조정되는지 측정한다. 이런 방식으로 수많은 사례에 대해 사건 연구를 수행한 결과, 파머와 동료 재무경제학자들은 새로운 정보의 발표 전후로 주가가 매우 신속하게 조정된다는 것을 발견했다. 주가의 조정속도가 너무 빨라서, 심지어 발표되기 이전의 내부정보를 이용한 거래가 아닌지 의심되는 경우도 있었다.

그러나 이것만으로는 주식시장의 효율성을 지지하는 근거가 부족했다. 사건 연구 결과를 통해 발표된 정보가 매우 신속하게 주가에 반영된다는 것은 확인할 수 있지만, 주가가 해당 기업의 내재가치를 정확히 반영하는지 여부는 알 수 없기 때문이다. 이를 검증하기 위해 파머 등 효율시장가설의 지지자들은 펀드매니저 등 전문투자자들의 투자 성과를 시장의 평균수익률과 비교하는 연구를 수행했다. 만일 주식시장이 효율적이라면 주가가 기업의 내재가치를 정확히 반영하는 수준으로 신속하게 조정될 것이므로, 제아무리 ─ 기업 내재가치를 분석하는 능력이 ─ 뛰어난 전문투자자라도 시장 평균수익률을 초과하는 성과를 거두기는 극히 어려울 것이다. 따라서 전문투자자들의 투자 성과가 시장 평균 수준에 비해 나을 것이 없다면, 이는 주식시장이 효율적임을 지지하는 하나의 증거가 된다.

그런데 이런 연구 방식에는 하나의 맹점이 존재한다. 예컨대 어떤 펀드매니저가 시장 평균보다 꾸준히 높은 수익률을 거두었을 때, 이것이 그가 기업 가치를 분석하는 탁월한 능력을 가졌기 때문인지, 아니면 단순히 더 많은 위험을 무릅쓰기 때문인지 구분하기가 좀처럼 어렵다는 것이다. 예컨대 기업의 내재가치와 관계없이 ─ 첨단산업 분야의 유망한 신생기업과 같이 ─ 위험도가 높은 종목에 투자할 경우, 위험이 큰 만큼 운이 좋으면 시장 평균수익률을 훨씬 초과하는 큰 수익을 거둘 수 있다. 이것이 바로 '고위험 고수익'의 원리이다. 따라서 전문투자자들의 투자 성과를 시장 평균수익률과 비교하여 시장의 효율성 여부를 검증하기 위해서는, 우선 전문투자자들의 투자 성과 가운데 위험부담의 차이에 기인하는 부분을 조정하는 작업이 선행되어야 한다.

이렇게 위험을 조정하기 위해서는 먼저 그 위험을 측정할 수 있어야 하는데, 이는 쉽지 않은 일이다. 그럼에도 몇몇 경제학자들은 이를 수행하는 매우 창의적인 방법을 고안했다. 대표적으로 노벨경제학상 수상자인 윌리엄 샤프William Sharpe와 하버드대의 존 린트너John Lintner 등은 위험의 척도로서 베타beta라는 새로운 개념을 제시했다. 쉽게 말하면 베타는 시장 전체에 골고루 분산투자할 때와 비교해서, 개별 종목 또는 포트폴리오에 투자했을 때 그 가격의 변동성이 몇 배 더 크거나 작은지를 나타내는 척도이다. 예컨대 어떤 주식의 베타가 1이라는 것은 전체 시장의 평균수익률이 1%p만큼 상승 또는 하락할 때, 이 주식의 수익률도 평균적으로 1%p만큼 상승 또는 하락함을 의미한다. 즉, 이 종목에 투자함으로써 투자자들은 시장 전체에 분산투자할 때와 동일한 수준의 위험을 부담한다는 것이다. 마찬가지로 베타가 1보다 큰(작은) 주식에 투자할 경우, 투자자들은 시장 전체에 분산투자할 때보다 높은(낮은) 수준의 위험을 부담하게 된다. 예컨대 베타가 1보다 큰(작은) 주식에 투자하면, 전체 시장의 평균수익률이 1%p만큼 상승 또는 하락할 때, 이 주식의 수익률은 평균적으로 1%p보다 큰(작은) 폭으로 상승 또는 하락하게 된다.

위험을 측정하는 척도로서 베타를 이용하면 전문투자자의 투자성과를 위험도에 따라 조정하고 그 결과를 시장의 평균수익률과 비교하는 것이 가능해진다. 상기한 샤프와 린트너 등이 제시한 이른바 자본자산 가격결정모형Capital Asset Pricing Model, CAPM에 따르면,[6] 개별 주식 또는 포트폴리오에 투자한 경우 기대할 수 있는 수익률은 베타로 측정되는 해당 주식 또는 포트폴리오의 위험도와 일정한 정(+)의 관계를 가진다. 즉 베타가 높은(낮은) 주식일수록, 평균적인 수익률도 높다는(낮다는) 것이다. 따라서 예컨대 베타가 1보다 큰 주식에 투자한 투자자는 시장 전체에 분산투자할 때보다 높은 수준의 위험을 부담했으므로 시장의 평균수익률보다 높은 수익을 기대할 수 있다. 이러한 자본자산 가격결정모형에 근거하여, 효율시장가설의 지지자들은 시장 평균보다 높은 수익률을 거둔 전문투자자 가운데 상당수가 그들이 탁월한 기업가치 분석 능력을 가지고 있기 때문이 아니라, 단순히 그들이 더 위험한 주식에 투자했기 때문이라고 주장했다. 다시 말해, 그들이 베타가 1보다 큰 종목에 많이 투자했기 때문이라는 것이다.

실제로 베타를 이용하여 포트폴리오의 위험을 조정한 후 전문투자자의 투자 성과와 시장의 평균수익률을 비교한 결과, 대체로 효율시장가설을 지지하는 것으로 나타났다. 즉, 포트폴리오마다 제각각 다른 베타의 효과를 고려하여 수익률을 조정하고 나면, 극소수를 제외한 대부분의 전문투자자들이 시장 평균수익률과 비슷하거나 이에 못 미치는 수익률 성과를 냈다는 것이다. 효율시장가설의 지지자들은 이러한 결과가 나타난 원인이, 시장에서 주가가 해당 기업의 내재가치를 정확히 반영하는 수준으로 신속하게 조정되기 때문이라고 해석했다. 즉, 시장은 너무도 효율적이어서 투자전문가조차 — 더 많은 위험을 무릅쓰지 않으면 — '시장을 능가하는'beat the market 것이 좀처럼 불가능하다는 것이다.

이러한 실증 연구 결과는 학자들뿐만 아니라 일반인들에게도 매우 주목할 만한 사실이었다. 왜냐하면 이는 일반인들이 제아무리 뛰어난 투자전문가가 운영하는 펀드에 돈을 맡기더라도, 시장 평균수익률 이상을 꾸준히 버는 것이 거의 불가능함을 의미하기 때문이다. 효율시장가설의 이러한 교훈이 이후 인덱스 펀드의 도입과 보급에 크게 기여했음은 앞서 언급한 바 있다.

효율시장가설의 지지자 중에서도 열성파에 속하는 파머는 상기한 연구 결과를 바탕으로 좀 더 대담한 주장을 펼쳤다. 우선 그는 앞서 인용문에서 보듯이 주식의 시장가격이 '언제나' 해당 기업의 내재가치에 대한 가장 정확한 추정값이라고 보았다. 그러나 효율시장가설을 지지하는 그의 동료들은 대부분 주식의 시장가격이 내재가치의 변화를 대체로 잘 반영한다고 보면서도, 단기적인 정확도에 대해서는 그만큼 신뢰하지 않았다. 한편 파머는 상기한 연구 결과를 근거로 투기적 거품의 존재를 전면적으로 부정했다. 그에 따르면, 시장의 주가는 거의 '언제나' 기업의 내재가치를 충실히 반영하므로, 아주 짧은 기간을 제외하면 주가가 내재가치에서 크게 벗어나는 것—즉, 거품의 발생—은 본질적으로 불가능하다는 것이다. 그럼에도 현실에서 종종 주가가 단기간에 큰 폭으로 변동하는 것은 거품이 발생했기 때문이 아니라, 예컨대 획기적인 기술진보나 갑작스러운 경기위축 등의 요인으로 기업의 내재가치 자체가 변했기 때문이라고 그는 주장했다. 파머가 2007년 한 인터뷰[7]에서, "'거품'이란 말은 나를 미치게 한다"라고 발언한 사례는 이런 인식을 단적으로 보여 준다. 또한 2008년 금융위기의 여파가 생생하게 남아 있던 2013년에도 그는 뉴욕타임스와의 인터뷰에서 "나는 투기적 거품이 대체 무엇을 말하는 것인지 도통 모르겠다"라고 비아냥거리기도 했다.[8]

───•••───

사실 투기적 거품의 존재 또는 폐해를 부정한 원조元祖는 자유방임주의 혁명의 선구자이자 시장 근본주의자인 프리드먼이다. 그가 볼 때—우리가 아는 부정적인 의미의—거품은 존재하지 않거나, 존재하더라도 전혀 해로운 것이 아니다. 또한 이후 살펴보겠지만, 오히려 금융시장이 투기를 필요로 하는 측면도 존재한다. 프리드먼이나 파머가 볼 때, 금융시장에서 투기적 동기에 의한 거래는 주식 등 자산 가격이 적정 수준을 찾아가기 위해 불가피하며, 그로 인해 비로소 시장가격과 내재가치의 괴리가 일정 수준 이내로 통제될 수 있는 것이다.

프리드먼은 금융시장이 본질적으로 효율적이라는 것을 주로 외환시장의 예를 통해 설명하곤 했다.[9] 1944년 미국 뉴햄프셔주의 브레튼우즈Bretton Woods에서 열린 회의에서 제2차 세계대전 이후 전 세계의 통화금융체제 — 이른바 브레튼우즈 체제 — 로서 고정환율제도가 채택된다. 이렇게 고정환율제도가 채택된 데는 당시 영국 대표로 협상에 나섰던 케인즈의 견해가 큰 영향을 미쳤다. 그는 근본적으로 외환시장의 효율성을 불신했다. 다시 말해, 케인즈는 변동환율제도하에서 환율을 시장에 맡겨놓을 경우, 외환 투기가 환율의 불확실성을 크게 증폭할 것이라고 우려했다. 따라서 이러한 불확실성을 사전에 예방하여 국제무역을 증진하기 위해서는 환율이 좁은 범위 안에서 유지되도록 관리하는 고정환율제도가 필요하다고 본 것이다. 하지만 프리드먼의 생각은 정반대였다. 그는 외환시장의 효율성을 철저히 신뢰했으므로, 다른 금융증권과 마찬가지로 외환 역시 시장에서 자유로운 거래에 따라 그 가격 — 즉, 환율 — 이 결정되도록 하는 것이 바람직하다고 보았다. 또한 이렇게 시장에서 환율이 결정되도록 놔두면, 수출과 수입이 대체로 일치하도록 만드는 수준으로 환율이 자연스럽게 수렴한다고 보았다. 예컨대 초기에 수출과 수입이 일치하는 상황에서 어떤 나라의 화폐 가치가 갑자기 높아졌다고 하자. 이 경우 그 나라 수출품의 가격이 비싸지면서 가격경쟁력이 떨어지고, 이에 따라 수출이 감소한다. 수출이 감소하면 외환의 공급이 줄어들면서 외환의 가치가 상승하고 자국 화폐의 가치는 하락하는 방향으로 환율이 조정된다. 그 결과 가격경쟁력이 회복되면서 줄었던 수출이 다시 이전 수준, 즉 수입과 일치하는 수준으로 증가한다는 것이다.

다른 금융시장과 마찬가지로 외환시장에서도 투기적 거품이 발생하며, 이에 따라 환율이 비합리적으로 높거나 낮은 수준까지 등락할 수 있다는 비판에 대해 프리드먼은 다음과 같이 응수한다. 예컨대 어떤 나라의 외환시장에서 자국의 화폐가치가 현재 지나치게 과대평가되었다고 하자. 이 경우 합리적이고 스마트한 투자자라면, 이 기회를 틈타 보유한 자국 화폐를 서둘러 매각하여 차익을 실현할 것이다. 외환시장에 이렇게 스마트한 투자자들이 상당수 존재하는 한, 이들 사이에 매도 경쟁이 일어나면서 결국 자국 화폐의 가치가 하락하고 환율의 과대평가 현상은 해소된다. 반대로 자국의 화폐가치가 현재 지나치게 과소평가된 경우 역시, 방향은 정반대이나 상기한 것과 동일한 과정을 통해 과소평가 현상이 곧 해소된다. 다시 말해, 합리적이고 스마트한 투자자들의 '투기적' 거래로 인해 거품이 발생하기는커녕 오히려 환율이 적정 수준에서 크게 벗어나지 않을 수 있다는 것이다.

이러한 프리드먼의 논의가 성립하려면 합리적이고 스마트한 투자자들이 시장에 충분히 존재해야 한다. 과연 그럴 수 있을까? 프리드먼은 "그렇다"라고 대답한다. 만일 투자자들이 합리적이고 스마트하게 행동하지 않는다면 상당한 투자 손실을 보게 될 것이고, 그 결과 시장에서 곧 도태될 수밖에 없기 때문이다. 다음의 인용문은 프리드먼의 이런 생각을 단적으로 잘 보여 준다. "진부한 사실이지만, 금융시장에서 돈을 버는 유일한 방법은 '쌀 때 사서 비쌀 때 파는' 것이다. 만일 그 반대로 행동하는, 즉 '비쌀 때 사서 쌀 때 파는' 투자자는 곧 빈털터리가 되어 시장에서 사라질 수밖에 없다." 프리드먼이 말한, '비쌀 때 사서 쌀 때 파는' 것이 바로 금융시장에서 나타나는 군집행동herd behavior의 전형적인 예이다. 그는 군집행동을 보이는 투자자들은 스스로 도태될 수밖에 없으므로, 결국 합리적이고 스마트한 투자자들이 금융시장을 주도한다고 보았다.

그러나 이러한 프리드먼의 생각은 시장의 현실과는 완전히 동떨어진 것이다. 현실의 주식시장에서 투자자들은 종종 무작정 다른 투자자들을 따라 거래한다. 예컨대 사람들은 남들이 어떤 종목의 주식을 사면 따라서 사고, 그 결과 이 주식의 가격이 오르기 시작하면 더 많은 사람들이 더 높아진 가격으로 또 산다. 반대로도 마찬가지이다. 남들이 어떤 종목의 주식을 팔면 따라서 팔고, 그 결과 이 주식의 가격이 내리기 시작하면 더 많은 사람들이 더 낮아진 가격으로 또 판다. 이런 군집행동에 따라 주식 등 금융자산의 가격은 종종 극단적인 수준까지 상승 또는 하락한다. 또한 군집행동 때문에 금융시장이 변덕스럽게 휘청인 것은 어제오늘의 일이 아니라 자본주의가 들어선 이후 수백 년 동안 반복되어 온 것이다. 그럼에도 프리드먼은 군집행동과는 거리가 먼 합리적이고 스마트한 투자자들이 금융시장을 주도한다는 허황된 가정을 고수했고, 이를 기초로 외환시장뿐만 아니라 대부분의 금융시장에서 거품의 존재와 그로 인한 폐해를 부정했다.

프리드먼과 마찬가지로 효율시장가설의 지지자들은 상기한 것과 같은, 금융시장에서 나타나는 투자자들의 비합리적 행태를 철저히 무시했다. 이들이 볼 때, 사람들이 말하는 '투기적' 거래는 군집행동 따위와는 거리가 먼 것이며, 단지 자산가격의 적정 수준을 모색하는 과정에서 자연스럽게 수반되는 현상에 불과했다. 더 나아가 이들 중 일부는 금융시장의 효율성으로 인해 심지어—현실에 엄연히 존재하는—작전세력의 시세조종조차 불가능하다는 주장을 버젓이 제기하기도 했다. 이들에 따르면, 작전세력이 대상 주가를 지나치게 높일 경우 대다수의 합리적이고 스마트한 투자자들이 서둘러 매각하여 차익을 실현하면서 주가가 하락하므로, 결과적으로 작전은 실패한다는 것이다. 문제는 이런 생각이 극단적인 효율시장가설의 지지자뿐만 아니라 대체로 온건한 경제학자에게도 호응을 얻으면서 마치 기정사실처럼 간주되었다는 점이다.

그러나 우리는 투기세력의 시세조종이 현실에 엄연히 존재함을 잘 알고 있다. 성공적인 시세조종의 예로서, 금융위기 직전인 2007년 여름, 원유 가격의 폭등을 유발한 원유 관련 파생상품에 대한 투기를 들 수 있다. 당시 원유 가격의 폭등이 월스트리트의 여러 금융회사와 메이저 석유회사들의 관련 파생상품에 대한 투기적 거래와 시세조종에 기인한 것임을 제대로 간파한 경제학자는 거의 없었다. 대부분의 학자들은 유가의 폭등을 중국의 원유수요 증가와 같은 장기적·구조적 요인의 탓으로 돌렸던 것이다. 하지만 원유 가격이 얼마 안 있어 다시 폭락하자, 학자들은 이러한 생각이 잘못된 것임을 인정하지 않을 수 없었다. 파생상품 거래 등을 규제하는 상품선물거래위원회 Commodity Futures Trading Commission의 당시 위원장이었던 게리 겐슬러 Gary Gensler는 학자들보다는 그나마 좀 나은 편이었다. 즉, 그는 당시 유가의 급등락이 상당부분 원유 관련 파생상품에 대한 투기적 거래와 시세조종에 기인했음을 어느 정도 인지하고 있었다는 말이다. 이 사건을 계기로 그는 이후 원유 관련 파생상품 등의 거래를 제한 또는 규제하는 방안을 제시하기도 했다.[10]

주지하다시피 2008년 금융위기를 촉발한, 모기지 관련 채권과 파생금융상품 시장에서도 투기적 거품과 시세조종은 어김없이 등장하여 시장을 교란했다. 그러나 언론은 물론이고 경제학자나 금융전문가 가운데 어느 누구도 이를 미리 위험요인으로 인식하거나 경고하지 못했다. 예컨대—한때 금융회사에서 채권 영업을 하기도 했던—논픽션 작가 겸 금융 저널리스트인 마이클 루이스Michael Lewis는 금융위기가 터지기 직전인 2007년에만 해도 파생금융상품 시장의 거품을 우려하던 사람들을 거의 경멸하는 태도로 무시하곤 했다. 앞서 언급한 대로 당시 파생금융상품 시장은 규제가 거의 전무한 수준이었고, 이 때문에 심지어 거래 당사자조차 시세를 제대로 알지 못하는 상태에서 거래가 이루어지는 등 시장의 투명성과 안정성이 매우 취약한 상황이었다. 이렇게 제도적으로 취약한 상황에서 거래량이 급증하고 가격이 폭등하는데도, 루이스는 거품에 대한 우려가 무지의 소치에 불과한 '기우'杞憂라고 보았다. 2007년 블룸버그 뉴스의 한 기사에서 그는 다음과 같이 썼다.[11] "[파생상품시장의 거품을 우려하는] 거의 대부분의 사람들은 파생상품의 중요한 본질을 제대로 이해하지 못하고 있다. 파생상품은 기존의 위험을 거래자들 간에 재분배하는 수단일 뿐이며, 새로운 위험을 창조하는 것이 결코 아니라는 사실 말이다. 지금 시장에서 일어나고 있는 파생상품을 통한 위험의 재분배가 우리 모두가 우려할 만큼 큰 리스크 요인으로 작용하고 있다는 그들의 주장은 거의 근거가 없는 것이다."

요컨대 그가 볼 때, 당시 파생금융상품 시장에는 의미 있는 수준의 거품이란 존재하지 않았다는 것이다. 결국 금융위기가 터지고 거품이 붕괴한 뒤에야 그는 자신의 어리석음을 깨달았고, 이러한 금융위기에서 얻은 교훈이 그가 서브프라임 모기지 사태 전후 금융투자자들의 다양한 반응을 현실감 있게 묘사한 《빅쇼트》The Big Short라는 제목의 베스트셀러를 쓰게 된 원동력이 되었다.[12] 이 책에서 그는 당시 파생금융상품 시장이 어느 정도까지 비효율적이었고, 그 결과 얼마나 거품이 심각했는지, 그리고 이 거품이 어떻게 순식간에 붕괴했는지 개인투자자의 입장에 서서 생생하게 묘사하고 있다.

파생금융상품시장뿐만 아니라 외환시장에서도 투기적 거품과 시세조종은 어김없이 나타났으며, 그때마다 대부분의 사람들은 이를 뒤늦게서야 깨달았다. 2013년 미 법무부는 외환시장에서의 시세조종 등의 혐의로 시티그룹 등 여러 대형은행에 대한 수사에 착수했다. 상기한 효율시장가설 지지자들의 논리대로, 만일 외환시장이 충분히 효율적이었다면 아마 이런 시세조종은 결코 성공하지 못했거나 아예 시도조차 없었을지도 모른다. 그러나 현실에서 시장은 결코 효율적이지 않았고, 시세조종은 — 적어도 일시적으로는 — 성공했다.

그러나 최근의 금융위기보다 훨씬 이전부터, 금융시장의 효율성을 반증하는 증거들은 차곡차곡 쌓이고 있었다. 개선된 통계적 기법을 적용한 여러 실증 연구들은 상기한 1월 효과 또는 모멘텀 현상과 같이 주가의 일정한 변동 패턴이 반복되는 현상이 실제로 존재함을 보였다. 그뿐만 아니라 효율시장가설의 예측과 달리 지속적으로 '시장을 능가하는' 투자자들이 속속 나타났다. 대표적으로 잘 알려진 예로 전설적인 투자자인 워런 버핏Warren Buffett과 헤지펀드 매니저였던 조지 소로스George Soros 등을 들 수 있다. 한편 이들보다는 훨씬 덜 알려졌지만, 대표적인 파생금융상품인 옵션시장의 '비효율성'을 이용하여 지속적으로 큰 돈을 번 투자자들도 있었다. 여기서 옵션option이란 미래에 정해진 가격으로 주식 등의 기초자산을 사거나 팔 수 있는 권리를 의미한다. 따라서 시장이 효율적이라면 옵션의 가격은 기초자산의 가격과 일정한 관계를 유지하면서 변동하는 것이 정상이다. 그런데 수학자인 에드워드 소프Edward Thorp와 계량경제학자인 신 카수프Sheen Kassouf는 장외(정규 거래소를 통하지 않고 주로 매수자와 매 입자를 이어 주는 중개인을 통해 거래가 이루어지는 시장을 가리킴 — 옮긴 이) 옵션시장에서 옵션 가격이 종종 그 기초자산인 주식의 가격 변동 과는 상반되게 움직이는 것을 발견하고 이를 수학적으로 모형화했 다. 이 모형을 투자에 적용하여 이들은 떼돈을 벌 수 있었고, 1967년 에는 자신들의 모형과 투자 경험을 담은 《시장을 능가하는 법》Beat the Market이라는 책을 펴내기도 했다.[13] 이는 — 당시의 장외 시장과 같 이 — 거래량이 충분치 않고 유동성이 낮은 시장이 얼마나 비효율적 일 수 있는지, 그리고 이러한 '비효율성'을 이용하여 어떻게 시장을 능가하는 수익을 거둘 수 있는지 생생하게 보여 주는 사례라고 할 수 있다.

이렇게 효율시장가설에 반하는 증거들이 속속 보고되면서, 파머 는 이러한 반대 증거들을 해명함으로써 효율시장가설을 변호하고자 노력했다. 예컨대 파머는 증권분석가 가운데 소수이긴 하지만 기업 의 내재가치 변화를 사전적으로 예측하고 평가할 수 있는 능력을 가 진 이들이 존재함을 인정했다. 그에 따르면,[14] "시장에서는 언제나 기업의 내재가치에 영향을 주는 새로운 정보가 유입된다. 따라서 이 러한 새로운 정보의 출현을 사전적으로 예측하고, 그 정보가 내재가 치에 미치는 영향을 제대로 평가할 수 있는 분석가들은 그런 재능이 없는 이들보다 더 큰 수익을 거두게 된다." 따라서 효율시장가설의

예측과 달리, 가끔 시장을 지속적으로 능가하는 투자자들이 등장하는 것은—시장이 비효율적이어서가 아니라—이들의 특출한 능력 때문이라는 것이다.

또한 파머는 효율시장가설을 반박하는 증거로 제시된 또 다른 현상들에 대해서도 적극적으로 해명했다. 예컨대 여러 연구들은 주식시장에서 주가수익비율Price Earning Ratio, PER(어떤 기업의 현재 주가를 그 기업의 주당 순이익으로 나눈 비율을 의미함—옮긴이)이 낮은 주식일수록, 이를 매입했을 때 평균적인 수익률이 시장을 능가하는 경향이 높음을 발견했다. 효율시장가설의 비판자들에 따르면, 이는 주가수익비율과 같이 이미 알려져 있는 정보를 이용하여 시장을 초과하는 수익을 거둘 수 있음을 의미하므로 곧 시장이 비효율적임을 보여 주는 증거가 될 수 있다는 것이다. 그러나 파머는 주가수익비율이 낮은, 다시 말해 이익 수준에 비해 주가가 시장에서 낮게 평가된 기업일수록 대체로 더 위험한 기업인 경우가 대부분이므로, '고위험 고수익'의 원리에 따라 이들 기업에 투자했을 때의 수익률이 상대적으로 높게 나타나는 것은 당연한 현상이라고 보았다. 즉, 앞서 언급한 대로 투자자들의 수익률을 시장 평균 수준과 비교하기 위해서는 우선 투자수익률을 위험도에 따라 조정해야 하는데, 이렇게 위험을 조정하고 나면 주가수익비율이 낮은 주식의 수익률이 시장 평균과 크게 다를 것이 없다는 것이다. 따라서 상기한 현상은 시장이 비효율적임을 증명하는 증거가 될 수 없다는 것이 파머의 주장이다.

그러나 효율시장가설을 반박하는 증거로 제시된 현상 가운데는 파머가 해명하는 데 실패한 것도 있다. 대표적 예가 앞서 언급했던 모멘텀 현상이다. 이는 앞서 언급한 대로, 주가가 한번 오르기 시작하면 한동안 계속 오르고 반대로 떨어지기 시작하면 한동안 계속 떨어지는 현상인데, 파머는 실제 주가 자료에서 이런 현상이 나타난다는 것을 인정하면서도 이를 효율시장가설의 틀 안에서 설명하는 데는 실패하고 말았다. 결국 그는 현실의 주식시장이 완벽하게 효율적이지 않을 수 있다고 인정할 수밖에 없었다.

그러면서도 파머는 효율시장가설에 대한 또 하나의 방어 논리를 제시하기도 했다. 만일 어떤 주식의 가격이 내재가치에 비해 일시적으로 과소평가된 수준을 유지한다고 할 때, 이것은 시장의 비효율성 때문일 수도 있지만 다른 이유 때문일 수도 있다는 것이다. 그 다른 이유로 파머가 든 것이 바로 거래비용의 존재이다. 예컨대 과소평가된 주식을 매입함으로써 기대되는 수익이 주식 매입에 소요되는 거래수수료, 세금 등 거래비용에 비해 작다면 투자자들은 이 주식을 매입하지 않을 것이며, 따라서 현재 주가도 과소평가된 수준을 계속 유지할 것이다. 이와 같이 거래비용이 존재하면, 시장이 효율적인 경우에도 주가는 내재가치에서 일시적으로 괴리될 수 있다. 물론 이러한 거래비용의 부담은 거래수수료 등을 면제 받기 어려운 소액 투자자와 개인 투자자에게 상대적으로 더 큰 제약으로 작용할 것이다. 이렇게 파머가 제시한, 순수한 형태의 효율시장가설을 반박하는 증거들이 점차 누적되면서, 이를 해명하기 위해 효율시장가설은 그 가정에 따라 여러 가지 형태의 버전으로 분화되기 시작했다. 즉, 이른바 약형weak form, 준강형semistrong form, 강형strong form 효율시장가설이 그것이다. 먼저 약형 효율시장가설은 가장 가정이 완화된 버전의 효율시장가설로, 과거 주가에 대한 모든 정보는 이미 현재 주가에 정확히 반영되어 있으므로, 과거 주가 정보를 이용하여 앞으로의 주가를 예측하는 것은 불가능함을 의미한다. 과거 주가 자료에서 주가 변동의 추세나 패턴을 발견함으로써 미래 주가를 예측하고자 하는 것이 이른바 '기술적 분석'이므로, 약형 효율시장가설은 이러한 기술적 분석 또는 차트 분석이 무용無用함을 의미하는 가설이라고 할 수 있다.

다음으로 준강형 효율시장가설은 과거 정보는 물론이고 현재까지 공개적으로 이용 가능한 모든 정보는 이미 현재의 주가에 완전히 반영되어 있으므로, 투자자들이 지금까지 공표된 정보를 이용하여 앞으로의 주가를 예측하는 것은 불가능함을 의미한다. 예컨대 앞서 언급한 주가수익비율이나 기업의 재무제표와 같이 현재 공표된 정보만 분석해서는 시장 평균수익률을 초과하는 수익을 얻을 수 없다는 것이다. 이는 상기한 세 가지 유형의 효율시장가설 가운데 현실에 가장 가까운 가설로 인정받고 있으며, 이 때문에 대다수 온건 성향의 주류경제학자들이 보편적으로 동의하는 통설이라고 할 수 있다.

마지막으로 강형 효율시장가설은 가장 강한 가정을 기초로 한 버전으로, 과거와 현재의 공표된 모든 정보뿐만 아니라 심지어 미공개 정보까지 포함해서, 기업의 내재가치에 관련된 모든 정보가 현재 주가에 완전히 반영되어 있다고 가정한다. 따라서 현재의 주가는 언제나 해당 기업의 내재가치를 정확히 반영하며, 이 경우 심지어 미공개 내부정보를 이용한다 하더라도 초과수익을 얻는 것은 불가능하다. 쉽게 말하자면, 강형 효율시장가설은 주식시장이 미래를 내다보는 '일종의 천리안을 가지고 있다'고 가정한다. 내재가치는 그 주식에서 미래에 발생할 것으로 예상되는 모든 현금흐름의 현재가치이므로, 현재 시장의 주가가 내재가치를 정확히 반영한다는 것은 시장이 과거와 현재의 정보를 반영할 뿐만 아니라 미래까지 내다본다는 것을 의미하기 때문이다.

강형 효율시장가설은 가정의 비현실성 때문에 거의 대부분의 학자들에게 비판의 대상이 되었다. 신기한 것은 이러한 비판에도 불구하고, 이 가설이 경제정책 방향에 엄청난 영향력을 미쳤다는 점이다. 특히 1990년대에서 2000년대에 걸쳐 시행된, 금융시장에 대한 탈규제 정책의 이론적 토대를 제공했다. 금융시장에서 결정되는 자산가격이 언제나 '옳다면' 투기적 거품이나 시세조종 따위는 전혀 문제가 되지 않으며, 따라서 이 경우 정부의 규제는 불필요할 뿐만 아니라 오히려 금융혁신을 저해하는 등 해롭기까지 하다는 것이다. 금융규제에 대한 이런 인식은 연준 의장이었던 그린스펀의 다음과 같은 발언에 잘 나타난다.[15] "시장 구조상 주로 전문투자자들의 거래가 중심이 되는 시장의 경우, 예나 지금이나 정부의 규제에서 대체로 자유로운 편이었다. 그 이유는 전문투자자 시장의 경우, 일반적인 개인투자자가 참여하는 시장에 비해 투자자 보호를 위한 규제의 필요성이 낮기 때문이다. 게다가 전문투자자 시장에서는 규제가 불필요할 뿐만 아니라 잠재적으로 해로울 수도 있다. 왜냐하면 예컨대 금융자산 보유 및 거래 정보에 대한 의무적 공시 등의 규제는 금융혁신을 잠재적으로 저해하는 요인이 될 수 있기 때문이다."

4장에서 살펴본 대로, 1970년대 나타난 극심한 스태그플레이션은 대중의 반정부적 정서가 전반적으로 확산되는 계기가 되었다. 이런 정치·사회적 배경 속에서 —이후 살펴보겠지만— 파머가 제기한 오리지널 버전의 효율시장가설, 즉 이후의 강형 효율시장가설은 당시 막 시작된 금융시장의 탈규제화를 정당화하는 주된 이론적 토대가 되었다.

효율시장가설은 금융의 탈규제화뿐만 아니라 기업의 지배구조를 기존의 경영자 중심에서 주주 중심으로 전환하는 데 핵심적인 정당화 논리를 제공했다. 상기한 대로 1970년대는 스태그플레이션의 시대였을 뿐만 아니라 미국 기업의 국제경쟁력이 본격적으로 쇠락하기 시작한 시기이기도 했다. 주요 산업에서 미국 기업의 시장 점유율은 일본과 유럽의 동종 업계 기업에게 점차 뒤처지기 시작했다. 미국인들은 포드의 자동차와 GE의 가전제품 대신, 토요타 또는 BMW와 소니의 제품을 더 많이 구매했다. 미국의 무역적자는 거침없이 확대되기 시작했고, 전반적인 기업 이윤은 감소했으며, 거기에 인플레이션까지 치솟으면서 경영 의사결정에 불확실성이 배가되었다.

기업의 경영진들은 이러한 경쟁력 약화를 노조의 과도한 임금인상 요구 탓으로 돌렸다. 특히 자동차 산업에서 그런 경향이 두드러졌는데, 미국 자동차 회사의 경영진들은 일본 경쟁력의 원천이 낮은 임금 수준이라고 주장했지만 이는 사실이 아니었다. 당시 일본은 단순히 싼 임금으로 싸기만 한 차를 만든 것이 아니라, 높은 생산성을 통해 저렴하면서도 질 좋은 차를 만들었기 때문에 성공할 수 있었던 것이다. 한편 월스트리트의 금융기관이 볼 때, 미국 기업들의 경쟁력 저하 원인은 비싼 인건비 따위가 아니라 게으른 경영진의 방만한 경영행태 때문이었다. 경영진들이 인건비 부담에 어려움을 호소했음에도, 기업의 곳간에는 투자처를 찾지 못한 현금이 가득 쌓여 있었기 때문이다.

이에 착안하여 일부 경제학자들은 기업의 경쟁력 저하가 왜곡된 기업지배구조에 기인한다고 주장하기 시작했다. 다시 말해, 당시 대기업의 전문경영인들이 회사의 오너owner가 아니다 보니 기업가 정신을 배양하고 발휘할 수 없는 구조였다는 것이다. 이들이 볼 때 1950년대와 1960년대를 포함하여, 그 이전 수세대에 걸쳐 전문경영인들의 지휘하에 눈부신 성장을 이룩한 대기업 — 몇몇 익숙한 이름을 열거하면, GE, GM, 스탠더드오일, 유에스스틸, 존슨앤드존슨 등등 — 의 사례는 이제 더 이상 유효하지 않았다. 그러나 경영사학자인 알프레드 챈들러Alfred Chandler에 따르면, 이러한 위대한 기업을 설립한 것은 오너였지만, 이를 위대한 기업으로 키워 낸 것은 거의 전적으로 전문경영인이었다.[16]

그러나 경제학자들은 대체로 역사에서 얻은 교훈을 쉽게 잊는 습성을 가진 족속이다. 전문경영인이 이룩했던 과거의 눈부신 성과는 이들에게 완전히 잊혀졌다. 경제학자들은 이제 전문경영인을 기업가 정신이 투철한 오너, 즉 지배주주로 전환해야 하며, 비대하고 방만하게 운영되던 기업을 지배주주를 통해 날렵하고 효율적인 조직으로 구조조정해야만 상실했던 국제경쟁력을 되찾을 수 있다고 주장했다. 이렇게 전문경영인을 책임감 있는 오너로 전환하는 방법으로 경제학자들이 제기한 대표적인 두 가지 방안은 바로 적대적 인수·합병을 촉진하고 경영진에게 스톡옵션 — 주식매입선택권 — 을 부여하는 것이었다. 후술하겠지만, 이러한 두 가지 방안은 모두 효율시장가설에 그 정당화의 근거를 두고 있으며, 기업의 지배구조를 기존의 전문경영인 중심에서 주주 중심으로 전환하는 데 크게 기여했다는 점에서 공통점이 있다.

이 두 가지 방안을 이론적으로 정당화하고 실제 적용 사례를 확산시키는 데 중추적인 역할을 담당한 대표적인 재무경제학자가 바로 마이클 젠슨Michael Jensen이다. 원래 젠슨은 초기 효율시장가설의 정립에 크게 기여하면서 일약 학계의 스타로 떠오른 인물이다. 그는 당시 모건스탠리 등 투자은행과 조지프 플롬Joseph Flom과 같은 인수·합병 전문 변호사들이 주도하던 대대적인 적대적 인수·합병 운동을 경제학적으로 정당화하고 옹호하는 데 중추적 역할을 했다. 과거 적대적 인수·합병에 부정적이었던 투자은행들의 태도는 인수·합병의 엄청난 잠재적 수익성으로 인해 완전히 달라졌다. 이들은 현재 자산가치에 비해 주가가 다소 과소평가된 기업을 발견하면, 그 기업 경영진의 의사와 관계없이 이를 인수·합병하기 위해 경쟁적으로 달려들었던 것이다.

젠슨은 적대적 인수·합병 경쟁이 '보이지 않는 손', 즉 경제적 효율성을 극대화하는 경쟁적 시장 메커니즘이 제대로 작동하는 하나의 사례라고 하면서, 이를 적극적으로 옹호했다. 예컨대 1986년에 나온 기념비적인 논문[17]을 통해 젠슨은 1970년대 초부터 시작된 주식시장의 전반적인 침체는 시장이 기업들의 주가를 제대로 평가한 결과라고 주장했다. 당시 기업들의 주가가 저조했던 것은 주가가 기업들의 내재가치를 과소평가한 것이 아니라, 전문경영인들의 방만한 경영관행에 따라 내재가치 자체가 실제로 낮았기 때문이라는 것이다. 다시 말해 당시에도 효율시장가설에 따라 시장의 주가는 기업들의 낮아진 내재가치를 정확히 반영하고 있었다는 것이다. 따라서 자유로운 적대적 인수·합병 경쟁을 통해 기업이 내재가치를 가장 크게 증가시킬 수 있는 투자자에게 매각되면, 이 기업의 경쟁력이 곧 회복될 수 있다고 그는 믿었다.

좀 더 구체적으로, 당시 미국 기업의 경쟁력 저하는 일본과 같은 경쟁국의 부상 탓도 상당 부분 있지만, 기업 지배구조의 취약성, 즉 주주에 대한 '대리인'으로서 전문경영인들이 방만하게 기업을 운영한 탓이 크다고 젠슨은 주장한다. 당시 많은 전문경영인들은 나태했을 뿐만 아니라 그들 자신의 자리 보전을 위해 수익성이 떨어지는 사업부문을 억지로 떠안고 가는 등 적극적으로 기업 경쟁력을 저하시키는 행동까지 서슴지 않았다는 것이다. 이러한 상황에서 적대적 인수·합병은 미국 기업의 경쟁력을 회복할 수 있는 매우 효과적인 방안이 될 수 있다고 그는 믿었다. 구조조정 노하우를 가진 투자자들이 비효율적인 기업을 인수·합병할 경우 살릴 수 있는 사업부문은 구조조정하여 수익성을 높이는 한편, 희망이 없는 사업부문은 과감히 정리함으로써 기업가치, 즉 주주가치를 극대화할 수 있다는 것이다.

적대적으로 인수·합병을 할 때, 인수자는 대규모의 인수자금을 차입으로 마련하는 것이 보통이다. 젠슨은 이러한 대규모 차입이 인수된 회사의 기업가치를 높이는 데 이롭다고 주장한다. 왜냐하면 차입에 대한 원리금 상환을 위해—과거 방만한 경영관행으로 인해—과도하게 보유하고 있던 현금을 사용할 수 있고, 불요불급한 비용을 삭감하며, 수익성 전망이 어두운 사업부문을 정리하는 계기를 제공하기 때문이다. 더구나 차입금 상환금 가운데 일부는 세금 공제가 가능하므로, 정부에게 일종의 보조금을 받는 효과까지 존재한다. 대규모 차입을 통한 기업 인수가 인수된 회사의 기업가치를 높인다는 증거로, 젠슨은 인수된 회사의 주주들이 인수 전후로 막대한 이익을 본 사례들을 언급했다.

물론 인수 전후로 인수된 회사의 주가가 대체로 상승한 것은 사실이다. 그도 그럴 것이 인수·합병을 위한 경쟁적 입찰 과정에서 인수 대상 회사의 주가가 점차 상승하는 경우가 대부분이기 때문이다. 그뿐만 아니라 인수 후 구조조정에 따라 고용을 축소하고 손실이 나던 사업부문을 정리함으로써 인수된 회사의 이윤 마진이 개선되는 것 역시 주가의 상승에 기여한다. 이렇게 개별 기업과 주주의 입장에서는 이런 구조조정이 유익할지 모르나, 기업이 속한 전체 산업이나 거시경제의 입장에서는 이롭다고 할 수 있을지 의문이다. 예컨대 현재 적자를 보고 있는 사업부문 가운데 서둘러 정리하는 것이 바람직한 부문도 물론 있겠지만, 한편으로는 미래의 엄청난 잠재적 수익성을 감안할 때 조금 더 인내심을 가지고 장기적으로 투자하는 것이 바람직한 부문도 분명 존재할 것이다. 더구나 실제 인수·합병 사례를 보면, 인수 후 새롭게 교체된 경영진이 나태하고 방만했던 인수 전의 경영진보다 그다지 나을 것이 없는 경우도 다반사였다. 또 다른 문제는 적대적 인수·합병이 인수하는 회사의 주주가치에 이롭다는 증거가 거의 없다는 것이다. 상기한 대로 인수·합병을 위한 경쟁적 입찰 과정에서 인수되는 회사의 주가가 대체로 상승한다는 것은, 거꾸로 말하면 인수자가 과도한 인수대금을 지급하는 경우가 빈번함을 의미한다. 그러다 보니 인수에 성공한 이후, 인수한 회사의 주가는 대체로 하락하거나 아니면 주가 상승세가 둔화되는 경우가 많다.

이와 관련하여 보스턴 컨설팅그룹의 마크 시로워Mark Sirower는 1997년에 인수·합병에 따른 인수자의 손익을 종합적으로 분석한 결과를 내놓았는데,[18] 이는 지금까지도 관련 주제에 관한 매우 중요한 연구로 평가된다. 여기에서 그는 다음과 같은 결론을 내리고 있다. "대부분의 인수·합병은 성공보다는 실패할 가능성이 높다." 그뿐만 아니라 경제학자 에일린 애플바움Eileen Appelbaum과 로즈마리 배트 Rosemary Batt는 인수·합병의 일종인 국영기업 민영화 및 레버리지 매수leveraged buyout(인수자금의 대부분을 인수되는 회사의 자산을 담보로 차입하여 회사를 매수하는 방법 - 옮긴이)의 효과에 대해 연구했는데,[19] 분석 결과 인수·합병 이후 대부분의 기업에서는 고용이 감소했고 생산성 증가세가 지체되었음을 보고한 바 있다.

전문경영인을 기업가 정신이 충만한 오너로 전환하기 위해 젠슨이 제시한 또 하나의 방안은 경영진에게 성과에 대한 보상으로 상당한 규모의 스톡옵션stock option을 부여하는 것이다. 여기서 스톡옵션, 다른 말로 주식매입선택권이란 경영진에게 일정 수량의 자사 주식을 정해진 가격으로 매수할 수 있는 권리를 부여하는 제도를 말한다. 이후 경영성과의 개선에 따라 자사의 주가가 오르면, 경영진은 스톡옵션을 행사함으로써 시세차익을 실현할 수 있다. 젠슨에게 스톡옵션은 전문경영인을 잠재적인 주주로 전환시킴으로써 그들이 오너, 즉 지배주주를 포함한 일반 주주들의 이익에 부합하는 방향으로 행동하게 하는 중요한 열쇠였다. 주목할 것은, 전문경영인의 동기 부여를 위해 스톡옵션을 사용하는 것을 정당화하는 주된 이론적 근거가 바로 효율시장가설이라는 점이다. 특히 강형 효율시장가설에 따르면 주가는 해당 기업의 장기적인 예상 현금흐름의 현재가치, 즉 내재가치를 정확히 반영하므로 — 스톡옵션의 가치를 결정하는 — 주가야말로 해당 기업 경영진의 경영성과를 평가하는 척도로서 최적의 지표가 될 수 있다. 따라서 효율시장가설에 따르면 만일 어떤 경영자가 취임한 이후 그 기업의 주가가 상승했다면, 이는 경영자가 기업의 내재가치를 제고하는 데 기여했음을 의미하므로 스톡옵션을 통해 높은 보상을 받는 것이 당연하다는 것이다.

　이후 스톡옵션은 특히 신생 기업 경영진에 대한 보상 수단으로 널리 활용되기 시작했다. 한편 스톡옵션이 빠르게 보급된 데는 제도적인 요인도 우호적으로 작용했다. 비록 스톡옵션을 부여하는 단계에서는 일반적인 인건비와 달리 현금이 지급되지 않지만, 스톡옵션이 행사되면 발행주식수가 증가하면서 일반 주주들에게 배당 가능한 이익이 줄어든다는 점에서 원칙적으로 스톡옵션은 회계상 비용으로 처리하는 것이 옳다. 그러나 1990년대만 해도 스톡옵션은—주석사항으로만 기재하고—회계상 비용으로 처리하지 않았다. 이런 불합리한 관행은 회계 관련 업계뿐만 아니라 미국 증권거래위원회 Securities Exchange Commission, SEC와 의회에 의해서도 이후 상당 기간 묵인·방조되었다. 이렇게 경영진에게 대한 강력한 동기 부여 수단이면서도 회계상 비용 부담이 전혀 없다 보니, 스톡옵션이 널리 보급되는 것은 당연한 수순이었다.

　1990년대 IT 거품으로 인해 주가가 폭등하면서 스톡옵션을 부여받은 최고경영자들의 평균 보수는 천정부지로 치솟았다. 그 결과, 최고경영자의 보수가 일반 노동자 보수의 300배를 넘는 수준에 이르렀다. 그러나 당시의 클린턴 정부는—스톡옵션을 비용 처리하지 않는—불합리한 회계 관행을 시정하기 위한 어떠한 조치도 취하지 않았으므로, 스톡옵션을 통한 최고경영자의 보수 증가는 회계상 기업 이윤에 전혀 영향을 주지 않았다. 심지어 클린턴 정부 초기에는 급여·수당 등 일반적인 근로소득에 대한 세금공제 한도를 축소함으로써 스톡옵션 형태로의 보수 수령을 부추기기까지 했다.

　젠슨은 종종 스톡옵션이 기업의 지배구조를 어떻게 쇄신할 수 있는지를 사람들이 도통 이해하지 못한다며 경멸적인 어조로 비판하곤 했다. 그러나 시간이 갈수록 스톡옵션을 통한 경영자 보수의 증가가 실질적인 경영성과 개선으로 좀처럼 이어지지 않는다는 사실이 점점 분명해졌다. 오히려 스톡옵션의 확대는 단기성과주의를 부추김으로써, 경영자에게 고용과 장기투자 축소를 통해 단기적으로 이윤과 주가를 부양할 유인을 제공했다. 이윤과 주가 부양을 위해 — 앞서 언급했던 엔론과 월드컴 사태에서 보듯이 — 심지어 회계 부정과 사기가 횡행하기도 했다. 이러한 행태는 결국 주가에 단기적 거품을 유발한 주요 요인이 되었고, 그것이 터진 것이 바로 2000년대 초의 IT 거품 붕괴이다.

재미있는 것은 거품이 붕괴된 이후 젠슨의 태도가 확 바뀌었다는 점이다. 그는 이제 자신이 더 이상 극단적 유형의 효율시장가설, 즉 강형 효율시장가설의 신봉자가 아니라고 발뺌했다. 게다가 젠슨은 경영자의 동기 부여뿐만 아니라 개인적인 진실성도 중요하다고 주장함으로써, 주위의 동료들을 깜짝 놀라게 했다. 자본주의에서 기업의 유일무이한 목표는 이윤 창출이라고 역설한 프리드먼이나 주가야말로 경영성과를 측정하는 최적의 척도라고 주장하는 효율시장가설론자의 생각 따위는 이제 더 이상 젠슨의 안중에 없는 듯했다.

여하튼 젠슨의 예에서 보듯이, 2000년대 초 IT 거품 붕괴를 계기로 — 파머가 당초 제시했던 — 순수한 형태의 효율시장가설, 즉 강형 효율시장가설 신봉자들의 공격적이고 집요한 정책 제안은 점차 잦아들었다. 그러나 때는 이미 이러한 제안들의 폐해가 가시화한 뒤였다. 예컨대 효율시장가설에 기초하여 추진된 금융의 탈규제화는 금융시장의 안정성을 크게 위협했다. 또한 적대적 인수·합병에 따른 구조조정과 스톡옵션을 통한 경영자 보수 증가는 기업의 장기적 체질을 개선하기보다는 고용과 장기투자를 희생하는 대가로 단기 이윤과 주가를 인위적으로 부양하는 부작용을 낳았다. 그리고 무엇보다도 중요한 것은, 거품의 존재를 부정하는 효율시장가설이 당시 IT 기업에 대한 과도한 금융투기를 이론적으로 정당화하는 핵심 근거였다는 점이다.

------ ◆◆◆ ------

1990년대 IT 거품에 의한 주식시장 호황이 한창일 무렵, 주가가 날이 갈수록 치솟는 와중에도 거품의 존재를 부정하는 효율시장가설에 경도되어 있던 경제학계는 투자자들에게 어떤 경고도 하지 않았다. 당시 대부분의 학자들과 정책담당자들은 기업의 이익 수준에 비해 이례적으로 높았던 주가가 거품의 산물이라기보다는—경제의 미래에 대한—과거 전례가 없을 정도로 낙관적인 전망을 반영하는 것이라고 보았다. 대표적 예로서 연준 의장이었던 그린스펀은 당시의 미국 경제를 '신경제'New Economy로 표현하면서, 인터넷과 관련된 첨단기술 기업들을 중심으로 또 하나의 전면적인 산업혁명이 일어나고 있다고 호들갑을 떨었다. 따라서 당시의 높은 주가는 거품 따위가 아니라 미래에 대한 합리적인 전망에 근거한 것이라고 그는 생각했다. 그렇다 보니 주가가 폭등하고 대출이 급증하는 와중에도, 그는 금리를 인상하거나 은행 등 금융기관의 자기자본비율 규제를 강화할 필요성을 느끼지 못했다. 그의 이런 반응은—4장에서 언급했던—1996년의 '비이성적 과열' 해프닝을 계기로, 그린스펀이 자산시장의

거품에 대해 무관심한 태도를 취하게 된 것에도 상당 부분 기인한다.

1994년 펜실베이니아대의 재무경제학자 제러미 시겔Jeremy Siegel은 《주식에 장기투자하라》Stocks for the Long Run라는 제목의 책을 발간했다.[20] 돌이켜 보면 이 책은 당시 주식시장의 거품에 기름을 끼얹는 역할을 했다. 시겔은 이 책에서 1802년 이후 주식과 채권의 장기 수익률을 포괄적으로 비교·분석했다. 분석 결과, 예컨대 1802년 당시 1달러를 주식에 투자한 경우 1997년에는 평균적인 자산가치가 약 750만 달러로 불어난 반면, 같은 금액을 채권에 투자한 경우 불어난 자산가치는 고작 10,700달러에 그치는 것으로 나타났다. 이를 통해 시겔이 이야기하고자 했던 것은 주식에 투자하는 것이 채권에 비해 '장기적 관점'에서 훨씬 유리한 선택이라는 것이다. 이는 주식의 매입 시점과 관계없이 유효한 사실이다. 설사 주식을 단기적 거품의 정점에서 샀다 하더라도, 주가가 경제성장과 나란히 추세적으로 상승함을 감안하면 '장기적 관점'에서는 여전히 충분히 싸게 산 것이기 때문이다.

시겔의 논의 중 더욱 이목을 끄는 것은 장기가 아닌 단기 수익률을 비교한 결과이다. 이 경우에도 역시 주식에 투자했을 때의 평균수익률이 채권을 크게 능가했다. 10년 단위로 나누어 기간별 수익률을 비교한 결과, 전체의 80%에 해당하는 기간에서 주식의 수익률이 채권보다 높았던 것이다. 시겔의 분석 결과는 현재 시장 상황과 관계없이 채권보다는 주식에 투자하는 것이 언제나 바람직한 선택이라는 인식을 투자자들에게 심어 주었다. 시겔의 실증 분석 결과는 당시의 높은 주가가 기업의 장기적 내재가치를 정확히 반영한다는 효율시장 가설의 논리와 더불어, 투자자들이 거품에 대한 우려 없이 주식을 추가 매입하도록 유도하는 요인으로 작용했다.

그러나 다른 한편에서는 효율시장가설에 경도되어 있던 경제학계에 반기를 든 일군의 학자들이 존재했다. 대표주자는 4장에서 잠깐 언급했던 로버트 실러였다. 예일대 교수였던 그는 1980년대 초부터 주식시장에서 효율시장가설에 반하는 실증적 증거를 찾는 작업을 수행해 왔다. 그는 2000년 발간된—그린스펀의 발언과 같은 이름의—저서 《비이성적 과열》Irrational Exuberance을 통해,[21] 주가가 기업가치에 대한 언제나 '올바른' 척도라는 효율시장가설의 주장이 실증적으로 얼마나 납득하기 어려운 것인지를 설득력 있게 보여 주었다. 그가 제기한 문제는 다음과 같다. 효율시장가설의 주장대로 주가가 내재가치, 즉 미래에 발생할 것으로 예상되는 모든 배당금(또는 순이익)의 현재가치와 동일하다면, 도대체 왜 현실의 주가는 배당금(또는 순이익)보다 훨씬 큰 폭으로 변동하는가?

과거의 장기 주가자료를 대강만 살펴보아도, 주가가 미래 배당금 또는 순이익의 현재가치를 반영한다는 효율시장가설의 주장이 얼마나 터무니없는지 쉽게 알 수 있다. 예컨대 1871년부터 2005년까지 주가 평균, 즉 전체 주식시장의 주가지수는 기업의 순이익보다 7~8배 더 높은 비율로 상승했을 뿐만 아니라, 그 변동성도 훨씬 컸다. 또한 1994년에서 주가가 정점이었던 2000년 사이의 최근 자료를 보아도 주가지수는 서너 배 정도 상승한 반면, 기업의 순이익은 고작 60% 정도 증가하는 데 그쳤다. 주가가 미래 배당금 또는 순이익의 현재가치를 정확히 반영한다는 효율시장가설로는 이런 변화율 격차를 도저히 설명할 수 없다. 더구나 실러에 따르면, 전체 주가지수에 비해 개별 주가의 경우 격차가 더 두드러진다. 즉, 개별 주가의 상승률을 같은 기간의 배당금 증가율과 비교하면, 대부분 전자가 후자보다 훨씬 높을 뿐만 아니라 변동성 역시 더욱 컸다는 것이다. 이 역시 현실에서 효율시장가설이 성립한다면 도저히 있을 수 없는 일이다.

이와 같이 실러는 효율시장가설의 예측과 달리 투기적 거품이 실제로 존재하며, 또한 그 폐해가 막대할 수 있음을 실증 자료를 이용하여 설득력 있게 논증했다. 물론 파머와 같은 효율시장가설의 완고한 지지자들에게는 이조차 '쇠귀에 경 읽기'였지만 말이다. 실러는 상기한 책에서 다음과 같이 썼다.[22] "내가 말하는 투기적 거품이란 다음과 같은 상황을 의미한다. 자산가격이 상승한다는 뉴스가 일부 투자자들의 매수 심리를 부추기기 시작하면, 이는 곧 가격 상승을 정당화하는 급조된 논리와 소문을 통해 대중에게 급속히 확산된다. 이에 따라 새롭게 시장에 뛰어든 투자자들은 현재 자산가격의 적정성에 의구심을 가지면서도, 한편으로 주변 투자자들의 성공에 대한 시기심과 다른 한편으로는 일종의 도박이 주는 흥분상태로 인해 결국 매수 행렬에 참여하게 된다." 즉, 실러가 정의한 투기적 거품은 프리드먼과 파머가 상정한, 합리적인 투자자들로 구성된 효율적 시장에서는 도저히 일어날 수 없는 현상이라고 할 수 있다.

2000년대 중반 부동산 시장에 거품이 한창일 때도, 프리드먼과 효율시장가설의 신봉자들은 이전의 IT 거품 때와 마찬가지 태도를 보였다. 그들에 따르면, 당시 모기지 관련 파생금융상품의 매수에 투자자들이 몰렸던 것은 거품 때문이 아니라, 금융혁신에 따라 이 상품들이 고수익을 유지하면서도 위험을 낮추도록 설계되었기 때문이라고 주장했다. IT 거품 당시 높은 주가를 '신경제'의 도래를 통해 정당화한 것과 마찬가지로, 모기지 관련 파생금융상품의 높은 가격은 금융혁신에 따라 실현 가능해진—보다 정확히는 실현 가능하다고 믿게 된—'저위험 고수익' 논리를 통해 정당화했던 것이다. 그러나 '저위험 고수익'이라는 말 자체에 어폐가 있듯이, 이는 사실 엉터리 논리였다. 그럼에도 이러한 그릇된 믿음에 도취된 투자은행들은 더 위험한 모기지를 더 큰 금액으로 묶어서 더 많은 파생금융상품을 발행했다. 또한 '저위험 고수익'의 달콤하지만 거짓된 유혹에 빠져, 연기금을 포함하여 수많은 펀드의 매니저들은 앞다투어 이 상품을 사들였다. 물론 효율시장가설의 신봉자였던 그린스펀과 버냉키가 이끌던 연준 또한 이 논리에서 자유롭지 않았고, 이에 따라 거품의 존재를 부정하고 시장을 그대로 방치했다.

이 장의 전반부에서 언급한 금융위기 직전의 사례처럼, 원유와 같은 1차 상품의 가격 역시 투기적 거품과 시세조종에 따라 수급 상황만으로는 도저히 설명이 불가능한 수준까지 종종 상승하곤 한다. 하지만 이 경우에도 효율시장가설의 신봉자들은 거품의 존재를 단호히 부정하고, 가격 상승의 정당화 논리를 어떻게든 찾아낸다. 예컨대 앞서 언급한 2007년 여름의 원유 가격 폭등에 대해, 효율시장가설을 신봉하는 대부분의 학자들은 그 원인을 중국의 원유수요 증가와 같은 장기적 수급 요인에서 찾으려 했다. 그러나—역시 앞서 언급한 대로—얼마 지나지 않아 유가가 다시 폭락하면서, 사람들은 뒤늦게서야 이러한 논리의 허구성을 깨달았다.[23] 투기적 거품과 시세조종에 취약한 1차 상품은 원유뿐만이 아니다. 극단적인 예로, 친환경 연료 보급을 위해 정부가 정유사에 사용을 적극 장려하던 에탄올의 가격은 2013년 불과 여섯 달 만에 20배만큼 상승한 적도 있다.[24] 제정신이라면 어느 누구도 여기에 투기적 거품과 시세조종이 개입되지 않았다고 감히 주장할 수 없을 것이다.

일찍이 경제사학자인 찰스 킨들버거Charles Kindleberger와 좌파 성향의 후기 케인즈주의자post Keynesian인 하이먼 민스키Hyman Minsky 등의 연구를 통해, 자산시장에 거품이 존재하며 거품이 형성되고 붕괴하는 과정이 역사적으로 반복되어 왔다는 사실에 대해 많은 사람들이 공감해 왔다. 이들의 연구에서 보듯이, 역사적으로 금융시장은 군집행동과 같은 투자자들의 비합리적 행태와 1990년대 유행했던 '신경제'와 같은 근거 없는 정당화 논리, 그리고 엔론의 회계 부정과 같은 사기와 시세조종 등이 난무하는 곳이다. 이렇게 다양한 요인으로 주식 등 자산의 가격은 종종 극단적인 수준까지 상승 또는 하락해 왔고, 이에 따라 실물경기 역시 호황과 금융위기, 그리고 불황을 반복해 온 것이다. 이러한 역사의 증언에도 불구하고, 유독 효율시장가설의 신봉자들은 거품의 존재를 한사코 부인해 온 것이다.

———— •••• ————

결론적으로 효율시장가설은 현실을 설명하는 데 실패했다. 효율시장가설의 가정과 달리 투자자들은 결코 합리적이지 않았고, 그 결과 시장은 효율적이지 않았으며 투기적 거품 역시 언제나 존재했다. 실러는 시장의 비효율성과 투기적 거품의 존재를 실증적으로 설득력 있게 보여 주었고, 그 업적을 인정받아 2013년 노벨경제학상을 수상했다. 그런데 아이러니한 것은, 극단적인 효율시장가설의 신봉자인 파머가 실러와 함께 노벨상을 공동수상했다는 점이다. 이렇게 극단적으로 상반된 견해를 가진 인물이 공동수상한 경우는 노벨상의 역사상 전무후무한 일일 것이다.

효율시장가설이 현대 미국 경제에 미친 폐해는 실로 광범위하다. 효율시장가설은 무분별한 금융의 탈규제화를 정당화했고, 정책당국이 위험 수준의 자산 거품을 방치하도록 유도했으며, 적대적 인수·합병과 과도한 스톡옵션 부여를 촉진함으로써 단기성과주의를 조장하고 고용과 장기투자를 저해했다. 이러한 경로를 통해 효율시장가설은 최근 미국 경제에 나타난 다양한 문제, 즉 반복되는 금융위기와 뒤이은 경기침체, 투자재원의 비효율적 배분, 장기적 임금 정체, 그리고 소득불평등 악화 등을 초래한 주요 요인이 되었다.

이 중 특히 소득불평등 악화에 주목할 필요가 있다. 금융위기 직후의 월스트리트 점거시위(2011년의 'Occupy Wall Street' 운동을 의미함 - 옮긴이)에서 시위대들의 주요 표적이었던 소득 '상위 1%'는 대부분 막대한 스톡옵션 부여 관행과 금융의 탈규제화에 편승하여 거대한 부를 거머쥐었던 대기업과 금융회사 경영진이었다. 그러나 이들이 과연 자신이 버는 막대한 소득만큼 값어치를 제대로 했는지는 의문이다. 실제로 한 유력한 연구에 따르면,[25] 장기적으로 최고경영자를 비롯한 경영진의 보수와 그들의 경영성과는 서로 거의 무관한 것으로 나타났다. 즉, 적대적 인수·합병이나 막대한 스톡옵션 부여를 통해 전문경영인을 기업가 정신이 넘치는 오너로 탈바꿈해야 한다는 효율시장가설 신봉자들의 주장은 현실에서 허구로 드러났다. 상위 1%인 대부분의 대기업과 금융회사 경영진은 받을 자격이 없는 막대한 보수를 받았고, 이는 미국 사회의 소득불평등을 악화시킨 주요인이었다. 이에 분노한 '하위 99%'가 바로 월스트리트 점거시위를 주도했던 것이다.

그러나 효율시장가설이 끼친 폐해 가운데 가장 치명적인 것은 금융의 탈규제화를 통해 2008년 금융위기를 초래하는 데 크게 기여했다는 점이다. 금융위기 이전까지만 해도 파머가 제시한 것과 같은 순수한 형태의 효율시장가설—이른바 강형 효율시장가설—은 학계에서 여전히 상당한 영향력을 행사하고 있었다. 이렇게 효율시장가설에 경도된 당시 학계의 분위기가 금융의 탈규제화를 추구하는 월스트리트의 입장을 정당화하는 주된 요인이었음은 앞서 살펴본 바와 같다. 사정이 이런데도, 효율시장가설의 신봉자들은 심지어 금융위기 이후에도 반성하는 기색이 거의 없었다. 예컨대—사실 놀랍지도 않지만—파머는 금융위기 이후 금융위기의 재발을 방지하기 위해 제정된 '도드-프랭크 월스트리트 개혁 및 소비자보호법', 이른바 '도드-프랭크법'the Dodd-Frank Act이 지나치게 과도한 규제라고 끊임없이 불평해댔다.

이제 우리에게 필요한 것은 극단적인 효율시장가설의 틀에서 벗어나 금융시장의 현실을 직시하고, 이에 기초하여 다음과 같은 다양한 금융개혁 과제를 실천하는 것이다. 우선 투기적 거품의 실체를 인정하고, 이를 바탕으로 자기자본비율과 차입한도 규제 등을 강화함으로써 과도한 금융투기를 제한해야 한다. 또한 투기 제한을 위해 은행이 예금자 보호대상 예금으로 조달한 자금을 증권에 투자하지 못하도록 막아야 한다. 한편, 금융위기 이전의 모기지 관련 장외 파생금융상품시장과 같이 취약한 부문을 대상으로 공시 규제를 강화함으로써 거래의 투명성을 제고해야 한다. 아울러 회계 부정과 금융사기에 대한 엄격한 공적 규제를 통해 금융소비자 보호와 금융안정을 도모해야 한다. 시장에만 맡겨 두어서는 이러한 부정행위를 도저히 예방할 수 없음을 우리는 지난 역사를 통해 수없이 경험해 왔기 때문이다.

그뿐만 아니라 금융시장 참가자들에 대한 왜곡된 유인incentive 체계를 바로잡아야 한다. 금융위기 이후 대형금융기관에 대한 구제금융 사례에서 보듯이, 금융기관이 이익은 누리면서 손실은 사회에 떠넘기는 구조가 하루 빨리 혁파되어야 한다. 과도한 차입을 부추기는 조세제도, 예컨대 차입한 기업 인수자금에 대한 상환금의 세금공제 등은 개선 또는 철폐되어야 한다. 아울러 금융규제당국은 금융시장의 효율성 제고와 금융소비자 보호를 위해, 금융회사들의 독과점적인 수수료 설정 행태를 방지하도록 철저히 감독해야 한다.

상기한 과제들은 필요한 개혁의 극히 일부에 불과하다. 그러나 금융위기 이전의 미국에서는, 이러한 일부 과제에 대해서조차 필요성을 느낀 이가 거의 없었다. 이는 상당 부분 효율시장가설이라는 신화에 대한 맹신에 기인한다. 물론 혹자는 월스트리트의 로비스트들이야말로 금융위기를 초래한 탈규제화의 주범이라고 지적한다. 그런데 로비스트들이 정치인들과 일반 대중에게 자신들의 정치적 요구를 정당화하기 위해 가장 크게 의존했던 이론이 바로 효율시장가설임은 부정할 수 없는 사실이다. 이는 그릇된 이론의 적용이 경제를 망친 또 하나의 참담한 사례가 아닐 수 없다.

6장

그들만의 세계화:
또 다른 프리드먼의 어리석음

오늘날 세계화의 옹호론자들은 공통적으로 다음과 같은 정책 처방을 지지한다. 즉, 자유무역을 위해 관세를 철폐하고, 특정 산업에 대한 보조금이나 각종 규제 등의 정부 개입을 최소화하며, 환율이 외환의 수요와 공급에 따라 시장에서 결정되도록 자유변동환율제도를 시행하는 동시에 국가 간 자본이동이 자유로워야 한다. 이렇게 무역과 자본이동을 자유화하고 정부가 개입을 최소화하기만 하면 경제적 번영을 달성할 수 있을 뿐만 아니라 그 혜택이 구성원 모두에게 골고루 분배된다는 것이다.

그러나 오늘날 선진국들의 과거 역사를 살펴보면, 이들이 상기한 것과 정반대의 정책을 취해 왔음을 발견하게 된다. 다시 말해, 지금의 선진국들은 19세기 이래 경제성장 과정에서 대체로 높은 관세를 부과하고, 선별된 산업에 보조금을 지급하거나 직접 투자했으며, 고정환율제도를 유지하면서 국가 간 자본이동을 통제해 왔다는 것이다.

상기한 대로, 세계화의 옹호론자들이 국가 간 상품과 서비스의 자유로운 거래, 즉 자유무역만을 주장하는 것은 아니다. 그들은 국가 간 은행 대출, 채권과 기타 금융상품 거래에 대한 통제를 철폐함으로써 전 세계를 거대한 하나의 금융시장으로 묶으려 한다. 또한 이들에 따르면, 세계가 하나의 효율적 시장이 되기 위해서는 정부의 개입이 최소화되어야 한다. 즉, ―경기상황과 관계없이― 균형재정을 유지하고, 통화정책을 물가안정 중심으로 건전하게 운영하여 인플레이션을 낮은 수준으로 안정시켜야 한다. 또한 국영기업이나 공기업은 가급적 민영화되는 것이 바람직하다. 한편 노동시장에서도 정부의 규제와 개입은 최소화되어야 한다. 임금은 경쟁적 노동시장에서 자유롭게 결정되어야 하며, 이를 위해 정부는 과도하게 높은 최저임금이나 해고에 대한 규제, 노조에 대한 제도적 지원 등을 지양해야 한다. 최근까지 역대 모든 미국 정부는—당파를 막론하고—공통적으로 세계화 옹호론자들이 제시한 이러한 정책 프로그램을 적극적으로 지지해 왔다. 이 때문에 상기한 정책 프로그램을 일컬어 '워싱턴 합의' 또는 '워싱턴 컨센서스'Washington consensus라고 부른다.

이후 살펴보겠지만, 결론부터 말하자면 워싱턴 합의는 실패했다. 지난 수십 년간 워싱턴 합의의 집행자이자 수호자의 하나였던 세계은행World Bank은 2005년 발간된 한 보고서에서 다음과 같이 워싱턴 합의의 실패를 인정했다.[1] "[워싱턴 합의의] 원칙들, 즉 '거시경제 안정 macroeconomic stability, 국내시장 자유화domestic liberalization, 개방화 openness'의 원칙은 그동안 재정적자 최소화, 인플레이션 안정, 관세 철폐, 민영화 확대, 자본시장 개방, 자본이동 자유화 등과 정확히 같은 의미를 가지는 것으로 매우 좁게 해석되어 왔다. 게다가 이러한 일련의 정책 처방들은 어느 국가에나 적용될 수 있고, 언제나 바람직한 것으로 간주되었다. 그러나 이는 중요한 사실을 간과한 것이었다. 즉, 상기한 정책 처방은 [워싱턴 합의의] 원칙을 구현하기 위한 수많은 실행전략 가운데 하나일 뿐이며, 따라서 국가별·기간별 특수성을 무시하고 보편적으로 적용되어서는 안 된다는 사실 말이다."

이렇게 실패를 시인했음에도 불구하고, 여전히 세계은행은 워싱턴 합의의 시장근본주의적 입장에서 완전히 탈피하지 못했다. 특히 상기한 워싱턴 합의의 원칙 가운데 국내시장 자유화와 개방화에 대해서 세계은행은 여전히 이전과 변함없는 지지 입장을 취하고 있으며, 이는 세계화의 역기능은 등한시하고 순기능만 과대평가하는 결과를 가져 왔다. 이러한 세계은행의 입장에서 볼 때, 시장의 개방은 언제 어디서나 이로운 것이다. 실제로 시장 개방이 대부분 국가의 경제성장과 경제발전에 크게 기여했던, 이른바 자본주의의 황금기인 1950년대와 1960년대까지만 해도 이와 같은 개방 일변도의 입장은 문제될 것이 없었다. 그러나 1970년대 이후 세계화는 현실과 괴리된 완고한 이데올로기로서 점차 변모하게 된다. 공교롭게도 세계화가 하나의 이데올로기로서 변질된 시점은 프리드먼 등이 주도한 자유방임주의 혁명에 따라 '보이지 않는 손'의 관념이 이데올로기화한 시점과 거의 일치한다. 실제로 세계화의 논리는 프리드먼류의 자유방임주의 경제학의 결론, 즉 정부의 역할이 최소화된 자유경쟁 시장경제가 경제적 번영을 극대화할 뿐만 아니라 사회 전반을 조직·운영하는 원리로서 훌륭하게 작동한다는 생각을 한 나라가 아닌 전 세계로 확대 적용한 것에 불과하다. 이런 의미에서 필자는 세계화 이데올로기가 3장에서 언급한 '프리드먼의 어리석음'을 나타내는 또 다른 사례라고 생각한다.

이 장에서는 이토록 지나치게 단순하고 오류투성이인 세계화의 이데올로기가 도대체 어떻게 국제경제학계를 오랫동안 지배하게 되었는지 살펴보고자 한다. 세계화 이데올로기는 주로 국제금융기구인 세계은행과 IMF를 통해 확산되었으며, 지난 수십 년간 여러 국가의 정치적 또는 경제적 의사결정과 관련하여 돌이킬 수 없을 만큼 막대한 해악을 끼쳤다.

일단 자유방임주의 경제학자들이 세계화를 옹호하는 이론적 기초를 마련하자, 다음 차례로 이런 '복음'을 열정적으로 전파한 것은 주로 경제 저널리스트들이었다. 이들은 선진국과 개발도상국을 막론하고 세계화가 자신들의 일자리와 문화적 정체성을 위협한다고 '오해하는', '경제적으로 무지한' 노동자들을 교화하는 역할을 자임하고 나섰다. 대표적 인물이 바로 뉴욕타임스의 칼럼니스트 토머스 프리드먼Thomas Friedman이다. 공교롭게도 자유방임주의 혁명의 선구자 밀튼 프리드먼과 성이 같은 '또 다른 프리드먼'인 셈이다. 또 다른 프리드먼에게 세계화는 단순한 진리를 넘어 순전한 상식이었다. 그는 1999년 베스트셀러인 저서 《렉서스와 올리브나무》*The Lexus and the Olive Tree*를 통해,[2] 냉전 질서가 세계화에 의해 대체된 상황에서 개방화와 정부 역할의 최소화만이 경제적 번영과 사회 진보를 이룩하는 유일한 길임을 역설했다. 그가 세계화에 적응하기 위해 필요하다고 본 정책 제안은 워싱턴 합의의 그것과 거의 일치한다. 예컨대 미국의 50개 주 사이의 관계에 버금갈 정도로 세계 모든 국가들이 서로 자유롭게 거래할 수 있도록 관세는 과감히 철폐 또는 인하되어야 한다. 세계 각 지역의 잠재적 투자기회를 기업가들이 적시에 포착하고 투자할 수 있도록 국가 간 자본이동의 장애물을 제거해야 한다. 당국은 물가안정을 최우선 목표로 하여 통화정책을 운영해야 하며, 정부는 과도한 지출을 통제함으로써 균형재정을 유지해야 한다. 정부의 규제와 개입을 최소화함으로써 경쟁을 촉진하고 경제의 효율성을 극대화해야 한다. 다시 말해, 민간부문이 영리를 추구하는 데 걸림돌이

되는 장애물―예컨대 지나치게 협상력이 센 강성 노조나 과도하게 높은 수준의 최저임금 등―을 최대한 많이 제거할수록 경제의 효율성이 제고되고 전체 국민의 복지수준이 향상된다는 것이다.

거듭된 현실 적용의 실패로 인해 워싱턴 합의가 퇴조하는 가운데서도, 세계화라는 '복음'에 대한 '또 다른 프리드먼'의 열정은 좀처럼 사그라들지 않았다. 상기한 대로 세계은행이 워싱턴 합의의 실패를 공식적으로 시인한 2005년에, 프리드먼은 또 다른 베스트셀러《세계는 평평하다》*The World Is Flat*를 통해[3] 정보통신기술의 비약적 발전에 따라 세계시장의 범위가 확대되고 경쟁이 더욱 치열해진 상황에서, 많은 국가들이 경쟁력을 유지하기 위해서는 상기한 여러 정책 제안을 좀 더 신속하고 과감하게 추진해야 한다고 주장했다. 비록 프리드먼은 경제학자도 아니고 세계화 '복음의 전도사' 가운데 한 명에 불과했지만, 그가 대중에게 엄청난 영향을 줄 수 있었던 것은 대부분의 주류경제학자들 역시 그의 주장을 암묵적으로 지지했기 때문이다. 예컨대 파이낸셜타임스의 유력 칼럼니스트이자 전형적인 주류경제학자라고 할 수 있는 마틴 울프는 프리드먼만큼이나 영향력 있고 한결같은 세계화 옹호론자이다. 그는 반세계화 운동의 논리가 '거대한 기만'big lie에 불과하다고 비판했다.[4] 세계화 옹호론자 가운데 더욱더 학계에 가까운 인물의 예로는 로렌스 서머즈를 들 수 있다. 그는 상기한 것과 같은 세계화 옹호론자의 정책 처방을 지지했을 뿐만 아니라 이러한 처방이 언제, 어디서나 보편적으로 적용 가능하다고 믿었다. 그는 1991년 한 인터뷰에서 다음과 같이 말한 바 있다.[5] "경제학의 원리들은 공학의 법칙과 마찬가지로 언제, 어디서나 성립합니다." 세계화 옹호론자들은 경제학계뿐만 아니라 사회과학 전반을 지배했다. 예컨대 정치학자인 프랜시스 후쿠야마Francis Fukuyama는 1992년 발간한 유명한 저서 《역사의 종말》The End of History and the Last Man에서[6] 자유민주주의가 인류의 이데올로기 진화의 종점이자 최후의 정부형태이며, 이러한 '역사의 종말' 시점에서는 전 세계적인 시장자유화market liberalization만이 경제의 이상적인 상태라고 주장했다. 이와 같이 언론은 물론이고 경제학뿐만 아니라 사회과학계 전반에 걸쳐 세계화는 하나의 시대정신이었다.

'또 다른 프리드먼'과 같은 세계화 옹호론자들의 순진한 낙관주의는 '보이지 않는 손'의 이데올로기와—이를 이론적으로 정당화하는—주류경제학의 일반균형 이론이 상정하는 하나의 이상향으로서의 시장관市場觀과 밀접하게 연관되어 있다. 세계화 옹호론자들이 상정하는 이상적인 세계시장에서, 모든 국가들은 경쟁의 비교우위에 따라 자국이 가장 효율적으로 생산할 수 있는 상품과 서비스에 특화하게 된다. 이에 따라 국가 간 교역량이 크게 증가하고, 생산성 향상으로 노동자들의 임금이 상승하며, 그 결과 개발도상국은 물론 선진국에서도 빈곤율이 감소한다. 아울러 정보통신기술의 발달과 개방화추세에 따라 상품과 서비스뿐만 아니라 기술과 정보 역시 국경을 넘어 신속하게 전파된다. 이런 이상적인 세계시장에서는 승자와 패자가 따로 존재하지 않는다. 부유한 국가든 가난한 국가든 모두 교역을 통해 이익을 얻기 때문이다. 또한 최근 점차 악화되어 온 선진국 내의 소득불평등에 대해서도 세계화 옹호론자들은 불평등이 세계화와는 무관한 요인, 예컨대 교육 수준이 기술의 변화 속도를 따라잡지 못하는 것과 같은 요인들에 기인한다고 주장한다.

세계화 옹호론자들의 순진한 낙관주의가 나름대로의 이론적·실증적 근거를 가지고 있는 것 또한 사실이다. 상기한 대로 세계화 이데올로기는 자유방임주의 경제학과 그 기반이 된 주류경제학의 일반균형 이론에 이론적 기초를 두고 있다. 또한 역사적으로도 제2차 세계대전 이후 사반세기, 즉 자본주의의 황금기 전후로 국가 간 무역자유화가 경제성장에 긍정적 역할을 한 사례가 다수 존재한다. 그러나 현실은 세계화 옹호론자들이 낙관하기에는 훨씬 복잡하다. 우선 이론적으로 주류경제학의 국제무역 이론에 따르더라도 ― 비교우위에 따른 특화를 특징으로 하는 ― 자유무역은 필연적으로 승자와 함께 패자를 발생시킨다. 아울러 실증적으로도, 최근으로 올수록 세계화의 순기능보다는 역기능이 보다 뚜렷하게 나타나고 있다. 예컨대 1980년대 이래로 ― 다수의 중남미 국가를 포함해서 ― 워싱턴 합의에 따른 정책 프로그램을 채택한 개발도상국들의 경우, 대부분 경제성장세가 평균 이하의 저조한 수준에 그치거나 심지어 금융위기를 겪기도 했다. 이들 대부분의 국가에서 2002년의 실업률은 1990년보다 높아졌다.[7] 또한 1990년대 말의 동아시아 외환위기 사례에서 보듯이, 워싱턴 합의에 따라 한동안 양호한 성적을 거두었던 일부 개발도상국은 금융위기와 뒤이은 혹독한 경기침체에 직면하기도 했다. 한편 워싱턴 합의의 처방에 따라 일거에 주요 기간산업을 민영화하는 등 급격하게 자본주의 체제로 전환한 러시아는 거시경제 불안정과 지속적인 경기침체로 인해 같은 체제전환 국가인 이웃의 중국보다도 ― 체제전환 이전에는 훨씬 부유했음에도 ― 가난한 나라로 전락하고 말았다. 앞서 세계은행의 자기반성에서 드러나듯이, 워싱턴 합의의 원칙을 제대로 구현하기 위해서는 국가별 특수성을 신중하게 감안하여 구체적인 정책을 조정해야 함에도 불구하고, 세계화 이데올로기의 무분별한 적용으로 인해 이러한 신중한 정책 조정을 등한 시한 것이 이와 같은 파괴적인 결과를 초래한 것이다.

세계화 이데올로기가 언론계와 학계를 지배하는 동안, 이에 반하는 다음과 같은 '불편한 진실'은 거의 간과되고 말았다.

- 우선 역사적으로 세계화 옹호론자들이 주장한 것과 같은 순수하고 전면적인 세계화는 한 번도 실현된 적이 없다. 산업혁명 이래 선진 국들의 경제성장 및 경제발전 과정에서 관세율은 대체로 높은 수준에 머물렀고, 환율 역시 20세기 마지막 사반세기부터 최근까지를 제외하면 거의 대부분의 기간 동안 고정환율제도가 유지되었다. 이렇게 세계화에 대한 여러 장애물이 존재했음에도 불구하고, 선진국들의 장기 경제성장은 지속되어 왔다. 다만, 19세기 세계에서 가장 부유한 나라이자 제조업 강국이었던 영국은 예외적으로 자유무역을 일관되게 옹호해 왔다. 그러나 영국이 자유무역을 옹호한 이유는 자유무역이 자국에 이롭기 때문이지, 다른 모든 국가에게 이롭기 때문은 결코 아니었다. 당시 영국 제품의 경쟁력이 세계 최고인 상황에서, 교역 대상국이 관세율을 낮추면 가장 크게 이득을 보는 것은 바로 영국의 수출업자였기 때문이다.
- 상기한 대로 주류경제학의 국제무역 이론에 따르더라도, 자유무역은 승자와 함께 패자를 만든다. 예컨대 자유무역이 확대되면서 특정 산업의 제품 수입이 증가하면, 이 산업의 국내 노동수요가 줄어들면서 실직자가 발생할 수 있다. 실제로 세계적으로 무역이 확대되는 과정에서, 미국을 비롯하여 많은 선진국들은 완전고용을 유지하고 질 좋은 일자리를 지키는 데 종종 어려움을 겪어 왔다. 그

뿐만 아니라 이들 국가 대부분에서 정치인들은 자유무역으로 발생한 손실을 보전하기 위해 사회복지 안전망을 제공·확충하겠다고 약속했으나, 이 약속은 거의 지켜지지 않았다.

• 제2차 세계대전 이후 빠른 성장을 통해 선진국을 따라잡았던 동아시아의 몇몇 개발도상국―예컨대 일본, 한국, 타이완, 말레이시아 등―은 대부분 상품시장과 자본시장을 매우 점진적으로 개방했다. 한편 이들 국가는 경제성장 과정의 대부분 기간에 유치산업 보호를 위해 보호무역 조치를 시행했고, 수입대체산업(기존에 외국에서 수입하던 상품을 국내에서 직접 생산하여 자급하는 것을 수입대체라고 하며, 이러한 산업을 수입대체산업이라고 함 - 옮긴이)을 적극적으로 지원했다. 또한 이들 국가의 정부는 인적자본 형성을 위해 광범위한 교육투자를 시행했으며, 수출 촉진을 위해 외환시장에 개입하여 환율을 조절하기도 했다.

• 또한 상기한 개발도상국은 보조금 지급, 정책금융 제공 등을 통해 정부가 직접 나서 수출 산업을 육성했다. 요컨대, 이들 국가에서 경제적 성공의 핵심 요인은 시장 자유화가 아니라 바로 정부 중심의 수출주도 성장전략에 있었다. 그러나 이러한 전략 역시 모든 국가에 보편적으로 적용될 수는 없었다. 왜냐하면 한 나라의 수출이 증가하려면 이 나라 상품을 사 주는 다른 나라의 수입이 증가해야 하므로, 세계의 모든 나라가 동시에 수출만을 늘릴 수는 없기 때문이다.

• 최근 수십 년간 세계경제의 성장에 가장 크게 기여했던 두 거대 신흥국인 중국과 인도 역시 상품시장과 자본시장을 개방하는 데 매우 신중하고 점진적이었다. 세계화 옹호론자들 가운데 일부는 인

도의 경제성장이 1990년대 초 보호무역 조치의 완화 또는 철폐 이후에야 본격화되었다고 주장하기도 한다. 그러나 실제로 인도의 성장세가 빨라지기 시작한 것은 시장 개방 이전인 1980년대 초부터이므로, 이 주장은 사실이 아니다. 중국 역시 경제성장 과정에서 정부가 핵심 기간산업을 보조하고 자본시장을 통제하고 조절함으로써 해외 부문과의 경쟁을 매우 조심스럽게, 그리고 점진적으로 도입했다. 중국은 세계무역기구World Trade Organization, WTO가입 이후 국내 산업에 대한 보조를 의무적으로 폐지 또는 감축할 수밖에 없었으나, 그 대신 수출 촉진을 위해 환율을 저평가된 수준에서 상당 기간 고정했다.

- 세계화 옹호론자들은 흔히 1970년대 중남미의 수입대체산업 육성전략을 보호무역정책의 대표적인 실패 사례로 들고는 한다. 그러나 이 역시 사실이 아니다. 이 전략이 실행된 1970년대에 중남미 국가들의 성장률은, 워싱턴 합의에 따른 정책 프로그램이 본격적으로 도입되었던 1980년대 이후보다 대체로 더 높았기 때문이다. 중남미의 수입대체산업 육성전략은 상기한 동아시아 개발도상국의 수출주도 성장전략에 비해서는 상대적으로 성과가 저조했던 것이 사실이나, 이를 절대적으로 실패한 정책이라고 보기는 힘들다.

- 워싱턴 합의에 따른 정책 프로그램이 본격적으로 도입되기 시작한 1980년대 이래로 전 세계 빈곤율이 하락한 것은 사실이다. 그러나 이는 세계화 옹호론자들이 주장하는 대로 전 세계적인 시장 자유화와 개방화에 기인한 것이라기보다는, 거대 신흥국인 중국과 인도, 그중에서도 주로 중국의 빈곤율 하락에 대부분 기인한 것이다. 앞서 언급한 대로, 이들 국가는 최근까지도 워싱턴 합의에 따른 처

방과는 거리가 먼 정책 방향을 고수해 왔다. 그뿐만 아니라 빈곤율 지표 자체의 문제로 빈곤율 개선 실적이 과대평가되었을 가능성이 크다. 현재 세계 빈곤율 산정 시 가장 널리 사용되는 빈곤선poverty line은 미 달러 기준 1일 1.25달러인데(이 값은 세계은행이 2014년까지 공식 빈곤선으로 사용한 값이며, 2015년부터는 1일 1.9달러로 인상했음-옮긴이), 이는 가장 가난한 국가에서 생존을 위해 최소한으로 필요한 소비 수준을 나타내므로 지나치게 낮다고 볼 수 있다. 또한 빈곤율 개선에도 불구하고 1980년대부터 대부분의 선진국에서 소득불평등이 심화되어 온 것 역시 워싱턴 합의의—잠재적인—긍정적 효과를 반감시키는 요인이다.

• 제2차 세계대전 이후부터 1970년대 중반 이전까지, 즉 자본주의의 황금기 동안 세계 경제는—경제학자 대니 로드릭의 용어를 빌리면—이른바 '낮은'shallow 수준의 세계화 단계에 있었다고 할 수 있다. 당시는 국가 간 자본이동이 통제되고, 환율은 거의 고정되었으며, 원칙적으로 자유무역 체제이면서도 무역의 룰이 매우 느슨했을 뿐만 아니라 신축적으로 변경 가능한 시대였기 때문이다. 그러나 1970년대 중반 이후에는 IMF, 세계은행 등을 중심으로 제시된 워싱턴 합의에 따라 보다 철저한 시장 자유화와 개방화가 추진되면서, 세계화는 보다 '심화된'deep 단계로 들어섰다. 그런데 앞선 장에서 살펴본 대로 최근의 '심화된' 세계화 단계에서의 경제성장 성과는 이전의 '낮은' 수준의 세계화 단계보다 훨씬 저조했다.

• '심화된' 세계화 단계에서 자본 통제가 철폐되면서 단기 투기자본이 국경을 자유롭게 넘나들기 시작했다. 이는 1990년대 후반 동아시아 외환위기와 뒤이은 기타 신흥국의 금융위기를 초래한 핵심

원인이었으며, 위기의 여파는 헤지펀드인 롱텀캐피털매니지먼트 Long-Term Capital Management의 파산에서 보듯이 미국 금융시장에도 큰 반향을 일으켰다. 이와 같은 막대한 양의 국가 간 자본이동은 2008년 미국 금융위기의 발단을 제공한 원인이기도 하다. 즉, 중국이 수출로 벌어들인 막대한 달러가 미국 금융시장으로 유입되면서—금융위기의 직접적 원인인—무분별한 주택담보대출 확대의 재원으로 활용되었기 때문이다.

• 수출지향적 경제구조를 가진 중국과 독일의 경우, 최근 수십 년간 무역 흑자가 누적되어 온 반면, 그 결과로 각각의 주요 수출 대상국인 미국과 기타 유로 지역 국가에서는 지속적으로 무역 적자가 나타나면서 성장과 고용에 큰 부담으로 작용했다. 이러한 무역수지의 불균형 상태는 장기적으로 지속 불가능한 것이므로, 적자국은 물론이고 흑자국의 입장에서도 보다 지속 가능한 성장을 위한 대안을 찾을 필요가 있으나, 아직 이는 요원한 과제이다.

오늘날의 세계화 옹호론자들은 선진국의 과거 역사에서 좀처럼 교훈을 얻지 못한 것 같다. 예컨대 19세기에는 높은 관세율, 고정환율제도, 강력한 정부의 개입에도 세계화가 활발하게 진행되었기 때문이다. 즉, 워싱턴 합의에서 제안하는 것과 같은 시장 자유화나 개방화 정책 없이도 당시 무역은 확대되었고, 자본은 국가 간에 원활히 이동했으며, 심지어 국경을 넘는—특히 미국으로의—이주도 활발했던 것이다.

19세기 초 담배와 면cotton의 수출은 ─ 아직 농업국가였던 ─ 미국에 산업혁명을 확산시키는 데 중요한 견인차 역할을 했다. 또한 당시 부과된 제조업 제품에 대한 높은 관세에도 무역은 비교적 활기를 띠었다. 한편 19세기 말에는 영국을 비롯한 유럽과의 무역이 활발해지면서 정유화학, 철강, 기계, 자동차 산업 등 대량생산 중공업을 중심으로 한, 이른바 2차 산업혁명을 촉진했다. 당시까지도 미국의 주력 수출품은 여전히 면과 같은 농산품이었으며, 제조업 제품의 수입에 대해서는 높은 관세율을 유지하여 초기 형성단계였던 국내 제조업 부문을 보호했다. 유치산업 보호 등 당시 고관세 정책의 사회적 편익은 제조업 제품의 가격 상승으로 발생한 미국 소비자의 후생 손실을 상쇄하고도 남을 정도로 컸던 것으로 평가된다.

또한 당시에는 주요 국가의 통화가치가 금에 고정되어 있었다. 즉, 거의 모든 국가에서 환율이 고정되어 있었다. 고정환율제도하에서는 유사시 통화가치 방어를 위해 금리를 적정 수준보다 높게 인상해야 하는 등 단점도 있었지만, 그보다는 평상시의 장점이 훨씬 컸다. 즉, 상품과 서비스 국제 가격의 불확실성이 해소되면서 무역이 보다 활성화되었으며, 통화가치 하락에 대한 우려 없이도 외국에 대한 자본투자를 자유롭게 할 수 있었던 것이다.

제2차 세계대전 이후 자유무역에 대한 국제적 요구는 더욱 강화되고 확산되었다. 1944년의 브레튼우즈 회의와 1947년 체결된 '관세 및 무역에 관한 일반 협정'General Agreement on Tariffs and Trade, GATT을 통해 보편적인 자유무역과 고정환율제도를 특징으로 하는 국제무역과 통화체제가 확립되었다. 이에 따라 관세가 철폐되거나 세율이 크게 낮아지면서 유럽, 미국, 일본을 세 축으로 한 무역량이 ─ 심지어 각국의 경제성장 속도보다도 더―빠르게 증가했다. 무역의 비약적인 확대와 그로 인한 각국의 빠른 경제성장은 자유무역과 개방화에 대한 신뢰를 더욱 강화하는 요인으로 작용했고, 그 결과 보다 '심화된' 수준의 세계화에 대한 요구가 대두하기 시작했다.

그러나 제2차 세계대전 직후부터 1970년대 중반까지 브레튼우즈 체제하에서 진행되었던 첫 번째 세계화와 이후의―워싱턴 합의에 기초한―보다 '심화된' 단계의 세계화 사이에는 생각보다 큰 차이가 존재한다.[8] 우선 상기한 대로, 첫 번째 세계화 시기에 적용된 무역의 룰은 매우 느슨했고 신축적으로 변경 가능한 것이었다는 점에서, 자유무역 원칙이 경직적으로 엄격하게 적용되었던 이후의 세계화 시기와 뚜렷이 구분된다. 그뿐만 아니라 첫 번째 세계화 시기에는 환율이 고정되어 있었고, 고정환율의 유지를 위해 국가 간 자본이동이 엄격하게 통제되었다는 점 역시 중요한 차이이다. 브레튼우즈 체제하에서 모든 국가의 통화가치는 달러에 대해 고정되었다. 보다 정확히 말하면 달러 대비 각국 통화의 환율은 사전에 정해진 값 주위로, 제한된 좁은 폭 내에서만 움직일 수 있었다. 이렇게 모든 통화가치의 기준이 되는 달러의 가치 또한 금에 대해 고정되었고, 둘 사이의 공식적인 교환 비율은 금 1온스당 35달러였다. 브레튼우즈 체제하의 고정환율제도는 상기한 대로 상품과 서비스 국제가격의 불확실성을 완화하고 외환에 대한 투기를 사전적으로 예방함으로써 국제무역을 전 세계로 확대하는 데 크게 기여했다. 이렇게 각국의 통화가치를 유일한 기축통화인 미 달러에 고정하고, 달러의 가치를 다시 금에 고정하는 브레튼우즈 통화체제는 전후 선진국 경제가 자본주의의 황금기를 구가하는 데 필요한 환경을 조성한 주요 요인이었다.

그런데 1970년대에 들어서면서, 세계화 체제는 이전보다 '심화된' 단계로 근본적인 성격 변화를 겪게 된다. 변화의 첫 번째 신호탄은 브레튼우즈 통화체제의 붕괴였다. 1960년대 후반 무렵, 유일한 기축통화인 달러의 가치는 과대평가되어 있었다. 당시 고정된 달러 가치에서는 미국산 제품의 가격이 지나치게 비싸서 시간이 갈수록 미국의 경상수지 적자가 누적되었기 때문이다. 미국의 경상수지 적자 누적으로 인해 유럽의 대미 수출국들 사이에서 달러 보유량이 크게 증가했다. 이들 국가의 중앙은행은 전 세계적으로 지나치게 많이 풀린 달러의 가치 하락을 우려하여 보유한 달러를 금으로 바꾸어 줄 것을 미 연준에 요구했으나, 미국의 금 보유량은 이러한 요구를 충족시키기에 턱없이 부족했다. 결국 1971년, 당시 닉슨 행정부는 정해진 교환비율에 따라 달러를 금으로 바꾸어 주는 것을 영구적으로 중지했고(이를 금 태환 정지라고 함 - 옮긴이), 그 결과 브레튼우즈 체제는 붕괴의 길을 걷게 된다. 이렇게 유일한 기축통화인 달러의 가치가 불안정해지면서 이를 기준으로 고정되어 있던 각국의 통화 가치 역시 불안정해졌고, 이에 따라 급기야 1976년에는 브레튼우즈 체제가 완전히 무너지고 공식적으로 변동환율제도로 이행하게 된다. 즉, 세계화 옹호론자들이 이상적으로 생각하는 것과 같이, 환율이 외환시장에서 외환에 대한 수요와 공급에 따라 결정되는 체제가 비로소 등장한 것이다.

브레튼우즈 체제의 붕괴 및 변동환율제도의 등장과 관련하여, '심화된' 단계의 세계화가 이전 단계와 다른 중요한 차이 가운데 하나는 바로 자본 통제의 철폐이다. 변동환율제도에서는 중앙은행이 인위적으로 환율을 고정시킬 필요가 없으므로, 외환시장의 자본 유출입을 통제해야 할 필요성도 크게 줄어든다. 실제로 브레튼우즈 체제 붕괴 이후부터 1980년대에 걸쳐 미국과 대부분의 유럽 국가들은 자본이동에 대한 통제를 상당 부분 철폐했다. 그뿐만 아니라 1980년대에서 1990년대에 걸쳐 IMF와 세계은행 등 국제금융기구들은 개발도상국을 대상으로 자본 통제의 폐지를 적극적으로 장려하거나 심지어 강요하기도 했다.

상품 무역 측면에서도 상당한 변화가 있었다. 1980년대에서 1990년대에 걸쳐 관세가 추가로 인하된 것은 GATT 체제하의 이전 추세와 크게 다르지 않았으나, 관세 이외의 거의 모든 보호무역조치—예컨대 특정 산업에 대한 정부의 보조 등—는 이전보다 훨씬 엄격하게 제한되었다. 1995년 다자간 국제무역질서를 관장하는 기관으로 WTO가 설립되면서, 이와 같이 무역의 룰을 이전보다 엄격하게 적용하는 정책 기조가 공식적으로 정착되었다.

요컨대 워싱턴 합의에 기초한 '심화된' 단계의 세계화는 브레튼우즈 체제하에서 진행되었던 이전의 세계화와 단순히 양적인 차이뿐만 아니라 여러 측면에서 질적인 차이를 보인다. 이에 따라 각각의 경제적 성과도 매우 상반되게 나타났다. 결론부터 말하면 경제성장 및 경제발전의 관점에서 워싱턴 합의에 기초한 '심화된' 단계의 세계화는 이전의 세계화보다 훨씬 저조한 성과를 거두는 데 그쳤다. 예컨대 개방화가 심화되면서 일부 신흥국들, 특히 중남미 국가들은 점차 무역 경쟁에서 도태되었고, 그 결과 경제성장이 정체 혹은 둔화되었다. 또한 워싱턴 합의에 따라 자본 통제가 철폐되면서 외환시장의 투기와 단기 자본의 유출입이 크게 증대되었고, 그 결과 외환 또는 금융위기가 이전보다 훨씬 빈번하게 발생했다. 한편 신흥국 가운데 중국, 인도 등은 매우 인상적인 경제적 성과를 거두었으나, 상기한 대로 이들 국가는 보호무역정책 시행, 자본 통제의 유지 등 워싱턴 합의의 제안과는 상반되는 정책을 고수했다. 따라서 이들 국가의 경제적 성공은 워싱턴 합의를 지지하기보다는 오히려 이를 반박하는 증거에 가깝다고 볼 수 있다.

'심화된' 세계화의 피해를 본 것은 신흥국뿐만 아니라 선진국도 마찬가지였다. 대표적 예가 바로 선진국 내의 소득불평등 심화 현상이다. 1980년대 이래로 미국과 유럽의 주요 선진국에서 공통적으로 소득불평등이 악화되었는데, 많은 경제학자들은 이러한 현상이 상당 부분―'심화된' 세계화 추세에 따라―생산의 외주화outsourcing 또는 직무의 오프쇼링offshoring(기업이 비용절감 등을 위해 사업의 일부를 해외로 이전하는 것을 의미함-옮긴이)이 진행되면서 국내 실업자가 증가하거나 노동자의 임금이 하락한 것에 기인한다고 보았다.[9] 바로 이들이 말하자면 자유무역에 따른 패자인 셈인데, 현실에서는 이러한 패자들이 전체 소득분배 상황에 영향을 줄 만큼 엄청나게 많았던 것이다. 금융위기 이후의 대침체에서 회복되는 과정에서 늘어난 일자리의 대부분은 저임금 일자리였는데, 이 역시 외주화 또는 오프쇼링에 따라 상대적으로 질 좋은 일자리가 이미 외국으로 빠져나간 탓이 크다고 할 수 있다.

무역 자유화 이외에 자본이동에 대한 통제의 부재不在 역시 신흥국은 물론 선진국에도 부정적 영향을 미쳤다. 예컨대 미국 금융위기가 터지기 전까지, 스페인과 그리스를 비롯한 유로 지역 국가 가운데 상당수에서는 부동산 시장에 엄청난 규모의 거품이 형성되었다. 이렇게 대규모의 부동산 거품이 형성될 수 있었던 것은 독일과 프랑스의 거대 은행들이 스페인과 그리스 등 기타 유로 지역 국가의 부동산 개발업자와 주택구매자에게 과도한 대출을 무분별하게 할 수 있었기 때문이다. 한편, 상기한 대로 중국에서 미국 금융시장으로 유입된 막대한 자본이 주택담보대출의 재원으로 활용되면서 상환능력이 없는 차입자에게까지 저금리로 무분별한 대출이 제공되었으며, 이는 이후 부동산 거품 붕괴에 따라 서브프라임 모기지 사태를 직접적으로 초래한 원인이 되었다.

워싱턴 합의에 기초한 '심화된' 단계의 세계화는 전 세계를 하나의 경쟁시장으로 통합하자는 야심찬 제안이라고 할 수 있다. 세계화를 이렇게 정의한다면, 우리는 곧 이러한 제안이 어마어마하다 못해 얼마나 허무맹랑한지 깨닫게 된다. 예컨대 미국 역사를 돌이켜 보면, 미국의 각 주를 하나의 상품 시장과 자본 시장으로 통합하는 것조차 엄청난 시간과 비용이 소요되었음을 알 수 있다. 하물며 세계는 저마다 역사적 전통, 제도적 배경이 상이할 뿐만 아니라 장기적 경제발전과 단기적 경기변동의 관점에서 각기 다른 조건에 처한 수많은 국가로 구성되어 있다. 그뿐만 아니라 각각의 국가는 기술수준이 천차만별이며, 사회·문화적으로도 국민들의 삶에 대한 가치관이 판이하다. 이렇게 공통점을 찾기 힘든 수많은 개별 국가들이 '보이지 않는 손'의 메커니즘에 따라 하나의 경쟁시장으로 통합되어 작동할 수 있다는 세계화 옹호론자들의 생각은 단순히 야심찬 제안을 넘어 망상에 가깝다고 할 수 있다.

사실 이론적 또는 직관적인 관점에서 보면, 자유무역이나 자본이동 자유화와 같은 워싱턴 합의의 정책 제안은 매우 솔깃한 것이 아닐수 없었다. 특히 자유무역이 모두에게 이익이 된다는 생각은 직관적으로 매우 강력한 설득력을 가지는 것이다. 예를 들어 생각해 보자. 만일 같은 품질의 신발을 당신이 살고 있는 동네보다 더 싸게 이웃마을에서 팔고 있다면 모두 이웃 마을에 가서 신발을 살 것이며, 또 그래야만 마을 사람들의 후생이 증진된다. 마찬가지로, 만일 효율적인 농업기술에 따라 미국산 옥수수의 가격이 동일한 종류와 품질의영국산 옥수수보다 더 싸다면, 영국의 소비자들이 관세 없이 미국산옥수수를 수입해 소비할 수 있어야만 후생을 극대화할 수 있다. 이것이 바로 스미스가 이야기한 절대우위absolute advantage의 원리이다. 스미스는 《국부론》에서 다음과 같이 서술했다.[10] "만일 외국의 생산자가 우리나라보다 어떤 상품을 더 싸게 공급할 수 있다면, 반대로우리나라가 외국보다 더 싸게 생산할 수 있는 다른 상품을 생산하여번 돈으로 그 상품을 사는 것이 유리한 선택이다."

스미스가 말한 절대우위가 존재하지 않을 때도 자유무역이 이득이 될 수 있음을 직관적으로 설득력 있게 설명한 것은 바로 후세의 경제학자 데이비드 리카도David Ricardo의 비교우위comparative advantage이론이었다. 경제학자 맨큐는 자신이 집필한 경제학 원론 교재에서비교우위의 원리를 다음과 같은 예시를 통해 알기 쉽게 설명하고 있다.[11] 예컨대 골프황제 타이거 우즈Tiger Woods가 마음만 먹으면 자택앞마당의 잔디를 그가 고용한 정원사보다 더 빨리 깎을 수 있다 하더라도, 그는 결코 스스로 잔디를 깎지 않고 정원사에게 맡긴다. 왜냐하면 우즈의 입장에서는 잔디 깎는 그 시간에 스윙을 연습하거나 골프 관련 CF 촬영을 하는 것이 — 정원사 보수를 아끼는 것보다 — 훨씬 더 남는 장사이기 때문이다. 이 경우 우즈는 정원사에 비해 모든 면에서 절대우위를 가진다. 즉, 우즈는 두말할 나위 없이 정원사보다 골프를 훨씬 잘 칠 뿐만 아니라 잔디도 더 빨리 깎을 수 있다. 그럼에도 '비교우위'의 원리에 따라, 우즈는 잔디 깎는 일을 자신이 직접 하지 않고 정원사에게 맡긴다. 왜냐하면 우즈의 입장에서는 직접 잔디를 깎는 것 대신 자신이 '비교우위'를 가지는 일, 즉 골프 연습이나 CF 촬영을 하면 훨씬 많은 돈을 벌 수 있기 때문이다.

비교우위의 원리는 국가 간에도 마찬가지로 적용된다. 리카도는 다음과 같은 유명한 예시를 통해 비교우위의 원리를 설명했다. 예컨대 포르투갈의 생산자들이 영국에 비해 와인과 옷감을 둘 다 더 싸게 — 좀 더 구체적으로 더 적은 노동을 들여서 — 생산할 수 있다고 가정하자. 즉, 포르투갈은 와인과 옷감 두 상품 모두에 대해 절대우위를 가지고 있다. 그런데 포르투갈은 두 상품 가운데서도, 특히 와인을 영국에 비해 훨씬 더 싸게 생산할 수 있다고 한다. 이는 포르투갈이 두 상품 중 와인 생산에 비교우위를 가짐을 의미한다. 이 경우 — 마치 앞선 예에서 우즈가 직접 잔디를 깎지 않고 골프 연습이나 CF 촬영을 하는 것이 훨씬 유리한 것처럼 — 포르투갈의 입장에서는 와인만을 생산한 후, 이것을 자유무역을 통해 영국이 생산한 옷감과 교환하는 것이 가장 유리한 선택이다. 포르투갈과 영국 모두 자국이 가장 싸게 만들 수 있는 상품, 즉 비교우위를 가진 상품의 생산에 특화하고specialize, 이를 자유무역을 통해 시장에서 교환하면 특화하지 않는 경우보다 더 유리해진다. 즉, 포르투갈은 자국이 직접 생산할 때보다 더 많은 옷감을 살 수 있고, 영국은 더 많은 와인을 살 수 있다.

비교우위의 원리는 경제학자 새뮤얼슨이 반박의 여지가 없으면서도 중대한 의미를 가지는 몇 안 되는 경제학 원리 중 하나라고 극찬할 정도로 훌륭한 경제학 이론이다. 그러나 '보이지 않는 손'의 아이디어가 그렇듯이, 위대한 이론인 비교우위의 원리 역시 그 저변에는 다소 비현실적이고 극단적인 가정을 전제하고 있다. 앞선 예에서 자유무역이 시작됨에 따라 포르투갈이 옷감 생산을 포기하고 와인 생산에만 특화할 경우, 기존에 옷감을 생산하던 포르투갈의 노동자들은 결국 실업자가 되어 버린다. 비교우위 이론에서는 노동시장의 자기조정 기능에 따라 곧 완전고용상태가 회복되면서, 이렇게 발생한 실업자들이 거의 대부분 새로운 일자리를 찾게 된다고 암묵적으로 가정한다. 바꾸어 말하면, 비교우위의 원리에 따른 자유무역이 모두에게 혜택을 줄 수 있으려면 경제가 — 일시적인 이탈을 제외하고는 — 대체로 완전고용상태를 유지한다는 가정이 충족되어야 한다. 하지만 주지하다시피, 이는 지극히 비현실적인 가정이다. 왜냐하면 현실에서는 한 번 일자리를 잃은 실업자가 새로운 일자리를 찾기까지 상당한 시간이 걸리거나, 혹은 영영 노동시장에서 이탈하는 경우가 다반사이기 때문이다.

다소 아이러니하지만, 상기한 대로 비교우위의 원리를 극찬했던 새뮤얼슨은 1940년대 초반 동료 경제학자 볼프강 스톨퍼Wolfgang Stolper와 함께 자유무역의 결과로서 승자뿐만 아니라 패자가 필연적으로 발생한다는 것을 이론적으로 증명했다(이를 스톨퍼-새뮤얼슨 정리라고 함 – 옮긴이). 예컨대, 어떤 나라가 비교우위에 따라 자본집약적 산업에 주로 특화하여 수출품을 생산하는 반면 노동집약적 산업의 상품은 주로 수입한다면, 국내적으로 자본에 비해 노동의 수요가 감소하면서 임금이 하락하거나 실업자가 발생한다는 것이다. 즉, 이 경우 노동자는 자유무역의 패자가 된다. 사실 새뮤얼슨과 스톨퍼의 이론은 좀 더 정교하고 일반화된 형태의 복잡한 경제학 정리theorem 이지만, 이 이론을 통해 일반인조차 확실히 알 수 있는 사실은 자유무역이 모두에게 이롭다는 옹호론자들의 주장은 명백히 틀렸다는 점이다.[12] 이와 관련하여 경제학자 크루그먼은 다음과 같이 발언한 바 있다.[13] "오늘날 자유무역 때문에 피해를 본 것은 몇몇 사람이 아니라 광범위한 계층의 수많은 사람들이다. 단언컨대, 고졸 이하 학력의 미국 노동자들 가운데 중국에서 쏟아져 들어오는 수입품 때문에 조금이라도 피해를 보지 않은 사람은 거의 없다고 말할 수 있다."

또한 비교우위를 가진 산업에 특화함으로써 무역에 참여하는 모든 나라의 생산성이 향상된다는 자유무역 옹호론자들의 주장도 현실에서는 여러 가지 이유로 성립하기 쉽지 않다. 현실에서는 대부분의 산업에 시장지배력을 가진 기존 기업이 존재할 뿐만 아니라 시장에의 진입장벽이 높다 보니, 새로운 경쟁자가 진입하는 것이 애당초 거의 불가능한 경우가 많기 때문이다. 예컨대 A산업에서 선진국의 거대기업이 압도적인 시장점유율을 보유하고 있다고 하자. 이러한 시장지배적 기업은 대개의 경우 규모의 경제economies of scale(생산 규모가 커질수록 단위당 생산비용이 줄어드는 현상을 의미함)에 따른 비용상의 우위를 누리기 마련이다. 따라서 설사 신흥국의 입장에서 A산업에 비교우위가 있다 하더라도 정부의 보호 없이는 신흥국의 신생 기업이

A산업에 새롭게 진입하는 것은 거의 불가능할 수밖에 없다. 이때 신흥국의 입장에서는 무차별적인 자유무역 정책보다는 유치산업 보호를 위한 개입 조치를 취하는 것이 보다 유리한 선택일 수 있다. 또한 만일 A산업이 초기에 막대한 고정자본 투자가 필요하다면, 이 역시 신흥국 신생 기업의 진입을 막는 높은 장벽이 된다. 이때는 산업정책을 통해 정부가 주도적으로 이 산업에 직접 투자하거나, 정책금융 지원을 통해 투자를 촉진하는 것이 바람직할 수 있다. 그러나 대부분의 자유무역 옹호론자들은 이러한 정부의 보호무역조치나 산업정책이 비교우위의 원리가 작용하는 메커니즘을 왜곡할 수 있다며 매우 부정적 인식을 보인다.

다시 앞서 언급한 자유무역에 따른 실업 문제로 돌아가 보자. 비교우위 이론의 가정과 달리 현실에서는 언제 어디서나 자유무역 때문에 일시적 또는 거의 영구적으로 일자리를 잃는 실업자가 다수 발생한다. 따라서 자유무역이 모두에게 보편적으로 혜택을 주기 위해서는, 정부가 실업자의 생활 안정을 위한 사회 안전망과 재교육을 위한 직업훈련 프로그램을 필수적으로 제공해야 한다. 현재 미국 정부도 물론 이러한 프로그램을 제공하고 있기는 하나 제공 범위와 기간, 그리고 무엇보다도 프로그램의 예산 규모가 다른 유럽의 선진국과 비교할 때 보잘 것 없는 수준이다.

미국 사회복지 프로그램의 취약성은 정반대의 예를 살펴보면 더욱 두드러진다. 예컨대, 노르웨이는 세계에서 가장 무역 개방도가 높은 나라인 동시에 전체 경제규모 대비 정부의 비중이 매우 큰 나라 가운데 하나이다. 노르웨이 정부는 자유무역의 결과로 일자리를 잃은 실업자들에게 미국과는 비교가 안 될 정도로 상당한 규모의 지원을 제공한다. 이렇게 자유무역의 패자를 정부가 정책적으로 보호하다 보니, 노르웨이 국민들은 다른 나라에 비해 자유무역에 대한 인식이 매우 긍정적인 편이다. 요컨대 이러한 사례의 의미를 제대로 이해한 경제학자라면 실업보험 등의 사회 안전망과 직업훈련 프로그램의 확충이 선행되지 않고는, 자유무역을 옹호하지 않을 것이며 옹호해서도 안 된다.

이제 자유무역에 대한 인식이 역사적으로 어떻게 변해 왔는지 살펴보자. 제2차 세계대전 이후 대략 20년, 즉 자본주의 황금기 동안의 눈부신 경제성장에 따라 대부분의 주류경제학자들은 자유무역의 긍정적 효과를 극적으로 과대평가하게 된다. 같은 기간 경제가 빠르게 성장하고 무역량이 크게 확대됐음에도 실업률은 낮은 수준을 유지했고, 노동자의 임금은 지속적으로 상승했으며, 그 결과 소득불평등 역시 역사상 그 어느 때보다 개선되었기 때문이다. 당시 경제학자들에게 자유무역은 누구나 이득을 보는 윈윈win-win 게임으로 인식되었다.

그러나 이 기간의 눈부신 성장은 자유무역 이외에 다른 여러 가지 요인에 기인한 바가 컸다. 예컨대 전쟁 기간 동안 억눌려 있던 국내 민간수요가 전후 폭발적으로 확대된 것, 이른바 마셜플랜the Marshall Plan(제2차 세계대전 종전 후 미국이 전쟁으로 황폐화된 유럽의 재건과 부흥을 위해 서유럽 중심의 16개 국가에 대해 시행한 대외원조계획으로, 정식 명칭은 유럽부흥계획이지만, 이 계획을 공식적으로 제안한 당시 미국 국무장관이었던 조지 마셜George Marshall의 이름을 따서 마셜플랜이라고 함－옮긴이)에 따라 미국 수출품에 대한 유럽의 수요가 크게 증가한 것, 전쟁 때 개발된 신기술이 민간 용도에 적용되기 시작하면서 유망한 투자기회가 늘어난 것 등을 들 수 있다. 그뿐만 아니라 종전 후에도 냉전이 지속됨에 따라 국방비 지출이 높은 수준을 유지하면서 총수요가 확대된 것과, 1970년대 이전까지 국제유가가 하락 안정세를 보이면서 생산 및 물류 원가를 경감할 수 있었던 것 등도 이 기간의 빠른 성장에 기여한 요인이다.

한편 1980년대 들어 세계화가 '심화된' 단계에 접어들면서 자유무역의 부작용에 대한 우려도 점차 확산되었다. 제2차 세계대전 이후 자유무역을 주도한 GATT 체제는 표면적인 의도와 달리 대체로 부유한 선진국에게 유리하게 작용한 측면이 있었다. 예컨대 GATT 체제하에서 선진국들은 자신들이 비교우위를 가진 공산품에 대해서는 보편적인 관세 인하 또는 철폐를 주장하면서도, 개발도상국이나 미개발국들이 주로 수출하는 농산물에 대해서는 자국 산업의 보호를 위해 막대한 보조금을 지급했다. 이는 GATT 체제에 따른 자유무역이 개발도상국이나 미개발국의 경제성장에 기여할 수 있는 가능성을 크게 훼손하는 요인이었다.

GATT를 대체·계승한 WTO는 무역분쟁 조정, 관세인하 요구, 반덤핑anti-dumping 규제(수출국이 자국 내 가격보다 낮은 가격으로 외국에 수출하는 행위인 덤핑에 대한 규제를 의미함－옮긴이) 등 이전보다 더욱 강력한 권한과 구속력을 행사할 수 있게 되었다. 이에 따라 회원국에 대한 관세 인하 압력이 높아지면서, 그 부담은 주로 경쟁력이 취약한 개발도상국이나 미개발국의 몫이 되었다. 또한 WTO는 산업 보조금 지급 등의 보호무역조치를 보다 적극적으로 감시하고 통제함으로써, 개발도상국이나 미개발국이 초기 단계의 유치산업을 보호·육성할 수 있는 정책적 여지를 크게 제한했다. 한편 WTO는 GATT 체제와 달리 상품뿐만 아니라 서비스와 지적재산권을 협정의 적용범위에 포함했다. 이에 따라 WTO 체제에서 미국 등 선진국들은 자국 기술을 개발도상국이 '탈취하는' 것을 방지하기 위해 지적재산권의 사용에 대해 이전보다 엄격한 규제를 적용할 수 있었다. 19세기 내내 미국인들이 유럽의 기술을 지속적으로 '탈취했던' 역사에 비추어 볼 때, 특히 미국의 이런 태도는 무척이나 위선적이라고 할 수 있다.

WTO를 통해 보다 경직적이고 획일적인 형태의 자유무역이 전 세계에 강요되면서, 이에 대한 불만과 저항 역시 확산되기 시작했다. 대표적 사례로, 1999년 미국 시애틀에서 열릴 예정이던 WTO 각료회의는 반세계화 시위대의 거리 시위로 인해 무산되었다. 당시 시위는 WTO 체제의 과도한 지적재산권 보호와 개발도상국의 부담, 그리고 환경과 노동조건에 끼치는 악영향 등에 항의하기 위한 것이었다. 그러나 당시 주류경제학자들은 물론이고 대부분의 정책담당자들은 시위대와 그 대부분을 구성하는 자국 노동자들이 대체 무엇에 대해, 왜 그렇게 분노하는지 전혀 알지 못했고 알려고도 하지 않았다.

세계화와 자유무역을 향한 노동자들의 불만에 대해 경제학자들이 얼마나 무지하거나 둔감한지를 잘 보여 주는 또 하나의 사례는 바로 북미자유무역협정North American Free Trade Agreement, NAFTA이다. 미국·캐나다·멕시코의 무역과 자본 시장의 개방을 골자로 하는 북미자유무역협정을 추진하는 과정에서 대부분의 주류경제학자들은 이 협정으로 인해 멕시코에 대한 무역흑자가 늘어날 것이며, 이는 결국 고용 증가로 이어질 것이라고 전망했다. 그러나 이러한 전망은 완전

히 빗나갔다. 협정 체결 후 멕시코와 캐나다에 대한 미국의 무역적자
는 오히려 증가했고, 상당수의 제조업 일자리가 사라졌다. 국제무역
분야의 석학인 크루그먼은 장기적 관점에서는 북미자유무역협정의
필요성을 인정하면서도, 당시 협정 체결을 지지했던 경제학자들이
지나치게 단순한 논리에 근거하여 잘못된 전망을 했다고 비판했
다.[14] 크루그먼이 볼 때, 이들은 학자가 아니라 이데올로기적 선동가
ideologue에 불과했던 것이다.

　　세계화와 관련하여 경제학자들이 오판한 또 다른 사례로 선진국
뿐만 아니라 금융부문이 취약한 개발도상국에 대해 자본통제를 너무
성급히 철폐하도록 권장한 것을 들 수 있다.[15] 1990년대 당시 IMF
수석부총재였던 경제학자 스탠리 피셔Stanley Fischer는 (그는 이후 연준
이사회 부의장을 역임한 바 있음) 개발도상국들이 금융거래에 대한 조
세나 단기투자에 대한 한도 제한 등을 철폐함으로써 자본시장을 대
외적으로 개방하는 것이 경제성장에 바람직하다고 강력히 권고했다.
그러나 사실 이러한 정책 권고는―자본이동에 대한 제한을 없애면
시장 메커니즘에 의해 자본이 가장 효율적인 곳으로 배분된다
는―초보적 수준의 이론적 가설에 기초한 것일 뿐 이를 실증적으로
뒷받침하는 어떤 근거도 존재하지 않았다. 경제학자 로드릭에 따르
면, 이후 피셔 자신조차 자유로운 자본이동이 경제성장에 기여한다
는 가설의 실증적 근거가 매우 빈약함을 인정했다고 한다.
　　흔히 세계화 옹호론자들은 1980년대 후반부터 1990년대 초반까

지 몇몇 아시아 국가들, 즉 한국, 말레이시아, 인도네시아, 타이완, 싱가포르, 태국 등의 빠른 경제성장을 자유로운 자본이동이 경제성장에 기여한 대표적 사례라고 주장하곤 한다. 이 기간에 선진국으로부터의 '장기' 자본의 유입이 이 나라들의 설비투자를 확대하는 데 어느 정도 기여한 것은 사실이다. 그러나 자본유입의 순기능은 오래가지 못했다. 유입되는 자본의 성격이 '단기' 투기자본, 즉 핫머니hot money로 바뀌면서, 자본유입은 더 이상 축복이 아니라 재앙이 되었다. 그 결과가 바로 1990년대 말 동아시아 외환위기로 나타난 것이다.

이 중 태국의 경우는 '묻지마' 식의 시장 자유화와 개방화가 얼마나 비극적인 결과를 낳을 수 있는지를 잘 보여 주는 사례라고 할 수 있다.[16] 1985년에 이른바 플라자 합의Plaza Accord [G5(미국, 영국, 독일, 프랑스, 일본)의 재무장관이 미 달러화 가치 하락을 유도하기 위해 공동으로 외환시장에 개입하기로 한 합의로, 회의가 개최된 뉴욕의 플라자호텔의 이름을 따서 플라자 합의라는 명칭이 붙었음 – 옮긴이]로 인해 미 달러화의 가치가 일본 엔화와 독일 마르크화 대비 대폭 절하되었다. 이에 따라 당시 환율을 미 달러화에 고정시키고 있던 태국의 바트baht화 가치 역시 달러와 함께 하락한 반면, 주변의 동아시아 산업국가들, 즉 일본, 한국, 타이완의 통화가치는 상대적으로 상승하면서 수출의 가격경쟁력이 저하되었다. 그러자 이들 국가는 현지의 값싼 노동력과 함께 환율조건의 우위—낮은 바트화 가치—를 누리고자, 자국의 제조업 생산시설을 태국을 비롯한 동남아시아로 대거 이전했다. 그 결과 태국의 제조업은 호황기를 맞이했으며, 실제로 1980년 전체 수출 가운데 25%에 불과했던 제조업 제품의 비중은 1990년에는 63%까지 상승했다.

세계화 옹호론자들은 물론이고 선진국의 투자자들 역시 이러한 태국의 빠른 성장이 상당 부분 자유무역과 자본시장 개방에 따른 것이라고 보았다. 이에 선진국의 대형 은행과 연기금 등 기관투자자들은 앞다투어 태국의 금융기관과 기업에 대출하거나 또는 증권에 투자하기 시작했다. 물론 이들이 안심하고 태국에 투자할 수 있었던 것은 당국이 앞으로도 바트화의 가치를 미 달러에 고정시킬 수 있으리라는 믿음이 있었기 때문이다. 그러나 이렇게 태국으로 유입된 — 헤지펀드를 비롯한 — 외국투자자들의 자금은 산업의 투자 재원으로 쓰이기보다는, 주로 부동산이나 기타 자산 시장으로 흘러들어 가서 투기 용도로 사용되었다. 그 결과 부동산 등 자산 가격과 함께 물가가 빠르게 상승하기 시작했다.

이런 상황에서 1990년대 중반, 달러 대비 엔화의 가치가 다시 하락하면서 가격경쟁력을 점차 회복한 일본은 생산시설을 자국으로 다시 이전하기 시작했다. 인플레이션율 상승과 제조업 시설의 유턴U-turn으로 인해 태국의 수출은 감소하고 경상수지가 크게 악화되었다. 이에 따라 한때 태국에 앞다투어 투자하던 외국투자자들은 이제 바트화 가치가 앞으로도 달러화에 고정될 수 있을지 의구심을 품게 되었다. 그리하여 1997년 초 태국 경제는 악순환의 덫에 빠져 있었다. 즉, 인플레이션율이 상승하고 경상수지가 악화되면서 바트화 가치가 하락할 것을 우려한 외국투자자들에 의해 자본이 해외로 유출되고, 그 결과 실제로 바트화 가치가 하락하기 시작했다. 이는 다시 인플레이션 압력으로 작용했고, 이에 따라 수출과 경상수지는 더욱 악화되었던 것이다.

태국에 대한 구제금융 과정에서 IMF가 강요한 — 대부분 워싱턴 합의에 따른— 정책 프로그램은 사태를 개선시키기는커녕 도리어 악화시켰다. IMF는 구제금융을 제공하기 위한 전제조건으로 태국 정부에게 재정지출을 대폭 삭감하고—바트화 가치가 추가적으로 하락하는 것을 막기 위해—금리를 가파르게 인상할 것을 요구했다. 구제금융의 대가로 강요된 이러한 정책은 안 그래도 심각한 경기침체를 공황 수준으로 악화시켰다. 고금리와 수요 부진으로 수많은 기업이 파산했고, 실업률은 치솟았다. IMF의 처방은 말하자면, 밀린 빚을 대신 갚아 주는 대신 실물경제를 거덜 내는 것이었다. 태국의 바트화 위기는 한국 등 아시아의 주변 국가로 빠르게 전염되고 확산되었다. 이들 국가에 대해서도 IMF는 태국과 비슷한 정책 프로그램을 강요했고, 그 결과 공황 수준의 경기침체가 뒤따랐다.

세계화 옹호론자뿐만 아니라 대부분의 주류경제학자와 선진국의 정책담당자들은 태국, 한국 등에서 발생한 외환위기를 주로 이들 국가의 잘못된 금융정책 탓으로 돌려 왔다. 즉, 선진국에서 차입한 막대한 달러가 부동산 등 자산시장에 투기자금으로 흘러들어 가거나, 이미 부채가 과다한 부실기업에 대출되는 것을 정책 당국이 방기했다는 것이다. 그러나 필자는 무리하게 달러를 차입한 국가들뿐만 아니라 이들의 상환능력을 면밀히 따져 보지 않고 무턱대고 달러를 빌려준 월스트리트와 다른 선진국의 금융기관, 그리고 더 나아가 이러한 자본이동이 가능하도록 자본 통제를 철폐했던 선진국의 정책당국에도 상당 부분 외환위기에 책임이 있다고 생각한다.

한편 많은 주류경제학자와 선진국의 정책담당자들은 외환위기를 겪은 국가들의 공통적인 문제점의 하나로 기업경영 및 금융거래 관행의 불투명성을 꼽곤 한다. 이들 국가의 이른바 정실 자본주의crony capitalism 관행으로 대출 등 금융거래가 불투명하게 이루어져서 부실 기업에 과다한 대출이 제공되었다는 논리이다. 그러나 잊지 말아야 할 것은—세계은행 부총재를 지낸 바 있는 스티글리츠가 지적한 대로[17]—외환위기에 빠진 국가에 워싱턴 합의에 기초한 정책 프로그램을 강요하는 IMF와 세계은행이야말로 의사결정과정의 불투명성 문제가 가장 심각한 국제기구라는 점이다.

또 한 가지 세계화 옹호론자들이 오판한 것은, 1980년대 이래 전 세계의 빈곤율 하락이 워싱턴 합의에 기초한 시장 자유화와 개방화 덕분이라는 왜곡된 평가를 내린 것이다. 상기한 대로, 이 기간 세계 빈곤율의 하락은 거의 대부분 중국과 인도, 그중에서도 주로 중국의 빈곤율 하락에 기인한 것이다.[18] 실제로 중국을 제외하면 세계 빈곤율의 하락폭은 미미한 수준에 그친다. 그리고 정작 이들 국가들은 비교적 최근까지도 시장 자유화와 개방화를 매우 제한적으로만 추진해 왔다.

게다가—역시 상기한 대로—세계은행을 비롯한 여러 기관에서 빈곤율 산정 시 가장 널리 사용하는 빈곤선인 1일 1.25달러(2019년 기준 1.9달러 - 옮긴이)는 오직 생존만이 가능할 정도로 지나치게 낮은 수준이라고 할 수 있다. 만일 빈곤선을 1일 2.5달러 수준으로 현실화할 경우, 같은 기간 세계 빈곤율의 하락 추세는 완전히 사라진다. 보다 현실적인 빈곤선을 적용할 경우 지난 수십 년간 세계의 빈곤율은 실질적으로 하락하지 않았다는 것이다. 이는 '심화된' 단계의 세계화가 진행되는 가운데서도 전 세계 인구 중 상당수는 세계은행의 공식 빈곤선을 겨우 넘는 생활수준에 머물러 왔음을 의미한다. 특히 주목할 것은 중남미 국가에 대한 IMF와 세계은행의 영향력이 퇴조했던

2000년대 들어 오히려 이들 국가의 빈곤율과 소득불평등 상황이 개선되기 시작했다는 점이다.

워싱턴 합의의 실제 성과에 대한 부정적 평가와 함께 스티글리츠 등 주류경제학 일각에서의 세계화 비판이 대두하면서, IMF와 세계은행 등 워싱턴 합의의 주축 기관들은 과거 세계화를 무조건적으로 옹호하던 입장에서 벗어나 다소 전향적인 태도를 보이기 시작한다. 아울러 앞서 언급한 시애틀에서의 반세계화 시위를 계기로, WTO 역시 개방 일변도의 기존 정책 방향을 일부 재검토하게 된다. 급기야 '워싱턴 합의'라는 용어를 처음 고안한 장본인인 경제학자 존 윌리엄슨John Williamson조차('워싱턴 합의'라는 용어는 1989년 당시 피터슨 국제경제연구소Peterson Institute for International Economics의 윌리엄슨이 처음 사용한 것으로 알려져 있음[19] - 옮긴이) 워싱턴 합의를 수정·개선해야 할 필요성을 인정하기에 이른다. 2002년 윌리엄슨은 '워싱턴 합의'가 말하자면, '한물간 브랜드'damaged brand라고 토로했다.[20] 그렇게 된 이유로 그는 워싱턴 합의가 당초 자신이 의도한 것보다 지나치게 단순화된 형태로 확산·전파된 점을 들었다. 윌리엄슨은 이러한 단순화된 형태의 워싱턴 합의가 현실에서 다양한 폐해 — 예컨대 1990년대 말 동아시아 외환위기와 시장 자유화와 개방화를 추진했던 남미 국가들의 저조한 경제적 성과 등등 — 를 초래하는 데 일조했음을 시인했다. 이에 따라 그는 워싱턴 합의가 유효하기 위해서는 좀 더 절충적이고 세심한 접근이 필요하다고 지적했다. 이런 그의 생각은 '워싱턴 합의는 실패한 것인가'Did the Washington Consensus Fail?라는 제목의 2002년 연설에 잘 나타나 있다.

"나는 다음과 같은 두 가지 결론에 도달했다. … (1) 워싱턴 합의가 일종의 이데올로기로 수용되어 개별 국가에 무분별하게 적용되지 않도록 해야 한다. … 이데올로기는 현실의 단순화와 추상화를 통해 사고를 절약하게 해 주는thought-economizing 하나의 도구에 불과하다. 따라서 일반적인 정책 가이드라인을 설계할 때 고려했던 것 이외에 정책 효과에 중요한 영향을 미치는 '다른 요인'이 언제나 존재함을 잊어서는 안 된다. 또한 개별 국가의 특수성에 대한 고려 없이 타 국가 또는 국제기구 등이 제시한 일반적인 정책 가이드라인을 무작정 따르는 것은 매우 무책임한 것이다. (2) 기존의 일반적인 정책 가이드라인에 더하여 금융 또는 외환위기를 예방하기 위한 정책 방안을 추가로 제시해야 한다."

월리엄슨의 지적, 특히 개별 국가에 대한 정책 적용에서 추가적으로 고려해야 할 '다른 요인'이 존재한다는 지적은 매우 건설적인 반성이라고 볼 수 있다. 그는 바람직한 세계화는 '보이지 않는 손'의 무차별적 적용이 아니라 국가별·기간별 특수성에 따른 '맞춤형' 정책이 되어야 함을 뒤늦게야 깨달았다. 요컨대, 모든 국가와 기간에 일률적으로 적용할 수 있는one-size-fits-all 정책 가이드라인이란 존재하지 않는다는 것이다. 이는 앞서 머리말에서 언급했듯이, 바람직한 경제학은 모든 상황에 시장 원리를 무차별적으로 적용하는 '우아한 경제학'이 아니라 개별 상황의 특수성을 고려하는 '더러운 경제학'임을 보여 주는 또 하나의 사례라고 할 수 있다.

지금까지 간략히 살펴본 최근의 역사적 경험을 통해 우리는 보다 바람직한 무역 정책과 외환·자본시장 정책 방향에 관해 몇 가지 교훈을 얻을 수 있다. 무엇보다도 중요한 것은 세계화를 하나의 이데올로기로 접근하여 전면적이고 포괄적인 정책 프로그램을 추구하는 것이 아니라, 실용적 관점에서 개별적이고 절충적인 정책기조를 유지하는 것이다. 다시 말해, 보편적으로 적용 가능한, 단일한 정책 원리를 찾으려 애쓸 것이 아니라 국가별·기간별 특수성과 세부적 차이를 반영한, 유연한 정책 대응이 필요하다는 것이다.

　　역사적 경험에서 얻을 수 있는 첫 번째 정책적 교훈은 개혁의 속도에 관한 것이다. 설사 시장 자유화와 개방화가 장기적으로 바람직한 정책 방향이라고 하더라도, 오직 점진적으로 시행될 때만 효율적인 개혁이 가능하다는 것이다. 예컨대 성급한 민영화를 통해 급작스럽게 경쟁자본주의로 체제전환을 시도했던 러시아의 실패 사례를 반면교사로 삼아야 한다. 1990년대 급진적인 시장 자유화와 개방화 정책을 추진했던 태국과 아르헨티나가 1990년대 말 동아시아 외환위기를 계기로 차례로 몰락한 사례 역시 마찬가지이다.

　　한편 선진국의 과거 경제성장 및 경제발전 경험에 비추어 볼 때, 지속 가능한 성장을 위해서는 다음과 같은 조건을 충족해야 한다. 핵심 성장산업을 점진적으로 육성하되 특정 산업에 대한 과도한 의존도를 낮추기 위해 정책적 지원대상을 다변화할 것, 특히 여성을 중심으로 국민의 전반적 교육수준을 향상시키는 것, 건전한 금융시스템을 구축하는 것, 자본시장의 개방은 금융위기의 가능성을 경계하면서 매우 신중하게 점진적으로 시행할 것, 착취 수준의 저임금과 열악한 근로조건에서 노동자를 보호할 것 등이다. 자세히 보면 알 수 있듯이, 상기한 조건들은 하나같이 —급진적인 시장 자유화와 개방화 정책이 아니라— 장기적 관점에서 점진적인 정부 개입을 통해서만 달성 가능하다.

특히 열거한 것 가운데 마지막 조건과 관련된, 임금과 노동조건 측면에서 '양질의' 일자리의 증가와 이에 기초한 내수시장의 확대는 개발도상국에서 선진국으로 발돋움하는 데 필수적인 요인이라고 할 수 있다. 실제로 중국과 베트남 등의 신흥국은 상기한 조건 가운데 대부분을 이미 충족하고 있지만, 그중 마지막 조건과 함께 양질의 일자리와 내수시장의 확대 측면에서는 여전히 다소 미흡하다고 평가되고 있다. 이 때문에 오늘날 중국은 지속 가능한 성장의 원천으로 임금상승을 통한 민간소비 확대를 적극 추진하는 등 점진적인 구조개혁을 실시하고 있으나, 성공 여부는 좀 더 두고 볼 일이다.

두 번째 교훈은 정책 제안 시 개별 국가의 특수성을 반드시 고려해야 한다는 점이다. 각 국가들은 경제와 사회 구조가 상이하므로 필요한 정책 방향도 많이 다를 수 있다. 이렇게 국가마다 다른 정책적 요구에 부응할 수 있도록 정책의 다양성이 보장되어야 한다는 것이다. 예컨대 국가별 경기 및 재정 상황에 따라 어떤 나라는 정부의 사회복지 프로그램이 보다 확충될 필요가 있는 반면, 다른 나라는 오히려 이를 축소할 필요가 있다. 산업 발전 수준에 따라 유치산업을 보호할 필요가 절실한 나라가 있는가 하면, 지나치게 비대해지고 방만하게 운영되는 공기업을 민영화하는 것이 바람직한 나라도 있다. 문맹을 퇴치하는 것이 보다 시급한 나라가 있는가 하면, 고등교육 과정이나 직업훈련 프로그램에 보다 역점을 두어야 하는 나라도 있다. 최저임금 인상 또는 실업보험 등을 통한 노동자 보호가 우선순위여야 하는 나라가 있는 반면, 기업의 과중한 인건비 부담을 줄이고 노동의 이동성을 제고하는 것이 보다 시급한 나라도 존재한다. 예컨대 미국은 신흥국 등과 무역협정을 맺을 때 최소한의 근로조건에 대한 기준을 만들어 상대국 수출 산업에 적용하고 있는데, 그때 적용되는 기준은 해당 국가의 경제발전 단계와 노동시장 여건을 반영한 '맞춤형'이어야 한다. 천편일률적인 근로조건 기준을 모든 국가에 무차별적으로 적용하면 공정한 경쟁이 성립하기 힘들기 때문이다.

국가별 특수성을 고려하는 것이 중요한 데는 또 다른 이유가 있다. 흔히 가난한 국가가 경제성장을 통해 부유한 국가를 추격하는 과정에서 본질적으로 겪게 되는 어려움 가운데 하나는—앞서 언급한—규모의 경제에 따른 진입장벽이다. 부유한 나라는 이미 내수시장 규모가 크기 때문에 생산규모 역시 커서 규모의 경제 효과를 충분히 누릴 수 있다. 하지만 대체로 가난한 나라는 규모의 경제 효과를 누릴 수 있을 만큼 내수시장이 충분히 크지 못하기 때문에 부유한 나라와 비교해서 단위당 생산비용이 높아지며, 따라서 가격 경쟁력에서 밀릴 수밖에 없다. 이 경우 제품 생산과정이 상대적으로 노동집약적이어서 임금 수준이 낮은 개발도상국이 비교우위를 가지는 제품조차도 선진국이 개발도상국보다 더 싸게 생산할 수 있게 되며, 그 결과 비교우위 이론의 예측과 달리 선진국이 이 제품의 시장을 장악하게 된다. 다시 말해, 단순한 형태의 비교우위 이론에서는 고려되지 않은 요인인 대규모 내수시장과 이에 따른 규모의 경제 때문에 개발도상국의 진입을 가로막는 장벽이 생긴 것이다.

따라서 내수시장 규모가 작은 개발도상국이 선진국과 공정한 경쟁을 할 수 있으려면, 적어도 초기 산업발전 단계에서는 높은 관세 부과 등 보호무역조치를 통해 내수시장에서 국내 기업의 점유율을 높이거나 산업보조금 지급 등 적극적인 산업정책을 통해 국내 기업의 수출 경쟁력을 강화할 필요가 있다. 즉, 국가별 산업발전 단계에 따라 무차별적인 자유무역만이 능사가 아닐 수 있다는 것이다.

세 번째 교훈은 개방화를 통한 수출주도 성장이 지속 가능하지 않다는 것이다. 앞서 살펴본 대로 2008년 금융위기 이전까지 중국과 미국 사이에 경상수지 불균형 — 이른바 글로벌 불균형global imbalance — 이 심화되면서 여러 가지 부작용이 초래되었다. 중국의 대미 무역수지 흑자폭이 크게 확대되면서 미국의 성장과 고용이 위축된 것도 문제지만, 그보다 더 큰 문제는 중국이 수출로 벌어들인 막대한 달러가 미국 금융시장으로 유입되면서 2008년 금융위기의 발단을 제공했다는 점이다. 중국으로부터의 막대한 자본유입으로 인해, 연준의 정책금리 인상에도 불구하고 미국의 시장금리는 지속적으로 낮은 수준을 유지했으며, 이는 결국 — 서브프라임 모기지 사태의 직접적 원인인 — 부동산 시장의 거품으로 이어졌다.

이와 거의 유사한 현상이 독일과 유로 지역 주변 국가 사이에도 나타났다. 중국이 미국에 대해 그랬던 것처럼 독일 역시 그리스, 스페인 등 유로 지역의 주변 국가들을 상대로 — 주로 단일통화 사용에 따른 고정된 환율과 자국의 임금억제 정책에 힘입어 — 엄청난 규모의 경상수지 흑자를 기록했던 것이다. 이러한 경상수지 불균형은 유로 지역 주변 국가들의 산업 기반을 약화시켰으며, 성장과 고용을 위축시켰다. 그런데 더 큰 문제는 상기한 대로 독일이 수출을 통해 벌어들인 막대한 양의 자본이 그리스, 스페인 등 주변 국가의 부동산 시장으로 흘러들어 가 대규모 부동산 거품을 형성하는 데 중추적 역할을 했다는 점이다. 이는 글로벌 금융위기에 따른 대침체를 심화시킨 동시에, 뒤이어 남유럽 재정위기를 초래한 원인이 되었다.

———— •:• ————

지금까지 살펴본 자유무역의 여러 현실적 한계가 ― 절대우위 또는 비교우위 이론과 같은 ― 주류경제학의 국제무역 이론 자체의 문제에서 비롯된 것은 아니다. 마치 '보이지 않는 손'이 자유방임주의 혁명을 통해 하나의 이데올로기로 변질된 것과 같이, 국제무역 이론도 세계화 옹호론자들에 의해 무조건적인 자유무역을 지지하는 논리로 호도된 것이 문제의 본질이다. 이러한 왜곡된 논리에 가려, 자유무역은 언제나 승자와 함께 패자 ― 예컨대 진입장벽에 가로막힌 개발도상국 생산자, 수입제품과의 경쟁으로 인해 퇴출된 선진국의 중소기업, 그리고 이로 인해 실직한 노동자 등 ― 를 양산한다는 사실에 눈을 감아 버리는 것이 진정한 문제라는 것이다. 따라서 자유무역의 혜택이 모두에게 골고루 돌아가기 위해서는, 정책 담당자들이 먼저 이런 현실을 직시하고 자유무역의 패자를 보듬을 수 있는 다양한 정책을 보다 적극적으로 추진해야 한다.

앞서 언급했던 '또 다른 프리드먼'은 그의 저서 《렉서스와 올리브나무》에서 세계화 시대에 각 국가들이 '렉서스'로 상징되는 경제적 번영을 누리기 위해서는 경제학자들이 마련한 '황금구속복'golden straitjacket을 반드시 입어야 한다고 역설한 바 있다(여기서 황금구속복이란 내용상 워싱턴 합의와 거의 유사한 것으로, 이를 입는다는 것은 세계화 추세에 참여하기 위해 요구되는 일련의 시장 자유화와 개방화 정책 프로그램을 시행함을 의미함 – 옮긴이). 즉, 모든 국가가 워싱턴 합의가 제안하는 것과 같이 국내시장을 자유화하고 관세 철폐를 통해 완전한 자유무역을 추구하며, 자본시장 역시 활짝 개방해야 한다는 것이다. 그러나 지금까지 살펴본 대로 프리드먼이 말하는 '몸에 딱 맞는' 황금구속복을 입는 것은 경제적으로 결코 바람직하지 않을 뿐만 아니라 정치적으로 가능하지도 않다. 프리드먼 스스로도 인정했듯이, 황금구속복을 입어서 개별 국가의 경제정책이 이른바 글로벌 스탠더드에 좌우되기 시작하면, 개별 국가의 정책 선택의 폭이 크게 제약되면서 상당한 정치적 저항과 부작용을 야기할 수밖에 없기 때문이다[영국의 유럽연합 탈퇴(브렉시트 결정), 트럼프 대통령 당선 및 미국의 고립주의 강화, 그리고 유럽 각국에서 극우 포퓰리즘 정당의 약진 등이 이러한 정치적 저항의 최근 사례라고 할 수 있음 – 옮긴이].

그뿐만 아니라 프리드먼을 비롯한 세계화 옹호론자들의 논리는 이론 자체적으로도 문제가 적지 않다. 자유무역에 관한 문헌을 광범위하게 검토한 경제학자 로버트 드리스킬Robert Driskill은 자유무역을 옹호하는 경제학자들의 분석에 대해, 대체로 '비판적 사고'가 결여되어 있고 '편향적이며', 그들의 주장은 사실을 논증하는 것이 아니라 마치 '검사가 유리한 증거만을 동원하여 자신의 논리를 열성적으로 변호하는 것 같은 인상을 준다'고 비판한 바 있다.[21]

정리하면, 지난 수십 년간 추진된 세계화, 좀 더 정확히 말하면 '심화된' 단계의 세계화는 단지 성과가 기대에 못 미친 정도가 아니라 전 세계 경제와 사회에 심각한 해악을 끼쳤다. 이제 우리는 워싱턴 합의와 같은 만병통치식 정책 처방이 아무리 '우아하고' 매력적으로 보이더라도 단호히 뿌리쳐야 한다. 마찬가지로 우리를―말 그대로―구속하는 황금구속복을 과감히 벗어던져야 한다. 시장 자유화와 개방화는 언제 어디서나 '선'善이라는 그릇된 이데올로기에서 벗어날 때, 비로소 모두에게 이로운 진정한 의미의 세계화가 가능할 것이다.

7장

경제학은 '과학'이다?

오늘날 주류경제학계에는, 다른 사회과학과 달리 경제학이 자연과학과 유사한 의미에서의 '과학'a science이라는 오만한 인식이 팽배해 있다. 사람들이 종종 경제학 이론을 과신하는 것은 바로 이런 인식이 경제학자들뿐만 아니라 정책 담당자들과 일반 대중에게도 널리 퍼져 있기 때문이다. 경제학이 '과학'이라고 믿는—혹은 믿고 싶어 하는—이들은 경제학자들의 조언이 얼마나 부실한 이론적 토대 위에 서 있는지 알지 못하고, 때론 알려고도 하지 않는다. 부실한 조언 때문에 번번이 정책적 실수를 범하면서도 말이다.

이렇게 부실한 이론을 걸러 내려면 실증적empirical 증거에 기반한 검증이 필수적이다. 그럼에도 많은 경제학자들은 종종 실증적 증거를 무시하고는 한다. 비근한 예가 최저임금제도의 효과에 대한 인식이다. 1990년대를 기점으로 최저임금 인상이 고용에는 거의 영향이 없는 반면, 노동자 생활 안정과 수요 확충을 통해 경제에 긍정적 영향을 준다는 실증적 증거가 다수 보고되었다. 그럼에도 최저임금 인상에 대한 경제학자들의 반감이 다소 누그러든 것은 비교적 최근의 일이다. 마찬가지로 경제학자들이 오프쇼링의 부정적 효과에 주목하게 된 것 역시, 오프쇼링이 국내 고용 상황에 상당한 영향을 미친다는 실증적 증거가 쌓이기 시작한 지 한참이나 지난 후였다. 또한 세계 경제를 초토화시킨 2008년 금융위기가 터지고 난 뒤에야, 경제학자들은 비로소 효율시장가설이 현실과 얼마나 괴리되었는지, 그리고 금융규제 강화가 왜 필요한지 느끼기 시작했다.

이렇게 실증적 증거가 종종 무시되는 것은 경제학자들의 지적 태만과 경직성에 따른 측면도 있지만, 다른 한편으로는 경제학자와 정책담당자들의 이데올로기적 편향에 상당 부분 기인한다. 예컨대 금융위기 이후 대침체가 장기화하기 전까지만 해도, 경제성장의 원천으로 임금 인상을 통한 내수 확충(비주류경제학, 구체적으로 좌파 성향의 후기 케인즈주의 경제학에서는 이러한 성장체제를 임금주도 성장체제 wage-led growth regime라고 부름-옮긴이)을 거론하는 것은 주류경제학계에서 거의 금기시되었다. 전통적인 주류경제학에서는 장기 경제성장의 원천을 기술진보와 같은 공급측 요인에만 국한할 뿐만 아니라—앞선 장에서 살펴본 대로—임금의 지속적 상승이 물가안정을 저해함으로써 효율적 자원배분과 장기 경제성장에 부정적 영향을 준다고 보기 때문이다. 또한 정책담당자들 역시 금융규제, 자유무역, 노동자의 근로조건 등 다양한 정책 의제에 대한 자신들의 정치적 선호에 부응하는 경제학 이론만을 취사선택하여 이용하다 보니, 그 이론이 실증적 증거에 기초한 것인지의 여부는 거의 고려하지 않았던 것이다.

그럼에도 여전히 많은 경제학자들은 기존 이론을 검증하고 새로운 지식을 축적하기 위해 다양한 실증적 증거를 부단히 축적해 왔다. 그 결과, 예컨대 구매자와 판매자 간의 정보 비대칭, 가격에 대한 불완전 정보, 비효율적인 금융시장, 경제주체의 행태적 비합리성 등으로 현실에서 시장실패가 발생함을 뒷받침하는 다양한 증거를 발견했다. 그뿐만 아니라 이러한 실증 분석과정에서 여러 경제학자들은 새로운 통계적 기법이나 연구방법론을 적용함으로써 유용한 현실적 시사점을 제공하는 분석 결과를 얻기도 했다. 몇 가지 예로, 행태경제학 이론을 기초로 하여 노동자들이 노후 대비를 위한 사적연금 private pension plan에 보다 적극적으로 가입할 유인을 설계한 것, 새로운 파생상품의 가치를 평가하는 공식을 고안한 것, 최신 통계적 기법을 노동시장에 적용하여 최저임금 인상 또는 고용관련 규제가 성장과 고용을 저해한다는 기존의 통설을 실증적으로 반박한 것 등을 들 수 있다.

그러나 이렇게 참신하고 유용한 실증 연구 가운데 상당수는 '보이지 않는 손'의 이데올로기를 신봉하는 주류경제학자들에게 오랫동안 외면당했다. 가장 비근한 예는 극소수의 경제학자들이 2008년 금융위기를 사전적으로 경고했음에도 불구하고 주류경제학계가 이를 완전히 무시한 것이다. 예컨대 — 후기 케인즈주의자인 — 호주의 경제학자 스티브 킨Steve Keen은 주로 시장경제의 본질적인 불안정성에 대한 이론적 연구를 수행했는데, 이를 기초로 2000년대 초반부터 대규모 금융위기가 임박했음을 경고해 왔다. 이후 그는 글로벌 금융위기를 사전에 경고한 공로를 인정받아 비주류경제학계가 주관하는 콘테스트의 수상자로 뽑히기도 했으나(킨은 2010년 학술저널 Real-World Economics Review가 주관한 경제학자 대상의 여론조사를 통해 Revere Award for Economics의 수상자로 선정되었음. 이때 공동 수상자 가운데는 금융위기를 미리 예측하여 유명해진 미국의 누리엘 루비니Nouriel Roubini도 포함됨 – 옮긴이),[1] 때는 이미 위기가 터진 뒤였다. 주류경제학계는 그의 경고에 전혀 귀 기울이지 않았던 것이다.

킨과 같은 비주류경제학자뿐만 아니라 주류경제학자 가운데서도 금융위기의 이론적 가능성을 인식하고 이를 사전적으로 경고한 학자가 전혀 없었던 것은 아니다. 노벨 경제학상 수상자인 에릭 매스킨 Eric Maskin은 금융위기 이후 한 인터뷰에서[2] 금융시장의 잠재적 불안 정성과 이로 인한 위기의 가능성을 이론적으로 분석한 몇몇 주류경 제학자의 연구를 소개했다. 이를 기초로 그는—매우 모호하게나 마—금융위기를 사전에 예측한 주류경제학자들이 존재했다고 주장 했다. 이러한 학자들의 예측과 경고가 정책담당자는 물론이고 주류 경제학계 내에서조차 소홀히 다루어진 것에 대해 매스킨은 유감스러 워 했다.

만일 경제학이—주류경제학자들이 주장하는 대로—자연과학과 같은 의미의 엄밀한 '과학'이었다면, 앞서 언급한 참신하고 유용한 실 증 연구들과 일부 경제학자의 금융위기에 대한 사전 예측과 경고가 이렇게 오랫동안 무시될 수는 없었을 것이다. 자연과학, 예컨대 의학 또는 물리학에서 새로운 연구 결과가 제기되었을 때, 이것이 단순히 기존의 통설에 반한다고 해서 완전히 묵살하는 일은 상상조차 할 수 없기 때문이다. 진정한 '과학'은 이와 같이 기존 이론을 반증하는 새 로운 증거를 축적하면서 끊임없이 발전하는 것이다.

한편 앞서 언급한 매스킨은 경제학이 자연과학과 같은 의미의 '과 학'에 가깝다고 보는 근거로, 비록 경제학을 통해 금융위기나 경기침 체 등 미래의 경제현상을 예측하지는 못할지라도, 적어도 이러한 경 제현상의 원인과 작용 메커니즘을 사후적으로 설명할 수 있다는 점 을 들었다. 그러나 이러한 견해 역시 최근 사례를 보면 매우 의구심 이 들기는 마찬가지이다. 예컨대 금융위기 이후 지금까지도 위기의 원인에 대해 주류경제학들 사이에 논쟁이 계속되고 있는 것이나 앞 선 장에서 언급한 이른바 '확장적 긴축' 정책의 유효성에 관한 논란

등을 떠올려 보면, 경제현상에 대한 경제학의 — 사전적 예측력은 고사하고 — 사후적 설명력이 얼마나 빈약한지 절실히 깨닫게 된다.

———— ••• ————

한편 경제학이 다른 사회과학에 비해 우월하고 자연과학에 가깝다고 자부하는 근거가 되는 경제학 연구방법론, 예컨대 통계적 실증 방법론과 정책 시뮬레이션 등도 — 자연과학의 기준으로 평가하면 — 충분히 '과학적'이라고 보기 어렵다. 만일 이러한 방법론이 자연과학의 실험을 통한 방법론만큼이나 '과학적'이었다면 — 이들 방법론을 적용했던 — 앞서 예시한 참신하고 유용한 실증 연구들과 금융위기에 대한 소수 경제학자들의 예측과 경고가 학계에서 오랫동안 무시당하는 일은 절대 일어나지 않았을 것이다. 이들 연구방법론, 특히 이 중 통계적 실증 방법론이 충분히 '과학적'이라고 보기 어려운 이유는, 이를 통해 경제적 변수 사이의 상관관계는 포착할 수 있지만 인과관계까지 파악하기는 힘들기 때문이다. 경제학에서 널리 알려져 있고 흔히 언급되는 예인 통화량과 GDP, 즉 국민소득 간의 관계를 살펴보면, 통계적 실증 방법론을 통해 두 변수가 서로 정(+)의 관계를 가짐은 쉽게 확인할 수 있지만, 둘 중 어느 것이 원인 또는 결과인지는 통계적 방법만으로 확정하기 어렵다. 지금까지도 경제학자들이 둘 사이의 인과관계 방향에 대해 논란을 벌이고 있는 것은 바로 이 때문이다. 그뿐만 아니라 동일한 주제에 대해 이전과 다른 통계적 방법론을 적용한 결과, 기존 연구와 완전히 상반되는 결과를 얻는 경우가 비일비재한 것도 같은 이유이다. 또 다른 경제학 연구방법론인 정책 시뮬레이션 역시 '과학적'이라고 보기에 허술하기는 마찬가지이다. 왜냐하면 제대로 된 정책 시뮬레이션을 하기 위해서는 경제를 적절히 모사模寫하는 모형이 필요한데, 상당수의 경제학 모형은 지나치게 단순화되어 있어 복잡다단한 현실 경제를 모사하는 것이 아니라 오히려 왜곡하기 때문이다.

그러나 경제학이 결코 자연과학과 같은 '과학'이 될 수 없는 더 근본적인 이유가 있다. 사회과학의 하위분야로서 경제학은 필연적으로 연구자의 가치판단에서 자유로울 수 없다는 사실이다. 다시 말해, 경제학 이론이 기초하는 주요 가정들이 경제학자들의 가치판단에 영향을 받을 수밖에 없다는 것이다. 예컨대 자유방임주의 경제학자들이 '보이지 않는 손' 그리고 '세이의 법칙'과 같은 검증되지 않은 가설에 집착하는 것은 '정부의 개입은 일반적으로 나쁘다'라고 보는 그들의 가치관에 상당 부분 기인한다고 할 수 있다. 게다가 어떤 가치관이 일단 학계에 자리 잡기 시작하면, 시간이 갈수록 가치관이 경제학 이론에 미치는 영향력은 점차 확대되는 경향이 있다. 왜냐하면 경제학자들, 특히 신진 학자들이 학계에서 인정받기 위해서는, 그들의 연구가 '과학적'으로 객관적임을 보이는 것보다 기존의 전통적 이론과 부합함을 어필하는 편이 훨씬 유리하기 때문이다.

그럼에도 대부분의 주류경제학자들은 경제학이 — 다른 사회과학과 달리 — 물리학과 같은 수준의 객관적이고 가치중립적인 '실증적'positive(여기서 '실증적'positive이라는 표현은 '가치에 대해 중립적'이라는 의미로 '규범적'normative과 대비되는 수식어임. '자료에 기초한 것'을 의미하는 '실증적'empirical이라는 표현과 구별되어야 함에 유의 – 옮긴이) 과학이라며 자랑스러워하곤 한다. 즉, 경제학은 연구자의 가치판단에 대해

중립적이며, 자료에 기초한 실증적empirical 논증이 중심이 되는 진정한 '과학'이라는 것이다. 경제학자들이 경제 현상을 설명할 때 통계 수치 또는 정량적quantitative 분석에 주로 의존하며, 또 그래야만 비로소 안도감을 느끼는 것도 바로 이런 인식 때문이다. 이와 관련하여 경제학자 월터 니콜슨Walter Nicholson은 다음과 같이 서술했다.[3] "실증 경제학자들positive economists에 따르면, 학문 분야로서 경제학이 성공한 주요 요인 가운데 하나는 다른 사회과학 분야에 적용되는 지극히 가치지향적인 규범적normative 접근법을 지양하는 한편, 자연과학의 실증적positive 접근법을 비교적 성공적으로 모방할 수 있었다는 점이다."

'과학'의 목표는 현실에 보편적으로 적용되는 법칙을 찾아내는 것이다. 보편적 법칙을 검증하기 위한 방법론의 측면에서 경제학은 자연과학을 최대한 모방하려 하지만, 이는 좀처럼 여의치 않은 것이 사실이다. 예컨대, 이론 또는 응용 물리학자들은 각각 수학적 증명 또는 통제된controlled 실험을 통해 제기된 가설이 보편적으로 적용 가능한 법칙이 될 수 있는지를 검증한다. 경제학 역시 수리적 모형과 통계적 실증 방법론을 통해 자연과학을 흉내내려 하지만 — 경제 현상을 미리 예측하는 것은 고사하고 — 어떤 경제적 가설이 현실에 보편적으로 적용되는 원리인지를 논란의 여지없이 검증하는 것은 거의 불가능하다고 할 수 있다.

이는 자연과학의 검증 방법론과 달리, 경제학에서 사용하는 수리적 모형과 통계적 실증 방법론이 현실에 작용하는 수많은 변수를 거의 고려 또는 통제하지 못하기 때문이다. 예컨대 어떤 경제적 가설이 예측한 것과 정반대의 현상이 현실에서 관측된 경우에도, 이것만으로는 그 가설이 잘못되었다고 확증할 수 없다. 왜냐하면 가설에서 현상의 원인으로 상정한 변수들 이외의 다른 변수들이 변하면서 가설의 예측과 정반대의 결과를 야기했을 가능성이 얼마든지 존재하기 때문이다. 비근한 예를 살펴보자. 6장에서 언급한 대로 중남미 국가에서 실시된, 워싱턴 합의에 기초한 정책 프로그램은 명백히 실패했다. 그럼에도 예컨대 미국의 경제학자 앤 크루거Anne Krueger 등의 일부 워싱턴 합의 옹호론자들은 중남미 국가의 저조한 경제적 성과가 워싱턴 합의의 실패 때문이 아니라, 오히려 이에 따른 정책을 일관되고 강력하게 추진하지 못하고 중간에 포기했기 때문이라고 주장했다.[4] 이런 방어 논리는 워싱턴 합의에 따른 정책 프로그램 이외의 다른 요인들이 중남미 국가의 경제적 성과를 저조하게 만든 주원인임을 암묵적으로 전제한 것이다.

이렇게 경제적 가설을 반증하는 것이 거의 불가능하다는 사실은 가설 검증에 가장 큰 장애물일 뿐만 아니라, 경제학이 자연과학과 같은 의미의 진정한 '과학'이 결코 될 수 없는 주요 이유이기도 하다. 일찍이 과학철학자 칼 포퍼Karl Popper가 설파한 대로, 어떤 학문 분야에서 가설의 반증이 원천적으로 불가능하다면 가설이 진리임을 증명하는 것 역시 불가능하며, 따라서 이러한 학문 분야는 엄밀한 의미의 '과학'이 될 자격이 없다.[5] 이런 관점에서는, 다른 사회과학과 마찬가지로 경제학 역시 자연과학과 같은 의미의 '과학'이라고 보기 힘들다.

그럼에도 대다수 주류경제학자들은 경제학이 가치지향적인 당위 what ought to be가 아닌 가치중립적인 현실what is을 탐구하는 '과학'이며, 따라서 철학은 물론이고 정치학과 같은 여타 사회과학과 본질적으로 다르다고 주장한다. 대표적인 예로 경제학자 케인즈의 아버지이자 자신 역시 경제학자인 존 네빌 케인즈John Neville Keynes는 경제학이 가능한 한 가치판단에서 자유로워야 하며, 이를 위해 모든 경제학 가설은 엄밀하게 증명되어야 한다고 역설했다. 그는 가치지향적인 당위를 다루는 규범경제학의 존재를 부인하지는 않았으나, 이를 진정한 '과학'으로서의 경제학과는 엄격히 구분해야 한다고 주장했다.

한편 ─ 자유방임주의 혁명의 주창자인 ─ 프리드먼이야말로 '과학'으로서 경제학을 적극적으로 옹호한 대표적인 인물이다. 이와 관련된 그의 생각은 1953년 발간된 소논문 〈실증경제학의 방법론〉The Methodology of Positive Economics에 잘 드러나 있다. 이 글에서 그는 앞서 언급한 존 네빌 케인즈를 많은 지면을 할애하여 인용하고 있다. 그런데 이 글의 가장 중요한 논점은, 경제학이 자연과학과 같은 의미의 '과학'이 될 수 있는 핵심 조건으로 이론의 현실 예측능력을 들고 있다는 점이다. 관련된 서술을 인용하면 다음과 같다.[6] "실증경제학의 목표는 경제 환경의 변화가 야기하는 결과를 정확히 예측할 수 있는, 보다 일반화된 이론체계를 제공하는 것이다. 따라서 실증경제학 이론의 성과 역시 이론의 예측이 현실과 부합하는 정도와 범위에 따라 평가되어야 한다. 이런 관점에서 볼 때, 실증경제학은 자연과학과 정확히 동일한 의미에서의 '객관적'objective 과학이 될 자격이 충분하다고 할 수 있다."

더 나아가 프리드먼은 경제학 이론의 예측능력이 우수하기만 하다면, 이 이론이 기초하고 있는 가정들이 얼마나 현실에 부합하는지는—엄밀하게 증명할 필요가 없음은 물론이고—전혀 중요하지 않다고 보았다. 예컨대—프리드먼을 비롯한 통화주의자들이 늘 주장하듯이—경제의 통화량이 GDP와 밀접한 정(+)의 관계를 가지며 전자가 후자를 예측하는 데 중요한 정보를 제공한다면, 통화량이 구체적으로 어떤 인과관계를 통해 GDP에 영향을 주는지는 어떻게 가정하든 전혀 중요하지 않다는 것이다.

프리드먼은 흔히 이야기하는 실증경제학의 두 가지 목표, 즉 미래의 경제현상을 사전적으로 예측하는 것과, 현상의 원인과 작용 메커니즘을 사후적으로 설명하는 것 가운데 전자만을 중시하고 후자는 거의 무시했다고 할 수 있다. 그러나 당시 대다수의 주류경제학자들은 이와 같이 극단적인 프리드먼의 견해를 비판했다. 그중 대표적인 인물이 미국 케인즈주의의 창시자이자 현대 경제학에 수리적 모형 방법론을 도입한 선구자 가운데 하나인 새뮤얼슨이었다. 그는 상기한 프리드먼의 방법론적 견해를 완강히 반대했다. 그는 경제학 이론을 평가할 때, 예측능력뿐만 아니라 이론이 경제변수 간 관계를 얼마나 현실에 가깝게 설명하는지를 중요한 기준으로 삼아야 한다고 주장하면서 프리드먼의 견해를 적극적으로 반박했다.

그런데 아이러니한 것은—프리드먼이 주장한 대로—예측능력만을 기준으로 이론을 평가할 경우, 정작 프리드먼 자신의 이론은 그다지 좋은 평가를 받을 수 없다는 점이다. 통화량 확대가 단기적으로 GDP를 증가시킨다는 프리드먼의 통화주의적 견해가 그 대표적 예이다. 프리드먼은 동료 경제학자 안나 슈워츠Anna Schwartz와 함께 저술한 기념비적인 저서 《미국 통화사, 1867~1960》*A Monetary History of the United States, 1867~1960*을 통해,[7] 통화량과 GDP의 역사적 관계를 매우 광범위하면서도 자세하게 서술했다. 그러나 이를 통해 프리드먼이 보인 것은 통화량과 GDP 사이에 정(+)의 '상관관계'가 존재하고 통화량이 GDP를 예측하는 데 '때때로' 도움이 된다는 것일 뿐이며, 프리드먼 등 통화주의자의 주장대로 통화량이 GDP에 대해 '안정적인 인과관계'를 가짐을 보이지는 못했다. 실제로 미국 경제에서 GDP 증가율과 통화량 증가율의 관계는 기간별로 상당한 변화를 보였다. 예컨대 기간에 따라, 통화량 증가율이 크게 상승했음에도 불구하고 GDP는 거의 증가하지 않은 경우도 종종 있었다. 이와 관련하여 경제학자 제임스 토빈James Tobin은 《미국 통화사, 1867~1960》의 분석을 다음과 같이 비판했다.[8] "1930년대와 1940년대를 정상적 기간, 1920년대와 1950년대를 비정상적 기간으로 간주하고, 이 중 주로 정상적 기간을 대상으로 통화량과 GDP 간의 관계를 분석하고 있는데, 이런 기간 분류는 나로서는 좀처럼 이해하기 힘들다."

한발 더 나아가 이렇게 확인된, 통화량과 GDP의 — 다소 느슨한 — 경험적 관계를 기초로 프리드먼은 파격적이다 못해 무모한 정책을 제안하기에 이른다. 이른바 'k% 준칙'k% rule이다. 이는 경제상황과 무관하게 통화량을 사전적으로 정해진 일정한 증가율로 증가시키는 정책 준칙policy rule을 말한다. 프리드먼 등 통화주의자들은 통화량 변화가 경제주체의 실질화폐잔고를 통해 소비와 투자에 직접적으로 영향을 줌으로써, 이자율 변동 없이도 실질 GDP와 물가를 변화시킨다고 보았다. 따라서 경제의 잠재성장률에 맞춰 통화량을 동일한 비율로 증가시키면, 이자율 변동 없이 GDP 성장률이 잠재 수준을 유지함과 동시에 물가도 안정시킬 수 있다고 본 것이다.

이러한 제안은 현실 감각이 조금이라도 있는 경제학자라면 아무도 지지하지 않을 만큼 명백히 비현실적인 정책이다. 그럼에도 놀라운 사실은 이러한 제안이 1980년대 초 인플레이션 억제를 위해 당시 연준 의장이었던 볼커가 시행했던 급격한 긴축적 통화정책을 정당화하는 구실을 제공했다는 점이다. 앞선 장에서도 언급했듯이, 당시 볼커는 강력한 긴축적 통화정책을 실시하면서도, 자신의 목적이 이자율을 인상하는 것이 아니라 단지 경제의 통화량을 조절하는 것이라고 변명하곤 했는데, 이러한 변명의 이론적 배경을 제공한 것이 바로 k% 준칙이었다. 하지만 k% 준칙의 효과에 관한 프리드먼과 통화주의자들의 순진한 예측은 완전히 빗나갔다. 현실에서는 볼커의 급격한 긴축적 통화정책에 따라 시장이자율이 급등했고, 그 결과 언급한 대로 미국 경제는 대공황 이래 최악의 경기침체로 빠져들었다.

프리드먼의 예측이 빗나간 사례는 이외에도 수두룩하다. 1982년 경기침체의 폭과 회복 속도에 대한 프리드먼의 어긋난 예측도 그중 하나이다. 1982년 초에 그는 연준이 더 이상 통화량을 감소시키지 않는 한 경기침체는 곧 해소될 것이라고 장담했다.[9] 실제로 1982년에 미국 경제의 통화량은 프리드먼의 기대대로 빠르게 증가했으나,[10] 경기침체는 전혀 호전되지 않았고 실질 GDP 성장률은 제2차 세계대전 이후 최저 수준을 기록했다. 사실 당시 예측이 틀린 것은 프리드먼뿐만이 아니었다. 앞선 장에서 언급한 대로, 프리드먼의 제자인 루카스와 그의 추종자들, 즉 새고전학파 경제학자들도 대부분 볼커의 긴축적 통화정책 충격이 GDP에 매우 미미하고 일시적인 영향만을 미치는 데 그칠 것이라고 예측했기 때문이다.[11] 심지어 새고 전학파 경제학자인 토머스 사전트Thomas Sargent는 합리적 기대 이론에 기초하여, 급격한 긴축적 통화정책이 실질 GDP를 전혀 감소시키지 않고도 인플레이션만을 억제할 수 있다고 주장하기도 했다.[12]

———— •••• ————

지금까지 살펴본 대로, 대부분의 주류경제학자들은 경제학이 자연과학과 마찬가지로 가치중립적인 '실증적'positive 학문이며 보편적 원리를 추구하는 진정한 '과학'이라고 자부한다. 그렇다 보니 이들은, 언제 어디서나 보편적으로 적용되는 원리를 탐구하는 최적의 도구로서 이른바 '보편의 언어'the language of universality인 수학에 방법론적으로 의존하는 경향이 강하다. 보편적인 자연법칙을 추구하는 물리학이 결국 수학이라는 언어로 쓰여 있다면, 보편적인 경제원리를 추구하는 경제학도 그러지 못할 이유가 전혀 없지 않은가?

주류경제학자들의 이런 생각은 루카스의 다음과 같은 발언에서 단적으로 잘 나타난다.[13] "저는 언제부터인가, 어떤 문제든지 수학적으로 이론화하지 못한다면 그 문제를 제대로 파악할 수 없다는 믿음을 가지게 되었습니다. 제가 도달한 결론은 바로 이것입니다. 수리적 분석은 경제학 이론화의 여러 방법 중 하나가 아니라 오직 유일한 방법이라는 것입니다. 요컨대, 경제학 이론은 곧 수리적 분석입니다. 수리적 분석 이외에 다른 모든 것들은 그냥 별 의미 없는 그림이나 잡설에 불과합니다." 이러한 인식에 따라, 루카스는 그가 말한 '별 의미 없는 그림이나 잡설'을 통해 여러 경제적 가설을 과학적으로 검증할 수 있으며, 이렇게 검증된 사실을 기초로 다양한 경제적 문제에 대해 제각기 적절한 정책으로 대응할 수 있다고 믿는 이들을 경멸했다. 그 대신 루카스는 극단적일 정도로 단순화된 수리적 경제 모형을 구축하고, 이를 가능한 한 모든 상황에 일관되게 적용하는 것이 바람직하다고 주장했다. 루카스가 제시한 수리적 모형의 단순함과 적용상의 일관성은 '우아한' 경제학을 추구하는 이들에게 큰 매력으로 다가왔고, 따라서 그를 프리드먼 이후 가장 영향력 있는 경제학자로 만들어 준 원동력이 되었다.

그러나 이러한 수리적 분석에 경도된 경제학 이론이 경제학을 자연과학과 같은 의미의 진정한 '과학'으로 만들어 주느냐 하면, 대답은 물론 "아니요"이다. 우선 경제학에서는 수리적 이론의 타당성이 검증되지 않거나 혹은 완전한 검증이 불가능하다는 점에서 물리학과 같은 자연과학과 근본적으로 구별된다. 예컨대 물리학에서 어떤 수리적 이론이 새롭게 등장하면, 이는 반드시 엄밀한 수학적 증명이나 통제된 실험을 통해 검증되어야 한다. 그러나 경제학에서는 대부분의 수리적 이론이 일련의 가정에 기초해 있으며, 이러한 가정이 현실에 부합하는지가 검증의 대상이 되는 경우는 좀처럼 드물다. 또한 경제학의 수리적 이론 가운데 일부는 통계적 실증 방법론을 통해 검증되기도 하지만, 이 경우에도 앞서 살펴본 대로 이론을 논란의 여지없이 증명 또는 반증하는 것은 거의 불가능하다. 이 역시 물리학 등의 자연과학과 뚜렷이 구별되는 점이다.

상기한 이론적 이유 이외에 몇몇 경험적 사례만 보아도 경제학에서 수리적 방법론의 적용이 대체로 실패했다는 것은 명백한 사실이다. 수리적 경제 이론이 중요한 경제현상을 제대로 예측하지 못한 경우가 한두 번이 아니기 때문이다. 앞서 언급한 대로 루카스와 다른 새고전학파 경제학자들이 합리적 기대 이론에 기초하여 구축한 수리적 경제모형들은 한결같이 1980년대 초 경기침체의 폭과 지속성을 과소평가했다. 그러나 가장 극명한 사례는 역시 2008년 금융위기에 대한 예측 실패이다. 거의 모든 주류경제학 이론이 금융위기를 예측하는 데 실패한 근본적 이유는 이들 이론 대부분에서 금융부문이 아예 존재하지 않거나, 존재하더라도 무시할 만큼 미미한 역할만을 했기 때문이다. 금융부문이 존재하지 않거나, 있어도 있으나 마나 한 모형으로 금융위기를 예측하는 것은 당연히 불가능할 수밖에 없다.

이렇게 주류경제학 이론에서 금융부문의 역할이 과소평가된 근본 원인은 금융시장, 금융기관, 금융위기 등을 수리적으로 모형화하는 것이 매우 복잡하고 어렵기 때문이다. 사실 금융위기가 터지고 난 후, 뒤늦게야 일부 경제학자들은 하이먼 민스키Hyman Minsky, 존 케네스 갤브레이스John Kenneth Galbraith, 찰스 킨들버거Charles Kindleberger와 같이 금융시장의 불안정성과 금융위기의 발생과 확산 메커니즘을 고찰한 기존 연구들을 재조명하기 시작했다. 그런데 이들 연구는 대부분 금융위기의 원인, 파급과정, 영향을 수리적 모형이 아닌 역사적 사례를 통해 서술하는 접근법을 취했다. 수리적 모형을 통한 접근이 대세인 오늘날의 주류경제학계에서 이들의 비수리적 접근법을 학계가 수용하는 것은 쉽지 않았고, 수용한다 하더라도 금융시장과 금융위기의 복잡성으로 인해 이들의 이론을 수리적으로 모형화하기도 어려웠다. 물론 이들의 이론이 수용되지 못한 데는 또 다른 중요한 이유가 있다. 바로 이들이 논증하고자 했던 금융시장의 내재적 불안정성은 시장이 본질적으로 안정적이고 자기조정 기능을 가진다고 보는

'보이지 않는 손'의 이데올로기와 완전히 상치相馳되기 때문이다.

———————●●●———————

　상기한 대로 통계적 실증 방법론을 통해 경제현상의 상관관계는 보일 수 있어도 인과관계를 규명하기 어렵다는 점은 경제학이 진정한 '과학'으로 인정받는 데 매우 치명적인 약점이 아닐 수 없다. 대부분의 자연과학은 이러한 문제를 회피하지 않고 다양한 방법 ─ 예컨대 엄밀하게 통제된 무작위 실험randomized experiment 등 ─ 으로 해결해 왔으나, 경제학을 비롯한 모든 사회과학은 이런 문제에서 예나 지금이나 결코 자유롭지 못하다.

　이렇게 경제현상의 인과관계를 규명하는 데 큰 어려움이 따름에도 불구하고, 대부분의 경제학자들은 여전히 경제현상을 한쪽 방향으로 작용하는 인과관계를 통해 설명하고 싶어 한다. 다시 말해, 두 변수가 서로 상관관계를 가지고 움직일 경우, 항상 그중 하나가 원인이고 다른 하나는 결과라는 식으로 설명하고자 한다는 것이다. 그러나 현실의 경제는 이런 식으로 작동하지 않는다. 한 방향이 아닌 양 방향의 인과관계가 존재할 수도 있고, 때로는 두 변수와 공통적으로 관련된 제3의 변수가 존재하여 정작 두 변수 간에는 직접적인 인과관계가 존재하지 않는 경우도 있다. 설사 한 방향으로 인과관계가 존재한다 하더라도, 상기한 대로 현존하는 통계적 방법론만으로는 이를 식별하기가 결코 쉽지 않다. 사정이 이렇다 보니, 경제학자들은 마치 '닭이 먼저냐, 달걀이 먼저냐'의 문제처럼 경제 변수들 간 인과관계의 방향을 규명하는 데 크게 애를 먹곤 한다. 이 때문에 경제학자들 가운데 일부는 종종 인과관계의 방향을 사전적으로 가정하고, 그 가정에 따라 변수 간 관계에 대해 성급한 결론을 내리기도 한다.

그 대표적 사례가 2장에서 언급했던 라인하트와 로고프의 국가부채 비율과 경제성장의 관계에 관한 연구이다. 이들은 국가별 패널자료를 분석한 결과, GDP 대비 국가부채 비율이 90％의 임계치를 넘어서면 경제성장률이 급격히 하락한다는 결론을 내렸다. 그러나 앞선 장에서도 언급한 대로, 이들의 연구는 수치 계산 실수 등 크고 작은 수많은 오류로 인해 결과를 재연하는 것이 불가능했을 뿐만 아니라, 특히 역인과관계의 문제에 크게 취약했다. 즉, 그들이 주장하는 대로 GDP 대비 국가부채 비율이 높아져서 GDP 성장률이 하락한 것인지, 반대로 GDP 성장률이 하락하여 국가부채 비율이 높아진 것인지가 불분명함에도 불구하고, 이들은 별다른 근거 없이 전자의 결론을 내렸던 것이다. 라인하트-로고프의 사례와 같이 어떤 연구에 사후적으로 치명적 오류가 발견된 경우, 경제학자는 물론이고 정책담당자와 정치인들도 이러한 연구의 결론에 대해 지지를 철회해야 정상이다. 그러나 당시 보수적 정치인들은 물론이고 많은 정책담당자들은 라인하트-로고프 연구의 결론을 마치 검증된 사실인 것처럼 적극적으로 옹호하거나, 적어도 그에 대한 지지를 철회할 생각이 전혀 없는 듯이 보였다. 왜냐하면 이 연구의 결론은, 금융위기 이후 재정적자와 국가부채가 누적되는 상황에서 재정건전성 회복을 위해 사회복지 관련 정부지출의 삭감을 최우선 과제로 여기던 보수적 정치인들의 입장과 이해관계가 딱 맞아떨어졌기 때문이다.

정치인들의 이런 태도는 — 역시 앞서 2장에서 언급했던 — 오바마 행정부의 재정개혁위원회를 이끌었던 보울즈의 다음과 같은 발언에서 여실히 드러난다.[14] "라인하트-로고프의 연구에 수치 계산 실수 등 적지 않은 오류가 있을 뿐만 아니라, 이 오류 때문에 논문의 결과가 크게 달라질 수 있다는 것은 저도 잘 알고 있습니다. 그렇다고 해도 변하는 것은 아무 것도 없습니다. 왜냐하면 어느 조직이든 부채가 많아지면 그 조직은 더 위험해지고, 그러다 보면 이 조직에 돈을 빌려준 사람들은 빌려준 돈에 대해 더 많은 대가를 요구할 것이라는 사실쯤은 누구나 경험을 통해 쉽게 알 수 있는 '상식'이기 때문입니다."

이러한 정치인들의 생각을 경제학자들도 모르는 바는 아니다. 라인하트-로고프의 부실 연구 해프닝 이후 크루그먼은 뉴욕타임스에 다음과 같이 썼다.[15] "라인하트-로고프의 연구가 철회된다고 하자. 그렇다고 바뀌는 것이 있을까? 물론 나는 바뀌길 바라지만, 실제로는 그렇지 않을 가능성이 높다. 왜냐하면 정치인들은 [언제나 그랬듯이 자신의 구미에 맞는] 또 다른 신뢰성이 의심스러운 연구를 들고 나와서 이것이 정답이라고 떠들어 댈 것이고, 그 결과 긴축정책과 경기 침체는 앞으로도 계속 지속될 것이기 때문이다." 한편 오바마 행정부의 부통령 조 바이든Joe Biden의 수석 이코노미스트를 역임한 자레드 번스타인Jared Bernstein은 다음과 같이 정책담당자와 정치인들의 아전인수 행태를 꼬집었다.[16] "[라인하트-로고프의 연구가 부실하다는 것이 드러났음에도] 왜 정책담당자들의 입장은 바뀌지 않는 것일까? 이는 마치 술 취한 사람한테 가로등이 길을 밝히기 위해서가 아니라 기대기 위해 필요한 것처럼, 정책담당자들에게는 학계의 연구 결과가 주로 그들의 정치적 입장을 지지하는 용도로만 유용하기 때문이다. 따라서 비록 라인하트-로고프의 연구가 완전히 부실한 것으로 판명된다 하더라도 정책담당자들, 특히 긴축주의자는 그들의 기존 입장을 지지하는 또 다른 연구를 기필코 찾아낼 것이다. 유감스럽게도 이 동네, 워싱턴 정가政街가 원래 그런 곳이다. 즉, 여기에는 정책담당자와 정치인들이 언제든 자신들의 구미에 맞는 연구 결과를 찾을 수 있을 만큼, 수많은 싱크탱크들이 존재한다. 여기서 그들은 마치 쇼핑하듯이 원하는 방향의 연구를 언제나 살 수 있다."

라인하트-로고프의 연구 부실이 드러난 이후, 피터슨 국제경제연구소의 소장이었던 경제학자 애덤 포센Adam Posen은 일본, 이탈리아, 벨기에 등의 국가에서 GDP 대비 국가부채 비율이 라인하트-로고프의 임계치인 90%를 수십 년 전에 이미 초과했지만, 그동안 '아무 일도 일어나지 않았다'고 지적했다. 뒤이어 그는 다음과 같이 썼다.[17] "이들 국가의 사례가 시사하는 바는 우려스럽다기보다는 오히려 매우 고무적인 측면이 있다. 즉, 과도한 국가부채는 성장에 부정적 영향을 줄 수 있으나, 영향의 정도는 부채가 누적된 원인과 국가별 성장경로의 특징에 따라 크게 달라질 수 있다는 것이다. 따라서 [이러한 교훈을 지금의 유럽에 적용하면] 결코 일어나지 않을 또 다른 위기를 막는다는 명분에 따라 ['확장적 긴축' 정책을 시행함으로써] 위기를 오히려 스스로 야기하는 것은 매우 어리석은 일임을 알 수 있다."

이와 같이 포센은 국가부채와 경제성장의 관계가 결코 일률적이지 않으며, 국가별 특수성에 따라 그 양태가 많이 달라질 수 있음을 인정하는 유연한 태도를 보인다. 사실 포센은 과거 물가안정목표제의 강력한 지지자로, 대표적인 물가안정목표제 옹호론자인 버냉키와 함께 관련된 책을 저술하는 등 매우 전형적인 주류경제학자였다. 그러나 그는 유럽의 재정정책에 관해 '균형 또는 건전 재정'이라는, 주류경제학이 주장하는 '보편적' 법칙이 아닌 국가별 상황의 '특수성'에 기초하여 보다 유연한 정책 대응을 주문했다. 말하자면, 상황에 따라 국가부채가 독일 수도 있지만, 약이 될 수도 있다는 것이다. 이와 같이 특수성을 고려하는 이른바 '더러운' 경제학이 — 가치중립적인 '과학'을 표방하면서 보편적인 원리를 추구한다고 주장하는 — '우아한' 경제학보다 훨씬 '좋은' 경제학임은 앞서 이미 강조한 바이다. 하지만 안타깝게도, 포센과 같이 개별 상황의 특수성을 고려하는 유연한 태도는 지금의 주류경제학자들 사이에서는 좀처럼 찾아보기 쉽지 않다.

사실 2008년 금융위기 이후, 주류경제학계 내에서 지금까지 살펴본 것과 같은 학계의 구태의연한 관행에 대해 반성이 없었던 것은 아니다. 그러나 당시의 반성은 대체로 미적지근하고 허술했으며, 따라서 이것만으로는 주류경제학계를 근본적으로 개혁하기에 역부족이었다. 예컨대 경제학자 조지 드마티노George DeMartino는 2011년 발간된 그의 저서에서[18] 경제학자들이 정책을 제안하기 전에 직업윤리에 따라 정책의 효과가 불확실할 수 있음을 사전적으로 인정해야 한다고 주장했다. 더 나아가 그는 마치 의사가 히포크라테스 선서를 하듯이, 경제학자들도 경제에 피해를 줄 수 있는 정책을 제안하지 않는다는 서약을 해야 한다고 주장했다. 하지만 현실의 거의 모든 정책에는 이익을 보는 사람들이 있는 한편, 피해를 보는 사람들도 존재하기 마련이다. 그래서 드마티노의 주장대로 경제정책에 불가피하게 수반되는 피해를 감안한다면 실질적으로 제안 가능한 경제정책은 거의 없을 것이다. 따라서 보다 현실적인 방안은, 이와 같이 정책에 수반되는 위험을 경제학자들이 인정할 뿐만 아니라 정책담당자와 일반 대중에게 사전적으로 명확하게 설명하는 것이다.

또한 드마티노는 논의되는 정책의 범위가 주류경제학 이론의 틀 내로 국한되는 것을 막기 위해, 보다 다양한 학파들 간의 정책 논쟁이 활성화되어야 한다고 주장했다. 그러나 일각에서는 지금의 주류경제학을 개혁하는 데 이러한 학파 간 다원주의만으로는 명백한 한계가 존재한다고 비판한다. 이 책의 제목과 전반적인 내용이 시사하는 것처럼 주류경제학 이론 가운데 상당수는—수리적 정확성을 위해 현실을 과도하게 단순화하거나 비현실적인 가정에 기초하는 등 여러 가지 이유로—현실과 부합하지 않는 '틀린' 이론이다. 주류경제학의 비판자들에 따르면, 이렇게 명백히 틀린 이론은 틀리다고 말할 수 있어야 한다. 명백히 틀린 이론들이 다원주의라는 미명하에 절충 또는 참고의 대상이 되어서는 곤란하다는 것이다.

더 나아가 비판자들은—틀린 이론을 틀리다고 말하지 못하는 이유로—경제학 이론에 대한 평가가 이론의 내용이 아니라 이데올로기적 입장에 따라 결정되는 주류경제학계의 상황을 직시할 필요가 있다고 주장한다. 라인하트-로고프 연구의 사례에서 드러나듯이, 이런 상황이 명백함에도 주류경제학자들이 이를 잘 인식하지 못하는 것은 그들 자신의 이론이 이데올로기와는 무관한 가치중립적인 이론이라고 스스로를 속이고 있기 때문이다. 다시 말해, 실질적으로는 가치지향적인 규범적 결론을 제시하는 학자들조차 스스로를 언제나 실증경제학자positivist로 자처한다는 것이다. 이와 관련하여 경제학자 로렌스 볼랜드Lawrence Boland는 이러한 학계의 현실을 다음과 같이 묘사하고 있다.[19] "지금 경제학계에서 실증경제학과 규범경제학은 서로를 구분하기 곤란할 정도로 혼란스러운 상태이다. 실증경제학자라고 자처하는 학자들도 자신들이 제안하는 정책이 정책목표 달성을 위한 '최적의'best 정책이라며 권고하는 지경이니 말이다."

———— •• ————

    최근 불거진 소득불평등 심화의 원인에 대한 논쟁은, 명백히 틀리거나 부실한 이론도 방법론적 또는 이데올로기적 편향에 따라 주류경제학계에 널리 지속적으로 수용될 수 있음을 잘 보여 주는 또 다른 사례라고 할 수 있다.

    머리말과 앞선 장에서도 언급한 대로, 1970년대 후반부터 미국의 소득불평등 상황은 추세적으로 악화되어 왔다. 예컨대 1980년에는 상위 1%의 소득이 경제 전체의 세전 소득 가운데 10%를 차지한 반면, 2015년에는 그 비중이 20%를 훌쩍 넘어섰다. 같은 기간 상위 10%의 소득 비중도 역시 지속적으로 증가하여, 2015년에는 전체 소득의 절반을 차지하기에 이른다. 반면 같은 기간 상위 1%의 소득 가운데 세금으로 납부한 금액의 비중은 오히려 하락했다. 이러한 추세에 따라 억만장자의 숫자는 놀랄 만큼 빠르게 증가했으며, 특히 다국적 대기업의 CEO들과 월스트리트 금융가들의 소득 규모는 상상을 초월할 정도였다. 물론 유능한 CEO와 투자전문가들이 그들의 능력을 충분히 발휘하도록 하려면 충분한 금전적 유인이 필요한 것은 맞지만, 이와 같이 엄청난 규모의 보수를 받을 만큼 그들이 성과를 올리는지는 의문이 아닐 수 없다. 그뿐만 아니라 앞서 언급한 엔론과 월드컴 사태에서 보듯이, 경영자에 대한 과도한 보수는 회계 부정과 같은 파괴적인 범죄행위를 할 유인을 제공하기도 한다. 더구나 2008년 금융위기 이후의 구제금융 사례에서 보듯이, 경영자와 투자전문가들의 잘못된 의사결정으로 발생한 손해는 사회가 부담하는 반면, 정작 그들에 대한 처벌 또는 불이익은 전무한 것도 큰 문제이다.

반면 같은 기간 하위 계층의 소득은 상대적으로 거의 정체되었다. 예컨대 평균적인 미국 남성 노동자의 ― 물가상승률을 조정한 ― 실질임금은 1960년대 말 이후 최근까지 거의 변함이 없거나, 사용한 자료에 따라서는 오히려 조금 하락하기도 했다. 그 결과 1970년대 초 상위 5% 노동자의 임금은 ― 임금 분포의 정확히 중간에 위치하는 ― 중위 노동자 임금의 약 두 배 정도였으나, 최근에는 세 배까지 격차가 확대되었다. 이와 같이 임금은 정체된 반면, 의료비와 교육비가 치솟고 1950~1960년대에 비해 실업률이 전반적으로 높아지면서 중하위 계층의 생활수준은 상대적으로 점차 악화되었다. 이후 좀 더 자세히 살펴보겠지만, 이 시기에는 대졸 이상의 고학력 집단 내에서도 소득불평등이 심화되었다. 따라서 중산층으로 진입하느냐 마느냐는 이제 단순히 대학 졸업 여부뿐만 아니라, 얼마나 좋은 대학을 나왔느냐에 따라 결정되는 시대가 되었다.

소득불평등 심화의 주된 원인은 무엇일까? 주류경제학자들에게 물어 보면, 정치적 성향을 막론하고 열에 아홉은 다음과 같이 대답할 것이다. 즉, 대다수 미국인들이 높은 임금을 받을 수 있을 만큼 충분히 교육받지 못했다는 것이다. 그러나 이후 자세히 살펴보겠지만, 이 주장은 이론적 기반과 실증적 근거가 매우 빈약할 뿐만 아니라, 특히 1990년대 이후 관련된 경제환경의 변화에 비추어 볼 때 설득력이 크게 떨어진다.

이 주장에 따르면 최근 소득불평등의 심화는 교육수준에 따른 임금 격차의 확대가 주원인이며, 이러한 임금 격차 확대는 주로 최근의 숙련편향적 기술진보에 기인한다. 여기서 숙련편향적 기술진보skill-biased technological progress란 생산기술이 점차 복잡해지면서 이전보다 더 많은 고숙련 노동이 필요한 방향으로 변하는 것을 말한다. 따라서 최근 미국 경제와 같이 숙련편향적 기술진보가 진행되는 경제에서는, 고숙련 노동자의 수요가 증가하는 반면 저숙련 노동자의 수요는 상대적으로 감소하므로 고숙련 노동자와 저숙련 노동자 사이의 임금 격차가 확대된다는 것이다. 실제로 1970년대에서 1990년대까지 미국 노동자의 교육수준별 임금 격차는 크게 확대되었다. 이 기간 남성 노동자 가운데 대졸자와 고졸자의 임금 격차는 대략 두 배만큼 확대되었고, 여성 노동자의 경우에도 남성보다 폭은 작지만 역시 격차가 상당히 확대되었다.

그런데 숙련편향적 기술진보가 최근의 교육수준별 임금 격차 확대와 소득불평등 심화의 원인이라는 주장이 논리적으로 성립하기 위해서는, 교육수준이 노동자의 숙련도를 정확히 반영하는 척도임을 암묵적으로 가정해야 한다. 바꾸어 말하면 교육수준별 임금 격차가 거의 대부분 노동자의 숙련도 차이에 따른 것임을 가정한다는 것이다. 그런데 과연 이러한 가정이 타당할까? 현실에서 어떤 개인의 교육수준은 숙련도뿐만 아니라 그 개인이 나고 자란 환경적 요인을 반영하는 경우가 많다. 다시 말해, 개인의 교육수준이 그의 능력뿐만 아니라 그가 속한 사회 계층을 나타내는 척도가 되기도 한다는 것이다. 환경적 요인의 예를 살펴보기 위해 독자 여러분 스스로 자랄 때의 환경을 떠올려 보자. 당신의 부모님은 대학을 나왔는가? 부모님의 소득 수준은 어느 정도였는가? 당신이 자란 동네 가까운 곳에 좋은 학교가 있었는가? 집에 책이 많이 있었는가? 어릴 때 부모님이

책을 많이 읽어 주거나 도서관에 자주 데려다 주었는가? 당신과 당신 부모님의 친구들 가운데 사회적으로 성공한 이들이 얼마나 있는가? 당신 가족이나 주변에서 원만한 인간관계를 유지하기 위한 요령을 배울 기회가 있었는가? 가족과 친구들 가운데 대체로 행복한 이들이 많았는가, 아니면 불행한 이들이 많았는가?

지금까지 열거한 모든 환경적 요인은 현실에서 어떤 개인이 대학에 진학하는지, 한다면 얼마나 좋은 대학에 진학하는지, 대학에 가서 공부를 잘하고 무사히 졸업할 수 있는지 등에 지대한 영향을 미친다. 다시 말해, 개인의 대학 진학과 졸업 여부는 주류경제학자들의 가정처럼 단순히 능력 또는 숙련도만을 반영하는 것이 아니라 개인의 사회적·개인적 특징을 형성하는 환경적 요인을 반영한다는 것이다. 이와 동시에 이런 환경적 요인은 인적 네트워크의 크기와 폭, 인간관계 형성을 위한 사회적 스킬social skill 수준 등을 결정함으로써 향후 노동시장에서의 성과인 취업 여부와 임금수준에도 막대한 영향을 준다. 요컨대, 상기한 환경적 요인은 개인의 교육수준뿐만 아니라 임금수준 등 노동시장의 성과에 동시에 영향을 미치는 공통 요인common factor이라는 것이다.

그러나 소득불평등 심화의 원인으로 숙련편향적 기술진보하에서의 교육 격차만을 강조하는 주류경제학자들은 공통 요인으로 환경적 요인의 역할을 대체로 무시한다. 이는 상기한 환경적 요인이 대부분 직접 관찰하거나 측정할 수 없어서 수리적 또는 통계적 모형화가 매우 어렵다는 점에 주로 기인한다. 반면, 개인의 교육수준은 관측 가능하므로 이를 이용한 통계적 실증 방법론을 통해 비교적 손쉽게 이론을 검증할 수 있다. 그뿐만 아니라 주류경제학자들은 상기한 대로 교육수준이 노동자의 숙련도를 정확히 반영하는 척도라고 암묵적으로 가정함으로써, 교육수준→숙련도→임금 격차 또는 소득불평등으로 이어지는 한 방향의 인과관계로 소득불평등 심화의 원인을 보다 단순하게 설명할 수 있다. 반면 공통 요인으로 환경적 요인을 고려할 경우, 소득불평등이 환경적 요인을 통해 교육수준에 영향을 주는 반대 방향의 인과관계가 성립할 수도 있기 때문에 문제가 한층 모호하고 복잡해진다. 이와 같이 소득불평등 심화의 원인으로 교육 격차만을 강조하는 견해가 주류경제학계에서 널리 수용된 것은 이론의 실체적 타당성보다는 단순히 관측과 검증이 용이하다는 방법론적 이유에 기인한 바가 크다.

교육수준과 성장환경적 요인과 같은 개인적 요인 이외에도 임금 수준에 영향을 주는 사회경제적 또는 제도적 요인은 매우 다양하다. 최저임금 수준이 바로 대표적 예이다. 물가상승률을 조정한 실질 기준으로 미국의 최저임금은 1970년대 이래 현저히 하락했다. 이는 최저임금제도의 주된 적용 대상인 여성 노동자와 저임금 노동자의 실질임금을 정체 또는 하락시켰으며, 결과적으로 소득불평등이 보다 심화되는 데 큰 영향을 미쳤다. 실제로 1970년대 이래 미국의 하위 25% 계층의 소득수준은 다른 어떤 선진국보다도 더 더디게 증가했다. 그에 따라 지금 이들 계층은 소득의 상당 부분을 정부의 사회복지 급여에 의존할 수밖에 없는 상황이 되었다.

그나마 일자리가 있는 사람은 최저임금의 수혜를 받을 수 있으니 나은 편이었다. 1970년대 중반 이후 미국을 비롯한 대부분의 선진국 경제는 그 이전 시기, 즉 자본주의 황금기의 완전고용에 가까운 낮은 실업률을 더 이상 달성할 수 없었다. 이와 같이 구조적으로 높아진

실업률은 이 시기 소득불평등을 심화시킨 또 하나의 주요 요인이라고 할 수 있다. 구조적으로 높은 실업률은 직접적으로뿐만 아니라 간접적으로도 소득불평등을 악화시켰다. 즉, 이전보다 구직을 하는 실업자가 늘어나면서 취업자들의 임금협상력도 크게 약화되었던 것이다. 또한 1980년대부터는 미국의 레이건 정부를 비롯하여 여러 선진국에 보수적 정권이 들어서면서 노동조합이 점차 무력화되고 노조조직률도 지속적으로 하락해 왔다. 게다가 6장에서 살펴본 대로 '심화된' 단계의 세계화가 진행되면서 생산의 외주화와 직무의 오프쇼링이 확산되었고, 그 결과 과거 선진국의 중산층이 주로 종사했던 일자리는 현저히 줄어들었다.

이와 같이 교육 격차 이외에도 소득불평등 심화의 원인을 설명할 수 있는 요인은 매우 다양하며, 각각의 요인은 모두 나름대로 실증적 근거를 가지고 있다. 그럼에도 대부분의 경제학자들은 최근까지도 소득불평등을 설명하는 가장 중요하고 거의 유일한 요인으로 교육 불평등을 꼽곤 했다. 예컨대 경제학자 라구람 라잔Raghuram G. Rajan은 미국 금융위기의 근본 원인을 분석한 명저 《폴트 라인》Fault Lines에서 다음과 같이 서술했다.[20] "지금까지의 실증적 근거에 비추어 볼 때, 소득불평등 심화는 … 고학력 노동의 수요와 공급 사이의 불균형에 주로 기인한다." 그러나 이후 라잔은 교육 격차 이외의 상기한 요인들, 즉 구조적으로 낮은 최저임금과 노동조합 쇠퇴 등의 요인이—적어도 부분적으로는—소득불평등 심화에 기여했음을 인정하는 다소 절충적인 태도를 보였다. 반면 소득불평등 심화의 원인으로 기술진보하에서 교육 격차의 역할을 선구적으로 강조한 하버드대의 노동경제학자 클라우디아 골딘Claudia Goldin과 로렌스 카츠Lawrence

Katz는 좀 더 완고했다. 이들은 다음과 같이 서술한 바 있다.[21] "노동조합의 부상과 쇠락 역시 생산의 외주화나 이민 유입과 마찬가지로 임금불평등의 역사적 추세를 설명하는 데 도움되는 요인이기는 하지만, 이들의 역할은 미미한 수준에 그친다. 본질적으로 임금불평등의 변화를 결정하는 요체는 바로 교육수준과 기술진보의 관계에 있다."

물론 모든 주류경제학자들이 교육수준과 기술진보의 관계를 통해 소득불평등을 설명하는 가설을 무비판적으로 수용한 것은 아니다. 예컨대 노동경제학자인 데이비드 카드David Card와 존 디날도John DiNardo는 2002년 논문에서[22] 이 가설의 문제점을 실증적으로 비판했다. 그들에 따르면, 소득불평등이 특히 빠르게 악화된 시기는 1980년대 초중반임에도 — 컴퓨터 사용량으로 측정한 — 숙련편향적 기술진보는 1990년대가 되어서야 가속화되기 시작했으며, 오히려 1990년대에는 소득불평등의 악화 속도가 둔화되었다는 것이다. 사실 이미 1990년대 후반부터 진보적 싱크탱크의 일부 경제학자들이 이와 유사한 주장을 꾸준히 제기해 왔다.[23] 그러나 이러한 비판에도 불구하고 대부분의 주류경제학자들은 거의 아랑곳하지 않고 기존 가설을 고수했다. 주류경제학계에서 신망이 높았던 카드의 논문조차도 기존의 통설을 반박하는 데는 역부족이었던 것이다.

교육수준과 기술진보의 관계를 강조하는 기존 가설에 반하는 실증적 증거는 이뿐만이 아니다. 예컨대 기술진보의 속도가 가속화되기 시작한 1990년대 중반 이후, 고졸자 대비 대졸 이상 학력보유자의 임금 배율이 — 가파르게 증가하던 이전과 달리 — 오히려 정체되기 시작하는 등 기존 가설의 예측과 상반된 모습을 보였다. 이 시기에도 대학원 이상 학력 노동자들의 임금 프리미엄은 계속 증가했으나, 이는 숙련편향적 기술진보 때문이라기보다는 이 시기 월스트리트의 금융회사들이 빠르게 성장하면서 MBA(Master of Business Administration의 약어로, 전문 경영인을 양성하기 위한 경영전문대학원의 석사과정을 의미함 – 옮긴이) 졸업생과 대학원 이상의 학력을 요구하는 변호사와 회계사에 대한 수요가 급증한 것에 대부분 기인했다. 반면, 대학 학부만을 졸업한 노동자들의 평균 임금수준은 2000년대 들어 거의 증가하지 않았다.

또한 이 시기에는 학부 졸업자 집단 내에서도 소득불평등이 심화되었다. 예컨대 대졸자 가운데 과거에는 고졸자가 주로 담당했던 일자리에 취업한 노동자, 즉 하향취업자의 수는 2000년대 이래 30~40% 정도 증가했다. 하향취업 추세로 대졸자의 실업률이 상승하는 것은 막을 수 있었으나, 결과적으로 이는 일부 대졸자의 임금을 낮추는 압력으로 작용했다.[24] 실제로 2000년대 들어 대졸 노동자 대부분의 시간당 임금은 하락했고, 상위 10% 정도만 소폭 증가했다. 이러한 하향취업 추세를 감안할 때, 당시에 만일 —주류경제학자들이 소득불평등 개선을 위해 필요하다고 주장하는 만큼— 대졸자가 더 많이 배출되었다면 대졸 노동자의 평균임금 수준은 지금보다 더 떨어졌을 것이다.

고학력 집단 내의 불평등 심화는 금융위기 이후 소득분배의 변화에서 더욱 뚜렷이 확인할 수 있다. 예컨대 2009년에서 2012년 사이 미국 가구의 소득 증가분 가운데 무려 95% 정도가 상위 1%에게 돌아갔다. 이러한 소득의 집중 현상이 상위 1%가 나머지 99%보다 학력이 높아 발생한 것일 리는 만무하다. 그뿐만이 아니다. 상위 1% 내에서도 특히 초고소득층인 상위 0.1%가 가져간 몫이 훨씬 컸다.[25]

이 역시 교육수준의 차이로는 도저히 설명할 수 없는 것이다.

지금까지 살펴본 바와 같이, 교육수준과 기술진보의 관계를 통해 최근의 소득불평등 심화를 설명하는 가설은 그 이론적 기반과 실증적 근거가 매우 빈약하다. 그럼에도 대부분의 주류경제학자들이 이 가설을 변함없이 지지하는 핵심 이유 중 하나는, 이 가설이 상기한 대로 방법론적으로 '매우 편리한 설명'easy answer이기 때문이다. 반면 교육 격차 이외에 소득불평등 심화의 원인을 설명할 수 있는 후보 요인 가운데, 상기한 환경적 요인과 같은 일부는 아예 관측이 불가능한 경우가 많다. 또한 상기한 최저임금 수준 또는 실업률과 같이 관측 가능한 사회경제적 또는 제도적 요인의 경우에도, 이들 요인을 모두 적절히 통제하거나 각 요인의 소득불평등에 대한 기여도를 추정하는 것은 결코 쉽지 않은 일이다.

그런데 주류경제학자들이 소득불평등 심화의 원인으로 교육 격차를 강조하는 가설을 고수한 데는 또 다른 이유가 있다. 상기한 라인하트-로고프 연구의 사례에서와 같이, 정책담당자 또는 정치인들의 이데올로기적 선호 또는 편향이 여기에도 작용하고 있다는 것이다. 예컨대 상기한 소득불평등 심화의 잠재적 원인 가운데 낮은 최저임금 수준과 노동조합의 쇠퇴에 관해 생각해 보자. 설사 이들 요인으로 소득불평등이 악화된 것을 인정한다 하더라도, 이를 해결하기 위해 최저임금을 인상하거나 노동조합의 조직과 위상을 강화하는 것은 결국 입법을 담당하는 정책담당자들과 정치인들의 몫이다. 하지만 글로벌 금융위기 이전까지 학계는 물론 정관계에 자유방임주의 이데올로기가 지배적이었던 상황에서 정책담당자들과 보수적 정치인들에게 이러한 입법을 기대하는 것은 난망한 일이었다. 이 때문에 금융위기를 겪고 난 2010년대 초반이 되어서야 겨우 경제학자들 가운데 일부가 이러한 문제에 비로소 주목하게 된 것이다.

반면 — 예컨대 무조건적인 아동수당과 같은 — 다른 어떤 불평등 해소 방안에 비해서도 교육개혁을 통한 교육 격차의 해소는 정치적으로 별다른 이의 없이 쉽게 수용될 수 있는 방안이라고 할 수 있다. 게다가 교육개혁 방안은 정부의 적극적 개입이 필요한 여타 방안과 달리 매우 시장 친화적이기까지 하다. 즉, 이러한 방안에 따라 일단 국민 전체의 교육수준을 높여 놓고 나면, 나머지는 노동시장에 맡겨 두면 된다는 것이다. 이런 여러 장점 때문에 많은 주류경제학자들은 소득불평등 심화의 원인으로 교육 격차를 강조하는 가설을 고수해 온 것이다.

지금까지 살펴본 예와 같이 가설 자체의 타당성과 별개로 방법론적 또는 이데올로기적 편향에 따라 경제현상에 대한 가설이 자의적으로 선택되는 것을 막기 위해서는 기존과 다른 방법론적 접근이 필요하다. 구체적으로, 순수 이론적 접근에만 의존하지 않고 반드시 실증 연구를 통해 이를 대체 또는 보완해야 한다. 또한 실증 연구에서도, 경제 현상의 다면성多面性과 다양한 대안 가설을 고려할 수 있도록, 단순한 거시적 자료 분석보다는 현장 서베이on-the-ground survey와 무작위 실험과 같은 미시적 수준의 방법론을 보다 적극적으로 활용해야 한다.

좋은 예로 뉴욕 소재 '경제적 기회 센터'Center for Economic Opportunity 에서 수행한 연구를 살펴보자.[26] 여기서는 인종별로 교육수준과 고용상황의 관계를 살펴보았는데, 전체적으로는 — 흔히 기대하는 것처럼 — 교육수준이 높을수록 실업률이 낮은 것으로 나타났다. 그런데 한 가지 주목할 것은 이러한 결과가 모든 인종에 보편적으로 적용되는 것은 아니었다는 점이다. 구체적으로 인종 가운데 유독 히스패닉Hispanic의 경우, 교육수준과 거의 무관하게 실업률이 낮았고 고용률은 높았다. 히스패닉 가운데 고졸자의 고용률은 심지어 백인 대졸자보다 높았다. 연구책임자인 마크 레비탄Mark Levitan은 ─ 현장 서베이 등을 통한 미시적 수준의 자료에 근거하여 ─ 그 원인으로 히스패닉, 특히 중남미 이주민들 사이에 존재하는 끈끈한 사회적 네트워크를 꼽았다. 즉, 이들은 다른 집단보다 같은 인종집단 내의 구성원을 보다 신뢰하므로, 집단 내에서 매우 적극적으로 직업을 알선한다는 것이다. 이와 같이 미시적 수준의 자료 또는 방법론에 기초한 실증분석을 통해 보편적인 순수 이론만으로는 설명할 수 없는 현실의 다양한 경제현상을 규명할 수 있다.

미시적 수준의 방법론을 활용한 실증 연구의 또 다른 예로 노동경제학자 앨런 크루거Alan Krueger와 데이비드 카드의 최저임금 효과에 관한 기념비적 연구를 들 수 있다.[27] 이들은 뉴저지주의 패스트푸드 업체를 대상으로, 1992년의 최저임금 인상에 따라 고용이 어떻게 변했는지를 ─ 최저임금에 변화가 없었던 ─ 이웃 주인 펜실베이니아주와 비교하여 살펴보았다. 그 결과, 이론적 예측과 달리 최저임금의 인상은 고용에 유의미한 영향을 주지 않는 것으로 나타났다. 이들의 연구 이후 비슷한 방법으로 수많은 사례 연구가 수행되었는데,[28] 연구 결과는 대체로 이들의 결과를 지지하는 것으로 나타났다. 최저임금 인상이 고용에 부정적 영향을 미친다는 실증적 증거는 존재하지 않았으며, 오히려 일부 지역에서는 수요를 진작하여 성장률을 높이는 효과가 발견되기도 했다. 이 역시 미시적 수준의 자료 또는 방법론에 기초하여 '더러운' 현실을 탐구하는 실증 분석을 통해 '우아한' 순수 이론의 오류를 규명할 수 있음을 잘 보여 준 대표적 사례라고 할 수 있다.

———— •◦• ————

반대로 지나치게 단순화되고 추상적인 '우아한' 이론이 '더러운' 현실을 이해하기에 크게 미흡했던 예로 주류경제학의 경제성장 이론을 들 수 있다. 대부분의 주류경제학자들은 경제를 성장시키는 원동력이 무엇이냐는 질문에 매우 기계적이고 추상적인 대답만을 내놓곤 한다. 즉, 저축과 교육을 통해 각각 축적되는 물적자본과 인적자본, 그리고 기술의 진보가 바로 그 원동력이라는 것이다. 물론 이 대답이 틀린 것은 아니다. 오히려 너무 자명한 대답이어서 문제가 된다. 이들 대답은 자명하기는 하지만 지극히 추상적이어서 이것만으로는 과거 선진국 경제의 실제 성장과정을 설명하거나 개발도상국의 성장을 위한 구체적인 정책 지침을 제공하는 데 별 도움이 되지 않는다.

주류경제학의 이러한 대답을 수리적 이론으로 정식화한 것은 경제학자 로버트 솔로우와 트레버 스완Trevor Swan이 구축한 이른바 솔로우 모형이다. 그들은 이 모형을 통해 각각 저축과 노동공급으로 측정되는 물적자본과 인적자본의 투입이 경제성장에 얼마나 기여하는지를 측정하고, 설명되지 않는 나머지 — 이른바 '솔로우 잔차'Solow residual — 는 기술진보에 따른 것으로 간주했다. 후세의 경제학자들은 여기에 인적자본의 축적 요인으로 교육수준을 추가하여 모형을 보다 발전시켰다. 그런데 문제는 물적자본과 인적자본의 축적으로 설명되지 않는 나머지 부분이 상당한 비중을 차지할 뿐만 아니라 이를 기술진보만의 효과로 보기에는 큰 무리가 따른다는 점이다. 이 때문에 경제사학자가인 모세 아브라모비츠Moses Abramovitz는 상기한 솔로우 잔차를 두고 기술진보가 아닌, '무지의 척도'measure of our ignorance라고 표현한 바 있다.[29]

과거 선진국과 개발도상국의 경제성장 과정을 살펴보면, 솔로우 모형이 제시하는 경제성장의 요인, 즉 물적자본과 인적자본의 축적, 그리고 기술의 진보는 다음과 같은 수많은 구체적 요인을 추상화한 것에 불과하며, 따라서 진정한 의미의 성장 원동력은 바로 이러한 각각의 개별적이고 구체적인 요인임을 깨닫게 된다. 규모의 경제, 국제무역의 확대, 사용 가능한 자연자원의 확보, 총수요의 원천으로서 국방비 지출 확대, 최저임금 인상과 노동조합의 위상 확립, 빈곤 퇴치를 위한 각종 사회복지 프로그램, 자본주의의 물질주의 문화에 대한 유연한 태도, 경제적 자유의 확대와 사회적 신뢰의 축적 등이 바로 개별적·구체적 요인의 예이다. 이들은 과거 거의 모든 국가의 발전 과정에서 공통적으로 성장에 기여했던 요인들이다. 이렇게 다양한 경제성장 요인을 여기에 일일이 나열한 것은, 솔로우 모형과 같이 단순하고 추상적인 하나의 모형을 통해 경제성장을 보편적으로 설명하려는 시도가 얼마나 무모한지를 강조하기 위함이다. 과거 각국의 경제성장 역사에서 보듯이 성장의 요인은 국가별·기간별로 제각각일 뿐만 아니라 위에 열거한 것과 같이 그 종류도 매우 다양하기 때문이다. 그럼에도 경제학을 진정한 '과학'이라고 믿는 주류경제학자들은 결코 이런 시도를 멈추지 않았다.

그뿐만 아니라 이렇게 다양한 성장 요인을 포괄적으로 설명하기 위해서는 경제학 이론만으로는 부족하고 인접 학문에 대한 이해가 필수적이다. 경제성장과 경제발전은 경제학뿐만 아니라 역사학, 사회학, 인류학, 심리학, 철학, 심지어 신학의 연구 대상이기도 하기 때문이다. 따라서 주류경제학의 경제성장 이론은 이러한 인접 학문의 통찰을 좀 더 포용하는 방향으로 변해야 한다. 그럼에도 자연과학과 같은 진정한 '과학'을 추구한다는 미명하에 인접한 사회과학과 인문과학을 철저히 무시하고 경멸하기까지 하는 지금 주류경제학의 태도는 자멸적self-defeating일 뿐만 아니라 더 나아가 반지성적인anti-intellectual 행태라고 할 수 있다.

———————— •◦• ————————

주류경제학에 대한 가장 신랄한 비판은 종종 주류경제학계 내부에서 나온다. 최근 소득 및 부의 불평등 연구로 일약 학계의 스타로 떠오른 토마 피케티Thomas Piketty는 자신이 주류경제학자이면서도, 주류경제학에 대한 강도 높은 비판을 서슴지 않았다. 그는 2014년 발간된 명저 《21세기 자본》Capital in the Twenty-First Century에서 다음과 같이 서술하고 있다.[30] "직설적으로 말하면, [주류]경제학은 역사에 대한 고찰과 다른 사회과학과의 협업을 내팽개친 채, 수리적 모형과 순수 이론적 또는 이데올로기적 편향에 기초한 추론을 향한 유치한 집착에서 여전히 벗어나지 못하고 있다." 그러나 이렇게 신랄한 비판을 한 피케티의 이론마저도 주류경제학의 일반균형 이론과—솔로우 모형과 같은— 경제성장 이론의 가정에 크게 의존했다는 사실은 주류경제학 내 자아비판의 한계를 보여 준다.

이 책은 결코 주류경제학 전반을 부정하려는 의도로 쓴 것이 아니다. 주류경제학자들이 주장한 대로 시장 메커니즘은 역사상 존재했던 어떤 다른 경제체제보다도 더 효율적으로 자원을 배분했고, 크고 작은 불황과 위기 속에서도 장기적으로 자본주의 경제는 꾸준히 성장해 왔으며, 성장과정에서 안정된 인플레이션, 원활히 작동하는 금융시장, 국제무역의 확대 등이 매우 중요한 역할을 한 것 역시 사실이다. 그리고 앞서 언급한 대로 주류경제학자들 가운데 상당수는 새로운 방법론을 통해 유용한 실증 연구를 수행하기도 했다.

이 책에서 주류경제학에 대해 문제 삼는 것은 다음과 같이 주류경제학의 이론적 토대를 이루는 핵심 가정에 관한 것이다. 조화로운 경제적 번영을 달성하는 데는—경쟁의 규칙을 규정하고 집행하는 정부와 전통을 보존하고 공동체를 유지하는 사회가 없이도—'보이지 않는 손'만으로 정말 충분한가? 좀 더 구체적으로, '보이지 않는 손'은 경제가 스스로 균형을 회복하도록 조정하고, 교육과 연구개발, 사회간접자본 등에 대한 적정한 투자를 보장하며, 경제적 번영의 이익을 골고루 분배할 수 있는가? 만일 '보이지 않는 손'이 이러한 기능을 하지 못한다면, 이는 일시적인 시장실패 때문인가? 아니면 시장 메커니즘 자체의 구조적 문제 때문인가?

우리는 이미 이 물음의 답을 알고 있다. 현실의 시장은 단지 정도의 차이만 있을 뿐 어디서나 항상 실패한다는 것이다. 시장, 즉 '보이지 않는 손'의 실패는 일시적이거나 우발적인 것이 아니라 구조적이고 보편적인 현상이라는 것이다. 이렇게 현실에서 시장이 늘 실패하고, 따라서 '보이지 않는 손'만으로 충분하지 않은 근본적 이유는 시장이 결코—정부로 대변되는—사회의 중심이 아니라 그에 종속된 일부분에 불과하기 때문이다. 자유방임주의 경제학은 바로 이렇게 시장이 사회의 중심이라는 근본적으로 잘못된 가정에 기초한 것이다.

이 책 전체를 통해 살펴본 것처럼, 사실 2008년 금융위기와 뒤이은 대침체의 원인을 찾아 거슬러 올라가 보면 그 발단은 결국 1970년대 중반 이후의 자유방임주의 혁명에 따른 이데올로기적 전환에서 비롯된 것이라고 할 수 있다. 대다수 주류경제학자들은 프리드먼과 같은 자유방임주의 경제학자의 논의를 적극적으로 옹호하거나, 적어도 이에 암묵적으로 동의하는 방식으로 자유방임주의 이데올로기로의 전환과정에 참여해 왔다. 이데올로기로서 자유방임주의 경제학이 2008년 금융위기를 비롯하여 수많은 경제적 해악을 야기해 왔음을 감안하면, 주류경제학자들은 결코 그 책임에서 자유로울 수 없다. 실제로 이들 중 상당수가 말로는 가치중립적인 진정한 '과학'을 추구한다면서도 자유방임주의 가치에 충실한 이론만을 제시했고, 진지하게 고찰하기보다 학계 혹은 정관계의 최신 유행에 부화뇌동했으며, 객관적인 방법론을 통해 정직하게 분석하기보다 이익집단이나 정치인들의 구미에 맞추는 기회주의적 행태를 보였다.

19세기의 고전학파 경제학자인 존 스튜어트 밀John Stuart Mill은 경제학이 본질적으로 '가설적'hypothetical인 학문일 수밖에 없다고 생각했다. 경제학 이론은 검증된 사실이 아니라 오직 잠정적인 가설만을 제시할 수 있다는 것이다. 예컨대 그는 저서 《정치경제학 원리》 *Principles of Political Economy*에서 경제학자들이 '보이지 않는 손'에 의한 경쟁 메커니즘을 통해 시장이 스스로를 규제한다고 믿고 있으나, 이는 어디까지나 가설에 불과한 것임을 지적했다. 그는 사회적 관습 역시 시장 경쟁만큼이나 '중요한 규제자'great regulator임을 강조했다. 이와 관련하여 그는 다음과 같이 서술했다.[31] "시장의 경쟁 메커니즘이 현실에서 무제한적인 영향력을 행사한다고 가정한다면, 이는 경제와 사회의 변화 원리에 대해 엄청난 착각을 하고 있는 것이다."

밀은 '보이지 않는 손', 즉 시장의 경쟁 메커니즘이 스스로를 규제하며, 그 결과 경제와 사회에 언제나 이로운 결과를 가져온다는 것은 어디까지나—검증이 필요한—가설에 불과함을 잘 알고 있었다. 아울러 그는 사회의 규제원리로서 관습이 경쟁 메커니즘만큼 중요한 역할을 한다는 것을 현실에 대한 관찰을 통해 체득하고 있었다. 이와 같이 19세기의 위대한 경제학자는 단순히 경제학 이론을 전개하는 데 그치지 않고 그 이론을 관찰과 경험을 통해 실증적으로 검증하고자 노력했던 것이다. 이러한 밀의 실사구시實事求是적 자세야말로 오늘날 경제학이 진정한 '과학'을 추구한다는 미명하에 정작 놓치고 있는 '위대한 유산'일 것이다.

옮긴이 후기

리먼 브러더스가 파산한 지 두 달 후인 2008년 11월, 영국 여왕 엘리자베스 2세는 런던 정경대학을 방문한 자리에서 경제학자들에게 다음과 같이 물었다. "그렇게 큰 위기가 다가오고 있다는 것을 왜 아무도 눈치 채지 못했는가?" 이제는 많은 사람이 아는 진부한 일화지만, 평소에 자신의 공적인 의견을 거의 말하지 않는 여왕의 의외의 질문에 당시 많은 경제학자들은 당혹스러워 했으며, 이를 계기로 금융위기의 예측과 방지에 실패한 경제학계에 질타가 쏟아진 것이 사실이다.

물론 금융위기 이후 경제학계, 특히 거시경제학계 내에서 자성의 목소리가 없었던 것은 아니다. 예컨대 노벨경제학상 수상자인 크루그먼, 스티글리츠, 로머 등은 모두 정교하지만 현실과 동떨어진 수리적 모형에 대한 집착 등을 지적하면서 최근의 주류 거시경제학을 맹렬히 비판한 바 있다.* 그러나 이러한 경제학계 내부의 논의들은 주

---

* 이 중 특히 폴 로머(Paul Romer)는 거시경제학이 연구방법론적 측면에서 30년 이상 발전은커녕 퇴보해 왔으며, 권위에 대한 맹종과 '제 식구 감싸기'가 횡행

로 이론적 측면에 치중한 비판이다 보니, 일반인의 입장에서는 이해하기도 어렵거니와 구체적으로 무엇이 문제인지 잘 와닿지 않았던 것이 사실이다. 반면 경제 칼럼니스트 제프 매드릭의 이 책은 경제학계 외부자의 관점에서, 그리고 이론보다는 주로 역사적·실증적 측면에서 주류경제학을 비판하고 있다는 점에서 상기 논의들과 차별화된다고 할 수 있다.

머리말에서 저자가 언급한 대로, 이 책의 목적은 자유방임주의 혁명이 시작된 1970년대 중반 이래 지난 수십 년간 주류경제학을 지배해 온 이론에서 일곱 가지 주요 명제를 도출하고, 각각의 명제가 왜 거짓말에 가까우며 경제와 사회에 어떻게 해악을 미쳤는지를 역사적·실증적 관점에서 살펴보는 것이다. 1장 〈보이지 않는 손과 우아한 경제학〉에서는 당초 이상화된 시장 메커니즘에 대한 위대한 '비유'로 출발했던 '보이지 않는 손'이 1970년대 중반 이후의 자유방임주의 혁명에 의해 견고한 '이데올로기'의 반열에 오르게 되었음을 지적하면서, 이렇게 이데올로기화한 '보이지 않는 손'이 가지는 외재적·내재적 한계를 다양한 사례를 통해 검토하고 있다. 2장 〈세이의 법칙과 '확장적 긴축'〉에서는 자유방임주의 혁명과 금융위기 이후의 대침체를 계기로 부활한 세이의 법칙('공급은 스스로의 수요를 창출한다'는 시장의 자기조정기능에 대한 신화)의 허구성을 《일반이론》에서의 케인즈의 견해에 입각하여 통렬히 비판하고, 이 법칙이 '확장적 긴축'

하는 최근의 거시경제학계는 과학자 집단이라기보다는 일종의 종교 집단에 가깝다고 신랄하게 비판한 바 있다. 자세한 내용은 로머의 블로그를 참조할 것. Romer, P.(2016), "The Trouble with Macroeconomics," https://paulromer. net/trouble-with-macroeconomics-update/WP-Trouble.pdf.

이라는 엉터리 이론을 통해 대침체로부터 선진국의 경제 회복을 어떻게 저해했는지 생생하게 보여 준다. 3장 〈최소화된 정부와 사회〉에서는 자유시장경제가 단순히 하나의 사회 구성요소를 넘어 그 자체가 하나의 사회이며, 따라서 사회를 조직하고 운영하는 원리로서 정부와 사회를 완전히 대체할 수 있다는 생각(이른바 '프리드먼의 어리석음')이 왜 어리석은 것인지를 논증하고, 이런 어리석은 생각이 과거 수십 년간 경제와 사회에 끼친 해악을 여러 사례를 통해 제시한다. 4장 〈중요한 것은 물가 안정뿐?〉에서는 현실과 동떨어졌을 뿐만 아니라 이데올로기적으로 편향된 주류경제학 정책이론의 대표적인 예로 물가안정목표제를 들고, 이것이 1980년대 이후 선진국 경제의 만성적인 고실업과 임금 정체, 소득불평등을 심화시키고 2008년 글로벌 금융위기를 유발하는 데 어떻게 기여했는지 고발하고 있다. 5장 〈거품은 존재하지 않는다?〉에서는 '증권의 시장가격이 언제나 옳다'고 주장하는 효율시장가설이 당초 건전한 이론에서 출발했으나 '보이지 않는 손'과 마찬가지로 극단적인 이데올로기로 변모하는 과정을 살펴보고, 이 가설이 단기성과주의를 부추겨 기업의 지배구조를 훼손하고, 금융의 탈규제화 촉진과 자산가격 거품의 방치를 통해 금융위기를 초래하는 데 일조했음을 이론적·실증적으로 증명하고 있다. 6장 〈그들만의 세계화〉에서는 자유경쟁 시장경제를 한 나라가 아닌 전 세계로 확대 적용함으로써 경제적 번영을 극대화할 수 있다는 '심화된' 세계화의 이데올로기(이른바 '또 다른 프리드먼의 어리석음')와 이를 구체적으로 실행하는 전략인 '워싱턴 합의'가 어떻게 처절하게 실패했는지를 다양한 역사적 사례를 통해 살펴보고, 이로부터 얻을 수 있는 교훈을 제시한다. 마지막으로 7장 〈경제학은 '과학'이다?〉에서는 다른 사회과학과 달리 경제학은 자연과학과 같은 의미의 '과학'이라는 주장이 결국 경제학자들의 자기 기만에 불과함을 경제학의 방법론적 한계를 통해 논증하고, 경제학이 가치중립적인 '과학'을 가장한 순수 이론을 추구할 것이 아니라 현실에 기반을 둔 진정한 실증 과학으로 거듭나야 한다고 역설하고 있다.

상기한 대로 경제학계 내에서 자성의 목소리가 나온 것은 물론이고, 이 책에서 보듯이 학계 외부에서도 주류경제학에 대한 비판이 빗발쳤지만, 머리말에서 저자도 인정한 것처럼 ― 그리고 본문에서 언급한 루카스, 블랑샤, 파머 등의 발언에서 알 수 있듯이 ― 금융위기 이후에도 많은 주류경제학자들의 인식이나 태도는 그다지 변한 것이 없다. 경제학 이론이 '백 년에 한 번 올까 말까 한 홍수(once-in-a-hundred-year floods)까지 예측하고 설명해야 하는 것은 아니지 않는가?** 말하자면 이런 식의 반응이다. 하기야 여왕의 질책과 노벨경제학상 수상자들의 예리한 비판에도 아랑곳하지 않는데, 학계 외부자들의 비판 따위에는 눈 하나 깜짝하지 않을 터이다.

그러나 옮긴이를 포함한 주류경제학자들이 이 책의 메시지에서 단 하나만은 꼭 귀를 기울였으면 한다. 이 책의 7장에서 강조하듯이, 경제학은 다른 사회과학과 마찬가지로 결코 자연과학과 같은 의미의 '과학'이 될 수 없으며, 만일 그렇게 믿는다면 그것은 자기 기만이라는 것이다. 왜냐하면 경제학 이론은 결국 경제에 관한 여러 가지 가정에 기초한 가설의 묶음에 불과하며, 이러한 가정들은 대부분 연구자의 가치 판단에서 자유로울 수 없는, 즉 가치에 대해 비중립적이기

** Stiglitz, J.(2017), "Where Modern Macroeconomics Went Wrong," NBER Working Paper, No. 23795.

때문이다.

이렇게 좀 더 겸허한 자세로 경제학을 바라보면, 우리는 경제학의 정당성 내지 존재 근거가 자연과학과 같이 항상 성립하는 불변의 원리를 찾아내는 것이 아니라, 현실의 경제 문제를 이해하고 해결하는 데 유용한 가설을 제시하는 것에 있음을 깨닫게 된다. 이러한 실천적 유용성의 잣대에 비추어 볼 때, 과연 지금 경제학의 현주소는 어떠한가? 옮긴이를 포함하여 주류경제학자라면, 자신이 유체역학의 원리에 통달했지만 정작 역류하는 변기 하나 못 고치는 배관공이나, 해부학 이론에 정통했지만 정작 수술 때마다 손을 벌벌 떠는 외과의사와 혹여 같지는 않은지 자문해 볼 일이다.

이 책의 번역을 기획하고 편집·출간해 주신 한국방송통신대학교 출판문화원 관계자분께 심심한 감사의 말씀을 드린다. 아울러 원활한 의미 전달을 위해 의역하는 과정에서 발생할 수 있는 모든 오류의 책임은 전적으로 옮긴이에게 있음을 밝혀 둔다.

후주

머리말

1 Robert Lucas, "Macroeconomic Priorities," *American Economic Review* 93, no. 1. pp. 1-14, American Economic Association, 2003, http://pages.stern.nyu.edu/~dbackus/Taxes/Lucas%20priorities%20AER%2003.

2 Olivier J. Blanchard, "The State of Macro" (working paper 14259, August 2008), 1, http://www.nber.org/papers/w14259.

3 Ben S. Bernanke, "The Great Moderation" (remarks at the meeting of the Eastern Economics Association, Washington, D.C., February 20, 2004).

4 Charlie Rose, PBS, December 26, 2005.

5 이후 등장하는 미국의 임금 및 고용 자료의 출처는 Bureau of Labor Statistics Database임. 한편 소득불평등 관련 자료는 Thomas Piketty and Emmanual Saez, http://elsa.berkeley.edu/~saez/TabFig2012prel.xls를 참조할 것.

6 Adam Skolnick, "Runaway Prison Costs Thrash State Budgets," *Fiscal Times*, February 9, 2011, http://www.thefiscaltimes.com/Articles/2011/02/09/Runaway-Prison-Costs-Thrash-State-Budgets.

7 Raj Chetty, Nathaniel Hendren, Patrick Kline, Emmanuel Saez, Nicholas Turner, "The Equality of Opportunity Project" (Harvard University, University of California, Berkeley, 2013), http://www.equality-of-opportunity.org/.

8 Adrienne L. Fernandes-Alcantara, "Youth and the Labor Force: Background and Trends" (Congressional Research Service, May 10, 2012), http://www.fas.org/sgp/crs/misc/R42519.pdf.

9 Max Fisher, "How 35 Countries Compare on Child Poverty (the U.S. Is Ranked 34th)," *Washington Post*, April 15, 2013. 여기서는 United Nations

Children's Fund의 자료를 이용하여 중위소득(median income)을 기준으로 한 상대적 빈곤율을 비교하였음. 실제 빈곤선(poverty line)을 기준으로 측정한 절대적 빈곤율 역시 약 22%로 상대적 빈곤율과 큰 차이가 없음.

10 Angus Deaton, *The Great Escape*, pp. 167-218.

11 Olivier Blanchard, Giovanni Dell'Ariccia, and Paolo Mauro, "Rethinking Macroeconomic Policy" (International Monetary Fund, February 12, 2010), p. 10.

12 Lawrence Summers, "Commanding Heights."

13 Olivier Blanchard, Giovanni Dell'Ariccia, and Paolo Mauro, "Rethinking Macroeconomic Policy" (International Monetary Fund, February 12, 2010), p. 3.

14 Jeff Madrick, *Age of Greed*, pp. 235-243. 보다 세부적인 내용은 http://www.whitehouse.gov/sites/default/files/omb/budget/fy2013/assets/hist.pdf를 참조할 것.

15 Olivier Blanchard, Giovanni Dell'Ariccia, and Paolo Mauro, "Rethinking Macroeconomic Policy" (International Monetary Fund, February 12, 2010), p. 6.

16 대강의 추정치로, 측정 기간과 포괄범위에 따라 값이 소폭 다를 수 있음. Chris Isidore, http://money.cnn.com/2011/06/09/news/economy/household_wealth/.

17 Armijo, "The Political Geography."

18 "Costing the Casino: A Survey of the Economic and Social Impact of Currency Crises on Developing Countries," p. 7, http://www.google.com/url?sa=t&rct=j&q=&esrc=s&source=web&cd=1&ved=0CCYQFjAA&url=http%3A%2F%2Fwww.waronwant.org%2Fabout-us%2Fpublications%2Fdoc_download%2F59-costing-the-casino&ei=_cTrUuGTAdHKsQS4k4GADA&usg=AFQjCNGP77Z3-a1mvau4LIX48RyWpkHDgA&bvm=bv.60444564,d.cWc.

19 Chen and Ravallion, "More Relatively-Poor People."

20 Nelson, *Technology*, p. 232.

21 Dickstein, "The Moment of the Novel," p. 89.

1장

1 주요 선진국의 초장기 경제성장에 관한 자료는 http://www.ggdc.net/maddison/oriindex.htm에 잘 정리되어 있음. 보다 자세한 내용은 Angus Maddison, *The World Economy* (Paris: OECD Publishing, 2003)를 참조할 것.

2 Braudel, *Civilization and Capitalism*(New York: Harper & Row, 1999) 참조. 이와 관련하여 스탠퍼드대의 경제사학자 네이선 로젠버그(Nathan Rosenberg)는 시장규모의 확대와 새롭게 이용할 수 있는 기술은 모두 경제 발전의 필요조

건이기는 하지만, 둘 중 어느 하나도 충분조건은 아니라고 보았다(*Inside the Black Box* [Cambridge: Cambridge University Press, 1982], pp. 231-232.). 관련 주제에 대한 최근의 논의는 Madrick, *Why Economies Grow*를 참조할 것.

3 Smith, *Wealth of Nations*, bk. 1, chap. 1.

4 Wilentz, *Age of Reagan*.

5 Cannon, *Governor Reagan*, p. 378.

6 Rothschild, *Economic Sentiments*, p. 192.

7 Smith, *Wealth of Nations*, bk. 1, chap. 2.

8 Rothschild, *Economic Sentiments*, p. 122.

9 Foley, *Adam's Fallacy*.

10 Taylor, *Maynard's Revenge*.

11 Smith, *Wealth of Nations*, bk. 1, chap. 1.

12 Chandler, *Visible Hand*; Madrick, *Why Economies Grow*.

13 Smith, *Wealth of Nations*, bk. 1, chap. 3.

14 Ibid., bk. 4, chap. 2.

15 《국부론》한국어 번역본(김수행 역, 동아출판사, 1992)의 해당 부분을 옮긴이가 일부 수정하여 추가했음.

16 Smith, *Wealth of Nations*, bk. 1, chap. 7. 이하의 내용은《국부론》한국어 번역본(김수행 역, 동아출판사, 1992)을 참조하되, Madrick의 원서 내용과 대조하면서 옮긴이가 일부 수정한 것임.

17 Léon Walras, *Elements of Pure Economics*, trans. William Jaffe (London: Allen and Unwin, 1954). 원전은 1878년 출간되었음.

18 Thomas C. Leonard, "'A Certain Rude Honesty': John Bates Clark as a Pioneering Neoclassical Economist," *History of Political Economy* 35, no. 3 (2003).

19 Schlefer, *Assumptions Economists Make*, p. 191.

2장

1 Blaug, *Economic Theory in Retrospect*, p. 149. 일부 중략.

2 Foley, *Adam's Fallacy*. p. 37.

3 Blaug, *Economic Theory in Retrospect*, p. 151.

4 Ibid.

5 Keynes, *The End of Laissez-Faire*, p. 36.

6 Herbert Hoover, *The Memoirs of Herbert Hoover*, vol. 3, *The Great Depression, 1929-1941* (New York: Macmillan, 1952).

7 David Colander et al., "Financial Crisis."

8 Mulligan, "Economy"; Schlefer, *Assumptions Economists Make*, p. 158. 재 인용.

9 Blaug, *Economic Theory in Retrospect*, p. 29. 재인용.

10 John Geanakoplos, "Arrow-Debreu Model of General Equilibrium," in *The New Palgrave: A Dictionary of Economics*, eds. John Eatwell, Murray Milgate, and Peter Newman (London: Macmillan, 1987), pp. 116-124.

11 Conversation with the author, December 2013.

12 Foley, *Adam's Fallacy*, p. 166.

13 Schlefer, *Assumptions Economists Make*, pp. 8-12, p. 192.

14 Blaug, *Economic Theory in Retrospect*, p. 29.

15 Stephen A. Marglin, "Introduction: Resurrecting Keynes; The General Theory As It Might Have Been" (unpublished paper, 2011).

16 Brad DeLong, "Macroeconomics in the Public Square," *Grasping Reality with Every Possible Tentacle* (blog), October 16, 2013. 한편 마르크 블로흐 (Mark Blaug) 역시 세이의 법칙에 대한 세이 자신의 모호한 입장에 대해 상세 히 분석하고 있다(Blaug, *Economic Theory in Retrospect* 참조).

17 David C. Colander and Harry Landreth, *History of Economic Thought* (Cheltenham, U.K.: Edward Elgar, 1996), pp. 159-160. 재인용.

18 프리드먼의 통화주의 이론과 그에 따른 대공황의 원인 분석에 관한 입문서로 는 Friedman, *Capitalism and Freedom*을 참조할 것.

19 루카스 이외에, 1982년 경기침체의 폭을 과소평가했던 새고전학파의 예로는 합리적 기대이론의 또 다른 주창자이자 노벨경제학상 수상자인 토머스 사전트 (Thomas Sargent)를 들 수 있다. Sargent, "Stopping Moderate Inflation: The Methods of Poincaré and Thatcher" (working paper, Federal Reserve Bank of Minneapolis, 1981) 참조.

20 Schlefer, *Assumptions Economists Make*, p. 20.

21 Avner Offer, "Facing Future Adversity."

22 Mankiw, "Reincarnation of Keynesian Economics."

23 Schlefer, *Assumptions Economists Make*, p. 69.

24 Mankiw, *Principles of Economics*, p. 276. Bofinger, "Teaching Macroeconomics," p. 24. 재인용.

25 Bofinger, "Teaching Macroeconomics."

26 Justin Fox, "Bob Lucas on the comeback of Keynesianism."

27 Lucas, "The Death of Keynesian Economics," in Issues and Ideas (Winter 1980).

28 Cochrane, "Fiscal Stimulus."

29 Mankiw, "Stimulus Spending Skeptics"; http://www.bloomberg.com/apps/news?pid=newsarchive&sid=ajz1hV_afuSQ&refer=home; http://faculty.chicagobooth.edu/john.cochrane/research/papers/fiscal2.htm.

30 Romer, "What Do We Know?".

31 Blinder, *After the Music Stopped*, pp. 345–347.

32 Remarks by the president and vice-president at Opening of the Fiscal Responsibility Summit, February 23, 2009, http://www.whitehouse.gov/the-press-office/remarks-president-and-vice-president-opening-fiscal-responsibility-summit-2-23-09.

33 Coy, "Keynes vs. Alesina."

34 "Will It Hurt? Macroeconomic Effects of Fiscal Consolidation," in International Monetary Fund, *World Economic Outlook* (October 2010).

35 Chowdhury, "Revisiting the Evidence on Expansionary Fiscal Austerity: Alesina's Hour?" Vox EU, February 28, 2012, https://voxeu.org/debates/commentaries/revisiting-evidence-expansionary-fiscal-austerity-alesina-s-hour.

36 "Debt Reduction Hawks and Doves," *Washington Post*, January 26, 2013, http://www.washingtonpost.com/opinions/debt-reduction-hawks-and-doves/2013/01/26/3089bd52-665a-11e2-93e1-475791032daf_story.html.

37 John Nichols, "Paul Ryan's Austerity Agenda Relies on Bad Math, Coding Errors and a 'Significant Mistake,'" *Nation*, April 17, 2013, http://www.thenation.com/blog/173920/paul-ryans-austerity-agenda-relies-bad-math-coding-errors-and-significant-mistake#.

38 Lyons, "George Osborne's."

39 Herndon, Ash, and Pollin, "Does high public debt consistently stifle economic growth? A critique of Reinhart and Rogoff," *Cambridge Journal of Economics* 38, no. 2 (2014).

40 영국의 사례에 대한 개략적인 내용은 Altman, "Cameron's Leap"를 참조할 것.

41 Milliken and Fincher, "UK Budget Deficit."

42 Eaton, "Exclusive."

43 New England National Public Radio에서의 인터뷰; http://www.nepr.net/news/eus-financial-crisis-doesnt-end-nations-borders.

44 Edsall, "On Second Thoughts."

45 Solow, "State of Macroeconomics."

3장

1 Acemoglu and Robinson, *Why Nations Fail*.

2 Ibid., pp. 74-75.

3 Chang, Ha-Joon, *Kicking Away the Ladder*.

4 Acemoglu and Robinson, *Why Nations Fail*, pp. 75-76.

5 Friedman, *Capitalism and Freedom*, p. 7.

6 Ibid., p. 9.

7 Friedman, *Capitalism and Freedom*, p. 13.

8 Ibid., pp. 3-4.

9 Mazzucato, *Entrepreneurial State*, pp. 64-66, 95-109.

10 Doherty, "Best of Both Worlds."

11 Burgin, *Great Persuasion*, p. 177.

12 Williamson and Lindert, *American Inequality*.

13 Nancy L. Stokey and Sergio Rebelo, "Growth Effects of Flat-Rate Taxes," *Journal of Political Economy* 103, no. 3 (June 1993).

14 Friedman, "The Methodology of Positive Economics," in Friedman, *Essays in Positive Economics*.

15 Friedman, *Capitalism and Freedom*, p. 197.

16 Ibid., p. 199.

17 Ibid., p. 180.

18 Romer, "Business of the Minimum Wage."

19 John Schmitt, "Why Does the Minimum Wage Have No Discernible Effect on Employment?" (Center for Economic and Policy Research, 2013), http://www.cepr.net/documents/publications/min-wage-2013-02.pdf.

20 Friedman, *Capitalism and Freedom*, pp. 109-111.

21 Bourgin, *Great Challenge* 참조.

22 Allan Kulikoff, *The Agrarian Origins of American Capitalism* (Charlottesville: University of Virginia Press, 1992), p. 45.

23 Lindert, *Growing Public*, 1, pp. 88-89.

24 Douglas A. Irwin, "Historical Aspects of U.S. Trade Policy," *NBER Reporter* (Summer 2006).

25 Mazzucato, *Entrepreneurial State*.

26 Summers, "Commanding Heights."

27 *Economist*, "Great Innovation Debate," p. 24.

28 Mazzucato, *Entrepreneurial State*, p. 62.

29 Ibid., p. 63.

30 Roberta Rampton and Mark Hosenball, "In Solyndra Note, Summers Said Feds 'Crappy' Investor," Reuters, October 3, 2011, http://www.reuters.com/article/2011/10/03/us-solyndra-idUSTRE7925C520111003.

31 Friedman, "What Every American Wants."

32 Slemrod and Bakija, "Taxing Ourselves."

33 Tyler Cowen, *The Great Stagnation: How America Ate All the Low-Hanging Fruit of Modern History, Got Sick, and Will (Eventually) Feel Better* (New York: Dutton, 2011).

34 Friedman, *Capitalism and Freedom*, p. 12.

35 Isaiah Berlin, "Two Concepts of Liberty" (lecture at Oxford, 1958). 보다 자세한 내용은 Isaiah Berlin, *Liberty* (Oxford: Clarendon Press, 2004)를 참조할 것.

36 Amartya Sen, *Inequality Reexamined* (Cambridge, Mass.: Harvard University Press, 1992).

4장

1 Epstein and Yeldan, *Beyond Inflation Targeting*, p. 3.

2 Bernanke et al., *Inflation Targeting*, p. 3.

3 Ibid., p. 16.

4 Ibid., p. 18.

5 Ibid., p. 14.

6 George A. Akerlof, William T. Dickens, and George L. Perry, "The Macroeconomics of Low Inflation," *Brookings Papers on Economic Activity*, 1 (1996), pp.1-76.

7 Testimony before the Committee on Banking, Finance and Urban Affairs, U.S. House of Representatives, February 13, 1988.

8 Transcript of the Federal Open Market Committee meeting, July 2-3, 1996, http://www.stlouisfed.org/publications/cb/articles/?id=823#3.

9 John Schmitt, "The Indispensability of Full Employment for Shared Prosperity," in *Restoring Shared Prosperity: A Policy Agenda from Leading Keynesian Economists*, eds. Thomas I. Palley and Gustav A. Horn (CreateSpace Independent Publishing Platform, 2013), pp. 135-145.

10 Testimony of Chairman Alan Greenspan, the Federal Reserve's semiannual monetary policy report before the Committee on Banking, Housing, and Urban Affairs, U.S. Senate, February 26, 1997.

11 William Greider, *The Soul of Capitalism: Opening Paths to a Moral Economy*

(New York: Simon & Schuster, 2003), p. 12.

12 Federal Reserve Bank of Boston, *The Impact of Inflation*, 1997.

13 Alan Greenspan, "The Challenge of Central Banking in a Democratic Society," speech to the American Enterprise Institute for Public Policy Research, Washington, D.C., December 5, 1996.

14 Blinder, *Economic Policy*.

15 Martin Feldstein, "An Interview with Paul Volcker," *Journal of Economic Perspectives* 27, no. 4 (Fall 2013), pp. 105-120.

16 William Greider, *Secrets of the Temple: How the Federal Reserve Runs the Country* (New York: Simon & Schuster, 1987), p. 140.

17 Robert Caro, Conversation with the author, November 2013.

18 Hacker and Pierson, *Winner-Take-All Politics*.

19 Glyn, *Capitalism Unleashed*, p. 28.

20 Ibid., pp. 27-28.

21 Bernanke et al., *Inflation Targeting*, p. 14.

22 "The New Case for Keynesianism: Interview with George Akerlof," *Challenge* 50, no. 4 (July-August 2007), pp. 5-16.

23 Storm and Naastepad, *Macroeconomics Beyond the NAIRU*.

5장

1 Justin Fox, *The Myth of the Rational Market: A History of Risk, Reward, and Delusion on Wall Street* (New York: Harper Business, 2009), p. 4.

2 "Interview with Eugene Fama," Federal Reserve Bank of Minneapolis, November 2, 2007, http://www.minneapolisfed.org/publications_papers/pub_display.cfm?id=1134.

3 Markowitz, *Portfolio Selection*.

4 Justin Fox, *The Myth of the Rational Market: A History of Risk, Reward, and Delusion on Wall Street* (New York: Harper Business, 2009), p. 192.

5 Eugene F. Fama, "Random Walks in Stock Market Prices," *Financial Analysts Journal* 21, no. 5 (September-October 1965).

6 William F. Sharpe, "Capital Asset Prices: A Theory of Market Equilibrium Under Conditions of Risk," *Journal of Finance* 19, no. 3 (September 1964), pp. 425-442.

7 "Interview with Eugene Fama," Federal Reserve Bank of Minneapolis, November 2, 2007, http://www.minneapolisfed.org/publications_papers/pub_display.cfm?id=1134.

8   Binyamin Appelbaum, "Economists Clash on Theory, but Will Still Share the Nobel," *New York Times*, October 14, 2013.

9   Friedman, *Essays in Positive Economics*, p. 175.

10 Zachary A. Goldfarb, "Oil Speculation Limits Weighed," *Washington Post*, July 20, 2009.

11 Michael Lewis, "Davos Is for Wimps, Ninnies, Pointless Skeptics: Michael Lewis," Bloomberg News, January 30, 2007.

12 Lewis, *Big Short*.

13 Thorp and Kassouf, *Beat the Market*.

14 Eugene F. Fama, "The Behavior of Stock-Market Prices," *Journal of Business* 38, no. 1 (January 1965), pp. 34-105.

15 Alan Greenspan, "Regulation, Innovation, and Wealth Creation" (speech to the Society of Business Economists, London, September 25, 2002).

16 Chandler, *Visible Hand*.

17 Michael Jensen, "The Takeover Controversy: Analysis and Evidence," *The Midland Corporate Finance Journal* (Summer, 1986). Michael Jensen, "The Takeover Controversy: Analysis and Evidence," in *Knights, Raiders and Targets: The Impact of the Hostile Takeover,* ed. John Coffee and Susan Rose-Ackerman (New York: Oxford University Press, 1988).

18 Sirower, *Synergy Trap*.

19 Eileen Appelbaum and Rosemary Batt, "A Primer on Private Equity at Work," *Challenge* (September-October 2012), pp. 5-38.

20 Siegel, *Stocks for the Long Run*.

21 Shiller, *Irrational Exuberance*.

22 Ibid., p. 2.

23 Morgenson and Gebeloff, "Wall St. Exploits Ethanol Credits, and Prices Spike."

24 Chilton, "Speculators and Commodity Prices—Redux."

25 Lucian Bebchuk and Jesse Fried, *Pay Without Performance: The Unfulfilled Promise of Executive Compensation* (Cambridge, Mass.: Harvard University Press, 2004).

6장

1   The World Bank, *Annual Report 2005*, Washington, D.C., p. 11.

2   Friedman, *The Lexus and the Olive Tree*.

3   Friedman, *The World Is Flat*.

4 다음 문헌에서 인용됨. Robert Hunter Wade, "Is Globalization Reducing Poverty and Inequality?" *World Development* 32, no. 4(2004), pp. 567-589.

5 다음 문헌에서 인용됨. Naomi Klein, *The Shock Doctrine: The Rise of Disaster Capitalism* (New York: Henry Holt, 2007), p. 275.

6 Francis Fukuyama, *The End of History and the Last Man* (New York: Free Press, 1992).

7 Stiglitz, *Making Globalization Work*, p. 8.

8 Rodrik, *Globalization Paradox*의 4장 참조.

9 David H. Autor, David Dorn, Gordon Hanson, and Jae Song, "Trade Adjustment: Worker Level Evidence" (June 2013), http://economics.mit.edu/files/8897.

10 Smith, *Wealth of Nations*, p. 193.

11 Mankiw, *Principles of Economics*, pp. 54-55.

12 Rodrik, "Stolper-Samuelson for the Real World."

13 Krugman, http://economistsview.typepad.com/economistsview/2007/04/on_the_other_ha.html.

14 Ibid.

15 이 단락과 다음 단락의 논의는 대부분 Rodrik, *Globalization Paradox*에 기초한 것임.

16 Ravenhill, *Global Political Economy*, pp. 4-6.

17 Joseph Stiglitz, "The Post Washington Consensus Consensus" (Initiative for Policy Dialogue, 2004), http://policydialogue.org/files/events/Stiglitz_Post_Washington_Consensus_Paper.pdf.

18 Chen and Ravallion, "The Developing World Is Poorer Than We Thought, but No Less Successful in the Fight Against Poverty."

19 Williamson, John, "What Washington Means by Policy Reform", in: Williamson, John (ed.), *Latin American Readjustment: How Much has Happened*, Washington: Peterson Institute for International Economics, 1989.

20 Williamson, John. 2002. "Did the Washington Consensus Fail?" Outline of speech at the Center for Strategic and International Studies, Washington, D.C., November 6.

21 Driskill, Robert. 2007. "Deconstructing the Argument for Free Trade." http://www.vanderbilt.edu/econ/faculty/Driskill/DeconstructingfreetradeAug27a2007.pdf.

7장

1 http://www.debtdeflation.com/blogs/2010/05/14/revere-award-for-economics/.

2 http://fivebooks.com/interviews/eric-maskin-on-economic-theory-and-financial-crisis.

3 Nicholson, *Microeconomic Theory*, p. 6. Schlefer, *Assumptions Economists Make*, p. 24. 재인용.

4 Anne O. Krueger, "Macroeconomic Situation and External Debt in Latin America" (remarks, February 1, 2006), https://www.imf.org/external/np/speeches/2006/020106.htm.

5 관련 논의는 Blaug, Mark. *The Methodology of Economics; or, How Economists Explain* (Cambridge, U.K.: Cambridge University Press, 1980) 을 참조할 것.

6 Friedman, *Essays in Positive Economics*, p. 4.

7 Milton Friedman and Anna Jacobson Schwartz, *A Monetary History of the United States, 1867-1960* (Princeton, N.J.: Princeton University Press, 1963).

8 James Tobin, "The Monetary Interpretation of History," *American Economic Review* 55, no. 3 (June 1965), pp. 464-485.

9 Milton Friedman, "The Yo-Yo Economy," *Newsweek*, February 15, 1982, http://0055d26.netsolhost.com/friedman/pdfs/newsweek/NW.02.15.1982.pdf.

10 Robert L. Hetzel, "Monetary Policy in the Early 1980s" (working paper 84-1, Federal Reserve Bank of Richmond, May 1984), http://www.richmondfed.org/publications/research/working_papers/1984/pdf/wp84-1.pdf.

11 http://www.huppi.com/kangaroo/L-chilucas.htm.

12 Sargent, "Stopping Moderate Inflations."

13 Lucas, Lecture at Trinity University Dublin.

14 Erik Wasson, "Bowles Dismisses 'Flaws' in Favorite Debt Study," *On the Money* (blog), *Hill*, April 19, 2013, http://thehill.com/blogs/on-the-money/budget/295017-bowles-dismisses-flaws-in-favorite-debt-study.

15 Paul Krugman, "The Excel Depression," *New York Times*, April 18, 2013.

16 Jared Bernstein, "The Reinhart/Rogoff Mistake and Economic Epistemology," *On the Economy: Jared Bernstein Blog*, April 18, 2013, http://jaredbernsteinblog.com/the-reinhartrogoff-mistake-and-economic-epistemology/.

17 Adam Posen, "A Dose of Reality for the Dismal Science," *Financial Times*, April 19, 2013.

18 DeMartino, *The Economist's Oath*.

19 Lawrence Boland, "Current Views on Economic Positivism," in *Companion to Contemporary Economic Thought* ed. Michael Bleaney et al. (New York: Taylor and Francis, 1992).

20 Raghuram G. Rajan, *Fault Lines* (Princeton, N.J.: Princeton University Press, 2010), p. 29.

21 Goldin and Katz, "The Future of Inequality: The Other Reason Education Matters So Much," *Milken Institute Review* (3rd quarter).

22 Card and DiNardo, "Skill-Biased Technological Change."

23 Mishel et al., *State of Working America*, p. 211, 302; Howell and Wieler, "Skill-Biased Demand Shifts."

24 Mishel et al., *State of Working America*, pp. 303-305; Catherine Rampell, "It Takes a B.A. to Find a Job as a File Clerk," *New York Times*, February 19, 2013, http://www.nytimes.com/2013/02/20/business/college-degree-required-by-increasing-number-of-companies.html?pagewanted=1 &smid=tw-share.

25 Piketty, *Capital in the Twenty-First Century*, p. 314.

26 Mark Levitan, "The CEO Poverty Measure, 2005-2011" (working paper, NYC Center for Economic Opportunity).

27 David Card and Alan Krueger, "Minimum Wages and Employment: A Case Study of the Fast-Food Industry in New Jersey and Pennsylvania," *American Economic Review* 84, no. 4 (September 1994), pp. 772-793.

28 예컨대 John Schmitt and David Rosnick, "The Wage and Employment Impact of Minimum-Wage Laws in Three Cities" (CEPR Reports and Issue Briefs 2011-07, Center for Economic and Policy Research) 등을 참조할 것.

29 솔로우 모형과 아브라모비츠의 관련 논의에 대한 자세한 내용은 Francesco Caselli, "Palgrave Entry on 'Growth Accounting,'" http://personal.lse. ac.uk/casellif/papers/growthaccounting.pdf를 참조할 것.

30 Piketty, *Capital in the Twenty-First Century*, p. 32.

31 John Stuart Mill, *Principles of Political Economy* (Toronto: University of Toronto Press; London: Routledge and Kegan Paul, 1965), p. 232.

참고문헌

Acemoglu, Daron, Simon Johnson, and James A. Robinson. 2005. "The Rise of Europe: Atlantic Trade, Institutional Change, and Economic Growth." *American Economic Review* 95 (3): 546-579.

Acemoglu, Daron, and James A. Robinson. 2012. *Why Nations Fail: The Origins of Power, Prosperity, and Poverty.* New York: Crown Publishers.

Aghion, Philippe, and Steven N. Durlauf, eds. 2005. *Handbook of Economic Growth.* Amsterdam: Elsevier.

Akerlof, George A., and Paul M. Romer. 1993. "Looting: The Economic Underworld of Bankruptcy for Profit." *Brookings Papers on Economic Activity* 24 (2): 1-74.

Altman, Daniel. 2012. "Cameron's Leap Off the Fiscal Cliff." *Foreign Policy*, December 3. http://www.foreignpolicy.com/articles/2012/12/03/camerons_leap_off_the_fiscal_cliff.

Armijo, Leslie E. 2001. "The Political Geography of World Financial Reform: Who Wants What and Why?" *Global Governance* 7 (4): 379-396.

Bernanke, Ben S. 2007. "Global Imbalances: Recent Developments and Prospects." Board of Governors of the Federal Reserve System.

Bernanke, Ben S., and Mark Gertler. 1999. "Monetary Policy and Asset Price Volatility." Federal Reserve Bank of Kansas City, *Proceedings:* 77-128.

Bernanke, Ben S., Mark Gertler, and Simon Gilchrist. 1998. "The Financial Accelerator in a Quantitative Business Cycle Framework." C.V. Starr Center for Applied Economics, New York University.

Bernanke, Ben S., Thomas Laubach, Frederic S. Mishkin, and Adam S. Posen.

2001. *Inflation Targeting: Lessons from the International Experience.* Princeton, N.J.: Princeton University Press.

Besley, Tim. 2009. Letter to the Queen, July 22.

Biewen, Martin, and Constantin Weiser. 2011. "A New Approach to Testing Marginal Productivity Theory." IZA Discussion Paper 6113, Institute for the Study of Labor.

Bivens, Josh. 2013. "A Slight Bit of Substance on the Reinhart and Rogoff 90 Percent Debt Threshold." *Economic Policy Institute Blog*, April 17. http://www.epi.org/blog/slight-bit-substance-reinhart-rogoff-90/.

Bivens, Josh, and John Irons. 2010. "Government Debt and Economic Growth." Economic Policy Institute.

Blanchard, Olivier. 2009. "The State of Macro." *Annual Review of Economics* 1(1): 209-228.

Blanchard, Olivier Jean, and Peter A. Diamond. 1991. "The Aggregate Matching Function." National Bureau of Economic Research.

Blaug, Mark. 1996. *Economic Theory in Retrospect.* 5th ed. Cambridge, U.K.: Cambridge University Press.

Blinder, Alan S. 1979. *Economic Policy and the Great Stagflation.* New York: Academic Press.

———. 2013. *After the Music Stopped: The Financial Crisis, the Response, and the Work Ahead.* New York: Penguin Press.

Blinder, Alan S., and Janet L. Yellen. 2001. *The Fabulous Decade: Macroeconomic Lessons from the 1990s.* New York: Century Foundation Press.

Bofinger, Peter. 2011. "Teaching Macroeconomics After the Crisis." Wurzburg Economic Papers 86, University of Wurzburg, Chair for Monetary Policy and International Economics.

Bourgin, Frank. 1989. *The Great Challenge: The Myth of Laissez-Faire in the Early Republic.* New York: G. Braziller.

Bowles, Samuel. 1973. "Hardly a Surprise," *Harvard Crimson*, February 27. http://www.thecrimson.com/article/1973/2/27/hardly-a-surprise-pbtbhe-decision-by/.

Brannon, Ike, and Chris Edwards. 2009. "Barak Obama's Keynesian Mistake." Cato Institute.

Buiter, Willem. 2009. "The Unfortunate Uselessness of Most 'State of the Art' Academic Monetary Economics." *Willem Buiter's Maverecon* (blog), *Financial Times*, March 3. http://blogs.ft.com/maverecon/2009/03/the-unfortunate-uselessness-of-most-state-of-the-art-academic-monetary-economics/#axzz

2ukBmfcLQ.

Burgin, Angus. 2012. *The Great Persuasion: Reinventing Free Markets Since the Depression.* Cambridge, Mass.: Harvard University Press.

Cannon, Lou. 2003. *Governor Reagan: His Rise to Power.* New York: PublicAffairs.

Card, David, and John E. DiNardo. 2002. "Skill-Biased Technological Change and Rising Wage Inequality: Some Problems and Puzzles." *Journal of Labor Economics* 20 (4).

Carvalho, Laura de, Christian Proaño, and Lance Taylor. 2010. "Government Debt, Deficits, and Economic Growth: Lessons from Fiscal Arithmetic." Policy Note, Schwartz Center for Economic Policy Analysis, New School.

Chandler, Alfred D., Jr. 1977. *The Visible Hand: The Managerial Revolution in American Business.* Cambridge, Mass.: Belknap Press.

Chang, Ha-Joon. 2002. *Kicking Away the Ladder: Development Strategy in Historical Perspective.* London: Anthem.

———. 2011. "Institutions and Economic Development: Theory, Policy and History." *Journal of Institutional Economics* 7 (4): 473-498.

Chatelain, Jean-Bernard, and Kirsten Ralf. 1996. "The Failure of Financial Macroeconomics and What to Do About It." University Library of Munich, Germany.

Chen, Shaohua, and Martin Ravallion. 2008. "The Developing World Is Poorer Than We Thought, but No Less Successful in the Fight Against Poverty." Policy Research Working Paper 4703, World Bank Development Research Group, August 2008.

———. 2012. "More Relatively-Poor People in a Less Absolutely-Poor World." *Review of Income and Wealth* 59 (1): 1-28.

Chilton, Bart. 2012. "Speculators and Commodity Prices—Redux." U.S. Commodity Futures Trading Commission. http://www.cftc.gov/PressRoom/SpeechesTestimony/chiltonstatement022412.

Chowdhury, Anis. 2012. "Revisiting the Evidence on Expansionary Fiscal Austerity: Alesina's Hour?" VoxEU. http://www.voxeu.org/debates/commentaries/revisiting-evidence-expansionary-fiscal-austerity-alesina-s-hour.

Cipolla, Carlo M. 1994. *Before the Industrial Revolution: European Society and Economy, 1000-1700.* 3rd ed. New York: Norton.

Clark, John Bates. 1894. *The Philosophy of Wealth: Economic Principles Newly Formulated.* Boston: Ginn.

———. 1899. *The Distribution of Wealth: A Theory of Wages, Interest and Profits.*

New York: Macmillan.

Cochrane, John H. 2009. "Fiscal Stimulus, Fiscal Inflation, or Fiscal Fallacies?" University of Chicago Booth School of Business. http://faculty.chicagobooth .edu/john.cochrane/research/papers/fiscal2.htm.

Colander, David. 1995. "The Stories We Tell: A Reconsideration of AS/AD Analysis." *Journal of Economic Perspectives* 9 (3): 169-188.

Colander, David, Hans Föllmer, Armin Haas, Michael Goldberg, Katarina Juselius, Alan Kirman, Thomas Lux, and Brigitte Sloth. 2009. "The Financial Crisis and the Systemic Failure of Academic Economics." Department of Economics, Middlebury College.

Cottarelli, Carlo, Paolo Mauro, Lorenzo Forni, and Jan Gottschalk. 2010. "Default in Today's Advanced Economies: Unnecessary, Undesirable, and Unlikely." International Monetary Fund.

Coy, Peter. 2010. "Keynes vs. Alesina. Alesina Who?" *Bloomberg Businessweek*, June 29. http://www.businessweek.com/stories/2010-06-29/keynes-vs-dot-alesina- dot-alesina-who.

Darby, Michael R., John Haltiwanger, and Mark Plant. 1984. "Unemployment-Rate Dynamics and Persistent Unemployment Under Rational Expectations." Department of Economics, UCLA.

Deaton, Angus. 2013. *The Great Escape*. Princeton, N.J.: Princeton University Press.

DeLong, J. Bradford. 2000. "The Triumph of Monetarism?" *Journal of Economic Perspectives* 14 (1): 83-94.

DeMartino, George. 2011. *The Economist's Oath: On the Need for and Content of Professional Economic Ethics*. New York: Oxford University Press.

Dickstein, Morris. 2013. "The Moment of the Novel and the Rise of Film Culture." *Raritan* 33 (1): 86-103.

Doherty, Brian. 1995. "Best of Both Worlds." *Reason*, June. http://reason.com/ archives/1995/06/01/best-of-both-worlds.

Donaldson, John B., Natalia Gershun, and Marc P. Giannoni. 2013. "Some Unpleasant General Equilibrium Implications of Executive Incentive Compensation Contracts." *Journal of Economic Theory* 148 (1): 31-63.

Driskill, Robert. 2007. "Deconstructing the Argument for Free Trade." http://www. vanderbilt.edu/econ/faculty/Driskill/DeconstructingfreetradeAug27a2007.pdf.

Dube, Arindrajit. 2013. "Guest Post: Reinhart/Rogoff and Growth in a Time Before Debt." *Next New Deal: The Blog of the Roosevelt Institute*, April 17. http://www. nextnewdeal.net/rortybomb/guest-post-reinhartrogoff-and-growth-time-debt.

Eaton, George. 2012. "Exclusive: Osborne's Supporters Turn on Him." *The Stag-gers* (blog), *New Statesman*, August 15. http://www.newstatesman.com/blogs/politics/2012/08/exclusive-osbornes-supporters-turn-him.

Economist. 2009. "The Other-Worldly Philosophers." July 16.

——. 2010. "Cutting Edge." September 30.

——. 2013. "The Great Innovation Debate." January 12.

Edsall, Thomas B. 2013. "On Second Thoughts." *Opinionator* (blog), *New York Times*, February 13. http://opinionator.blogs.nytimes.com/2013/02/13/on-second-thoughts/.

Eichengreen, Barry. 2008. "Origins and Responses to the Current Crisis." *CESifo Forum* 9 (4): 6-11.

Epstein, Gerald A., and A. Erinç Yeldan, eds. 2009. *Beyond Inflation Targeting: Assessing the Impacts and Policy Alternatives.* Cheltenham, U.K.: Edward Elgar.

Feld, Lars P. "Towards a New Monetary Constitution in Europe: The Proposal of the German Council of Economic Experts (GCEE)." Institute for New Economic Thinking.

Feldstein, Martin. 2008. "Did Wages Reflect Growth in Productivity?" Department of Economics, Harvard University.

Foley, Duncan K. 1975. "Problems vs. Conflicts: Economic Theory and Ideology." *American Economic Review* 65 (2): 231-236.

——. 2006. *Adam's Fallacy: A Guide to Economic Theology.* Cambridge, Mass.: Harvard University Press.

Follette, Glenn R., and Louise Sheiner. 2008. "An Examination of Health-Spending Growth in the United States: Past Trends and Future Prospects." Social Science Research Network.

Fox, Justin. 2008. "Bob Lucas on the Comeback of Keynesianism." *Time*, October 28. http://business.time.com/2008/10/28/bob-lucas-on-the-comeback-of-keynesianism/#ixzz2rQbbbM00.

Friedman, Milton. 1953. *Essays in Positive Economics.* Chicago: University of Chicago Press.

——. 1982. *Capitalism and Freedom.* Edited by Rose D. Friedman. Chicago: University of Chicago Press. First edition, 1962.

——. 2003. "What Every American Wants." *Wall Street Journal*, January 15.

Friedman, Milton, and Rose D. Friedman. 1998. *Two Lucky People: Memoirs.* Chicago: University of Chicago Press.

Friedman, Thomas L. 1999. *The Lexus and the Olive Tree.* New York: Farrar, Straus and Giroux.

Friedman, Thomas L. 2005. *The World Is Flat: A Brief History of the Twenty-First Century.* New York: Farrar, Straus and Giroux.

Frijters, Paul, David Johnston, and Michael Shields. 2012. "The Optimality of Tax Transfers: What Does Life Satisfaction Data Tell Us?" *Journal of Happiness Studies* 13 (5): 821-832.

Frydman, Roman, and Michael D. Goldberg. 2007. *Imperfect Knowledge Economics: Exchange Rates and Risk.* Princeton, N.J.: Princeton University Press.

Fuchs, Victor R., Alan B. Krueger, and James M. Poterba. 1998. "Economists' Views About Parameters, Values, and Policies: Survey Results in Labor and Public Economics." *Journal of Economic Literature* 36 (3): 1387-1425.

Geanakoplos, John. 2009. "The Leverage Cycle." Cowles Foundation for Research in Economics, Yale University.

Ghemawat, Pankaj. 2007. "Why the World Isn't Flat." *Foreign Policy* 159 (March-April): 54-60.

Glyn, Andrew. 2006. *Capitalism Unleashed: Finance, Globalization, and Welfare.* New York: Oxford University Press.

Goldin, Claudia, and Lawrence F. Katz. 2009. "The Future of Inequality: The Other Reason Education Matters So Much." *Milken Institute Review* (3rd quarter). http://www.milkeninstitute.org/publications/review/2009_7/26-33mr43.pdf.

Graeber, David. 2011. *Debt: The First 5,000 Years.* New York: Melville House.

Greenaway, David, Michael Bleaney, and Ian Stewart, eds. 1991. *Companion to Contemporary Economic Thought.* London: Routledge.

Greenspan, Alan. 1999. "The Interaction of Education and Economic Change." 81st Annual Meeting of the American Council on Education, Washington, D.C., February 16.

Hacker, Jacob S., and Paul Pierson. 2010. *Winner-Take-All Politics: How Washington Made the Rich Richer—and Turned Its Back on the Middle Class.* New York: Simon & Schuster.

Hargreaves, Steve. 2012. "Obama's Alternative Energy Bankruptcies." *CNNMoney*, October 22. http://money.cnn.com/2012/10/22/news/economy/obama-energy-bankruptcies/index.html.

Herndon, Thomas, Michael Ash, and Robert Pollin. 2013. "Does High Public Debt Consistently Stifle Economic Growth? A Critique of Reinhart and Rogoff." Working Paper, Political Economy Research Institute, University of Massachusetts Amherst. http://www.peri.umass.edu/236/hash/31e2ff374b6377b2

ddec04deaa6388b1/publication/566/.

Hirschman, Albert O. 1982. "Rival Interpretations of Market Society: Civilizing, Destructive, or Feeble?" *Journal of Economic Literature* 20 (4): 1463-1484.

Howell, David R., and Susan S. Wieler. 1998. "Skill-Biased Demand Shifts and Wage Collapse in the United States: A Critical Perspective." *Eastern Economic Journal* 24 (3): 343-366.

International Monetary Fund. 2012. *The Liberalization and Management of Capital Flows: An Institutional View.*

Jones, George. 2006. "Thatcher Praises Friedman, Her Freedom Fighter." *Telegraph*, November 17.

Kansra, Nikita, and Sabrina A. Mohamed. 2012. "Krugman to Mankiw and Ferguson, Tsk! Tsk!" *Flyby* (blog), *Harvard Crimson*, August 19. http://www.thecrimson.com/article/2012/8/19/mankiw-romney-citation-paper/.

Kay, John. 2011. "Economics: Rituals of Rigour." *Financial Times*, August 25.

Keen, Steve. 2011. *Debunking Economics: The Naked Emperor Dethroned?* Rev. ed. London: Zed Books.

Keynes, John M. 1926. *The End of Laissez-Faire.* Reprint. New York: Prometheus Books, 2004.

Kohn, Meir. 2001. "The Expansion of Trade and the Transformation of Agriculture in Pre-industrial Europe." Dartmouth College, Hanover, N.H.

Konczal, Mike. 2013a. "It's Alberto Alesina's World and We're All Just Unemployed in It." *Next New Deal: The Blog of the Roosevelt Institute*, March 5. http://www.nextnewdeal.net/rortybomb/its-alberto-alesinas-world-and-were-all-just-unemployed-it.

———. 2013b. "Researchers Finally Replicated Reinhart-Rogoff, and There Are Serious Problems." *Next New Deal: The Blog of the Roosevelt Institute*, April 16. http://www.nextnewdeal.net/rortybomb/researchers-finally-replicated-reinhart-rogoff-and-there-are-serious-problems.

Kregel, Jan. 2008. "Financial Flows and International Imbalances—the Role of Catching-up by Late Industrializing Developing Countries." Levy Economics Institute.

Krugman, Paul. 2009. "A Dark Age of Macroeconomics (Wonkish)." *New York Times*, January 27.

———. 2013a. "The Excel Depression." *New York Times*, April 18.

———. 2013b. "Rich Man's Recovery." *New York Times*, September 12.

Landes, David S. 2003. *The Unbound Prometheus: Technological Change and*

Industrial Development in Western Europe from 1750 to the Present. Cambridge, U.K.: Cambridge University Press.

Landreth, Harry, and David C. Colander. 1994. *History of Economic Thought.* 3rd ed. Boston: Houghton Mifflin.

Ledwith, Sara, and Antonella Ciancio. 2012. "Special Report: Euro Zone Crisis Forces 'Dismal Science' to Get Real." Reuters, July 3.

Leijonhufvud, Axel. 1973. "Life Among the Econ." *Economic Inquiry* 11 (3): 327-337.

_____. 2008. "Keynes and the Crisis." Centre for Economic Policy Research.

_____. 2009. "Out of the Corridor: Keynes and the Crisis." *Cambridge Journal of Economics* 33 (4): 741-757.

Lewis, Harry. 2013. "Richwine and the FAS Hegemony over the PhD." *Bits and Pieces* (blog), May 20. http://harry-lewis.blogspot.com/2013/05/richwine-and-fas-hegemony-over-phd.html.

Lewis, Michael. 2010. *The Big Short: Inside the Doomsday Machine.* New York: Norton.

Lindert, Peter H. 2004. *Growing Public: Social Spending and Economic Growth Since the Eighteenth Century.* 2 vols. Cambridge, U.K.: Cambridge University Press.

Lindert, Peter H., and Jeffrey G. Williamson. 2001. "Does Globalization Make the World More Unequal?" NBER Working Paper 8228.

Lucas, Robert E., Jr. 1980. "Rules, Discretion, and the Role of the Economic Advisor." National Bureau of Economic Research.

_____. 2002. *Lectures on Economic Growth.* Cambridge, Mass.: Harvard University Press.

_____. 2011. Lecture at Trinity University, Dublin, Ireland.

Lyons, James. 2013. "George Osborne's Favourite 'Godfathers of Austerity' Economists Admit to Making Error in Research." *Mirror*, April 17. http://www.mirror.co.uk/news/uk-news/george-osbornes-favourite-economists-reinhart-1838219.

Madrick, Jeff. 2002. *Why Economies Grow: The Forces That Shape Prosperity and How to Get Them Working Again.* New York: Basic Books.

_____. 2011. *Age of Greed: The Triumph of Finance and the Decline of America, 1970 to the Present.* New York: Knopf.

Malkiel, Burton Gordon. 1973. *A Random Walk Down Wall Street.* New York: Norton.

Mandel, Michael J. 1998. "The Zero Inflation Economy." *BusinessWeek*, January 19.

Mankiw, N. Gregory. 1991. "A Quick Refresher Course in Macroeconomics." National Bureau of Economic Research.

———. 1992. "The Reincarnation of Keynesian Economics." National Bureau of Economic Research.

———. 2004. *Principles of Economics.* 3rd ed. Mason, Ohio: Thomson/South-Western.

———. 2006. "The Macroeconomist as Scientist and Engineer." Cambridge, Mass.: Harvard Institute of Economic Research.

———. 2008. "Stimulus Spending Skeptics." *Greg Mankiw's Blog: Random Observations for Students of Economics*, December 18. http://gregmankiw.blogspot .com/2008/12/stimulus-spending-skeptics.html.

———. 2013. "Politics Aside, a Common Bond for Two Economists." *New York Times*, June 29.

Mankiw, N. Gregory, and Mark P. Taylor. 2010. *Economics.* Cengage Learning EMEA.

Markowitz, Harry M. 1991. *Portfolio Selection: Efficient Diversification of Investments.* 2nd ed. Cambridge, Mass.: B. Blackwell.

Mason, Will E. 1956. "The Stereotypes of Classical Transfer Theory." *Journal of Political Economy* 64.

Mayer, Thomas. 2001. "The Role of Ideology in Disagreements Among Economists: A Quantitative Analysis." *Journal of Economic Methodology* 8 (2): 253-273.

Mazzucato, Mariana. 2013. *The Entrepreneurial State: Debunking Public vs. Private Sector Myths.* London: Anthem.

McCallum, Bennett T. 1984. "Macroeconomics After a Decade of Rational Expectations: Some Critical Issues." National Bureau of Economic Research.

McKinnon, Ronald I. 2010. "Why Exchange Rate Changes Will Not Correct Global Trade Imbalances." SIEPR Policy Brief, Stanford University.

Merton, Robert C. 1977. "On the Cost of Deposit Insurance When There Are Surveillance Costs." Sloan School of Management, MIT.

Milliken, David, and Christina Fincher. 2013. "UK Budget Deficit Barely Falls in 2012/13, More Pain Ahead." Reuters, April 23. http://uk.reuters.com/article/ 2013/04/23/uk-britain-borrowing-idUKBRE93M09020130423.

Minsky, Hyman P. 1986. *Stabilizing an Unstable Economy.* New Haven, Conn.: Yale University Press.

Mirowski, Philip. 1989. *More Heat Than Light: Economics as Social Physics,*

Physics as Nature's Economics. Cambridge, U.K.: Cambridge University Press.

Mishel, Lawrence, Josh Bivens, Elise Gould, and Heidi Shierholz. 2012. *The State of Working America.* 12th ed. Ithaca, N.Y.: Cornell University Press.

Morgenson, Gretchen, and Robert Gebeloff. 2013. "Wall St. Exploits Ethanol Credits, and Prices Spike." *New York Times*, September 14. http://www.nytimes.com/2013/09/15/business/wall-st-exploits-ethanol-credits-and-prices-spike.html.

Moss, David A. 2009. "An Ounce of Prevention: Financial Regulation, Moral Hazard, and the End of 'Too Big to Fail.' " *Harvard Magazine*, January-February.

Mulligan, Casey B. 2008. "An Economy You Can Bank On." *New York Times*, October 9.

Nelson, Richard R. 2006. *Technology, Institutions, and Economic Growth.* Cambridge, Mass.: Harvard University Press.

Nicholson, Walter. 1972. *Microeconomic Theory: Basic Principles and Extensions.* Hinsdale, Ill.: Dryden Press.

Offer, Avner. 2013. "Facing Future Adversity." *Challenge* 56 (4): 38-50. doi: 10.2753/0577-5132560404.

Orlowski, Lucjan T. 2000. "Ben S. Bernanke, Thomas Laubach, Frederic S. Mishkin, and Adam S. Posen, Inflation Targeting: Lessons from the International Experience." *Journal of Comparative Economics* 28 (2): 422-425.

Papadimitriou, Dimitri B., L. Randall Wray, and Yeva Nersisyan. 2010. "Endgame for the Euro? Without Major Restructuring, the Eurozone Is Doomed." Levy Economics Institute.

Pierce, Andrew. 2008. "The Queen Asks Why No One Saw the Credit Crunch Coming." *Telegraph*, November 5.

Piketty, Thomas. 2014. *Capital in the Twenty-First Century.* Cambridge, Mass.: Harvard University Press.

Pilkington, Philip, and Warren Mosler. 2012. "Tax-Backed Bonds—a National Solution to the European Debt Crisis." Levy Economics Institute.

Popper, Nathaniel. 2013. "Price of Gold Takes a Flashy Fall; Other Markets Follow." *DealBook* (blog), *New York Times*, April 15. http://dealbook.nytimes.com/2013/04/15/golds-plunge-shakes-confidence-in-a-haven/?_r=0.

Rampell, Catherine. 2013. "Yes, Even Young College Graduates Have Low Unemployment." *Economix* (blog), *New York Times*, March 5. http://economix.blogs.nytimes.com/2013/03/05/yes-even-young-college-graduates-have-low-unemployment/.

Ravenhill, John, ed. 2005. *Global Political Economy.* New York: Oxford University

Press.

Reinert, Erik S. 2007. *Globalization, Economic Development and Inequality: An Alternative Perspective.* Cheltenham, U.K.: Edward Elgar.

Reinhart, Carmen M., and Kenneth S. Rogoff. 2008. "This Time Is Different: A Panoramic View of Eight Centuries of Financial Crises." National Bureau of Economic Research.

_____. 2009. *This Time Is Different: Eight Centuries of Financial Folly.* Princeton, N.J.: Princeton University Press.

_____. 2010. "Growth in a Time of Debt." NBER Working Paper 15639.

Ricardo, David, and F. W. Kolthammer. 1817. *The Principles of Political Economy and Taxation.* Reprint. Mineola, N.Y.: Dover Publications, 2004.

Ritholtz, Barry. 2013. "Did Greenspan Steal the Phrase 'Irrational Exuberance'?" *The Big Picture* (blog), January 28. http://www.ritholtz.com/blog/2013/01/did-greenspan-steal-the-phrase-irrational-exuberance/.

Rodrik, Dani. 2008a. 'Goodbye Washington Consensus, Hello Washington Confusion? A Review of the World Bank's Economic Growth in the 1990s: Learning from a Decade of Reform." *Panoeconomicus* 55 (2): 135-156.

_____. 2008b. "Stolper-Samuelson for the Real World." *Dani Rodrik's Weblog: Unconventional Thoughts on Economic Development and Globalization*, June 16. http://rodrik.typepad.com/dani_rodriks_weblog/2008/06/stolper-samuelson-for-the-real-world.html.

_____. 2011. *The Globalization Paradox: Democracy and the Future of the World Economy.* New York: Norton.

Romer, Christina D. 2011. "What Do We Know About the Effects of Fiscal Policy? Separating Evidence from Ideology." Speech at Hamilton College, November 7. http://elsa.berkeley.edu/~cromer/Written%20Version%20of%20Effects%20 of%20Fiscal%20Policy.pdf.

_____. 2013. "The Business of the Minimum Wage." *New York Times*, March 2.

Romer, David. 2000. "Keynesian Macroeconomics Without the LM Curve." National Bureau of Economic Research.

_____. 2012. *Advanced Macroeconomics.* 4th ed. New York: McGraw-Hill/Irwin.

Ross, Don. 2010. "Should the Financial Crisis Inspire Normative Revision?" *Journal of Economic Methodolgy* 17 (4): 399-418.

Rothschild, Emma. 2001. *Economic Sentiments: Adam Smith, Condorcet, and the Enlightenment.* Cambridge, Mass.: Harvard University Press.

Sargent, Thomas J. 1981. "Stopping Moderate Inflations: The Methods of Poincaré and Thatcher." Federal Reserve Bank of Minneapolis.

Schadler, Susan. 2012. "Sovereign Debtors in Distress: Are Our Institutions Up to the Challenge?" CIGI Papers, Institute for New Economic Thinking.

Schlefer, Jonathan. 2012. *The Assumptions Economists Make.* Cambridge, Mass.: Belknap Press.

Schumpeter, Joseph A. 1955. "Economic Possibilities in the United States." In *Readings in Fiscal Policy*, edited by Andrew Smithies and Keith Butters. London: Richard D. Irwin.

Setser, Brad. 2010. "The Political Economy of the SDRM." In *Overcoming Developing Country Debt Crises*, edited by Barry Herman, José Antonio Ocampo, and Shari Spiegel. New York: Oxford University Press.

Shaikh, Anwar M., and Rania Antonopoulos. 1998. "Explaining Long-Term Exchange Rate Behavior in the United States and Japan." Levy Economics Institute.

Shiller, Robert J. 2005. *Irrational Exuberance.* 2nd ed. Princeton, N.J.: Princeton University Press.

Siegel, Jeremy J. 1994. *Stocks for the Long Run: A Guide to Selecting Markets for Long-Term Growth.* Burr Ridge, Ill.: Irwin.

Sirower, Mark L. 2000. *The Synergy Trap: How Companies Lose the Acquisition Game.* New York: Free Press.

Slemrod, Joel, and Jon Bakija. 2000. *Taxing Ourselves: A Citizen's Guide to the Great Debate Over Tax Reform.* 2nd ed. Cambridge, Mass.: MIT Press.

Smith, Adam. 1993. *An Inquiry into the Nature and Causes of the Wealth of Nations.* New York: Oxford University Press.

Solow, Robert. 2008. "The State of Macroeconomics." *Journal of Economic Perspectives* 22 (1): 243-246.

Staley, Oliver, and Michael McKee. 2009. "Yale's Tobin Guides Obama from Grave as Friedman Is Eclipsed." Bloomberg News, February 27.

Stevenson, Betsey, and Justin Wolfers. 2013. "Refereeing Reinhart-Rogoff Debate." Bloomberg News, April 28.

Stiglitz, Joseph E. 2007. *Making Globalization Work.* New York: Norton.

――――. 2010. *The Stiglitz Report: Reforming the International Monetary and Financial Systems in the Wake of the Global Crisis.* New York: New Press.

Storm, Servaas, and C. W. M. Naastepad. 2012. *Macroeconomics Beyond the NAIRU.* Cambridge, Mass.: Harvard University Press.

Summers, Lawrence. 2001. "Commanding Heights" PBS interview, April 24. http://

www.pbs.org/wgbh/commandingheights/shared/minitext/int_lawrencesummers.
html.

Summers, Lawrence. 2002. "Panelist: International Finance and Crises in Emerging
Markets." In *American Economic Policy in the 1990s*, edited by Jeffrey Frankel
and Peter Orszag. Cambridge, Mass.: MIT Press.

_____. 2009. "Larry Summers on Push for Economic Stimulus Package." Interview
by Stuart Varney. *Your World with Neil Cavuto*, Fox News, February 9.

Svensson, Lars E. O. 2002. "What Is Wrong with Taylor Rules? Using Judgment in
Monetary Policy Through Targeting Rules." NBER Working Paper 9421.

Taylor, Lance. 2011. *Maynard's Revenge: The Collapse of Free Market Macroeco-
nomics*. Cambridge, Mass.: Harvard University Press.

Taylor, Lance, Christian Proaño, Laura de Carvalho, and Nelson Barbosa. 2012.
"Fiscal Deficits, Economic Growth and Government Debt in the USA." *Cambridge
Journal of Economics* 36 (1): 189-204.

Thorp, Edward O., and Sheen T. Kassouf. 1967. *Beat the Market: A Scientific Stock
Market System*. New York: Random House.

Varoufakis, Yanis, and Stuart Holland. 2011. "A Modest Proposal for Overcoming
the Euro Crisis." Levy Economics Institute.

Wade, Robert Hunter. 2005. "Globalization, Poverty, and Inequality." In *Global
Political Economy*, ed. John Ravenhill. New York: Oxford University Press.

Wall Street Journal. 2013. "Government Is a Good Venture Capitalist." August 27.

Wilentz, Sean. 2008. *The Age of Reagan: A History, 1974-2008*. New York: Harper.

Williamson, Jeffrey G., and Peter H. Lindert. 1980. *American Inequality: A Macro-
economic History*. New York: Academic Press.

Williamson, John. 2002. "Did the Washington Consensus Fail?" Outline of speech at
the Center for Strategic and International Studies, Washington, D.C., November 6.

Wray, L. Randall. 2013. "FED Minutes Reveal FOMC Was Clueless as Economy
Crashed in 2007." *EconoMonitor*, January 18.

Yergin, Daniel, and Joseph Stanislaw. 1998. *The Commanding Heights: The Battle for
the World Economy*. Rev. ed. New York: Simon & Schuster, 2002.

Zettelmeyer, Jeromin, and Kenneth Rogoff. 2002. "Bankruptcy Procedures for
Sovereigns: A History of Ideas, 1976-2001." International Monetary Fund.